Veröffentlichungen
des Max-Planck-Instituts für Geschichte

162

VERÖFFENTLICHUNGEN
DES MAX-PLANCK-INSTITUTS FÜR GESCHICHTE

162

»Gott mit uns«

Nation, Religion und Gewalt
im 19. und frühen 20. Jahrhundert

Herausgegeben

von

Gerd Krumeich
und Hartmut Lehmann

VANDENHOECK & RUPRECHT
GÖTTINGEN · 2000

Die Deutsche Bibliothek – CIP-Einheitsaufnahme

»Gott mit uns« :
Nation, Religion und Gewalt
im 19. und frühen 20. Jahrhundert /
hrsg. von Gerd Krumeich und Hartmut Lehmann. –
Göttingen : Vandenhoeck und Ruprecht, 2000
(Veröffentlichungen des Max-Planck-Instituts für Geschichte ; 162)
ISBN 3-525-35478-9

Gesamtherstellung: Hubert & Co., Göttingen

Inhalt

III. Die Deutschen, ihr Gott und die Zukunft

Nation, Religion und Gewalt: Zur Einführung

von

Gerd Krumeich / Hartmut Lehmann

Der Zusammenhang von Nation, Religion und Gewalt bezeichnet ein zentrales Element europäischer Staatswirklichkeit der Neuzeit, insbesondere aber im langen 19. Jahrhundert, der Zeit von 1789 bis 1914. Die Entwicklung, auch die »Erfindung« von Nationen (so Benedict Anderson) geschah mit Hilfe extensiven Einsatzes sowohl staatlicher Gewalt als auch von Propaganda und Ideologie sowie der Indienstnahme religiöser Überzeugungen. Im 19. Jahrhundert hat dieses schon traditionell etablierte Verhältnis durch die Entwicklung eines – qualitativ neuen – Massenmarktes der Kommunikation eine dramatische Steigerung erfahren. Bei allen Unterschieden in den jeweiligen nationalen und staatlichen Umbruchsphasen – etwa im Frankreich der Revolution und in dem deutschen »Befreiungskrieg« – läßt sich doch stets feststellen, daß Nation und Religion kontinuierlich aufeinander bezogen blieben. Selbstverständlich vollzog sich dies in Form einfacher Instrumentalisierung, die vielfach nachgewiesen werden kann.

Wichtiger, auch charakteristischer, ist aber, daß Nation, Religion und Gewalt, daß nationale Politik, religiöse Heilserwartung und die Bereitschaft zur Gewaltanwendung gegen innere und äußere Feinde im 19. Jahrhundert so eng miteinander verbunden, geradezu miteinander verwachsen waren, daß man von einer systematischen Aufeinanderbezogenheit, einer wechselseitigen Abhängigkeit und bisweilen echten Symbiose des religiösen und des nationalen Elementes sprechen kann. Aller Säkularisation im ökonomischen Sinne, also etwa der »Nationalisierung« von Kirchenbesitz, zum Trotz hat es im 19. Jahrhundert mentalitäts- und ideologiegeschichtlich eine durchgreifende Säkularisierung nicht gegeben.

In strukturgeschichtlicher Perspektive ist argumentiert worden, daß der Nationalismus in Form einer »säkularen Religion« bzw. einer »zivilen Religion« oder auch einer »politischen Religion« aufgetreten sei und auf diese Weise mit der traditionellen Religion konkurriert habe. Es habe im 19. Jahrhundert deshalb sowohl eine Verdrängung christlicher Religiosität durch den Nationalismus gegeben als auch eine partielle Koexistenz (Hans-Ulrich Wehler). Im Gegensatz hierzu hat Wolfgang Reinhard in seiner jüngsten Synthese über den Staat der Neuzeit festgestellt, die europäische politische Kultur sei im Guten wie im Bösen auf Dauer von Christentum und Kirche geprägt worden mit der Folge, daß der europäische Staat selbst in seiner säkularisierten Variante religiösen Charakter behalten habe. Reinhard hat des weiteren darauf hingewiesen, daß sich die »ideologiegestützte Mobilisierung« der Nationen, kumulierend in den totalen Mobilmachungen des 20. Jahrhunderts, in direkter Fortsetzung traditionaler Formen der religiösen Indoktrinierung, inklusive der Erzwingung von standardisierten Glaubensbekenntnissen, etablierte und sich dabei nicht scheute, Propaganda und Zensur auch gewaltsam einzusetzen. Zwischen beiden Argumenten dürfte schwer zu vermitteln sein, da es bei diesen Interpretationen darum geht, ob Transformationsphänomene (wie bei Reinhard) betont oder eher idealtypische Konstruktionen zur Bestimmung der wesentlichen Differenzen (so Wehler) herangezogen werden sollen.

In den einzelnen Beiträgen dieses Bands wird untersucht, ob es – bei allen Differenzen und Differenzierungen im einzelnen – gelingen kann, die Zusammenhänge zwischen vorgeblicher sowie tatsächlicher Säkularisierung und den unterschiedlichen Manifestationen von Religion und Religiosität im 19. und im frühen 20. Jahrhundert näher zu bestimmen. Ein heuristisches Instrument hierzu könnte – so die Arbeitshypothese – die Analyse des in der Nationalstaatsbildung des 19. Jahrhunderts empirisch so dominierenden Phänomens der Gewalt sein. Denn die Entstehung und Implementierung der modernen Nationalstaaten ist, wie viele Beispiele zeigen, auf eine sehr gewaltsame Weise vor sich gegangen: Durch Gewalt, die sowohl auf den äußeren als auch auf den inneren Feind fokussiert werden konnte. Gewalt, also Krieg nach außen und Repression nach innen, war so allgegenwärtig, daß in der neueren Forschung der konstitutive Charakter von »Feindschaft« für die Bestimmung des Nationalen betont wurde. War aber tatsächlich die nationale Konstellation stets diejenige eines »Vaterlands der Feinde« (Michael Jeismann)?

Bei aller Überzeugungskraft im Konkreten scheint die Gleichung doch nicht immer aufzugehen. Es gab Phasen, Ereignisse und Phänomene, die die Dimensionen eines freundlichen bzw. freundschaftlichen Zusammenlebens von Nationen andeutungsweise bezeichnen, etwa die liberale deutsche Griechenland- und Polenbegeisterung der 1820er und 1830er Jahre oder die Hoffnungen, die die Juli-Revolution von 1830 in Deutschland im Hinblick auf einen möglichen »Völkerfrühling« weckte. Auch die Nationalpädagogen der Dritten Französischen Republik nach 1871 versuchten, indem sie das *na-*

tion building vorantrieben, die besonderen Schönheiten des republikanischen Frankreichs anzupreisen, ohne deshalb äußere Feinde zu bemühen. Um so mehr aber konzentrierten sie sich auf innere Feinde: Extremer Anti-Klerikalismus und oftmals überaus gewaltsamer Einsatz staatlicher Repression gegen die »Reaktion« war im Frankreich der Jahrzehnte vor 1900 das vielleicht notwendige Korrelat zu außenpolitischer Entspannungspolitik, wollte man gleichwohl die republikanische Nation integrieren.

Wie aber sind im 19. Jahrhundert die Nationen mobilisiert worden? Wie wurde die Ansicht verbreitet, zur Durchsetzung nationaler Ziele seien Gewaltmittel zu rechtfertigen, und wie stand es mit der religiös-kirchlichen Legitimierung derart expansionistisch-aggressiver politischer Ansichten? Insgesamt kann man sicherlich eine beständige Steigerung der Mobilisierungskapazität der modernen Staaten genauso feststellen wie eine stetige Erhöhung gesellschaftlicher Selbstmobilisierung. Es scheint aber gerade im 19. Jahrhundert eine charakteristische Polarität von autoritär-etatistischen Verfahren einerseits und der demokratiegestützten Selbstmobilisierung andererseits bestanden zu haben. Denn auf der einen Seite ist, wie die nachstehenden Beiträge deutlich zeigen, die »Nationalisierung von oben« über das ganze Jahrhundert hinweg doch auf erstaunlich »traditionale« Weise bestehen geblieben: Die Instrumentalisierung der Religion zu staatspolitischen Zwecken blieb als Strukturelement von Herrschaft durchgehend erhalten. Insofern behält auch der staatskirchliche Aspekt im deutschen Kaiserreich eine ganz grundlegende Bedeutung für dessen nationale Legitimierung.

Aber diese traditionalistische Mobilisierung verzahnte sich auf der anderen Seite auf charakteristische Weise mit spezifisch modernen Elementen gesellschaftlicher Selbstmobilisierung im Zeitalter selbstbewußt agierender Massen. Hier ist ein Mentalitätenwandel zu beobachten, der mit dem Konzept der »Nationalisierung der Massen« (George Mosse) vielleicht nicht hinreichend, aber zutreffend beschrieben wird. Nationalisierung, Demokratisierung und gesellschaftliche Partizipation waren miteinander verflochten und verkörperten die Komplexität moderner Gesellschaften. Es war ein Problem der traditionalen Staatswesen im 19. Jahrhundert, wie diese dynamischen Entwicklungen in »geordnete Bahnen« gelenkt werden konnten. »Ordnung« zu definieren, blieb die wichtigste Frage von Staatskunst. Dementsprechend sind über weite Strecken hinweg traditionale staatliche Eliten bemüht gewesen, den neu entstandenen Strom mit »cäsaristischen«, »bonapartistischen«, sozialimperialistischen Methoden zu kanalisieren, d.h. einerseits den Identitätsbedürfnissen der neuen, politischen Bewegungen nachzugeben, andererseits aber die neuen Energien gleichzeitig um- bzw. abzulenken. Dies konnte um so mehr gelingen, als sich traditionelle Formen des Einsatzes von Religion zur Lenkung der Gesellschaft im Zeitalter des

Nationalismus noch einmal dynamisierten: Gerade dadurch nämlich, so will es scheinen, daß der Nationalismus selber dazu tendierte, die Gestalt einer »säkularen Religion« (Thomas Nipperdey) einzunehmen, wurde die Wirkung religiösen Argumentierens verstärkt.

Es wäre sicher historisch falsch, alte Religiosität im Sinne einer ebenso milden wie autoritären und nachdrücklichen Leitung von oben und den modernen Nationalismus als eine Art Ersatzreligion stets einander gegenüberzustellen. Diese Polarität hat es aber gegeben: Sie ist im extremen Sozialdarwinismus der 1900er Jahre bereits spürbar und in der Religion der Rasse bei den Nationalsozialisten vollendet. Dies war dann die radikale Konsequenz von Entchristlichung. Im 19. und frühen 20. Jahrhundert stellen sich die Zusammenhänge demgegenüber komplexer dar. Man wird insgesamt wohl nicht umhin kommen, für diese Zeit die traditionalistische Variante des nationalistischen »Gott mit uns!« ebenso in Betracht zu ziehen wie die auch immer wieder feststellbare Problematik, daß diejenigen, die versuchten, die Masse mit Hilfe der Religion traditionalistisch einzubinden, selber immer stärker vom Geist der Moderne erfaßt wurden und begannen, ihre Überzeugungen von Gott zu transformieren und den neuen Göttern anzupassen.

Ein wesentlicher Aspekt dieser durch das Näherrücken von Eliten und »Masse« gekennzeichneten Transformation ist die Entstehung von modernen Bedrohungsszenarien und Zerstörungsvorstellungen, deren eschatologischer Charakter offensichtlich ist, deren Entstehung und Folgen aber noch stärker als bislang nachgegangen werden muß. Universelle Bedrohtheit, Kampf ums Dasein sowie »Weltmacht oder Niedergang«-Phobien charakterisierten ideologisch die Jahre vor 1914 und schufen ein neues Klima von Angst und Gewaltbereitschaft. Vielleicht ist es das wichtigste Signum der Vorgeschichte des Ersten Weltkrieges, daß Gewalt aufhörte, das Monopol des etablierten Staates und der etablierten Kirche zu sein im Sinne von Max Weber, sich also nicht mehr auf die Drohung mit Gefängnis oder Sakramentenentzug beschränkte, sondern daß Gewalt – insbesondere als Krieg – immer weiteren Kreisen als einzige, zugleich jedoch faszinierend einfache und erfolgreiche Lösung aller bedrängenden Probleme des »nervösen« Zeitalters (Joachim Radkau) erschien. Apokalyptische Bedrohungsszenarien gehörten sowohl zur Volkskultur als auch zu den Vorstellungen der militärischen und zivilen Eliten, und es ist müßig zu fragen, wer hier wen wie beeinflußte.

Entscheidend blieb das Aufeinanderbezogensein populärer Vorstellungen bzw. Befürchtungen und der Idiosynkrasien der alten Eliten. Es scheint in diesem Zusammenspiel von Herrschaft und Konsens eine stetige Steigerung des apokalyptischen Charakters der Vorstellungen von der Zukunft gegeben zu haben. Und es hat den Anschein, daß die Instrumentalisierung des Göttlichen im Zeitalter von Massenkultur und Massen*response* auf das Politische

in einer konsequenten, geradezu eschatologischen Steigerung der Bösartig-
keit des Feindes gelegen hat. Vielleicht ist das Vaterland tatsächlich immer
das »Vaterland der Feinde« gewesen, wie Michael Jeismann geurteilt hat.
Die Feindschaft aber eskalierte und schuf neue Formen und Parameter von
Gewalt und Gewaltsamkeit. Die Schlage-tot-Verse der Körner und anderen
aus den Befreiungskriegen gegen Napoleon waren voll grausamer Feindlich-
keit gewesen, aber sie hatten nicht den Kern des Gemeinwesens und der internationalen Beziehungen berührt, sie waren Parolen des Krieges und für
den Krieg gewesen, der selber aber grundsätzlich als Fortsetzung der Politik
gedacht wurde mit einer Perspektive der Rückkehr zum normalen internationalen gesellschaftlichen Verkehr. Gegen Ende dieses Jahrhunderts hatte
sich dieses Bild aber grundlegend verändert. Krieg war nunmehr tendentiel-
ler Vernichtungskrieg, und religiöses Denken wurde benutzt, den politischen
Feind als das absolut Böse zu klassifizieren.

Will man die in diesem Band zusammengestellten Überlegungen, die aus
einer Tagung am Max-Planck-Institut für Geschichte in Göttingen im Frühjahr 1998 hervorgegangen sind, systematisch ausdifferenzieren, so lassen
sich drei Felder ausmachen, auf denen die Beiträge mehr oder weniger stark
anzusiedeln sind. Überschneidungen sind unvermeidlich und auch gewollt.
Schlagwortartig ließen sich die Felder als Asymmetrie, Instrumentalisierung
und Mentalitätenwandel klassifizieren. Asymmetrie bezeichnet die von Reinhart Koselleck benannte »asymmetrische« Opposition von Gut–Böse,
Freund–Feind, Gegensatzpaare also, die gedanklich untrennbar voneinander
sind, in denen aber Identifikation einen Ausgleich verhindert. Ideologische
Asymmetrie schafft Bipolaritäten, deren fürchterlichste der heilige Krieg ist.

Das zweite Feld ist das der Instrumentalisierung. Interessanterweise und
nicht von ungefähr sind alle Beiträge, die sich zu diesem Aspekt äußern, im
Zeitraum von 1871 bis 1914 angesiedelt. Sie zeigen mit großer Deutlichkeit,
wie stark auch noch zu Zeiten des erwachenden »Massenmarktes« gesellschaftlicher Partizipation das Instrumentarium traditionaler ideologischer
Konfliktsteuerung durch Anrufung Gottes bzw. die Inszenierung des Religiösen erhalten geblieben ist. Die Debatte um Bismarcks Glauben ist hier
ebenso signifikant wie die religiöse Aufwertung Wilhelms I. oder die Frage,
ob Luther kraft göttlichen Willens bezeichnenderweise ein Deutscher gewesen sei.

Das Feld der Instrumentalisierung gilt es aber sofort auszuweiten auf die
Untersuchung des durchaus modernen Phänomens eines Mentalitätenwan-
dels, der sich in erster Linie auf die Spannung zwischen einer radikalen Ver-
weltlichung und der Erneuerung von Religiosität etwa in der Form inner-
weltlicher Eschatologien beziehen läßt. Insbesondere auf diesem Feld
kommt die bereits angedeutete Problematik einer radikalen Säkularisierung

zum Tragen, die sich neue Götter schafft. Sicherlich gibt es auch hier Vorgänge, die zeigen, wie sich die Instrumentalisierung des Glaubens in traditioneller Form einbinden läßt in einen auch die Oberschichten erfassenden Mentalitätenwandel. Systematisch entscheidend ist aber die Modernität einer religionspolitischen Integration, bei der sich oben und unten, Herrschaft und Knechtschaft, Kalkül und Überzeugung nicht mehr sauber trennen lassen. Die Herrschenden, die 1914 in den Krieg gingen, waren zu Recht überzeugt davon, daß nur ein Krieg der nationalen Verteidigung in seiner eschatologischen Variante des Kampfes um letzte Werte, der Abwehr westlicher Überfremdung ebenso wie der »slawischen Flut«, von der Masse der Bevölkerung akzeptiert werden würde. So inszenierten sie den Verteidigungsfall, und Wilhelm II. beschwor das traditionelle »Gott mit uns, wie er mit unseren Vätern war« in seiner Balkonrede vom 6. August 1914. Aber neben dem zweifellos vorhandenen Kalkül mit der Instrumentalisierung Gottes entstand die von vielen Zeitgenossen geteilte und von Verzweiflung geprägte Überzeugung, daß es im »Überlebenskampf« der Nationen immer mehr darum gehe, der Verschwörung der Feinde zu begegnen. Dies zeigt die Formel aus derselben Balkonrede Wilhelms II., daß es jetzt für die Deutschen um »Sein oder Nicht-Sein« ginge, auf eindrückliche Weise.

Es bleibt uns die angenehme Pflicht, allen zu danken, die uns bei der Durchführung dieses Projekts geholfen haben: Zunächst und vor allem denen, die auf der Tagung 1998 mit diskutiert und denjenigen, die anschließend die Beiträge ausgearbeitet haben, ferner der Gerda Henkel-Stiftung für großzügige finanzielle Unterstützung sowie Herrn cand. phil. Manuel Richter und cand. phil. Dominik Collet für Hilfe bei der Drucklegung.

I. Innere und äußere Feinde
der Deutschen

Die Erfindung und Identifizierung des Bösen: Der Kriminelle

von

Peter Becker

I. Vorbemerkungen

Die stereotypen Vorstellungen vom Kriminellen enthielten eine Vielzahl von Zuschreibungen, die sich auf seinen moralisch-sittlichen und körperlichen Zustand sowie auf seine Verhaltensweisen und die Formen seiner Vergesellschaftung bezogen. Diese Stereotypen beschrieben nicht nur Straftäter und Vorbestrafte, sondern eine nicht eindeutig bestimmbare Klasse von Männern, die von wesentlichen Verhaltensnormen und/oder von den gesetzlichen Grundlagen der Gesellschaft abwichen. Im 19. Jahrhundert zählte man dazu vor allem Vagabunden, Berufsverbrecher und jugendliche Bordellbesucher, aber auch Alkoholiker, politische Oppositionelle und Bankrotteure aus eigenem Verschulden. Das Handeln dieser Menschen schien bestimmt von einer verkehrten Einstellung zum Leben, die sich in Egoismus, Hedonismus, mangelnder Vernunft und einer daraus resultierenden Auflehnung gegen Autoritäten verschiedenster Art auszudrücken schien. Die meisten Kommentatoren machten explizit oder implizit diese Einstellung für den Beginn einer kriminellen Karriere und für den Übertritt von der bürgerlichen in die kriminelle Welt verantwortlich.[1]

Die Fokussierung auf das Problem der verkehrten Einstellung zum Leben, d. h. der verkehrten Gesinnung im Sinne Immanuel Kants, hatte erhebliche Folgen für den diskursiven wie institutionellen Umgang mit Devianz. Dies wiederum beeinflußte die Organisation der Verbrechensbekämpfung ebenso

---

[1] Ausführliche Nachweise finden sich in meiner in Vorbereitung befindlichen Monographie zu diesem Thema: »›Gefallene Engel‹ und ›verhinderte Menschen‹. Der Verbrecher im kriminalistischen Diskurs des 19. Jahrhunderts.«

wie den Diskurs über den Verbrecher und seine Identität. Aufgrund der Wechselwirkungen zwischen Theorie, Praxis und Institutionalisierung können die Vorstellungen von *dem* Verbrecher nicht als ausschließlich ideen- oder institutionengeschichtliches Problem verstanden werden. Sie waren vielmehr Teil einer diskursiven Praxis im Sinne Michel Foucaults, in der die bürokratischen Verfahren der Ausgrenzung und Stigmatisierung, die theoretisch-wissenschaftlichen Grundlagen der Zuschreibungen und die darauf bezogenen Praxisformen nicht unabhängig voneinander existierten.[2]

Da die Vorstellungen vom Verbrecher auf einer radikalen Polarität zwischen Kriminellen und »Anständigen« aufbauten, können sie als Teil eines binären Verweissystems gelesen werden, das in die diskursive Praxis von Justiz, Polizei und Kriminologie eingelassen ist. In diesem Beitrag werde ich mich auf diesen Gesichtspunkt, die Polarisierung zwischen Gut und Böse, konzentrieren und die Reflexionen von Kriminalisten und Kriminologen über das Kriminalitätsproblem analysieren. Dabei wird der allgemeine Kontext von diskursiven Praktiken mit berücksichtigt. Ich werde vor allem auf den Bedeutungsverlust der praktisch tätigen Kriminalisten – Kriminalbeamten, Untersuchungsrichtern und Gefängnisgeistlichen – bei der Produktion von allgemein anerkanntem Wissen über Kriminalität und Kriminelle in der zweiten Hälfte des 19. Jahrhunderts eingehen. In diesem Prozeß wurde deren Rolle immer mehr auf die bloße Anwendung und Verbreitung eines theoretischen Wissens beschränkt, das von Kriminologen, d. h. von Medizinern, Anthropologen und Psychiatern produziert wurde.

Die wechselseitige Verweisfunktion von bürgerlicher und krimineller Identität erfordert einen einleitenden Vergleich dieser beiden Konstrukte. Dabei werde ich einige wesentliche Unterschiede hervorheben. Anständigen Bürgern wurde auch im Diskurs der Kriminalisten und Kriminologen des 19. Jahrhunderts eine Vielzahl von möglichen Identitäten zugestanden, die sich aus der Zugehörigkeit zu verschiedenen – religiös, ethnisch oder ständisch definierten – Gruppen ergaben. Den »Kriminellen« sah man dagegen eindeutig und ausschließlich durch das Merkmal seiner Devianz und die damit in Verbindung gebrachten Eigenschaften bestimmt. Vor allem das Ne-

---

[2] Vgl. dazu MICHAEL J. SHAPIRO, Language and Political Understanding. The Politics of Discursive Practices. New Haven 1981 S. 127–164, hier S. 140 ff.; DAVID COUZENS HOY, A history of consciousness: from Kant and Hegel to Derrida and Foucault, in: History of the Human Sciences 4. 1991 S. 261–281; STEFAN BREUER, Foucaults Theorie der Disziplinargesellschaft. Eine Zwischenbilanz, in: Leviathan 15. 1987 S. 319–337; DERS., Sozialdisziplinierung: Probleme und Problemverlagerungen eines Konzeptes bei Max Weber, Gerhard Oestreich und Michel Foucault, in: Soziale Sicherheit und soziale Disziplinierung. Beiträge zu einer historischen Theorie der Sozialpolitik. Hg. CHRISTOPH SACHßE u. a. Frankfurt a. M. 1986 S. 45–69.

beneinander von positiv und negativ besetzten Merkmalen war ausgeschlossen: Jemand konnte nicht gleichzeitig kriminell und – in positivem Sinne – religiös sein. Sowohl die Gaunerin, die »von Gestohlenem« eine Marienstatue restaurieren ließ, als auch der jüdische Gauner, der sich pünktlich an die vorgeschriebenen religiösen Riten hielt, galten als perfide oder wenigstens als unzeitgemäß. Ebensowenig konnten die Kriminalisten akzeptieren, daß jemand kriminell war und gleichzeitig eine bürgerliche Tugend wie Fleiß besaß.[3]

Die kriminelle Identität war ebenso imaginär wie die bürgerliche; beide existierten aber nicht unabhängig vom Denken, Handeln und Wollen konkreter Akteure, die sich in ihren Handlungs- und Lebensentwürfen daran orientierten. Beide stellten sowohl für die Aus- wie auch für die Eingegrenzten Orientierungspunkte bereit, die im Fall der Kriminellen noch institutionell verstärkt waren. Dem »anständigen« Bürger gaben die Zuschreibungen an *den* Verbrecher zusätzliche Ressourcen für die Abgrenzung seiner eigenen Identität. Für den Kriminellen war sein Verhältnis zum bürgerlichen Selbstbild komplizierter.

Den Verbrechern wurden die Zuschreibungen an ihre Identität nicht nur diskursiv, sondern auch als Beschränkungen, Zumutungen und Anforderungen vermittelt. Da sie keinen alternativen Entwurf für die Gesellschaft oder ihre eigene Persönlichkeit besaßen[4], blieb ihnen nur die Möglichkeit der Umwertung der Werte – die Untugenden als wahre Tugenden, die Unzulänglichkeiten als Stärken der Persönlichkeit zu betonen: Ganz in diesem Sinn äußerte sich ein Berufseinbrecher im Zuchthaus Garsten, Oberösterreich, mitleidig gegenüber einem älteren Justizwachbeamten:

»Sie derbarmen ma eigentlich, weil S' gar nix vo Ihneren Leben habn […] Das is bei mir anders, weil i's Leben vasteh […] wann i wieda aus dem Pensionat draußn bi […] mach i wieda an guatn Bärn [d. h. Kasseneinbruch, P.B.] und dann fahrn ma halt auf Nußdorf naus. Da gibt's a Hetz, a Gstanz.«[5]

---

[3] JOHANN ULRICH SCHÖLL, Abriß des Jauner und Bettelwesens in Schwaben nach Akten und andern sichern Quellen. Stuttgart 1793 S. 279 ff., zuletzt S. 284; ROBERT VON MOHL, System der Präventiv-Justiz oder Rechts-Polizei (Die Polizei-Wissenschaft nach den Grundsätzen des Rechtsstaates 3). Tübingen ²1845 S. 199.

[4] Vgl. dazu PETER BECKER, Kriminelle Identitäten im 19. Jahrhundert, in: Historische Anthropologie 2. 1994 S. 142–157, hier S. 144 ff.; PHILIPPE ARTIÈRES, L'écriture des criminels vue par les anthropologues, in: Histoire de la Criminologie Française. Hg. LAURENT MUCCHIELLI. Paris 1994 S. 169–185.

[5] Zitiert nach LEOPOLD ARTHOFER, Zuchthaus. Erinnerungen eines Strafhausseelsorgers. Linz ²1946 S. 56.

Der Strafanstaltsgeistliche Leopold Arthofer, aus dessen Buch dieses Zitat
entnommen wurde, hat damit noch in der Zwischenkriegszeit die offensichtliche Unkenntnis der Verbrecher gegenüber den Grundlagen des wahren
Glücks veranschaulichen und auf den Irrtum hinweisen wollen, daß man eine
hedonistische Lebensführung nicht mit einem erfüllten Leben gleichsetzen
kann. Schon im späten 18. Jahrhundert sah man in diesem Irrtum einen
wichtigen Antrieb zum Beginn krimineller Karrieren. Als Arthofers Buch erschien, hatten bereits deterministische Konzepte weite Verbreitung gefunden, die biologische Faktoren und/oder Umwelteinflüsse für die Möglichkeit krimineller Karrieren verantwortlich machten. Doch blieb der Vorwurf
des Hedonismus und der Unvernunft ein wesentliches Element in den Zuschreibungen an eine kriminelle Persönlichkeit und konstituierte den Rahmen, innerhalb dessen sich die Selbstvergewisserungen der Betroffenen bewegen mußten.

Der Kriminelle als Feindbild bevölkerte die Phantasie von Fachleuten un-
terschiedlicher Disziplinen, von Literaten und von dem »Publikum«. Als
Feindbild beruhte die Konstruktion des Kriminellen auf einer durchgängigen
Polarisierung, die sich auf eine Vielzahl von Merkmalen beziehen und diesen
verschiedene Bedeutungen zuschreiben konnte. Das von dem österreichischen Berufsverbrecher angesprochene Merkmal des Alkoholkonsums ist ein
Beispiel für die Variabilität dieser Zuschreibungen. Exzessiver Konsum von
Alkohol wurde von den Kriminalisten der ersten Jahrhunderthälfte wie auch
von Kriminologen der Jahrhundertwende als wesentlicher Grund für den Beginn einer kriminellen Karriere genannt. Die Kriminalisten des Vormärz verstanden dabei den unmäßigen Genuß von Branntwein als freiwillige Aufgabe
eines vernunftbestimmten Lebens und als ersten Schritt auf einer abschüssi-
gen Bahn zur Vernunftlosigkeit, die im Zuchthaus oder in der Irrenanstalt
enden konnte.[6] Am Ende des Jahrhunderts machte man den unmäßigen Alkoholkonsum dagegen für die Genese einer degenerierten psycho-physiolo-
gischen Konstitution verantwortlich, die als wesentliche Voraussetzung für
die Möglichkeit einer kriminellen Lebensführung gesehen wurde.[7]

---

[6] Vgl. dazu WOLFGANG SCHIVELBUSCH, Das Paradies, der Geschmack und die Vernunft. Eine
Geschichte der Genußmittel. Frankfurt a. M. 1980 S. 168 ff.; HASSO SPODE, Alkohol und Zivilsa-
tion. Berauschung, Ernüchterung und Tischsitten in Deutschland bis zum Beginn des 20. Jahrhunderts. Berlin 1991 S. 84; sowie die Schrift von BENJAMIN RUSH, An Inquiry into the Effects of
Spirituous Liquors on the Human Body: to Which Is Added a Moral and Physical Thermome-
ter. Boston 1790, die bereits 1797 in einer deutschen Übersetzung vorlag.

[7] Vgl. MARTIN WIENER, Reconstructing the Criminal. Culture, Law, and Policy in England,
1830–1914. Cambridge 1990 S. 294 ff.; GUSTAV ASCHAFFENBURG, Das Verbrechen und seine Be-
kämpfung. Kriminalpsychologie für Mediziner, Juristen und Soziologen, ein Beitrag zur Reform
der Strafgesetzgebung. Heidelberg 1903 S. 159.

Die beiden unterschiedlichen Zuschreibungen an die Folgen des Alkohol-mißbrauchs waren eingebunden in zwei deutlich verschiedene Erzähl- und Deutungsmuster über Kriminalität. Das erste wurde vor allem von kriminalistischen Praktikern vertreten und bestimmte das Denken und Schreiben über Kriminalität bis in die letzten Jahrzehnte des 19. Jahrhunderts.[8] Wie ich unten näher erläutern werde, verstand man dabei den Kriminellen als *gefallenen Engel*, d. h. als ein grundsätzlich gutes und perfektibles Individuum, das sich selbstbestimmt für die Annahme einer verkehrten Gesinnung entschieden und in weiterer Folge verbrecherische Handlungen unternommen hatte. Das zweite Erzählmuster dominierte seit dem späten 19. Jahrhundert die Vorstellungen von *dem* Verbrecher; seine Protagonisten waren vor allem Wissenschaftler, die einen engen institutionellen Bezug zu Einrichtungen der sozialen Kontrolle, wie Gefängnissen und Irrenanstalten, hatten. Sie verstanden den Verbrecher als einen *verhinderten Menschen*, dessen Entwicklung aufgrund erworbener und/oder angeborener Hemmnisse nicht zum Abschluß kommen konnte.

Die beiden unterschiedlichen Denk- und Erzählmuster von kriminellen Karrieren waren nicht so radikal voneinander getrennt, wie diese eher schematische Gegenüberstellung nahelegt. Zur Jahrhundertwende gab es noch einflußreiche Autoren, die eine stark moralisch geprägte Sichtweise des Kriminalitätsproblems vertraten, und bereits im Vormärz wurden deterministische Vorstellungen geäußert. Doch selbst die alternativen Lesarten des Verbrechers und seiner Identität waren in ihrer Argumentation bzw. in der Verwendung von Metaphern dem jeweils hegemonialen Deutungsmuster verpflichtet. Man kann in den phrenologischen Texten der Jahrhundertmitte deutlich die Vorstellung einer letztendlich selbst verschuldeten kriminellen Karriere erkennen, wofür die Autoren das Unvermögen des Verbrechers, seine Anlagen in entsprechender sozial integrativer Weise zu nutzen, verantwortlich machten. Ebensowenig konnten sich Autoren der Zwischenkriegszeit, die deterministische Positionen ablehnten, von der Überzeugungskraft des Minderwertigkeits-Konzeptes distanzieren.[9]

Die beiden Erzählmuster waren die verbindende Basis einer Vielzahl von teilweise divergierenden Stereotypen und Vorstellungen, die nicht nur untereinander, sondern auch in sich selbst von Unstimmigkeiten geprägt waren. Es ist ein wichtiges Merkmal dieser Feindbilder, daß sie trotz aller Widersprüchlichkeiten ihre Plausibilität nicht verloren. So konnten Verbrecher als

---

[8] Vgl. dazu die Argumentation bei BECKER, »Gefallene Engel« (wie Anm. 1).

[9] Vgl. exemplarisch ARTHOFER, Zuchthaus (wie Anm. 5) S. 57 ff.; zu den phrenologischen Positionen des englischen Arztes Arthur Wigan vgl. ANNE HARRINGTON, Medicine, Mind, and the Double Brain. A Study in Nineteenth-Century Thought. Princeton 1987 S. 22 ff.

faul verstanden, ihre Gefährlichkeit aber einem rastlosen, nimmermüden Ausschauen nach Diebstahlsmöglichkeiten zugeschrieben werden.[10] Diesen Befund darf man nicht ausschließlich mit dem Hinweis auf den irrationalen Charakter der Feindbildkonstruktionen erklären. Denn die Widerstandsfähigkeit der Stereotype belegt die allgemeine Akzeptanz des dominanten Erzählmusters, das die darauf gegründeten Feindbilder trotz ihrer immanenten Widersprüche plausibel erscheinen ließ. Dieser Befund kann außerdem als Anreiz gelten, sich mit jenen sozialpsychologischen Theorien auseinanderzusetzen, die Stereotype als komplexe kognitive Strukturen begreifen.

Eine detaillierte Analyse der kriminalistischen Zuschreibungen an die Identität des Verbrechers bestätigt diese theoretischen Annahmen, indem sie eine deutliche Hierarchisierung zwischen zentralen und peripheren Charakterisierungen nachweist. Auf der Grundlage sozialpsychologischer Theorien kann man argumentieren, daß die Akzeptanz der in sich widersprüchlichen Feindbilder von der Stimmigkeit der dominanten Elemente abhing.[11] Das waren im Fall der Kriminellen die körperlichen, moralischen und psychischen Merkmale, die man für den Beginn krimineller Karrieren verantwortlich machte.

Als stereotype Konstruktionen waren die Figuren des Anständigen und Kriminellen als asymmetrische Gegensatzpaare im Sinne von Reinhart Koselleck organisiert.[12] Die beiden Erzählmuster, die ich angedeutet habe, sprachen dem Verbrecher aus moralisch-sittlichen wie medizinisch-anthropologischen Gründen die Gleichberechtigung mit dem anständigen Bürger ab, da der Kriminelle sich bewußt oder aus innerer Notwendigkeit gegen die wesentlichen Grundlagen der säkularisierten, bürgerlichen Gesellschaft gewandt hatte. Diese Zuschreibungen waren daher bewußt asymmetrisch. In der Ausgestaltung dieser Feindbilder vom Kriminellen spielten alle von Koselleck genannten Polarisierungen, zwischen Hellenen und Barbaren, Christen und Heiden, sowie Menschen und Unmenschen eine Rolle. Die Konstruktionen vom Verbrecher lassen sich jedoch nicht ausschließlich im Bezug auf diese drei idealtypischen Gegensatzpaare erklären. Diese Feindbilder be-

---

[10] »Ach! sagen Sie doch nichts von Faulheit; mein Brod ist ein saueres Brod.« (FRANZ ANDREAS WENNMOHS, Ueber Gauner und über das zweckmäßigste, vielmehr einzige Mittel zur Vertilgung dieses Uebels 1: Schilderung des Gauners nach seiner Menge und Schädlichkeit, in seinem Betriebe, nach seinem Aeußern und als Inquisiten. Güstrow 1823 S. 337).

[11] Vgl. HOWARD J. EHRLICH, Das Vorurteil. Eine sozialpsychologische Bestandsaufnahme der Lehrmeinung amerikanischer Vorurteilsforschung. München 1973 S. 14 f., sowie SANDER GILMAN, Difference and Pathology. Stereotypes of Sexuality, Race, and Madness. Ithaca 1985 S. 22.

[12] REINHART KOSELLECK, Zur historisch-politischen Semantik asymmetrischer Gegenbegriffe, in: Vergangene Zukunft. Zur Semantik geschichtlicher Zeiten. Frankfurt a. M. 1985 S. 211–259.

zogen sich nämlich auf eine diskursive Praxis, in der wesentliche Annahmen über Staat und Gesellschaft sowie über Anthropologie und Psychologie in einem engen Wechselverhältnis mit institutionellen Praktiken standen.

Dennoch bietet Kosellecks Analyse einige wichtige Anhaltspunkte zur Entschlüsselung der kriminalistischen und kriminologischen Stereotype. Im kriminalistischen Feindbild spielten christliche Versatzstücke eine wesentliche Rolle, was ich durch die Verwendung des Begriffs des *Engels* zum Ausdruck bringen möchte. Die idealisierte Figur des Bürgers sah man von dem Streben nach einem moralisch-sittlichen Lebensentwurf geprägt, der eine säkularisierte Heilserwartung – gesellschaftlichen Fortschritt – fördern sollte. Davon ausgehend läßt sich eine Parallele zwischen dem *gefallenen Engel* und Kosellecks Figur des Heiden ziehen. In ähnlicher Weise wie beim Gegensatz zwischen Christen und Heiden erhielt auch die Polarität zwischen Bürgern und *gefallenen Engeln* ihre Überzeugungskraft durch den Vorgriff in die Zukunft der Gesellschaft.[13] Weder Straftat noch Straftäter, sondern die zu erwartende Gefährdung des Fortschritts und die drohende Behinderung bei der Verwirklichung der bürgerlichen Gesellschaft galten als das eigentliche Problem in der Auseinandersetzung mit Kriminalität im 19. Jahrhundert.

II. Das kriminalistische Feindbild: Zur Faszination des Biographischen

Die Reflexionen von Kriminalisten und Kriminologen sind ein guter Ansatzpunkt für die Rekonstruktion dieser Stereotype, weil sie den Zugriff auf und die Reflexion über Devianz als Teil einer diskursiven Praxis erschließen. Kriminalisten wie Kriminologen standen in dauerndem Kontakt zu Straftätern; sie orientierten sich außerdem in ihrer Beschäftigung mit Kriminellen an den theoretischen Diskussionen, die sie selbst mitbestimmten. In ihrer Auseinandersetzung mit Theorien und Praktiken waren sie geprägt von institutionellen Rahmenbedingungen, die ihr Arbeitsleben strukturierten und die sie selbst mitzubestimmen versuchten. Außerdem beanspruchten Kriminalisten wie Kriminologen die Produktion von objektivem, empirisch fundiertem Wissen über Devianz, wodurch Widersprüche in der »Ausarbeitung« des Feindbildes umso deutlicher hervortreten.

In den Schriften der Kriminologen und Kriminalisten lassen sich drei Zugänge zur Identität des Kriminellen unterscheiden: 1. Mit einem psychologischen Interesse durchforschte man die Biographie einzelner Verbrecher, um

---

[13] Ebd. S. 243.

die entscheidenden Wendepunkte zu einer verkehrten Gesinnung zu ermitteln; 2. mit einem beinahe ethnographischen Blick versuchte man die Logik der kriminellen Lebenswelt zu entziffern; 3. mit medizinisch-anthropologischen Methoden suchte man nach den Bedingungen der Möglichkeit der Entscheidung für eine kriminelle Karriere.

Die Suche nach Wendepunkten im Leben eines verdächtigen oder bereits einer Straftat überführten Menschen war eng mit dem Erzählmuster des *gefallenen Engels* verbunden und beeinflußte Diskurs und Praxis gleichermaßen. Damit wurde die Biographie der Straftäter und Verdächtigen zum Angelpunkt in den Datenbeständen des Justiz- und Verwaltungsapparates. Nur auf der Grundlage eines lückenlosen Wissens über den Werdegang des Menschen schien man Aussagen über dessen Persönlichkeit machen zu können. Das Interesse für das Biographische blieb nicht auf Kriminalisten und die institutionelle Organisation der Verbrechensbekämpfung beschränkt. Auch Schriftsteller wie Schiller und Moritz sowie eine große Zahl psychologisch interessierter Laien befaßten sich mit entsprechenden biographischen Studien.[14]

Das Interesse der Kriminalisten für die Biographie war einer anthropologischen Vorstellung verpflichtet, die Determinismus und Willensfreiheit durch das Denkmodell des *Engelssturzes* verbinden wollte.[15] Dabei akzeptierte man die prägende Kraft von Praxis und Erfahrung, die einen Menschen in Situationen bringen konnte, in denen er nicht mehr länger eine dezisionistische Kontrolle über sein Handeln hatte. Doch verstand man die Herbeiführung dieses Zustandes als freiwilligen Akt, mit dem sich der einzelne an einem bestimmten Punkt - oftmals lange vor der Begehung einer Straftat - für die Annahme einer *falschen Gesinnung* entschieden hatte. Gesinnung ist in diesem Zusammenhang als strukturierende und handlungsrelevante Ein-

---

[14] FRIEDRICH SCHILLER, Der Verbrecher aus verlorener Ehre. Eine wahre Geschichte (1786), in: Werke in 5 Bänden 4. Gütersloh o.J. S. 13–36, hier S. 15 f. Vgl. zu den Beziehungen zwischen Schillers psychologischen Studien und dem zeitgenössischen medizinischen Diskurs: MARIANNE SCHULLER, Körper. Fieber. Räuber. Medizinischer Diskurs und literarische Figur beim jungen Schiller, in: Physiognomie und Pathognomie. Zur literarischen Darstellung von Individualität. Hg. WOLFRAM GRODDECK u. a. Berlin 1994 S. 153–168, hier S. 161 ff.; vgl. dazu auch UWE DANKER, Räuberbanden im Alten Reich um 1700. Ein Beitrag zur Geschichte von Herrschaft und Kriminalität in der Frühen Neuzeit. Frankfurt a. M. 1988 S. 466; zum »Magazin zur Erfahrungsseelenkunde« im Kontext des zeitgenössischen Verständnisses von Psychologie vgl. FERNANDO VIDAL, Psychology in the 18th century: a view from encyclopedias, in: History of the Human Sciences 6. 1993 S. 89–119, hier S. 100 f.

[15] Vgl. zu den anthropologischen Grundlagen dieser Vorstellung RICHARD TOELLNER, Zur Einführung, in: Deutschlands kulturelle Entfaltung. Die Neubestimmung des Menschen: Wandlungen des anthropologischen Konzepts im 18. Jahrhundert. Hg. BERNHARD FABIAN u. a. München 1980 S. I–IV, hier S. II.

stellung zum Leben zu verstehen, die die Maximen des Handelns eines jeden Menschen bestimmte.

Mit der Konzentration auf die *Gesinnung* des einzelnen erhielten die Kriminalisten eine Möglichkeit, die Polarität zwischen Gut und Böse zu belegen, die angesichts der Vielfalt von Handlungsorientierungen im Bereich der Lebenspraxis kaum aufrechtzuerhalten war. Für die Kriminalisten existierte keine Grauzone zwischen Gut und Böse. Darin folgten sie den Überlegungen von Immanuel Kant, der eine systematische Polarisierung zwischen moralisch Gut und Böse jenseits deterministischer Konzepte annahm: »[...] und zwischen einer guten und bösen Gesinnung [...] nach welcher auch die Moralität der Handlung beurteilt werden muß, gibt es also nichts Mittleres.«[16]

Die Kriminalisten legten ihren Überlegungen dieselbe radikale Polarisierung zugrunde. Es gab für sie außer Anständigen und Verbrechern nur *Gefallene*, deren *Fall* noch nicht aktenkundig geworden war. Dadurch unterschieden sie sich von Literaten wie Friedrich Schiller, die ihre Explorationen in die Psyche und Biographie von Verbrechern als Beitrag zur Aufhellung der Grauzone zwischen Gut und Böse verstanden.[17]

Das Interesse der Kriminalisten an der Biographie der Straftäter fand seinen Niederschlag in einer entsprechenden Organisation des Wissens. Die Hannoversche Polizeidirektion tat den entscheidenden Schritt im Jahre 1846, als sie die bisherige Archivierung nach Fällen, die bei Gericht üblich war, durch eine personenbezogene Archivierung ersetzte. Damit sollten alle Informationen über verdächtige Personen bereits beim ersten Angriff verfügbar sein. Als weiteres Hilfsmittel im Zugriff auf personenbezogene Daten wurde im selben Jahr das »Hannoversche Polizeiblatt« geschaffen, das erste Ansätze zur Zentralisierung von Daten über Verdächtige aus dem gesamten Königreich in der Polizeidirektion Hannover ermöglichte.[18]

---

[16] IMMANUEL KANT, Die Religion innerhalb der Grenzen der bloßen Vernunft (1793). Stuttgart 1987 S. 25; auf die dadurch implizierte Radikalisierung des Schuldvorwurfs hat CHRISTOPH SCHULTE hingewiesen: DERS., Böses und Psyche. Immoralität in psychologischen Diskursen, in: Das Böse. Eine historische Phänomenologie des Unerklärlichen. Hg. CARSTEN COLPE u. a. Frankfurt a. M. 1993 S. 300–322, hier S. 302 ff.

[17] Vgl. SCHILLER, Verbrecher (wie Anm. 14) S. 13 f.

[18] Vgl. dazu die handschriftliche Zusammenstellung der wesentlichen Verhältnisse der Königlichen Polizei-Verwaltung zu Hannover von 1846–1862 (vertraulicher Bericht an König Georg V.), Hauptstaatsarchiv Hannover, Dep. 103, IX, Nr. 76, 34; dazu auch DIRK RIESENER, Polizei und Politische Kultur im 19. Jahrhundert. Die Polizeidirektion Hannover und die politische Öffentlichkeit im Königreich Hannover. Hannover 1996 S. 68 ff.; sowie WOLFRAM SIEMANN, »Deutschlands Ruhe, Sicherheit und Ordnung«. Die Anfänge der politischen Polizei 1806–1866. Tübingen 1985 S. 207 f.

Die vielfältigen Verwendungsmöglichkeiten dieses Wissens für Diskurs und Praxis der Kriminalisten zeigt ein Blick in das Hannoversche Polizeiblatt. Die zentral gespeicherten Informationen über verdächtige und gefährliche Personen wurden von der Redaktion in unterschiedlicher Weise genutzt. Sie wurden zur Identifikation von gesuchten Personen ebenso herangezogen wie für die Aufklärung der Beamten über die Genese krimineller Karrieren. Zu diesem Zweck stellte man biographische Skizzen von »gemeinschädlichen« Personen zusammen und publizierte sie in unregelmäßiger Folge. Wie das Beispiel der Biographie von Hermann Thieme, einem Tagelöhner aus Halberstadt, zeigt[19], verfolgten die Kriminalisten die Karriere der Delinquenten bis in die frühe Kindheit zurück. Thiemes Gefährlichkeit erkannten die Kriminalisten vor allem daran, daß er sich nicht von Strafen und Besserungsangeboten beeindrucken ließ: »ohne daß er sich die desfallsigen Strafen hätte zur Besserung dienen lassen.«

Die rekonstruierten Biographien bestärkten die Kriminalisten in ihrem Glauben an die Persistenz der Verbrecher im Bösen, die dem beständigen Streben des Ideal-Bürgers nach Perfektion im Guten entsprochen hätte. Den Bemühungen des Bürgers, sich gegen vielfältige Anfechtungen zu behaupten, korrespondierte die Hartnäckigkeit im Bösen, die sich allen Reformangeboten der Gesellschaft und des Staates widersetzte. Ihre Aufzeichnungen bestätigten die Kriminalisten im Glauben an den substantiellen Unterschied zwischen Rechtsbrechern und Delinquenten. »Der Delinquent unterscheidet sich vom Rechtsbrecher dadurch, daß weniger seine Tat als vielmehr sein Leben für seine Charakterisierung entscheidend ist«[20], wie Michel Foucault treffend formuliert. Delinquenten im Sinne Foucaults waren *gefallene Engel*, deren Persistenz im Bösen auf die Annahme einer falschen Gesinnung zurückgeführt und durch keine geistlichen wie weltlichen Reformangebote durchbrochen werden konnte. Erst die Aufzeichnungspraxis der Polizeibehörden machte die Delinquenten jedoch zum empirisch belegbaren Phänomen.

Die Fokussierung auf die Biographie und die Grenzziehung entlang der Gesinnung verweist auf ein wesentliches Merkmal des kriminalistischen Feindbildes: die Skepsis gegenüber einer möglichen Umkehr. Indem man davon ausging, daß sich die verkehrte Gesinnung tief in den Körper und Geist eines Straftäters eingeprägt hatte, glaubte man die Einprägungen der falschen Ordnung nur durch eine langdauernde Umerziehung wieder rückgän-

---

[19] Hannoversches Polizeiblatt Bd. 3, Heft 63, vom 8. 8. 1849 S. 408–412.

[20] MICHEL FOUCAULT, Überwachen und Strafen. Die Geburt des Gefängnisses. Frankfurt a. M. 1977 S. 323.

gig machen zu können.[21] Es ist bezeichnend für die Auswirkung des kriminalistischen Feindbildes auf das Selbstbild der Kriminellen, daß einige Verbrecher die Schwierigkeiten einer erfolgreichen Umkehr in sich selbst suchten. Das hat ein Häftling des Wiener Polizeigefangenenhauses sehr gut zum
Ausdruck gebracht, als er in die Wand seiner Zelle die folgenden Verse
ritzte:

> »Einmal noch möchte ich die Freiheit
> Und dann werde ich ein Mensch
> Mensch zu sein ist leicht
> Aber Mensch zu werden ist schwer.«[22]

Die vier Verse sprechen implizit einen weiteren Diskussionspunkt in der
Auseinandersetzung zwischen Kriminalisten und Kriminologen an: Die
Menschwerdung des Verbrechers setzte voraus, daß dieser entweder immer
schon ein Un- bzw. Nicht-Mensch gewesen oder aber zu einem solchen geworden war. Für die Kriminalisten, die bis in die letzten Jahrzehnte des
19. Jahrhunderts das Denken über den Verbrecher bestimmten, galt der Kriminelle als ein *gefallener Engel* und damit als früherer »Mensch«, der durch
Mißbrauch seiner Vernunft das wichtigste Merkmal des Bürgers und Menschen aufgegeben hatte. Dagegen begriffen die Kriminologen des späten
19. Jahrhunderts den Verbrecher als ein Subjekt, das äußere Umstände an
der erfolgreichen Menschwerdung gehindert hatten.

---

[21] An einem solchen Programm waren Anstalten wie das von JOHANN HINRICH WICHERN 1833
außerhalb von Hamburg eingerichtete *Rauhe Haus* orientiert. Vgl. dazu CHRISTOPH SACHSSE,
FLORIAN TENNSTEDT, Geschichte der Armenfürsorge. Vom Spätmittelalter bis zum 1. Weltkrieg.
Stuttgart 1980 S. 229 ff. Zur Theorie und Praxis dieser Institutionen am Beispiel einer holländi-
schen Kolonie vgl. JEROEN J. H. DEKKER, Rituals and Reeducation in the Nineteenth Century:
Ritual and Moral Education in a Dutch Children's Home, in: Continuity and Change 9. 1994
S. 121–144, bes. S. 132 ff. Karl Philipp Theodor Schwencken wollte zu Beginn des 19. Jahrhunderts diese Form der lange währenden Umerziehung auch auf Erwachsene ausdehnen und ent-
warf dafür das Idealbild eines Arbeitshauses. Darin sollten Frauen, Männer und Kinder getrennt
an Arbeit und Ordnung gewöhnt werden. Sein Plan sah einen gezielten Unterricht vor, um in
den Insassen das Gefühl für Sittlichkeit zu wecken: KARL PHILIPP THEODOR SCHWENCKEN, Ak-
tenmäßige Nachrichten von dem Gauner- und Vagabunden-Gesindel, sowie von einzelnen pro-
fessionirten Dieben, in den Ländern zwischen dem Rhein und der Elbe, nebst genauer Beschreibung ihrer Person. Cassel 1822 S. 87.
[22] ALBERT PETRIKOVITS, Hinter Schloss und Riegel. Inschriften und Zeichnungen aus dem
Wiener Polizeigefangenenhause. Wien 1923 S. 84.

III. Engelssturz: mangelnde Vernunft und Auflehnung
gegen Autoritäten

Die Vorstellung von Kriminalität als Folge eines *Engelssturzes* muß vor dem
Hintergrund eines neuen, dynamischen Modells von Gesellschaft gesehen
werden. In der bürgerlichen Gesellschaft sollte der Gebrauch der Vernunft
die Interessen des einzelnen mit dem allgemeinen Interesse in jeder nur
denkbaren Situation in Einklang bringen.[23] Bedrohlich schienen den Kriminalisten daher alle Formen der Entfremdung vom Idealtyp des vernünftigen
und dadurch sozial integrativen Handelns. Anzeichen einer solchen Entfremdung sah man in einer Vielzahl von Verhaltensweisen: im schrankenlo-
sen Entfalten des eigenen Gewinnstrebens und in der Sehnsucht nach dem
schnellen Gewinn in der Lotterie, die beide der normativen Logik wirtschaftlichen Handelns zuwiderliefen; in der Verweigerung gegen das produktive
Tätigsein, die dem Prinzip *Arbeit* entgegenstand; sowie in der Flucht in das
Vergessen durch Branntweinkonsum und in den Verlockungen einer verkehrten Form von Sexualität, die normative Erwartungen an Konsum und
Reproduktion der bürgerlichen Subjekte verletzten.

1. Schrankenloser Egoismus

Die Vorstellung vom Egoismus als dem Ursprung des Bösen war im 19. Jahrhundert weit verbreitet und blieb nicht auf die Kriminalisten beschränkt.[24]
Diese Annahme führte zu erheblichen Problemen bei der Grenzziehung zwischen Gut und Böse. Egoismus und Gewinnstreben waren als solche keine

---

[23] Die Strafgesetzbücher, wie das *Allgemeine Landrecht* (1794), die vom Vernunft- anstelle
des Verstandesgebrauchs ausgingen, stellten höhere, umfassendere Erwartungen an die einzelnen Bürger. Die Bürger sollten hier über die Fähigkeit verfügen, nicht nur dem Buchstaben des
Gesetzes zu folgen. Sie sollten ihr Leben derart einrichten, daß ihre Handlungen mit den
ethisch-sittlichen Imperativen des Gesetzgebers übereinstimmten, um auch gegen die strafrecht-
liche Belangung aufgrund analoger Gesetzesanwendung gefeit zu sein. Es drückte sich darin der
hoffnungsvolle Glaube an die moralisch-sittliche Kraft des Vernunftgebrauchs aus, der für die
Aufklärung so bezeichnend war.

[24] In diesem Zusammenhang kann man auch die Forderung nach »Gemeinsinn« stellen, die
von den bürgerlichen Subjekten eine sozial-integrative Einstellung erwartete, was weit über die
Legalität von Handlungen hinausging. Vgl. dazu RUDOLF VIERHAUS, »Wir nennen's Gemeinsinn.« (We call it public spirit) Republic and Republicanism in the German Political Discussion
of the 19th Century, in: Republicanism and Liberalism in America and the German States. Hg.
JÜRGEN HEIDEKING u. a. Cambridge usw. 2000 (im Druck).

ausschließlich negativ besetzten Eigenschaften. Eine klare Abgrenzung zwischen konstruktivem und destruktivem Egoismus ließ sich daher nur in idealtypischer Form vornehmen, wie die Argumentation des Sozialethikers und Moralstatistikers von Oettingen zeigt:

»Obwohl das Böse aus der Wurzel des pietätlosen Egoismus hervorwachsend nach ideal sittlichem Maasstabe *abnorme* Lebensbewegung ist, so ist es deshalb noch nicht gesetzlos, d. h. es hat nicht die Macht die gottgesetzte moralische Weltordnung willkürlich umzustossen, und ein wirkliches Chaos herzustellen.«[25]

Von Oettingen beschrieb in dieser Textstelle den destruktiven Egoismus näher und identifizierte ihn als wesentliche Bedrohung für die bürgerliche Ordnung. Seine Argumentation drückt außerdem ein für die Kriminalisten bezeichnendes Vertrauen in die Widerstandsfähigkeit der bestehenden Ordnung aus.[26] Trotz ihrer Sorge um die nachteiligen Auswirkungen des Bösen, waren sie davon überzeugt, daß sich die bürgerliche Ordnung erfolgreich gegen das Chaos als Nicht-Ordnung behaupten könnte.

Die Kriminalisten unterschieden sich allerdings in einem wichtigen Punkt von von Oettingen. Sie gingen nicht nur vom Widerstreit zwischen Ordnung und Chaos aus, sondern sahen die Kriminellen in einer Gegen-Ordnung vergesellschaftet. Der Berliner Kriminalist A. F. Thiele fand einen passenden Ausdruck für diese Überzeugung, als er den Kriminellen als »Gegending der Ordnung«[27] bezeichnete. Durch die Annahme einer Gegen-Ordnung ließen sich die Konsequenzen der bösen Gesinnung eingrenzen. Die Kriminellen wurden in einen spezifischen Ordnungsraum ausgegrenzt, dem man eine eigene Logik von Produktion und Reproduktion zuschrieb. Sie blieben dadurch innerhalb einer *Ordnung* und standen der bürgerlichen Ordnung nicht als chaotische Un-Ordnung gegenüber.

Der schrankenlose Egoismus, der als ein konstitutives Merkmal dieser Gegen-Ordnung galt, wurde in den Schriften der Kriminalisten vor allem als Ursache von Betrug und Übervorteilung diskutiert. Es waren dies jene beiden Delikte, die eine eindeutige Grenzziehung zwischen Gut und Böse schwierig machten. Im 19. Jahrhundert gab es ein ebenso weites Betätigungsfeld für die betrügerische Ausbeutung von Vertrauen und Gier der Menschen

---

[25] Alexander von Oettingen, Die Moralstatistik in ihrer Bedeutung für eine christliche Socialethik. Erlangen ²1874 S. 763.

[26] Johann Friedrich Karl Merker, Hauptquellen der Verbrechen gegen die Eigenthums-Sicherheit in Berlin, mit Hindeutung auf die Möglichkeit der Verminderung derselben. Berlin 1839 S. 3.

[27] A. F. Thiele, Die jüdischen Gauner in Deutschland, ihre Taktik, ihre Eigenthümlichkeiten und ihre Sprache […] 1. Berlin ²1842 S. VII.

wie heute. Die damaligen Kriminalisten setzten in ihren Schriften auf die
Aufklärung der Kollegen wie der Bevölkerung über neue betrügerische Praktiken. Dabei thematisierten sie vor allem Formen des Direktverkaufs als die
häufigsten Betrugsdelikte. Der Betrüger trat im 19. Jahrhundert meist als ein
vom Schicksal gebrochener Mann auf, der aufgrund einer Notlage wertvolle
Gegenstände verschleudern mußte.[28]

Obwohl die Kriminalisten immer eindeutig die Partei der Betrogenen einnahmen, standen sie den Opfern von Betrügern kritisch gegenüber. Denn in
den meisten Betrugsfällen waren die Grenzen zwischen Gut und Böse bedrohlich aufgeweicht. Erstens war der Betrüger, wie schon Kant betonte, der
eigentliche Narr, das heißt der eigentlich Betrogene.[29] Sein wirtschaftliches
Kalkül war falsch, weil er den schnellen Gewinn einer langfristigen Profit-
maximierung vorzog. Zweitens war der Betrogene auch eine Art Betrüger,
indem er die Notlage eines Menschen zur eigenen Bereicherung nutzen
wollte. Das war zwar in den meisten Fällen nicht strafbar, aber immer unsitt-
lich. Ein wahrhaft sittlicher Mensch hätte sich auf diese Vorteilsnahme niemals eingelassen. Das hat der österreichische Dichter Adalbert Stifter im
»Nachsommer«, dem Lehrstück von Sittlichkeit und Ordnung, eindrücklich
vorgeführt. Stifter ließ den Freiherrn von Risach viele Anstrengungen unternehmen, um eine irrtümlich als Gipsstatue gekaufte Marmorstatue zum richtigen Preis erwerben zu können.[30]

Die Kriminalisten nahmen nicht an, daß jeder ihrer Mitbürger über dieselbe sittliche Kraft verfügte, mit der Stifter seine literarische Figur ausgestattet
hatte. Dennoch nahmen sie bei den meisten Menschen, die sich noch nicht
offen gegen die moralisch-sittlichen Grundlagen der bürgerlichen Gesellschaft gewandt hatten, eine grundsätzliche Bereitschaft zum Guten an. Den
Willen zum Guten sahen sie einer Fülle von Bedrohungen ausgesetzt, gegen

---

[28] Johann Christian August Heinroth wies auf die Trugbilder von sozialem Aufstieg und
Wohlleben hin, die manche zum Opfer von Betrügereien gemacht oder zum Beginn einer kriminellen Karriere motiviert hätten: JOHANN CHRISTIAN AUGUST HEINROTH, Grundzüge der Crimi-
nal-Psychologie; oder: Die Theorie des Bösen in ihrer Anwendung auf die Criminal-Rechtspfle-
ge. Berlin 1833 S. 155. SCHÖLL, Abriß (wie Anm. 3) S. 148 ff., berichtet einen Fall, in dem die
Bauern einem Betrüger zum Opfer fielen, der sie zu Mittätern in einem Falschmünzergeschäft
machen wollte. Dadurch wurden die Bauern gleichzeitig zu Tätern und Opfern. Um diese Wünsche der Menschen ausbeuten zu können, benötigten die Bettler und Gauner psychologisches
Geschick und ein detailliertes Wissen über die Sehnsüchte und Schwächen ihrer Opfer. Darauf
hat Ernst Schubert hingewiesen: ERNST SCHUBERT, Arme Leute, Bettler und Gauner im Franken
des 18. Jahrhunderts. Neustadt/Aisch ²1990 S. 223.

[29] IMMANUEL KANT, Anthropologie in pragmatischer Hinsicht (1798) (Werkausgabe 12).
Frankfurt a. M. 1968 S. 517.

[30] ADALBERT STIFTER, Der Nachsommer, in: Stifters Werke in 2 Bänden 2. Hg. IRMGARD ELF-
RIEDE WALTER. Salzburg 1951 S. 439.

die besonders gefährdete Menschen geschützt werden mußten. Zu dieser Gruppe rechneten sie hauptsächlich unreife und unvernünftige Männer, die sich nicht aus eigenem Antrieb gegen Anfechtungen behaupten konnten. Die unreife Persönlichkeit, die sich durch den Schein der Freiheit und die Faszination des schnellen Gewinns verlocken ließ, benötigte innere wie äußere Schranken, um sich nicht gegen die eigenen Interessen zu wenden.

Die Schaffung und Aufrechterhaltung dieser Grenzen war in den Augen der Kriminalisten Aufgabe von drei Institutionen. Das Strafrecht sollte jedem Bürger und daher auch dem Gefährdeten die Grenzen der Legalität aufzeigen, die Morallehren der Kirche sollten ihm ein sittliches Leben angewöhnen, und die Polizei sollte alle Verführungen aus dem Blickfeld unreifer Bürger entfernen. Zu den Verführungen zählte man die Präsenz von Unsittlichkeit und Liederlichkeit auf den Straßen der Städte ebenso wie die Existenz von Gaunern, deren Auflehnung gegen die Beschränktheit des bürgerlichen Lebens, gegen Konsumverzicht, Entsagung und Arbeit ein negatives Beispiel bot. Dazu gehörten außerdem Branntweinschänken und die Verfügbarkeit von billigem Branntwein sowie die öffentliche Präsenz von Prostituierten in der Stadt, die unreife Jugendliche ins Verhängnis stürzen konnten.

2. Das Prinzip Arbeit

Das arbeitsfreie, sorglose Leben galt als wichtigstes Verführungsmittel zum kriminellen Leben bei der sogenannten arbeitenden Bevölkerung. Bevor die späteren Kriminellen ein Verbrechen begingen, hatten sie sich durch ihre Vorstellung von der Möglichkeit des raschen, mühelosen Erfolgs von den Grundlagen der Gesellschaft entfernt. Gauner würden sich überall dort finden, wie Robert von Mohl argumentierte, »wo es möglich ist, durch Diebstahl das Leben ohne Arbeit zu fristen«.[31] Zum Wunsch nach einem Leben ohne Mühe und Arbeit mußte aber auch die Vorstellung vom arbeitsfreien *Wohl*leben kommen, um eine kriminelle Karriere auszulösen. Diese Überzeugung hat ein Gutachten der Berliner Polizei aus den 1830er Jahren sehr gut zum Ausdruck gebracht:

»Alle wähnen hier mit leichter Mühe ein geträumtes Glück zu erringen, dessen sie in ihrer Heimath entbehrten; sie sind der Meinung, daß sich ihnen von selbst Goldgruben erschließen und sie hier einen zum bequemen Wohlleben führenden gebahnten Weg vorfinden werden.«[32]

---

[31] MOHL, System (wie Anm. 3) S. 199 (hier Anm. 2).

[32] Bericht des Berliner Polizeipräsidiums an den Oberpräsidenten der Provinz Brandenburg

Die Polarisierung zwischen dem Bürger und dem Gauner als Nicht-Bürger auf der Grundlage von Arbeitsamkeit und Strebsamkeit konnte nicht durchgängig gemacht werden. So plausibel diese Gegenüberstellung im Hinblick auf die Persönlichkeitsmerkmale war, so irreführend war sie, wenn die Gefahr des berufsmäßigen Verbrechers evaluiert wurde. Die Gauner zeichneten sich ja durch ihre Betriebsamkeit aus, die sie unermüdlich stehlen, betrügen und rauben ließ. Johann Ulrich Schöll bezeichnete daher die Nachtdiebe mit einem eher wertfreien Begriff von Arbeit als Tätigkeit: Zum »Nachtdieb« wäre jeder geeignet, schrieb er, »der Arbeit, Mühe, Schlaflosigkeit und Gefahr nicht scheut [...].«[33] Dieser Vorstellung von Mühsal und Entsagung bei der kriminellen Arbeit entsprach auch die Selbstdarstellung von Gaunern, wie das Buch von Wennmohs beweist. Als Wennmohs in der Rolle des Inquirenten einem Angeklagten Vorhaltungen über seine Faulheit gemacht hatte, erhielt er folgende Antwort, die ihn zum Einfügen einer Fußnote motivierte: »Ach! sagen Sie doch nicht [sic!] von Faulheit; mein Brod ist ein saueres Brod.«[34]

Die Widersprüche zwischen dem Selbst- und Fremdbild der Kriminellen, aber auch die offensichtlichen Brüche in der Ausgestaltung der Polarität zwischen Gut und Böse verweisen auf den konstruktiven Charakter der kriminalistischen Zuschreibungen. Sie treten besonders deutlich dort hervor, wo die negative, polarisierende Rekonstruktion von Persönlichkeitsmerkmalen mit der Beschreibung der kriminellen Gegenwelt in Widerspruch geriet. So bezog sich die Faulheit auf ein wesentliches Charakteristikum des Nicht-Bürgers, während seine Betriebsamkeit auf die arbeitsteilige, produktive Organisation der kriminellen Gesellschaft hinwies.

Diese Widersprüche wurden nicht als störend empfunden. Das läßt sich im Rückgriff auf sozialpsychologische Forschungen zur Stereotypenbildung mit der besonderen Struktur dieser Konstruktionen erklären. Stereotype bestehen aus dominanten und peripheren Elementen, wobei ihre Akzeptanz von der Kohärenz der Zuschreibungen innerhalb der Kernelemente abhängt. Die dominanten Bestandteile des Feindbildes vom Verbrecher betrafen den *Engelssturz* und seine Hintergründe. Die peripheren Bestandteile ergaben

---

vom 6. März 1837. Brandenburgisches Landeshauptarchiv, 7401, Pr.Br.Rep. 30, Berlin C: Polizei Präsidium, Tit. 89, Nr. 93, betreffend die Ermittelung der Gründe zur Vermehrung der Verbrechen im Preußischen Staate, f. 12v.

[33] Schöll, Abriß (wie Anm. 3) S. 7. An anderer Stelle (S. 276) erwähnte er die »oft mühsamen und mit angestrengter Arbeit verbundenen Einbrüche«, von denen die Gauner zu »kraftvollen und nervichten Menschen« würden.

[34] Wennmohs, Gauner (wie Anm. 10) S. 337. Ähnliche Aussprüche von Kriminellen und verwunderte Reaktionen der Kriminalisten findet man noch im 20. Jahrhundert. Vgl. dazu Arthofer, Zuchthaus (wie Anm. 5) S. 15, 73 ff.

sich aus dem Versuch der Kriminalisten, die Kriminellen als Angehörige einer Gegenwelt zu verstehen, die zwar als Verkehrung der bürgerlichen Gesellschaft, aber gleichzeitig in Analogie zu ihr konstruiert war.[35]

Diese Analogiebildung drückte sich in der Übernahme von wesentlichen Strukturmerkmalen der bürgerlichen Gesellschaft zur Beschreibung der kriminellen Gegenwelt aus. Das läßt sich unschwer an dem krampfhaften Bemühen der Kriminalisten erkennen, eine Ordnung in der kriminellen Welt zu identifizieren, die eine verkehrte sein mußte. Die Familie, der Verein, die ständische Gliederung und selbst die Klasse erschlossen sich als Strukturmerkmale dem projektiven Blick der Kriminalisten. Zudem fanden sie in der kriminellen Lebenswelt eine weit entwickelte Arbeitsteilung sowie ein weit verzweigtes System der sozialen und wirtschaftlichen Beziehungen, von denen sie annahmen, daß sie auch dort die Optimierung des Ertrages ermöglichten.

Diese Widersprüche zwischen den Zuschreibungen an die Persönlichkeit und an die Vergesellschaftung des Verbrechers lösten sich erst auf, als der medizinisch-anthropologische Blick des Kriminologen die Verbrecher analytisch von ihrem sozialen Umfeld trennte. Das neue Erzählmuster, das sich in den letzten beiden Jahrzehnten des 19. Jahrhunderts durchsetzte, deutete die Existenz der Verbrecher mit dem theoretischen Rüstzeug der Evolutionsbiologie. Die konstitutionelle Verschiedenheit zwischen Verbrechern und Bürgern schloß jede Gleichwertigkeit dieser beiden Subjekte im produktiven, sozialen und kulturellen Bereich aus. Die Vorstellung einer analogen kriminellen Vergesellschaftung war für die *Minderwertigen* des späten 19. und frühen 20. Jahrhunderts nicht mehr angebracht.

Die Genese der *Minderwertigkeit* identifizierten die Kriminologen in der unvollständigen Entwicklung des Kriminellen in körperlicher, geistiger und sozialer Hinsicht. Für die Entwicklungshemmung machte man eine Vielzahl von Gründen verantwortlich. Endogene und exogene Faktoren, Anlage und Umwelt spielten dabei jeder für sich eine Rolle. Welche Gründe die Verbrecher auch immer zu *verhinderten Menschen* bestimmt hatten, die Kriminologen leiteten daraus ähnliche Forderungen ab wie die Kriminalisten der ersten Jahrhunderthälfte: Verbrecher, die nicht in die Gesellschaft integriert werden konnten, sollten möglichst dauerhaft verwahrt werden.

---

[35] Mein Konzept der Gegenwelt baut auf den den Bemerkungen von František Graus, den oben erwähnten Arbeiten zu Stereotypen und Feindbild, sowie auf der Kritik von Uwe Danker an Carsten Küther auf: FRANTIŠEK GRAUS, Randgruppen der städtischen Gesellschaft im Spätmittelalter, in: Zeitschrift für historische Forschung 8. 1981 S. 385–437, bes. S. 403; CARSTEN KÜTHER, Räuber und Gauner in Deutschland. Das organisierte Bandenwesen im 18. und frühen 19. Jahrhundert. Göttingen ²1987; DANKER, Räuberbanden (wie Anm. 14).

Als nicht vollständig entwickelte Persönlichkeiten schien in den Minderwertigen ein Potential des Wilden und Bestialischen lebendig geblieben zu sein, das der vollwertige Bürger im Zuge seiner Entwicklung hinter sich gelassen hatte. Hinter jedem Landstreicher verbarg sich daher die Bedrohlichkeit des Kannibalen als die ultimative Grenze des Menschen-Möglichen.[36]

3. Verführungen und Anfechtungen

Um die Genese von Devianz und Unsittlichkeit zu verhindern, verfolgten die Kriminalisten zwei Strategien. Sie bekämpften aktiv den Erfolg der Verbrecher, der ein verführerisches Vorbild zur Nachahmung bot.[37] Gleichzeitig versuchten sie, anhand ihrer Dokumentation über Lebensläufe von *Gefallenen* die hauptsächlichen Ursachen für die Annahme einer verkehrten Gesinnung zu identifizieren. Dabei stießen die Kriminalisten vor allem auf zwei Problembereiche: Alkoholkonsum und Kontakt zu Prostituierten.

Es ist bemerkenswert, daß diese beiden Probleme auch in den Theorien der Kriminologen einen prominenten Platz einnahmen, um die Genese von *verhinderten Menschen* bzw. die Aktivierung ihres latenten Potentials an Wildheit und Destruktivität zu erklären. In beiden Erzählmustern fürchtete man die verderblichen Einflüsse auf die Vorstellungswelt jener Menschen, die damit aufgrund ihrer mangelnden Bildung bzw. ihrer minderwertigen Konstitution nicht zurechtkommen konnten. Wünsche, Begierden, Leidenschaften und Suchtverhalten hatten aus der Sicht von Kriminologen wie Kriminalisten bei gefährdeten Menschen verhängnisvolle Konsequenzen.

Übermäßiger Branntweinkonsum galt bei Kriminalisten als Ursache und Zeichen für den *Engelssturz*. Die Grenzziehung zwischen den Branntwein Trinkenden und dem Trinker fiel dabei weder den Theoretikern noch den Praktikern leicht. Letztlich definierte man die Grenze durch das Kriterium des Kontrollverlustes. Wer durch Alkoholkonsum seine Existenz gefährdete, galt als Kandidat für eine kriminelle Karriere. Die von einigen Kriminalisten vorgeschlagenen polizeilich-präventiven Gegenmaßnahmen wollten die Ver-

---

[36] Vgl. PETER BECKER, Objective Distance and Intimate Knowledge. The Rhetoric of Criminological Narratives, in: The Prose and Figures of Authority and Objectivity: Historical Essays on Bureaucratic and Academic Writing and Subjects. Hg. PETER BECKER u. a. Ann Arbor 2000 (im Druck).

[37] Vgl. FRIEDRICH CHRISTIAN BENEDIKT AVÉ-LALLEMANT, Das Deutsche Gaunerthum in seiner social-politischen, literarischen und linguistischen Ausbildung zu seinem heutigen Bestande 2. Leipzig 1858 S. 1; WENNMOHS, Ueber Gauner (wie Anm. 10) S. 29.

fügbarkeit von Alkohol im öffentlichen Raum drastisch beschränken. Ihre Realisierung wurde durch das fiskalische Interesse des Staates und durch die Interessen der Alkoholproduzenten hintertrieben. Man verließ sich auf die Macht des – vom Priester oder Arzt verkündeten – Wortes und versuchte durch eine gezielte Kontrolle der Lizenzvergabe für Schankstätten die Zugänglichkeit des Alkohols wenigstens zu erschweren.[38]

Für ebenso gefährlich wie den Alkoholmißbrauch hielt man bestimmte sexuelle Beziehungen. Die Kriminalisten gingen von einem Modell von Sexualität und Familie aus, in dem das destruktive Potential männlicher Sexualität durch ihre Einbindung in eine eheliche Gemeinschaft sozialisiert wurde. Isabel Hull hat dieses Konzept mit dem Begriff des »male sexual model« beschrieben und betont, daß Sexualität dem reifen, vernünftigen Mann vorbehalten war. Sexuelle Erfahrungen von Jugendlichen, entweder durch Onanie oder durch homo- wie heterosexuelle Beziehungen, galten als schädlich für die Entwicklung der jugendlichen Psyche und wurden daher abgelehnt.[39]

Vor allem der Kontakt junger Männer zu Prostituierten stellte für die Kriminalisten ein erhebliches Sicherheitsproblem dar. Wegen ihrer Unreife und Unvernunft hätten junge Männer die sexuellen Kontakte zu »käuflichen« Frauen nicht ausschließlich instrumentell begriffen. Sie verstrickten sich in derartige Beziehungen und wurden in die falsche Logik der kriminellen Welt eingeführt. Polizeirat Merker aus Berlin hat diese Ängste treffend formuliert, als er argumentierte: »Wenn junge Männer zum Umgange mit Lohndirnen sich einmal hingeneigt haben, so können sie sich davon nicht nach Willkühr wieder losreißen.«[40]

Die Kriminalisten sorgten sich aber nicht nur um Erfahrungen und Handlungen unreifer Jugendlicher und Erwachsener, sondern mehr noch um die Integrität ihrer Vorstellungswelt. Dort sah man die ersten Ansätze des Bösen eindringen und sich schließlich zur Annahme einer falschen Gesinnung verdichten. Auf diese Vorstellungswelt wollte man präventiv durch die Ausbildung einer rechten Gesinnung einwirken. Die Sorge um die Integrität der Vorstellungswelt von Jugendlichen äußerte sich außerdem in den Bemühungen der Polizei, die Prostituierten vom öffentlichen Raum der Stadt auszu-

---

[38] Vgl. MERKER, Hauptquellen (wie Anm. 26) S. 151; sowie die kritischen Bemerkungen von Hasso Spode über die Sorge um die Wohlfeilheit des Alkohols: HASSO SPODE, Alkohol (wie Anm. 6) S. 134.

[39] ISABEL V. HULL, Sexuality, State, and Civil Society in Germany, 1700–1815. Ithaca 1996 S. 248.

[40] MERKER, Hauptquellen (wie Anm. 26) S. 37.

schließen sowie die Produktion und Verbreitung unsittlicher Schriften, Bilder und künstlerischer Produktionen anderer Art zu unterdrücken.[41]

Mit diesen Ängsten standen die Kriminalisten keinesfalls alleine da. Die Autoren einer Petition des Central-Ausschuß für die innere Mission der deutschen evangelischen Kirche an den Reichstag des Norddeutschen Bundes aus dem Jahr 1869 argumentierten ähnlich. In Varietés, d. h. in den »Etablissements«, die »frivole Gesang- und Tanzvorstellungen […] mimische Darstellungen, lebende Bilder« anboten, sahen sie die »Lockungen zur Prostitution […] in die Bevölkerung getragen«. Wie diese Verführung der Bevölkerung vor sich ging, wurde am Beispiel der Theater vorgeführt, wo »die Heiligthümer der Sittlichkeit wie der Religion verhöhnt werden«. Die Bemühungen von Schule und Kirche, das Gewissen der Bevölkerung auszubilden, schien etwa von einer Oper von J. Offenbach auf das äußerste bedroht.[42]

Die geforderten und teilweise verwirklichten Maßnahmen gegen die Präsenz von Unsittlichkeit im öffentlichen Raum waren präventiv und sollten die Vorstellungswelt der gefährdeten Personen schützen. Erst wenn die Prävention fehlgeschlagen und sich bei einem jungen Mann ein Potential für unsittliches Handeln ausgebildet hatte, griff die Androhung von Strafe ein. Da-

---

[41] Diese – in Deutschland wie in Frankreich dominierende – Überzeugung drückte Honoré-Antoine Frégier sehr deutlich aus, wenn er seine Argumentation über die Maßnahmen zum Schutz gegen das Laster mit der folgenden Überlegung beginnt: »Les instincts moraux de l'homme ont besoin d'aliment non moins que ses appétits.« Er verdammt daher auch all jene Theaterstücke, die die Unsittlichkeit verherrlichen. Honoré-Antoine Frégier, Des classes dangereuses de la population dans les grandes villes et des moyens de les rendre meilleures. Bruxelles 1840 S. 184, Zitat S. 408 f. Bereits Franz von Csergheö hat in seiner kaum verbreiteten Schrift die Schauspieldichter aufgefordert, nicht nur ästhetische sondern auch moralische Zwecke in ihren Stücken zu verfolgen: Franz von Csergheö, Von den Ursachen pflichtwidriger Handlungen und den Mitteln dagegen. Pest 1806 S. 120. Zur Definition und Verfolgung von Pornographie und Obszönität vgl. Peter Gorsen, Sexualästhetik. Zur bürgerlichen Rezeption von Obszönität und Pornographie. Reinbek 1972 S. 31 ff., sowie Jürgen Schläger, Herméneutique dans le boudoir, in: Text und Applikation. Theologie, Jurisprudenz und Literaturwissenschaft im hermeneutischen Gespräch. Hg. Manfred Fuhrmann u. a. München 1981 S. 207–223, hier S. 208 ff. Die Anstrengungen der Bibliothekare in Volksbüchereien, ihre Leser vor dem Kontakt mit Schmutz- und Schundschriften zu schützen, beschreibt Dieter Langewiesche, »Volksbildung« und »Leserlenkung« in Deutschland von der wilhelminischen Ära bis zur nationalsozialistischen Diktatur, in: Internationales Archiv für Sozialgeschichte der deutschen Literatur 14. 1989 S. 108–125, hier S. 112 ff.

[42] Die öffentliche Sittenlosigkeit mit besonderer Beziehung auf Berlin, Hamburg und die anderen großen Städte des nördlichen und mittleren Deutschlands. Petition und Denkschrift des Central-Ausschuß für die innere Mission der deutschen evangelischen Kirche an den Reichstag des Norddeutschen Bundes. Berlin 1869 S. 15.

mit sollte ihm ein Leben wenigstens in den Grenzen der Legalität wenn nicht der Sittlichkeit mit Nachdruck nahegelegt werden.

Den Kriminologen und Strafrechtsreformern des späten 19. Jahrhunderts erschloß sich eine noch bedrohlichere Situation. Sie sahen sich mit dem Minderwertigen konfrontiert, der nicht wegen seines geringen Bildungsniveaus, sondern aufgrund seiner psycho-physischen Konstitution gefährdet schien. Die Rückfallstatistik zeigte interessierten Zeitgenossen, daß Minderwertige nicht auf Strafandrohungen und Bestrafungen reagierten, ja gar nicht darauf reagieren konnten. Wie schon im kriminalistischen Diskurs erhöhte auch hier die mangelnde Empfänglichkeit für die Androhung von Strafe die Bedrohlichkeit der Kriminellen.

Die Kriminologen der Jahrhundertwende sorgten sich nicht nur um die Straftaten der Verbrecher, sondern mehr noch um deren Nachkommen. Ihre Sorge war begründet durch die enge konzeptuelle Beziehung zwischen Reproduktion, Unsittlichkeit und Minderwertigkeit, durch die man das Stigma der minderwertigen Konstitution in zukünftige Generationen vordringen sah. Der Alkoholiker und die syphilitische Prostituierte erschienen daher nicht nur als eine Gefährdung für ihre Zeitgenossen, sondern mehr noch als eine Bedrohung für die Zukunft der Gesellschaft. Indem sie ihren Nachkommen eine minderwertige Konstitution mit auf den Lebensweg gaben, zeichneten sie auch deren Schicksal vor. Dieses Denkmodell war so plausibel für die Autoren seit dem späten 19. Jahrhundert, daß sich selbst der Strafanstaltsseelsorger Arthofer darauf bezog.

Er widmete in seinem Buch – einem Erfahrungsbericht über seine Arbeit im Zuchthaus – den erblich Belasteten ein ganzes Kapitel, obwohl die Determiniertheit ihres Schicksals in offenem Widerspruch zu seinen sonstigen Reflexionen über die Rettung der verlorenen Seelen stand. Doch selbst ein Seelsorger konnte in der Zwischenkriegszeit nicht mehr an der Kraft des Blutes zweifeln, das dem Abkömmling von »lasterhaften, entarteten Eltern […] einen fast unüberwindlichen Trieb zum Bösen« mit auf den Weg gegeben hatte.[43]

Schluß

Der Sorge der Kriminalisten um die Anständigen, die man vor dem *Fall* bewahren wollte, entsprach eine radikale Ausgrenzung der bereits *Gefallenen*, die man sowohl als *gefallene Engel* wie als *verhinderte Menschen* nicht für re-

---

[43] ARTHOFER, Zuchthaus (wie Anm. 5) S. 58 f.

sozialisierbar hielt. Diese Überzeugung hatte erhebliche institutionelle Konsequenzen. Man überwachte die Kriminellen nach ihrer Entlassung aus der Haft, obwohl zeitgenössische Kritiker der Polizeiaufsicht auf die Untauglichkeit dieser Maßnahme hinwiesen. Denn keine noch so strikte Aufsicht könnte einen fest entschlossenen Gauner von der Begehung weiterer Straftaten abhalten. Dagegen würden durch jede noch so oberflächliche Form der Kontrolle die Chancen des Entlassenen auf eine erfolgreiche Resozialisierung im Keim erstickt.[44]

Die Polizeiaufsicht war dennoch für viele Praktiker und Theoretiker eine unverzichtbare präventive Maßnahme, weil sie entlassenen Verbrechern zutiefst mißtrauten. Ihr Mißtrauen stand in engem Bezug zur Vorstellung vom Verbrecher als *gefallenem Engel*, der sich nicht vorübergehend, sondern grundsätzlich von den Grundlagen eines gesetzeskonformen Lebensstiles abgewandt hatte und seine neue Identität vor den anständigen Mitmenschen kunstvoll verborgen hielt. Daher glaubte man, daß nur eine langdauernde Umerziehung in eigens dafür geschaffenen Einrichtungen eine Umkehr bewirken konnte. Die bestehenden Strafanstalten stellten solche Bedingungen nicht bereit, daher mißtraute man den Zeichen der Besserung, gerade wenn sie sich bei professionellen Verbrechern zeigten. Ihnen unterstellte man, daß sie nur aus Berechnung Zeichen der inneren Einkehr und Besserung zeigten, um die Aufseher über ihre wahren Absichten zu täuschen.[45]

Die Vorstellung von einem systematischen und kaum aufhebbaren Unterschied zwischen Verbrechern und Anständigen, den man in der Gesinnung des einzelnen lokalisierte, rief ein Mißtrauen hervor, das schließlich jene dauerhaft ausgegrenzte Gruppe von lebenslänglichen Delinquenten erzeugte, die man eigentlich bekämpfen wollte. Auf dieses Paradoxon und seine Vorteile für den Kontrollapparat hat Foucault bereits hingewiesen. Die große Gruppe der Gelegenheitsdiebe, Zuhälter und Hehler machte nämlich

---

[44] Zur Diskussion um die Polizeiaufsicht vgl. BECKER, »Gefallene Engel« (wie Anm. 1); sowie ALF LÜDTKE, »Gemeinwohl«, Polizei und »Festungspraxis«. Staatliche Gewaltsamkeit und innere Verwaltung in Preußen, 1815–1850. Göttingen 1982 S. 234 ff. Ein Verteidiger der *Polizeiaufsicht* war Gustav Zimmermann, der sie als »Fußeisen« verstand, um »übelgesinnte Kräfte und Bewegungen« in ihren Aktionen gegen die bürgerliche Gesellschaft zu beschränken. GUSTAV ZIMMERMANN, Die Deutsche Polizei im neunzehnten Jahrhundert 2. Hannover 1845 S. 493.

[45] Carl Falkenberg verstand die gute Führung in der Strafanstalt nicht als Nachweis einer erfolgreichen Reform, da sich die reformierte Gesinnung in einer neuen Lebens- und Handlungsweise in der Freiheit bewähren mußte. CARL FALKENBERG, Versuch einer Darstellung der verschiedenen Classen von Räubern, Dieben und Diebeshehlern, mit besonderer Hinsicht auf die vorzüglichsten Mittel sich ihrer zu bemächtigen, ihre Verbrechen zu entdecken und zu verhüten. Ein Handbuch für Polizeibeamte, Criminalisten und Gensd'armen 2. Berlin 1818 S. 263.

Investitionen in den Ausbau der kriminalpolizeilichen Infrastruktur plausibel und stellte ein Heer von Spitzeln für einen Einsatz im Dienste der Politischen Polizei und der Sicherheitspolizei bereit.[46]

Diese Vorteile waren ein willkommener Nebeneffekt, den der staatliche Sicherheitsapparat aus der Existenz von Delinquenz zog. Sie erklären allerdings nicht die Bedingungen der Möglichkeit ihres Entstehens. Dafür muß man auf die Überzeugungskraft eines Feindbildes hinweisen, das eine systematische, unüberbrückbare Kluft zwischen den Verbrechern und Anständigen annahm. Dieses Feindbild beruhte letztlich auf dem Traum von einer Gesellschaft ohne Konflikte und Kriminalität, den die modernen Institutionen von Polizei und Justiz mit verwirklichen sollten. Kriminalität galt dabei nicht als ein Risiko, das es zu verwalten und nach Möglichkeit einzugrenzen galt, sondern als eine offene Auflehnung gegen die Grundlagen von Staat und Gesellschaft.

Die Delinquenten symbolisierten eine Fülle von Gefahren für das Gemeinwesen. Sie galten nicht zuletzt als eine Gruppe von Menschen, die sich nicht in den Staat und die Gesellschaft integrieren wollten bzw. sich nicht integrieren konnten. Die Vorstellung von einer bewußten und gewollten Weigerung der Integration in die Gesellschaft dominierte das Denken der Kriminalisten. Die Angst vor einem weit verbreiteten Unvermögen zur Integration bestimmte das Denken der Kriminologen.

Die Kriminologen identifizierten als Ursache der unüberbrückbaren Kluft zwischen den Kriminellen und den sogenannten Anständigen eine Form von psycho-physischer Minderwertigkeit, der sie mit einer Reihe von Untersuchungstechniken nachspürten. Sie vermaßen den Körper und sezierten sein Innenleben; sie analysierten die Psyche mit neuen Methoden und verwendeten künstlerische und autobiographische Erzeugnisse der *Minderwertigen*, um ihre Psyche zu »sezieren«. Dabei wurde das Erstaunen der Kommentatoren über die Existenz von Devianz in einer bürgerlichen Gesellschaft aus dem Bereich des Moralisch-Sittlichen in denjenigen der Anthropologie und Medizin transferiert. Die körperliche und psychische Konstitution wurde nun dazu verwendet, die Bedingungen der Möglichkeit einer falschen Gesinnung zu erklären. Die Abkehr vom sozial integrativen, normkonformen Lebensentwurf wurde mit der Unfähigkeit erklärt, sich den Anforderungen des modernen Lebens zu stellen.

Kriminologen wie Kriminalisten wurden von einem Feindbild angeleitet, das von einer radikalen Differenz zwischen Gut und Böse ausging. Zwi-

---

[46] Foucault, Überwachen (wie Anm. 20) S. 327 f.; Michel Foucault, Prison Talks, in: Power/Knowledge. Selected Interviews and Other Writings 1972–1977. New York 1980 S. 37–54, hier S. 41 f.

schenformen, Grauzonen und Übergänge konnten aufgrund der Logik stereotypen, polarisierenden Denkens nicht wahrgenommen werden. Als dritte Gruppe wurden lediglich die Gefährdeten berücksichtigt, die als eine Übergangsform zwischen Anständigen und Delinquenten galten. Sie waren innerhalb des kriminalistischen Feindbildes identisch mit den Menschen, die entweder aufgrund ihrer Jugend oder ihrer mangelnden Bildung (noch) keine ausreichende Vernunft besaßen. Innerhalb der kriminologischen Konstruktionen galten manche *Minderwertige* und auch die Jugendlichen als gefährdet. Die enge Verbindung zwischen sozialem Status einerseits und Bildung wie Umwelteinflüssen andererseits führte zu einer vergleichbaren sozialen Gewichtung in beiden Feindbildern.

Die Verwissenschaftlichung und Naturalisierung der Annahmen über den Verbrecher trugen daher nicht dazu bei, die verhängnisvolle konzeptuelle Verbindung zwischen Asozialität, Armut und mangelnder Bildung aufzuheben. Der kriminologische Diskurs individualisierte lediglich das Problem der Kriminalität. Der Proletarier war nicht mehr als Teil eines sozialen Verbandes bedrohlich, sondern als geistig und körperlich minderwertiges Individuum, dessen Umweltbedingungen über den Umweg von prägenden Einflüssen auf seine Konstitution wirksam wurden. Auf dieser Grundlage ließen sich hygienische Maßnahmen als wirkungsvolle Hilfsmittel im Kampf gegen Asozialität und Devianz empfehlen.

Die Prävalenz und Hartnäckigkeit, mit der sich polarisierende, stereotype Klassifikationsschema im Diskurs von Kriminalisten wie Kriminologen behaupten konnten, darf nicht darüber hinwegtäuschen, daß es auch andere Sichtweisen gab. Der Volksmund und der philosophische Witz konnten auch ohne die radikale Polarität zwischen Gut und Böse auskommen. Die Weisheit des Volksmundes drückte sich etwa in dem folgenden Kalauer aus: »Ehrlich währt am längsten // Wer stiehlt, der lebt am schönsten.«[47] Der philosophische *esprit* ging von einer weniger pragmatischen Kritik gegen die Verwendung von Polarisierungen aus, wie man einer Bemerkung bei Nietzsche entnehmen kann: »Die allgemeine ungenaue Beobachtung sieht in der Natur überall Gegensätze [...] wo keine Gegensätze, sondern nur Gradverschiedenheiten sind. Diese schlechte Gewohnheit hat uns verleitet, nun auch noch die innere Natur, die geistig-sittliche Welt, nach solchen Gegensätzen verstehen und zerlegen zu wollen.«[48]

---

[47] PETRIKOVITS, Inschriften (wie Anm. 22) S. 93, erwähnt, daß dieser Kalauer auch bei den Gefangenen beliebt war. Man hört ihn auch heute noch außerhalb von Strafanstalten.

[48] FRIEDRICH NIETZSCHE, Menschliches, Allzumenschliches. Ein Buch für freie Geister 2 (1886) (Kritische Studienausgabe 2). München 1988 S. 582.

Weder der philosophische Witz noch die Weisheit des Volksmundes konnten den bürgerlichen Traum von einer Gesellschaft ohne Abweichung von ihren normativen Grundlagen erschüttern. Diese Vision bestimmte eine Form der Auseinandersetzung mit Devianz und Abweichung die entgegen ihren ursprünglichen Absichten zu einer institutionalisierten Verwaltung von Kriminalität führen mußte.

Die Erfindung des Bösen: Der Welsche

von

UTE SCHNEIDER

Jeder, der auch nur ein wenig mit der Literatur und Kunst des 19. Jahrhunderts vertraut ist, kennt das Feindbild des »Welschen«. Zu seiner Bekanntheit beigetragen haben vor allem Verse wie »Und ob mein Herz im Tode bricht / Wirst Du noch drum ein Welscher nicht« aus der »Wacht am Rhein« von Max Schneckenburger. Ähnliche finden sich bei Ernst Moritz Arndt in seinem Gedicht »Des Deutschen Vaterland«, aber auch bei der Lektüre von Friedrich Ludwig Jahn, Hoffmann von Fallersleben und Gustav Freytag stößt der Leser immer wieder auf die »Welschen«. Und wer die Oper bevorzugt, kann ihnen auch dort begegnen, wenn auch nicht immer so gehäuft wie in den »Meistersingern« von Richard Wagner, wo Hans Sachs in seiner Schlußansprache mahnt:

> »Habt acht! Uns dräuen üble Streich':
> zerfällt erst deutsches Volk und Reich,
> in falscher welscher Majestät
> kein Fürst bald mehr sein Volk versteht,
> und welschem Dunst mit welschem Tand
> sie pflanzen uns in deutsches Land;
> was deutsch und echt wüßt' keiner mehr,
> lebt's nicht in deutscher Meister Ehr'.«[1]

Trotz des Wiedererkennungseffektes erweist sich die Vorstellung, daß es in der deutschen Geschichte von »Welschen« nur so wimmele und »welsch« im allgemeinen Sprachgebrauch sehr populär gewesen sei, als Trugschluß. Eine gezielte Suche nach der Verbreitung und Verwendung des Begriffs wird sehr

---

[1] Zitiert nach DIETRICH KÄMPER, Richard Wagners *Meistersinger von Nürnberg*. Künstlerdrama oder Nationaloper?, in: Die Deutsche Nation. Geschichte – Probleme – Perspektiven. Hg. OTTO DANN. Vierow 1994 S. 35–44, hier S. 39.

rasch zirkulär, und die Quellenbefragung jenseits von Kunst und Literatur ergibt einen äußerst dürftigen Befund. Dies zeigt sich schon bei einem Blick in die Lexika des 19. Jahrhunderts. So enthält etwa »Meyers Konversationslexikon« aus dem Jahre 1890 unter dem Lemma »Welsch« folgenden Eintrag: »Fremdländisch, besonders französisch oder italienisch; daher welschen, fremdländisch oder überhaupt unverständlich reden.« Unter »Welschland« findet sich dann der Verweis auf Italien.[2] Andere Lexika sind nicht ergiebiger und Otto Ladendorf führt im »Historischen Schlagwörterbuch« das Stichwort »Welsch« nicht einmal auf.[3] Selbst mein umfangreiches Material über Nationalfeste, insbesondere Festreden aus verschiedenen deutschen Territorien, erwies sich kaum als hilfreich bei der Suche nach dem »Welschen« und seinen Eigenschaften. Auch in den Gedenkbüchern, die in hohen Auflagen an die Schüler bei diesen Anlässen verteilt wurden, kommt der Begriff »welsch« äußerst selten vor und dann fast ausschließlich als Zitat, nämlich in den abgedruckten Liedern und Gedichten vor allem der eingangs genannten Autoren.[4]

Die wenig ergiebige Suche nach den »Welschen« legt die Vermutung nahe, daß im Zuge der Feindbildkonstruktion der Begriff des »Welschen« zwar im 19. Jahrhundert präsent war, aber langfristig nicht im nationalen Diskurs etabliert werden konnte. Seine Ideologisierbarkeit war begrenzt, weil die sachliche Bedeutung regional unterschiedlich war und es sich zudem um einen alten Begriff handelte, der gegen Ende des 18. Jahrhunderts aus dem Sprachgebrauch verschwunden war. Eine gezielte Instrumentalisierung, die zu Beginn des 19. Jahrhunderts einsetzte, beschränkte sich auf die Gruppe der Volkspädagogen, die mit »welsch« den Gegensatz zu »teutsch« herausstellten. Dieser Form des Nationalismus mit seinem altertümlichen Anstrich stand aber im 19. Jahrhundert zunehmend ein solcher gegenüber, der die Vorstellung eines jungen und modernen Deutschlands propagierte, das sich mit »teutsch« und dem entsprechenden Feindbild »welsch« nicht vereinbaren ließ. Die Vertreter instrumentalisierten andere Gegenbegriffe zum »Deutschen«, die, wie der des »Erbfeindes«, zwar ebenfalls alt, aber auf der Bedeutungsebene, um eine zeitliche und biologistische Dimension erweitert,

² Meyers Konversationslexikon 16. Berlin ⁴1890 S. 525.
³ Otto Ladendorf, Historisches Schlagwörterbuch. Straßburg und Berlin 1906.
⁴ Der Kaiser am Rhein am Sedan-Tage 1877. Ein Gedenkbüchlein für die Jugend. Text von einem Schulmanne. Rheinberg 1877; C. Trog, Sedanbüchlein. Essen o.J. Die Bände von Trog wurden an den Festtagen an die Schüler verteilt und verkauft und erreichten sehr hohe Auflagen. So erschien das Sedanbüchlein bereits 1879 in der 40. Auflage mit insgesamt 79.000 Exemplaren.

modernen Anforderungen eines Feindbegriffes der Abwehr nach außen und
Integration nach innen in stärkerem Maße entsprachen.

Die folgende Untersuchung wird sich im wesentlichen auf diese drei
Aspekte, nämlich die Verwendung des Begriffs »welsch« bis ins 18. Jahrhundert, die Ideologisierung und die Entwicklung anderer Negativbegriffe konzentrieren. Die Vorgehensweise beschränkt sich, von einzelnen Verweisen
abgesehen, auf das 19. und frühe 20. Jahrhundert, obwohl sich gerade am
Beispiel des »Welschen« deutlich zeigt, daß Feindbildkonstruktionen keineswegs ein Spezifikum dieser Epoche sind.[5] Es handelt sich deshalb hier auch
nicht um eine umfassende Begriffsgeschichte, die bei Eigennamen zudem ihre besondere Problematik aufweist. Methodisch scheint sie aber als sinnvol-
ler Zugriff, um das »Konzentrat seiner Bedeutungsgehalte« und damit auch
die Möglichkeiten und Grenzen einer Instrumentalisierbarkeit des Begriffes
»welsch« in der Wirklichkeit des 19. und 20. Jahrhunderts analysieren zu
können.[6]

I. Die Entwicklung des Begriffes »welsch«
bis zum Ende des 18. Jahrhunderts

Die spärlichen Befunde auf der Ebene der Lexika entsprechen denen der
Sprachforschung, die sich in der Vergangenheit nur ganz gelegentlich mit
dieser Frage befaßt hat. Karl von Bahder leistete zwar 1922 eine umfassende
Bestandsaufnahme für das Grimmsche Wörterbuch, behob aber nicht das
Manko einer systematischen Analyse.[7] Der Keltologe Leo Weisgerber
(1899–1985) nahm dieses Defizit im Jahr 1944 zum Anlaß für seine Antritts-
vorlesung in Bonn, in der er sich mit dem Thema »Deutsch und Welsch. Die
Anfänge des Volksbewußtseins in Westeuropa« befaßte. Eine Untersuchung
zum sprachlichen Leistungsvermögen von »welsch« hatte er bereits 1943 vor-
gelegt, sie erschien aber erst nach dem Krieg.[8]

---

[5] Fiktion des Fremden. Erkundung kultureller Grenzen in Literatur und Publizistik. Hg.
Dietrich Harth. Frankfurt 1994; Herfried Münkler, Die Herausforderung durch das Fremde, in: Berichte und Abhandlungen der Berlin-Brandenburgischen Akademie der Wissenschaften
6. Berlin 1999 S. 49–71.

[6] Reinhart Koselleck, Begriffsgeschichte und Sozialgeschichte, in: Ders., Vergangene Zukunft. Zur Semantik geschichtlicher Zeiten. Frankfurt [3]1995 S. 107–129; Hartwig Kalverkäm-
per, Textlinguistik der Eigennamen. Stuttgart 1978.

[7] Wälsch, Welsch in: Deutsches Wörterbuch von Jacob und Wilhelm Grimm 27. Bearbeitet
von Dr. Karl von Bahder unter Mitwirkung von Dr. Hermann Sickel. (Leipzig 1922) Ndr.
München 1984 Sp. 1327–1353.

[8] Leo Weisgerber, Walhisk. Die geschichtliche Leistung des Wortes Welsch, in: Rheinische

Für die Etymologie des Begriffes »welsch« oder »wälsch« gibt es verschiedene Erklärungsmodelle, die, wie auch im Falle von Weisgerber, jeweils im
Zusammenhang ihrer Entstehungszeit gesehen werden müssen. Er selbst
geht mit seiner Sprachgeschichte in altgermanische Zeit zurück, wo »welsch«
einen einzelnen Nachbarstamm bezeichnete. Später wurde der Begriff auf
die Kelten ausgeweitet und im Zuge der Völkerwanderung zur Benennung
der angrenzenden Nachbarn überhaupt verwendet. Die Wahrnehmung von
Stammesgegensätzen spielte dabei eine entscheidende Rolle, die sich nicht
ausschließlich, aber besonders deutlich in Sprachunterschieden manifestier-
ten. »Welsch« diente damit nach Weisgerber vor allem in den westlichen
Grenzgebieten der Benennung und Charakterisierung des Gegenübers, ohne
einzelne Stämme zu bezeichnen.[9]

Etwas fundierter sind unsere Kenntnisse über die Begriffsentwicklung seit
dem Mittelalter. Bis ins 15. Jahrhundert bewegte sich der »Welsche« zwischen den Polen des »Nachbarn als anderem« und dem »Fremden an sich«.[10]
Im Sinne von »fremd« als »neuartig« konnte »welsch« dabei durchaus eine
positive Konnotation haben, wenn es zur Bezeichnung fremder Güter und
Waren diente. Anders verhielt es sich bei den verschiedenen Komposita wie
»Kauderwelsch« und »Rothwelsch«, die auf den Gebrauch fremder Sprachen hinweisen. Beide Bezeichnungen, die nach Angaben verschiedener Lexika noch im 19. Jahrhundert zum aktiven Sprachgebrauch gehörten, be-
nannten Randgruppen und implizierten vielfach eine soziale Differenzierung, die häufig nicht ohne pejorativen Beigeschmack war.[11]

Die negative Konnotation von »welsch« verstärkte sich seit dem späten
Mittelalter, weil der Begriff in den kriegerischen Auseinandersetzungen des
15. Jahrhunderts nun zur kollektiven Bezeichnung der Gegner eingesetzt
wurde. Möglich wurde diese Verallgemeinerung durch eine religiöse Erwei-
terung. In den oberrheinischen Burgunderkriegen stellten die Lombarden einen der gefährlichsten Gegner dar. Als »Welsche« wurden sie mit den Türken gleichgesetzt und damit zu Ketzern und Ungläubigen stilisiert. Die Verwendung beschränkte sich dabei anfänglich ausschließlich auf den Gegensatz zwischen Christen und Heiden, und damit in der aktuellen Situation auf

---

Vierteljahrsblätter 13. Bonn 1948 S. 87–146; In Memoriam Leo Weisgerber. Hg. KONRAD REP-
GEN u. a. Bonn 1986.

[9] WEISGERBER, Walhisk (wie Anm. 8) S. 92–109. Weisgerber spricht hier von »volklicher An-
dersartigkeit«.

[10] CLAUDIUS SIEBER-LEHMANN, Spätmittelalterlicher Nationalismus. Die Burgunderkriege am
Oberrhein und in der Eidgenossenschaft. Göttingen 1995 S. 289.

[11] Vgl. etwa JOHANN CHRISTOPH ADELUNG, Kleines deutsches Wörterbuch für die Aussprache,
Rechtschreibung, Biegung und Ableitung. Leipzig [5]1824 S. 235, 410.

die Türken.[12] Im Zuge der Reformation und ihren Auseinandersetzungen erfuhr er eine Übertragung auf die konfessionellen Gegensätze zwischen Katholiken und Lutheranern anfänglich und später Protestanten allgemein. Die sprachlichen Vorgaben für diese Assoziation finden sich bei Luther, der verschiedentlich von den »wälschen papisten« spricht. Aber selbst bei ihm ist die Verwendung von »welsch« keineswegs eindeutig, denn er benutzte den Begriff gleichermaßen zur Bezeichnung von Franzosen und Italienern.[13] In beiden Fällen ist die Konnotation bei ihm aber eine eindeutig konfessionelle, die sich gegen den Papst und die papsttreuen Franzosen richtete, zumal die Kirchenkritik seit dem Schisma (1309–1376) und der Verlegung des Papstsitzes nach Avignon nicht abgerissen war.

Seit der Reformation trat damit die sprachliche Differenz, die »welsch« markierte, in den Hintergrund und wurde von einer religiös-konfessionellen Bedeutung überlagert. Schließlich war diese neben der Sprache das einzig signifikante Unterscheidungsmerkmal. Zur gleichen Zeit etablierte sich zur Selbstbeschreibung immer mehr der Begriff »teutsch« oder eine seiner verschiedenen phonetischen Varianten.[14] Semantisch bildete er den Gegenpol zu »Welsch« und wurde im Zuge der Benennung nationaler Charaktereigenschaften und der Ausprägung von Kulturstereotypen mit Vorstellungen von »teutscher art, an treuw, glauben, warheit, auffrichtigkeit, demut und dergleichen tugend« belegt.[15] In den Lexika des 19. Jahrhunderts fehlen zwar unter dem Eintrag »welsch« entsprechende Hinweise auf solche Konnotationen, die spezifischen Stereotype lassen sich aber unter den jeweiligen Lemmata der einzelnen Länder entdecken. Obwohl sich in den Lexika zeitliche und geographische Unterschiede feststellen lassen, so finden sich etwa deutlich weniger Stereotype dieser Art in einigen Lexika des frühen 19. Jahrhunderts, bleibt der Grundbestand während des gesamten Jahrhunderts unverändert.[16] Und weil das Repertoire nationaler Zuschreibungen und Stereo-

---

[12] Sieber-Lehmann, Nationalismus (wie Anm. 10) S. 281–301; Siehe dazu auch die anonyme Schrift: Die Welsch Gattung. Straßburg 1513.

[13] Vgl. Wälsch (wie Anm. 7) Sp. 1336; Martin Luther, An den christlichen Adel deutscher Nation von des christlichen Standes Besserung, in: Ders., Studienausgabe 2. Hg. Hans-Ulrich Delius. Berlin-Ost 1982 S. 89–167, hier S. 109–110.

[14] Sieber-Lehmann, Nationalismus (wie Anm. 10) S. 178–198; Weisgerber, Walhisk (wie Anm. 8) S. 121–127.

[15] Siehe die Belege in: Wälsch (wie Anm. 7) Sp. 1336.

[16] Vgl. Neues Rheinisches Conversations-Lexikon oder encyclopädisches Handwörterbuch für gebildete Stände 5. Hg. von einer Gesellschaft rheinländischer Gelehrten. Köln 1825; Allgemeine Deutsche Real-Encyclopädie für die gebildeten Stände 4. Leipzig [7]1830; Thomas Lange, Zwischen Gott und Teufel. Das Frankreichbild deutscher Schriftsteller im französischen Exil, in: Fiktion (wie Anm. 5) S. 83–112.

type begrenzt war, finden sich die den Franzosen zugeschriebenen Eigenschaften, wie Leichtfertigkeit, Listigkeit, Trug, Geschwätzigkeit und Meuchelei, auch bei Autoren, die den Begriff »welsch« nicht benutzen.[17]

Damit kann der Begriff »welsch« seit der Reformation gleichsam als einer der »asymmetrischen Gegenbegriffe« bezeichnet werden, die Reinhart Koselleck als charakteristisch für Selbst- und Fremdbezeichnungen herausgearbeitet hat. Denn für die Ausbildung eines Wir-Gefühls bedarf es nach Koselleck eines Begriffes von »konkreter Allgemeinheit«, um zugleich konstitutiv wie auch identitätsstiftend wirken zu können. Dies funktioniere nur über eine Abgrenzung, die wiederum einen Gegenbegriff produziere, um Ausgegrenzte charakterisieren und diskriminieren zu können. Koselleck untersucht drei Begriffspaare, die gewissermaßen das Grundmuster aller Gegenbegriffe darstellen. Eine territoriale Dimension finde sich in dem wohl ältesten Gegensatz von Hellenen und Barbaren, während das asymmetrische Paar der Christen und Heiden auf spirituelle oder religiöse Unterschiede verweise. Der dritte Dualismus sei der von Mensch und »Unmensch« oder »Über«- und »Untermenschen«, der sich im Sprachgebrauch gelegentlich mit dem Christen überlappt habe, aber dann vor allem seit dem 19. Jahrhundert unter anderem um rassische Komponenten erweitert worden sei.[18] Dieser dritte Gegensatz spielt bei »welsch« und »teutsch« eine geringere Rolle, wohl läßt sich das Paar aber gleichermaßen auf das Muster der Hellenen – Barbaren, hier in der Fassung von Romanen – Germanen, zurückführen, als auch auf die religiöse Komponente von Christen und Heiden.

II. Die Ideologisierung von »welsch« im 19. Jahrhundert

Der semantische Grundbestand von »welsch« war somit zu Beginn des 18. Jahrhunderts spezifischer als »fremd«, denn er war territorial auf die Romania festgeschrieben und wurde niemals zur Charakterisierung der Bevölkerung im Osten verwandt.[19]

---

[17] Siehe dazu die anonyme Schrift: Die Franzosen, Teutschlands ewige und gefährliche Feinde, wie sie waren, wie sie sind und wie sie seyn werden. Frankfurt 1815.

[18] REINHART KOSELLECK, Zur historisch-politischen Semantik asymmetrischer Gegenbegriffe, in: DERS., Vergangene Zukunft (wie Anm. 6) S. 211–259.

[19] Im Osten ist der Gegenbegriff zu »deutsch« dagegen vielfach »wendisch«, das im Extremfall sogar als Sprache der Türken bezeichnet wurde und ebenfalls im Sinne von »barbarisch« Verwendung fand. Siehe dazu Deutsches Wörterbuch von Jacob und Wilhelm Grimm 28. Bearbeitet von ALFRED GÖTZE. (Leipzig 1955) Ndr. München 1984 Sp. 1810–1813.

Indem er aber die gesamte Romania umfaßte, war seine Bedeutung allgemeiner als »französisch«, denn es wurden vor allem auch Italiener, gelegentlich sogar Spanier mit »welsch« bezeichnet.[20] Daran änderte sich auch im 18. Jahrhunderts nichts, wohl aber am Gebrauch des Begriffes. Schon Zedler vermerkt in seinem Universallexikon aus dem Jahre 1747, daß es sich bei »welsch« um »ein altes deutsches Wort« handle.[21] Vierzig Jahre später war laut Adelungs Wörterbuch aus dem Jahre 1786 der Begriff aus dem Sprachgebrauch fast verschwunden, da es sich bei »welsch« um ein »altes, aber jetzt großen Theils ungangbar gewordenes Wort« handle. Die Bedeutung umschreibt er mit »fremd, ausländisch überhaupt« und »besonders französisch, eine gleichfalls veraltete, und nur noch in einigen Nahmen übliche Bedeutung«. »Wälschland« bleibt auch bei ihm weiterhin Italien, allerdings nun mit dem Zusatz, daß es »auch zuweilen Frankreich bedeuten mußte«.[22]

Dieser Bedeutungsstrang bot sich am Ende des 18. Jahrhunderts an, als im Zuge der napoleonischen Expansion und der Auseinandersetzung mit Frankreich der Feind mit einem Begriff benannt und zugleich charakterisiert werden mußte.[23] Im Arsenal der Völkerstereotype suchten national engagierte Publizisten nach einschlägigen Begriffen, die zur Disqualifikation des Gegners einsetzbar waren. Einige Autoren entschieden sich dabei für den Begriff »neufränkisch« nicht nur zur Charakterisierung deutscher Jakobiner, sondern der Franzosen überhaupt, die diesen Titel schließlich für sich selbst beansprucht hatten.[24] Andere wie Arndt und Jahn griffen dabei auf das alte Wort »welsch« zurück, das ihnen durch die Schriften Luthers bekannt war. Für »welsch«, im Gegensatz zu »neufränkisch« etwa, sprachen einerseits pragmatische Gründe des Reimes und Sprachflusses, denn »welscher Tand« reimt sich besser auf Vaterland als französ'scher oder neufränk'scher Tand. Andererseits standen dahinter auch ihre Bemühungen um eine Besinnung auf die »teutsche« Sprache und ihre Traditionen, als *natürlicher*, *reiner*, *schlichter* und *christlicher* Ausdruck des »Volkstums«. Friedrich Ludwig Jahn war einer der ersten Volkspädagogen, der zur Zeit der Befreiungskriege für eine

---

[20] Siehe Wälsch (wie Anm. 7) Sp. 1327–1360.

[21] Johann Heinrich Zedler, Grosses vollständiges Universal-Lexicon aller Wissenschaften und Künste. Halle 1747 Sp. 1594 und 1610.

[22] Johann Christoph Adelung, Grammatisch-kritisches Wörterbuch der Hochdeutschen Mundart, mit beständiger Vergleichung der übrigen Mundarten, besonders aber des Oberdeutschen 4. Leipzig 1801 Sp. 1370.

[23] Michael Jeismann, Das Vaterland der Feinde. Studien zum nationalen Feindbegriff in Deutschland und Frankreich. Stuttgart 1992 S. 82–87.

[24] Anonym [vermutlich: Johann Jacob von Riese], Die alten Franzosen in Deutschland. Deutschland 1793; Christof Dipper, Freiheit, in: Geschichtliche Grundbegriffe 2. Hg. Otto Brunner/Werner Conze/Reinhart Koselleck. Stuttgart 1975 S. 503.

Besinnung auf die deutsche Sprache plädierte, deren »Verfall« durch den
Gebrauch fremder Sprachen von den Jesuiten und ihrer »Betörung des habs-
burgischen Kaiserhauses« verschuldet worden sei.[25] Er rekurrierte dabei ausdrücklich auf Luther, den er als den »Erzvater eines dereinstigen deutschen
Großvolks durch das aufgefundene Vermächtnis einer Gemeinsprache« be-
trachtete. Für Jahn galt außerdem hinsichtlich des Sprachgebrauchs ein Motto Klopstocks als maßgeblich, der einmal gesagt haben soll, »wenn etwas
nicht klingen will: es ist nicht Deutsch! Sage ich, und stets bietet sich Besseres«. Und wer konnte im Bezug auf die deutsche Sprache schließlich Besseres
bieten als der »Dante der hochdeutschen Sprache«, Luther.[26] Daß dieser
selbst mit »welsch« nicht nur die Franzosen bezeichnet hatte, spielte in diesem Zusammenhang ebensowenig eine Rolle wie die regionalen Unterschiede
des vormaligen Sprachgebrauchs.

    Aber auch bei den anderen Autoren war der Einfluß Luthers auf die Wie-
derbelebung und Politisierung von »welsch« in dieser Zeit von entscheidender Bedeutung. Denn die große Mehrheit von ihnen hatte, wie auch Ernst
Moritz Arndt, Theologie studiert und sich spätestens im Studium, wenn
nicht schon im Elternhaus, mit den Schriften und der Sprache Luthers vertraut gemacht. Zu dieser Gruppe gehörte Hoffmann von Fallersleben genauso wie die beiden jüngeren Schriftsteller Emanuel Geibel und Gustav Freytag, die in kollegialem und nicht selten sogar privatem Kontakt miteinander
standen.[27] In der Tradition Luthers führten die älteren von ihnen den Kampf
gegen die »Welschen« weiter, der nun nicht mehr allein ein konfessioneller,
sondern vielmehr ein realer politischer war, der mit Waffen und Worten aus-
getragen werden mußte. Einige von ihnen wie Theodor Körner (1791–1813)
entschieden sich für beide Formen, während andere wie Ernst Moritz Arndt
ihre verbale Kompetenz zur Mobilisierung gegen Frankreich und die »Welschen« einsetzten. Da es sich aber bei den Befreiungskriegen in erster Linie
um eine nationalpolitische Auseinandersetzung handelte, blieb die Ideologisierung und Instrumentalisierung von »welsch« nicht auf das protestantische
Bildungsbürgertum beschränkt. Auch katholische Publizisten wie Josef Görres griffen zur Bezeichnung und Charakterisierung des französischen Feindes auf den Kampfbegriff wiederholt zurück.[28]

---

[25] Friedrich Ludwig Jahn, Deutsches Volkstum. (Leipzig 1806) Ndr. Leipzig 1913 S. 108–
110; Vgl. Hans- Ulrich Wehler, Deutsche Gesellschaftsgeschichte 1700–1815. München 1987
S. 514–521.

[26] Jahn, Volkstum (wie Anm. 25) S. 109, 231.

[27] Ernst Moritz Arndt, Erinnerungen aus dem äußeren Leben, in: Arndts Werke 2. Hg. August Lesson und Wilhelm Steffens. Berlin 1912 S. 16, 19, 63; Gustav Freytag, Erinnerungen
aus meinem Leben. Leipzig 1887 S. 5, 13, 26, 89, 115.

[28] Josef Görres, Teutsch-französisches Point d'Honneur, in: Ders., Reden gegen Napoleon.

Während alle Autoren in ihren Schriften »welsch« territorial auf die Franzosen verengten, nutzten sie ansonsten das breite Substrat nationaler Zuschreibungen, die das Gegenbegriffspaar von »welsch« und »teutsch« bot. Die den Deutschen zugeschriebenen Tugenden wie Frömmigkeit, Freiheit, Demut und Treue, alles Bestandteile ihres »Volkstums« – ein Begriff, den nicht zufällig Jahn geprägt hatte, erfuhren im Kontext der Befreiungskriege neben der Nationalisierung und Politisierung auch eine Konfessionalisierung, die sie einerseits wieder in ihren religiösen Zusammenhang stellte und andererseits an den politisierten Protestantismus band.[29] Ernst Moritz Arndt kondensierte und transzendierte all diese Eigenschaften in dem theologischen antagonistischen Bild des »deutschen Gottes« und des »französischen Teufels«. Innerhalb eines derartig national-christlich fundierten Rahmens fiel es ihm auch nicht schwer, eine Begründung für Haß und Gewalt zu finden, da es galt, die *zersetzende* Kraft des Teufels zu vernichten, weil allein der Haß eine Rückbesinnung auf nationale Werte und Eigenschaften ermögliche. Im Krieg dann, der schließlich auch Gottes Wille war, mußte dieser Haß eine gewalttätige Form annehmen, und Arndt rief seine Landsleute ausdrücklich dazu auf, die »Welschen mausetot« zu schlagen.[30] Mit dieser theologischen Fundierung und Argumentation gelang es den Publizisten nicht nur, die Bevölkerung moralisch »aufzurüsten«, sondern auch den »deutschen Gott« als Alliierten in Anspruch zu nehmen und den Krieg gegen den »Welschen« als »heiligen Krieg« zu rechtfertigen.[31] Bei Ernst Moritz Arndt änderte sich diese Haltung zeit seines Lebens nicht. Noch in einem seiner letzten Gedichte 1859 anläßlich einer Gedächtnisfeier für Ferdinand von Schill beschreibt er die aktuelle Situation mit folgenden Worten: »schon wieder listen die Welschen / In weiter Welt herum / Zu verkehren und zu fälschen / Deutsch Evangelium.«[32] Und auch für die jüngeren Autoren, die im

---

Aufsätze und Berichte des Rheinischen Merkurs 1814/15. Hg. (und Einleitung) Bernhard Ihringer. München 1914 S. 171–173.

[29] Vgl. Friedrich Wilhelm Graf, Protestantische Theologie und die Formierung der bürgerlichen Gesellschaft, in: Profile des neuzeitlichen Protestantismus 1. Hg. Ders. Gütersloh 1990 S. 11–54.

[30] Ernst Moritz Arndt, Über deutsche Art und über das Welschtum bei uns, in: Arndts Werke (wie Anm. 27) 8 S. 129–157, hier S. 139. Vgl. auch die verschiedenen Gedichte in: Arndts Werke (ebd.) 1 S. 75 (Schlachtgesang 1810), S. 82–83 (Kriegslied 1811), S. 84–85 (Der Krieger Zuversicht auf Gott 1811), S. 132–133 (Deutscher Trost 1813).

[31] Gerhard Graf, Gottesbild und Politik. Eine Studie zur Frömmigkeit in Preußen während der Befreiungskriege 1813–1815. Göttingen 1993; Ute Schneider, Die Feiern der Leipziger Schlacht am 18. Oktober 1814 – eine intellektuelle Konstruktion?, in: Blätter für deutsche Landesgeschichte 133. 1997 S. 219–238, hier S. 229–233.

[32] Ernst Moritz Arndt, Worte gesprochen an Schills Grabe in Stralsund zur halbhundert-

Laufe des 19. Jahrhunderts ganz gezielt auf diesen Begriff zurückgriffen, blieb das Gegenbild der »bieder, fromm und starke« Deutsche, das schließlich dann über die »Wacht am Rhein« allgemeine Verbreitung fand.

Obwohl die Schriften dieser Publizisten kurzfristig eine ungeheure Verbreitung fanden, schlug sich die Ideologisierung des »Welschen« auf der Ebene der Lexika nicht nieder. In vielen von ihnen findet sich bis gegen Ende des 19. Jahrhunderts nicht einmal ein Eintrag unter dem Stichwort »welsch«. Adelung behielt sogar seine Angaben vom Ende des 18. Jahrhunderts auch in späteren Auflagen bei, genau wie der Eintrag in Meyers Konversationslexikon aus dem Jahr 1890 beide Bedeutungen, italienisch und französisch, anführt.[33] Die Lexika spiegeln damit in gewisser Weise zwei Entwicklungslinien wider, die Victor Klemperer als die »deutsche u. teutsche Romantik« bezeichnet hat.[34] In der Tradition der »deutschen Romantik« blieb »welsch« während des gesamten 19. Jahrhunderts eine Bezeichnung für Italien und italienisch. So erschien kurz nach der Julirevolution und zur Erinnerung an die Befreiungskriege anonym ein Gedicht, das die geographische Ausdehnung der französischen Herrschaft auf »Frankreich, Deutschland und an Hollands Seen / In Welschland wie jenseits der Pyrenäen« beschreibt.[35] Es waren vor allem die Vertreter des »Jungen Deutschlands« im Vormärz, die »welsch« als Synonym für Italien und damit in seiner nicht ideologisierten, ursprünglichen Bedeutung von »fremd« verwandten.[36] In dem Maße jedoch, in dem ihre Literatur und Poesie gegen Ende des 19. Jahrhunderts von Germanophilen und Vertretern »deutscher Art« verdrängt wurde, verschwand auch der altertümliche Begriff »welsch« von der Sprachoberfläche.

---

jährigen Gedächtnisfeier seines Todes, am 31. Mai 1859, in: Arndts Werke (wie Anm. 27) 1 S. 307–309.

[33] Adelung, Kleines deutsches Wörterbuch (wie Anm. 11 [⁵1824]); Allgemeine Deutsche Real-Encyclopädie für die gebildeten Stände. Supplement. Leipzig 1824; Neues Rheinisches Conversations-Lexikon oder encyclopädisches Handwörterbuch für gebildete Stände. Hg. von einer Gesellschaft rheinländischer Gelehrten. Köln 1830.

[34] Victor Klemperer, So sitze ich denn zwischen allen Stühlen. Tagebücher 1945–1959. Hg. Walter Nowojski. Berlin ²1999 S. 91.

[35] Deutschlands Befreiung im Jahre 1813. Liegnitz 1833 S. 33.

[36] Zu dieser Gruppe gehörten etwa Heinrich Heine und Heinrich Laube. Heine erwähnt in seinem zweiten Brief aus Berlin vom 16. März 1822 den preußischen Generalmusikdirektor Gasparo Spontini, der sich auch deshalb bei einigen nur geringer Beliebtheit erfreute, »weil er ein Welscher ist«. Heinrich Heine, Briefe aus Paris. München 1997 S. 36. Eine ablehnende Haltung gegenüber den sogenannten »Jungdeutschen« vertraten etwa Gustav Freytag und Heinrich von Treitschke, die beide als führende nationale »Sprachmonopolisten« betrachtet werden können. Freytag, Erinnerungen (wie Anm. 27) S. 197–198; Heinrich von Treitschke, Deutsche Geschichte im 19. Jahrhundert. Leipzig 1879–1894 (Bd. 2) S. 273–274, (Bd. 4) S. 433.

Eine ähnliche Entwicklung nahm auch die ideologisierte Variante des »Welschen«, die im Sprachgebrauch nach diesem kurzen Popularisierungsversuch eine geringe Rolle spielte. Allerdings tauchte sie als antifranzösischer Kampfbegriff in Krisenzeiten und im Zusammenhang mit der Nationalitätendebatte während des gesamten 19. Jahrhunderts immer wieder auf. Dies war erstmalig in der Julirevolution 1830 mit ihren Auswirkungen auf Belgien der Fall. Hier war es insbesondere Hoffmann von Fallersleben, der sich für die flämische Bewegung einsetzte. Die Begeisterung und Unterstützung, die er und einige seiner Kollegen den Flamen entgegenbrachten, war ideologisch getragen von einem Pangermanismus und der Vorstellung ihrer zumindest kulturellen Einbindung nach Deutschland.[37] Erneut mobilisiert wurde der Begriff zehn Jahre später während der Rheinkrise 1840 und fand nun seinen bekannten literarischen Niederschlag in der »Wacht am Rhein«, die Max Schneckenburger in diesem Zusammenhang dichtete. Die massenhafte Verbreitung und Popularisierung des Liedes nahm ihren Anfang jedoch erst im Jahr 1871 mit dem Deutsch-Französischen Krieg. In der »Wacht am Rhein« ist die Zuordnung von »welsch« und französisch eindeutig, weil die deutschfranzösische Grenze am Rhein den inhaltlichen Bezugspunkt darstellt. Und so wuchsen Generationen von Jugendlichen mit den Liedzeilen »und ob mein Herz im Tode bricht / wirst Du noch drum ein Welscher nicht« auf, bis die »Wacht am Rhein« vom »Lied der Deutschen« in den 1890er Jahren abgelöst wurde.[38] Der Deutsch-Französische Krieg spülte auch die Lyrik und Prosa der Befreiungskriege wieder an die Oberfläche, die nun ihren Siegeszug in die Schulbücher und Liederhefte der Nation antraten. Die Verbreitung von »welsch« beschränkte sich aber auf die geronnene Form, die in der Folge auch einen vielfältigen und gelegentlich sogar doppeldeutigen Umgang mit dem Begriff erlaubte. Heinrich von Treitschke sprach sich im Jahr 1870 für eine strikte Trennung von »deutsch« und »wälsch« im Elsaß aus, »um unser Fleisch und Blut vor der häßlichen Tyrannei, vor dem Sprachzwange, zu be-

---

[37] Berühmt sind in diesem Zusammenhang seine Verse: »Ihr Männer von Flandern nur eines tut not, der Kampf mit den Welschen auf Leben und Tod«. Zitiert nach HERMANN VON DER DUNK, Der Deutsche Vormärz und Belgien 1830/48. Wiesbaden 1966 S. 175. Für diesen Hinweis danke ich Martin Vogt, der mir bei meiner Suche nach den »Welschen« außerordentlich behilflich war. Viele Belege verdanke ich seiner Aufmerksamkeit.

[38] Die »Wacht am Rhein« wurde bei jeder nationalen Veranstaltung wie etwa dem Sedantag gesungen und gehörte zu den populärsten Liedern des 19. Jahrhunderts. Vgl. ALON CONFINO, The Nation as a local metaphor. Württemberg, Imperial Gemany and national memory 1871–1918. Chapel Hill und London 1997 S. 44–45; UTE SCHNEIDER, Politische Festkultur im 19. Jahrhundert. Die Rheinprovinz von der französischen Zeit bis zum Ende des Ersten Weltkrieges (1806–1918). Essen 1995 S. 223.

wahren«.[39] Und einige Jahre später versicherte ein Reichstagsredner im Kontext einer Kulturkampfdebatte: »So gewiß als das deutsche Volk die Wälschen über den Rhein geschlagen hat, so gewiß wird es auch die Wälschen über die Alpen zu schlagen verstehen.«[40] Gerade diese Verwendung von »welsch« verdeutlicht auf eindrückliche Weise, daß der Begriff zwar im 19. Jahrhundert um eine nationale Komponente aufgeladen wurde, daß sich aber die nationale Zuschreibung nicht verändert hatte. Der altertümliche Begriff »Welsch« taugte deshalb letztlich im Zeitalter der Nationalstaaten auch nur zur Kollektivcharakterisierung all derer, die nicht deutsch waren und zudem der Romania angehörten, aber nicht als Gegenbegriff für einen spezifischen Nationalstaat wie Frankreich oder Italien. Und so wie er nicht eindeutig auf eine Nationalität festgelegt werden konnte, oszillierten seine Bedeutungen zwischen »fremd« im allgemeinen Sinne und dem spezifischen Gegensatz zum »deutschen«, der eine Fülle nationaler Charakteristika implizierte. Die Gesamtheit aller Eigenschaften bündelte sich in einer quasi metaphysischen Dimension, wenn sich der »deutsche Gott« und der »französische Teufel« gegenüberstanden. Aber nicht einmal in diesem Bild ist der Teufel ein »Welscher. Zum »Kampfbegriff« nach außen taugte »welsch« damit nicht, und im Sprachgebrauch des 19. Jahrhunderts wurde er zunehmend auf sein Grundsubstrat eines Sprachunterschiedes reduziert oder in der geronnenen Form unter Rückgriff auf die Literatur und Publizisten der Befreiungskriege verwendet.

Wegen seines geringen Differenzierungspotentials tauchte er auch nach der Jahrhundertwende nur als volkspädagogischer Abwehrbegriff, etwa als »Entwelschung«[41], auf, aber nicht als spezifischer nationaler Gegenbegriff

---

[39] HEINRICH VON TREITSCHKE, Was fordern wir von Frankreich?, in: Preußische Jahrbücher 26. 1870 S. 367–409, hier S. 373.

[40] Jos. VÖLK, Für das vom Ausschuß entworfene Gesetz, betreffend den Orden der Gesellschaft Jesu, in: Deutsche Reden. Denkmäler zur vaterländischen Geschichte des neunzehnten Jahrhunderts 2. Hg. THEODOR FLATHE. Leipzig 1894 S. 180–194, hier S. 194. Für die Verwendung im konfessionellen Sinne etablierte sich der semantisch eindeutigere »Ultramontanismus« als Kampfbegriff.

[41] So lautet nämlich der Titel eines »Verdeutschungswörterbuch für Amt, Schule, Haus, Leben«, das der Literarhistoriker Eduard Engel im Jahr 1918 publizierte. Eduard Engel (1851–1938) hatte 1874 promoviert und sein Geld als Stenograph im Preußischen Abgeordnetenhaus verdient. 1903 erhielt er aufgrund seiner Verdienste um die deutsche Sprache eine Professur, die er auch zum Ausbau seiner Position als »Sprachwächter« nutzte. Bereits während des Krieges hatte er eine Abhandlung über den Zustand der deutschen Sprache unter dem Titel »Sprich Deutsch« veröffentlicht. Die Schriften des nationalen »Sprachwächters« Engel fanden regen Anklang, deutlich an den hohen Auflagenzahlen, denn der Autor war mit seinem Thema kein »Einzelkämpfer«, sondern fand sich in der Gesellschaft zahlreicher Kollegen, die mit Feder und Worten den »Kampf für das Deutschtum« und gegen die »sprachliche Überfremdung« aufge-

zu den Deutschen. Nicht einmal mehr im Ersten Weltkrieg konnte »welsch« größere Popularität erlangen. Das Absinken des Begriffs unter die Sprachoberfläche setzte sich fort.[42] Und selbst die Nationalsozialisten griffen bei aller Vorliebe für die Befreiungskriege und ihre Publizisten auf »welsch« nicht mehr zurück, da es zu allgemein und in die rassische Terminologie nicht integrierbar war.[43] Alle diese Anforderungen erfüllte in viel stärkerem Maße der Begriff des »Erbfeindes«, der sich ebenfalls seit den Befreiungskriegen als Kampf- und Gegenbegriff etablierte, aber eindeutig auf Frankreich bezogen und anpassungsfähiger an die Moderne war.

III. Negativbegriffe im Wettstreit

Mit den Befreiungskriegen verbunden war eine wahre Publikationsflut. Gedichte, Flugschriften und Artikel nationaler Thematik wurden in Kreisen patriotischer Intellektueller produziert und breit rezipiert. Über dieses Medium

---

nommen hatten. Es war vor allem der »Allgemeine Deutsche Sprachverein«, der mit hohem Aufwand während des Krieges das »Fremdwörterunwesen« anprangerte und in »Verdeutschungsheften«, auf Fahrscheinen, Garnrollen, Feldpostkarten und unzähligen weiteren Alltagsgegenständen der Bevölkerung deutsche Sprachalternativen anbot. Die »Entwelschung« zielte in all diesen Kampagnen und Werken gleichermaßen gegen französische Fremd- und Lehnwörter wie die aus anderen Sprachen. Dazu gehört bei Engel das Lateinische ebenso wie auch das Englische. Auch wenn er die französische Sprache als das »allerfeinste Welsch« bezeichnete, so zielte seine Kritik und die seiner Kollegen gegen jegliche »Überfremdung« der Sprache. Sein »Entwelschungsbuch« erschien, von L. Mackensen herausgegeben, noch im Jahr 1955 unter dem Titel »Verdeutschungswörterbuch«. EDUARD ENGEL, Sprich Deutsch! Leipzig 1917; DERS., Entwelschung. Verdeutschungswörterbuch. Leipzig 1918; RICHARD JAHNKE, Die Pflege der Muttersprache eine vaterländische Pflicht. Elberfeld 1914. Vgl. auch FLORIAN COULMAS, Sprache und Staat. Berlin 1985 S. 50–51.

[42] Neben dem nationalen Aspekt war dieser altertümliche Begriff auch kaum mehr geeignet, die Erfahrungen in diesem modernen Krieg zu vermitteln. Letztlich eignete er sich nur noch für ein Kinderbuch, in dem die Feinde als »wälsche Wichte«, die Franzosen aber als »Erbfeind« bezeichnet werden: Vater ist im Kriege. Ein Bilderbuch für Kinder. Hg. Kriegskinderspende deutscher Frauen. Berlin 1915; MAX HALBE, Krieg, in: DERS., Sämtliche Werke 3. Salzburg 1945 S. 30–33; Vgl. auch ELIZABETH A. MARSLAND, French, English and German poetry of the First World War. London 1991; Vgl. auch HELMUT FRIES, Deutsche Schriftsteller im Ersten Weltkrieg, in: Der Erste Weltkrieg. Wirkung, Wahrnehmung, Analyse. Hg. WOLFGANG MICHALKA. München 1994 S. 825–848.

[43] CORNELIA BERNING, Vom »Abstammungsnachweis« zum »Zuchtwart«. Vokabular des Nationalsozialismus. Berlin 1964; DOLF STERNBERGER/GERHARD STORZ/WILHELM E. SÜSKIND, Aus dem Wörterbuch des Unmenschen. München 1962; HILDE KAMMER/ELISABETH BARTSCH, Nationalsozialismus. Begriffe aus der Zeit der Gewaltherrschaft. Reinbek 1992; 1813 bis 1815. Grossdeutschlands Freiheitskampf. Ausstellung in der National-Galerie. Hg. Staatliche Museen – National-Galerie. Berlin 1940. Neben Theodor Körner wird hier besonders der »Turnvater Jahn« hervorgehoben, der »den völkischen Gedanken weckte« (S. 46).

fand auch der von Arndt und Jahn propagierte Kampfbegriff »welsch« weite
Verbreitung. Für die öffentliche Publizität sorgten in dieser Zeit die Pfarrer –
und zwar im wesentlichen die protestantischen –, die untereinander und mit
vielen Gebildeten ein enges Netzwerk persönlicher oder indirekter Kontakte
verband. Im Rahmen solcher Kontakte kamen sie mit den Werken der genannten Autoren in Berührung. Deutlich wird dieser Vorgang an ihrem Engagement für Feierlichkeiten am 18. Oktober, die ebenfalls diese Patrioten
konzipiert und angeregt hatten.[44] Viele Pfarrer nutzten ihre Predigten zur
nationalen Mobilisierung, verbreiteten Durchhalteparolen und feierten den
Sieg über Frankreich im oder mit einem Gottesdienst. Sie trugen somit ganz
erheblich zur Verbreitung der neuen national-religiösen Ideologie bei. Mit
der Terminologie hatten sie keine Schwierigkeiten, Begriffe wie Freiheit, Ehre, Brüder und Vaterland waren im theologischen Diskurs etabliert und wurden vielfach sogar durch Verweis auf die Bibel als gleichsam theologische
Begriffe in Anspruch genommen. Auch zur Charakterisierung der Feinde
und ihrer Herrschaft bot die Bibel einen ausreichenden Fundus, auf den sie
zurückgreifen konnten.

 »Welsch« war in diesem Kontext nicht in gleichem Maße anschlußfähig,
da es sich um einen Begriff handelt, der zwar in Luthers Schriften, nicht aber
in der Bibel auftaucht und der zudem regional mit unterschiedlichen Bedeutungen versehen und außerdem von der Sprachoberfläche verschwunden
war. Deshalb bevorzugten die Pfarrer für ihre Predigten etablierte und
deutlichere Begriffe wie etwa Torheit, Frevel, Leichtfertigkeit, Unglaube,
Sünde und Laster, die den Feind als amoralisch und unchristlich abqualifi-
zierten. Ferner ließ sich ganz in diesem Sinne auch die französische Herrschaft mit bekannten Begriffen aus der Bibel bezeichnen, weil »Knechtschaft«, »Sklavenjoch«, »Tyrannei« und weitere dieser Art mit entsprechenden Bildern und Vorstellungen belegt waren.[45] In diesem Zusammenhang
kristallisierte sich der wesentlich ältere Begriff vom »Erbfeind« wieder heraus, der sich von beiden Konfessionen viel geschmeidiger in das Geflecht
von Sünde, Teufel und Christenfeind einbinden ließ. Daß er damit die
Feindschaft nicht nur in ihrer theologischen und kulturellen Dimension bündelte, sondern ihr auch zugleich eine historische Dimension verlieh, erwies
sich langfristig für die Akzeptanz und den Sprachgebrauch nur als vorteil-

----

[44] SCHNEIDER, Feiern (wie Anm. 31) S. 228.
[45] Des Teutschen Volkes feuriger Dank- und Ehrentempel. Hg. KARL HOFFMANN. Offenbach
1815 S. 246, 247, 253; Dr. WILHELM MÜNSCHER's politische Predigten. Marburg 1813; ERNST
ZIMMERMANN, Patriotische Predigten. Darmstadt 1814; GRAF, Gottesbild (wie Anm. 31) S. 105–
159; ARLIE J. HOOVER, The Gospel of Nationalism. German Patriotic Preaching from Napoleon
to Versailles. Wiesbaden 1986 S. 23–36.

haft.[46] Tatsächlich erfreute sich der Begriff des »Erbfeindes« rasch zunehmender Popularität und konnte sich schließlich als Kampfbegriff für Frankreich und die Franzosen im Laufe des 19. Jahrhundert durchsetzen.

Zu seiner Popularität trugen in hohem Maße die Lehrer bei, die vor allem seit der zweiten Hälfte des 19. Jahrhunderts eine bedeutende Rolle im Nationalisierungsprozeß spielten. Sie bezeichneten in ihren Reden und Ansprachen bei Festen, soweit wir das überhaupt feststellen können, aber auch in ihren Schriften, Broschüren und Gedenkbüchern, die sie sehr zahlreich verfaßten, die Franzosen immer als »Erbfeind«.[47] Auf »welsch« griffen sie nur in seiner geronnenen Form in den immer wieder abgedruckten und vorgetragenen Gedichten von Arndt und der »Wacht am Rhein« zurück. Aber selbst die wurde spätestens seit 1890 kaum mehr gesungen, sondern vom Deutschlandlied verdrängt, wie auch die Thematisierung Frankreichs als »Erbfeind« und Gegner nach 1890 bei derartigen Anlässen generell abnahm.[48] Im Schulunterricht behielt der Begriff jedoch weiterhin seinen Platz im Rahmen nationaler Inhalte und Identifikationen und war bei Kriegsbeginn 1914 präsent und instrumentalisierbar. Frankreich als »Erbfeind« zu bezeichnen, gehört zu den nationalen Prägungen durch die Lehrer und Schulen, an die sich die Zeitgenossen auch nach dem Zweiten Weltkrieg noch deutlich erinnern.[49]

Der »Erbfeind« trat damit an die Stelle, die »welsch« nicht einnehmen konnte. Als altertümlicher Begriff, der zu Beginn des 19. Jahrhundert durch eine nationale Aufladung wiederbelebt und ideologisiert wurde, entsprach sein semantischer Gehalt zwar den Gegenbegriffen, die allen Feindbildkonstruktionen zugrunde liegen und das nicht nur in Deutschland.[50] Aber das Feindbild war letztlich zu unspezifisch und beschränkte sich auf den Gegen-

---

[46] JEISMANN, Vaterland (wie Anm. 23) S. 87–95; MANFRED KITTEL, Deutsches Nationalbewußtsein und deutsch-französischer Erbfeindmythos, in: »Heil deutschem Wort und Sang!« Nationalidentität und Gesangskultur in der deutschen Geschichte. Tagungsbericht Feuchtwangen 1994. Hgg. FRIEDHELM BRUSNIAK/DIETMAR KLENKE. Augsburg 1995 S. 47–70; HEINZ-OTTO SIEBURG, Die Erbfeindlegende. Historische Grundlagen der deutsch-französischen Beziehungen, in: Antike und Universalgeschichte. Festschrift für Hans Erich Stier. Hg. RUTH STIEHL u. a. Münster 1972 S. 323–345; KARL FERDINAND WERNER, Die Legende von der deutsch-französischen Erbfeindschaft, in: Das Jahrhundert der deutsch-französischen Konfrontation. Hg. WILFRIED PAPST. Hannover 1983 S. 27–31.

[47] Dem Kaiser am Rhein zum Sedantage 1877 (wie Anm. 4); C. TROG, Sedanbüchlein (ebd.).

[48] SCHNEIDER, Festkultur (wie Anm. 38) S. 251–263; JAKOB VOGEL, Nationen im Gleichschritt. Göttingen 1997 S. 146–147.

[49] »›Der Franzose ist unser Erbfeind und wird immer unser Erbfeind bleiben‹, so wurden wir schon als Kinder gedrillt.« Vgl. ERNA BEHRING, Wir konnten unser Leben nicht bestimmen, in: Ich bin noch aus dem vorigen Jahrhundert. Hg. IRMGARD WEYRATHER. Frankfurt 1985 S. 17.

[50] Vgl. ENZO COLLOTTI, I Tedeschi, in: I luoghi della memoria. Personaggi e date dell'Italia unita. Hg. MARIO ISENGHI. Mailand 1997 S. 65–86; GONTHIER-LOUIS FINK, Der janusköpfige

satz zu »teutsch«, nicht zuletzt weil der Begriff regional unterschiedliche Bedeutungen besaß. Gegen Ende des 19. Jahrhunderts setzte sich der Prozeß
fort, der zu Beginn des Jahrhunderts lediglich eine kurze Unterbrechung erfahren hatte, »welsch« verschwand von der Sprachoberfläche. Daß er in
deutsch-französischen Krisen immer wieder kurzfristig mobilisiert werden
konnte, kann auf die Präsenz seiner geronnenen Form im nationalen Diskurs
zurückgeführt werden, da die Werke vor allem Ernst Moritz Arndts in den
Kanon deutscher Literatur Eingang gefunden hatten. Dies erklärt wohl auch
den eigentümlichen Gegensatz zwischen der Verbreitung des Begriffes und
dem Stellenwert, der ihm heute gerne zugeschrieben wird. Dieses Mißver-
hältnis ist ein Ergebnis der Rezeptionsgeschichte und Durchsetzung nationaler Deutungsmonopole, die abschließend noch kurz umrissen werden soll.
Der Blick muß hierfür noch einmal auf die nationalen Ursprünge und die
Zusammenhänge in der Zeit der Befreiungskriege gerichtet werden.

Die Schriften Jahns, aber vor allem Arndts hatten in der napoleonischen
Zeit einen hohen Verbreitungsgrad, da sie als Flugblätter, in Zeitschriften
und als Broschüren abgedruckt und verkauft wurden. Wir wissen, daß sie
teilweise von Pfarrern abgeschrieben und weitergereicht wurden. Spätestens
mit den Karlsbader Beschlüssen im Jahre 1819 fand diese Form der Popularisierung jedoch ein abruptes Ende. Auch wenn sie in einigen Köpfen weiterhin existierten, gehörten die Werke der genannten Autoren nicht in den Kanon deutscher Lyrik, der sich in Schulbüchern oder Kinderbüchern aus dem
19. Jahrhundert findet. Gedichtanthologien Arndts erschienen bis 1870 genau zwei; eine in den 1840ern und eine weitere zehn Jahre später.[51] Dies war
insofern keine Besonderheit, als auch die Befreiungskriege kaum im Schulunterricht Beachtung fanden, wie wir aus unzähligen Memoiren erfahren
können. Die Gedenk- und Erinnerungstage durften öffentlich nicht mehr gefeiert werden und der 50. Jahrestag der Leipziger Schlacht im Jahre 1863 fiel
in Preußen dem Verfassungskonflikt zum Opfer und blieb in vielen anderen
Staaten auf eher laue Beamtenbankette und bestenfalls Veteranenspeisungen
beschränkt.[52] Die Erinnerung an die Befreiungskriege spielte im öffentlichen
Bewußtsein auch nach der Reichsgründung nur eine nachgeordnete Rolle,
aber ihre intellektuellen Wortführer fanden wieder Gehör. Vor allem die Lyrik mit ihren nationalen Feind- und Selbstbildern bot sich für die Erinne-

Nachbar. Das französische Deutschlandbild gestern und heute, in: Fiktion (wie Anm. 5) S. 15-
82.
[51] Gesamtverzeichnis des deutschsprachigen Schrifttums 1700-1910. Bearb. unter der Leitung
von HILMAR SCHMUCK und WILLI GORZNY. München 1979-1987.
[52] SCHNEIDER, Festkultur (wie Anm. 38) S. 166-170; CHRISTOPHER CLARK, The Wars of Libe-
ration in Prussian Memory: Reflections on the Memorialization of War in Early Nineteenth-
Century Germany, in: Journal of Modern History 3. 1996 S. 550-576.

rungskultur an 1870/71 geradezu an, und so erhielten einige Gedichte Arndts Eingang in Festbroschüren und Schulbücher. Eine regelrechte Renaissance erlebten er und viele weitere Lyriker der Befreiungskriege, erinnert sei hier nur an Theodor Körner, erst gegen Ende des 19. Jahrhunderts. Seit den 1890er Jahren erschienen vor allem die Gedichte Arndts in Schulausgaben und populären Volksausgaben mit zum Teil außerordentlich hohen Auflagenzahlen, während die Werke eines Heinrich Laube oder anderer »Jungdeutscher« immer mehr in Vergessenheit gerieten. Mit der Popularisierung der Lyrik und Literatur ging schließlich auch diejenige der Befreiungskriege selbst einher, die ihren Höhepunkt in einer Vielzahl von Erinnerungsveranstaltungen im Jahre 1913 fand. Dieser Rekurs auf das beginnende 19. Jahrhundert war mit einer Sehnsucht nach nationaler Einheit verbunden, die in der Lyrik und Literatur vermittelt und in Verkennung der historischen Realität als Ideal propagiert und angestrebt wurde. Auch der »Sprachwächter« Eduard Engel fand, wie er selbst bekannte, die Anregungen für sein »Verdeutschungswörterbuch« bei Luther und insbesondere bei Jahn, der sich ebenfalls angesichts des Krieges gegen Frankreich zu Beginn des 19. Jahrhunderts im »Deutschen Volkstum« ausführlich mit der »Vermeidung fremder Wörter« befaßt hatte.[53]

Im Ersten Weltkrieg leistete die Lyrik der Befreiungskriege vielen Deutschen eine Art von ideologischer Unterstützung, sicherlich nicht zuletzt wegen ihrer religiösen Anklänge, und nach dem Krieg sorgten neue Auflagen dieser Klassiker für mentale Hilfe bei der Bewältigung der Niederlage. Damit gehörten sie aber auch zum geistigen Gepäck der Nationalsozialisten, die die Befreiungskriege und ihre Publizisten in umfangreichen Ausstellungen, kostbaren Büchern und üppigen Filmen für ihre Appelle an das Nationalbewußtsein und die Durchhaltekraft der Deutschen – ganz im historischen Sinne natürlich – instrumentalisierten. Indem sie außerdem den Antisemitismus eines Ernst Moritz Arndt rassisch interpretierten, stellten sie sich in die Kontinuität der Befreiungskriege und ihrer Autoren. Die Stoßrichtung der Nationalsozialisten zielte aber nach innen gegen die Juden, weshalb auch der »Welsche« unter ihrer Herrschaft keine Renaissance erlebte.[54] Die Vorstellung von »welsch« als einem seit den Befreiungskriegen etablierten Kampfbegriff ist damit letztlich ein Ergebnis nationalsozialistischer Indienstnahme der Autoren, die sich einhundertfünfzig Jahre zuvor um eine Ideologisierung und Verbreitung von »welsch« bemüht hatten.

---

[53] ENGEL, Sprich Deutsch (wie Anm. 41) S. 16, 109; JAHN, Volkstum (wie Anm. 25) S. 229–236.

[54] VICTOR KLEMPERER, Die deutsche Wurzel, in: DERS., LTI. Notizbuch eines Philologen. Leipzig ³1975 S. 167–182.

Von treuester Freundschaft und glühendem Haß.
Polen im deutschen nationalen Diskurs 1849–1871

von

BERIT PLEITNER

»Wir werden den völligen Untergang nicht mehr erleben; aber bei den fortgesetzten entnationalisierenden Einflüssen eilt auch das polnische Volk gerade so seinem Untergange entgegen, wie sein Staat aus der Reihe der europäischen Reiche geschwunden ist.«[1]

Illustrirte Zeitung, 1866

»Das ganze Abendland hat Ursache, der Vorsehung dafür zu danken, [...] daß Polen als der providentielle Damm gegen die panslavische Überfluthung festhält.«[2]

Historisch-Politische Blätter für das Katholische Deutschland, 1865

Zwei Zitate aus deutschen Zeitschriften des letzten Jahrhunderts, beide in einem Abstand von nur einem Jahr erschienen, beide über Polen – und doch so gegensätzlich in ihrer Aussage. Der wohl augenfälligste Unterschied betrifft die Rolle, die Polen einnimmt: Während die Historisch-Politischen Blätter für das Katholische Deutschland ihm den aktiven Part der »Verteidigung des Abendlandes« zusprechen, zeichnet die Illustrirte Zeitung das Bild einer passiv hingenommenen Verkümmerung, die gar zur völligen Auslöschung führt.

Es ist müßig zu fragen, welche der Sichtweisen denn wohl »wahr« oder zumindest »zutreffender« sei, denn wer die Wahrheit sucht, braucht in Zeitschriften nicht zu suchen. Ganz abgesehen davon, daß jede Wirklichkeit – und damit auch jede Darstellung von Realität – subjektiven Charakter hat und es *die* Wahrheit nicht gibt[3], handelt es sich bei Zeitschriften um Organe,

---

[1] Illustrirte Zeitung (IZ) 1223. 1866 S. 379.

[2] Historisch-Politische Blätter für das Katholische Deutschland (HPBKD). 1863 S. 546.

[3] Siehe hierzu unter anderem: Die Wirklichkeit des Konstruktivismus. Zur Auseinanderset-

die Teil des Prozesses der öffentlichen Meinungsbildung sind. Sie operieren also einerseits bewußt mit Themenwahl, Textgestaltung und Argumentationsstrukturen, um auf diese Weise die öffentliche Meinung zu beeinflussen. Andererseits sind sie und ihre einzelnen Redakteure aber auch – zum Teil unbewußt – verstrickt in zeitgenössische Diskurse, welche sich in den Texten widerspiegeln. So fällt zum Beispiel bei dem zweiten Zitat auf, daß wie selbstverständlich von »Polen« (in der Gegenwart!) gesprochen wird zu einem Zeitpunkt, da es diesen Staat überhaupt nicht gibt. Im Alltagsdiskurs muß es sich demnach um einen geläufigen Ausdruck handeln, der als solcher nicht hinterfragt wird.

Wenn Polen zum Gegenstand von Zeitschriftenartikeln wird, so sagen diese sicher auch etwas über Polen, vor allem aber über die eigene Position und Sichtweise auf dieses Thema aus. Eine Analyse der Darstellung Polens in deutschen Zeitschriften des letzten Jahrhunderts ist daher vor allem für diejenigen interessant, die etwas über die Zustände in den deutschen Staaten erfahren wollen. Die Polen und die Deutschen, »Polen« und »Deutschland« – diese Themen sind Teil des nationalen Diskurses.[4] Der nationale Diskurs deckt als solcher natürlich nicht das gesamte Feld des Nationalen ab, zu dem auch Handlungen und Prozesse gehören, seien sie politischer, kultureller, wirtschaftlicher oder gesellschaftlicher Art. Diese konkreten Aktionen, diese »Wirklichkeit« wird jedoch laut Siegfried Jäger »nach Maßgabe der Diskurse gestaltet«.[5] Dies bedeutet, daß eine Unterscheidung zwischen »Diskursen« und (wie auch immer gearteter) »Wirklichkeit« gemacht wird – die Diskurse *sind nicht* die Wirklichkeit. Andererseits gibt es auch keine objektive Wirklichkeit, sondern immer nur eine Vorstellung davon, was Realität sei.[6] »*Realität*‹ erscheint in der Kultur zunächst nur als Konstrukt: als die Menge des kulturellen Wissens, d. h. als die Menge der Annah-

---

zung um ein neues Paradigma. Hg. Hans Rudi Fischer. Heidelberg 1995; Vivien Burr, An introduction to social constructionism. London usw. 1995; Dietrich Busse, Historische Semantik. Analyse eines Programms. Stuttgart 1987.

[4] Siehe hierzu unter anderem: Nationale und kulturelle Identität. Hg. Bernhard Giesen. Frankfurt a. M. 1991; Nationales Bewußtsein und kollektive Identität. Hg. Helmut Berding. Frankfurt a. M. 1994; Nationale Mythen und Symbole in der zweiten Hälfte des 19. Jahrhunderts. Strukturen und Funktionen von Konzepten nationaler Identität. Hg. Jürgen Link u. a. Stuttgart 1991; Zur diskursiven Konstruktion nationaler Identität. Hg. Ruth Wodak u. a. Frankfurt a. M. 1998. Siehe auch Michael Titzmann, Kulturelles Wissen – Diskurs – Denksystem. Zu einigen Grundbegriffen der Literaturgeschichtsschreibung, in: Zeitschrift für französische Sprache und Literatur 99. 1989 S. 47–61, hier S. 51–53.

[5] Siegfried Jäger, Kritische Diskursanalyse. Eine Einführung. Duisburg 1993 S. 169.

[6] Der Frage, in welchem Maße das Individuum von seinem sozialen Umfeld geprägt ist und wie viele eigenständige Denkstrukturen es überhaupt ausbilden kann, soll hier nicht weiter nachgegangen werden. Festzuhalten bleibt nur, daß Wirklichkeit etwas Subjektives ist.

men über die ›Realität‹, die im Rahmen des Denksystems gemacht werden.«[7]
Auf den Prozeß der Nationsbildung bezogen bedeutet dies, daß sowohl die
äußeren Ereignisse – politisch-gesellschaftliche Entwicklungen im weitesten
Sinne – als auch der Diskurs über das Nationale als konstituierende Elemente zu betrachten sind. Die Konstruktion der »vorgestellten Gemeinschaft«
(Benedict Anderson) verläuft sowohl auf einer »materiellen« Ebene als auch
auf einer semiotischen, also vermittels Sprache und Symbolik.[8] Beide Ebenen
beeinflussen sich gegenseitig und sind in ihrer Entwicklung voneinander abhängig.

Der nationale Diskurs befaßt sich ferner nicht nur mit denjenigen, die zu
einer Nation gehören, sondern umgekehrt auch mit denen, die aus ihr ausgeschlossen sind. Michael Jeismann stellt die Hypothese auf, »daß dem nationalen Selbstverständnis implizit eine Abgrenzung, eine Entgegensetzung inne-
wohnt. Wie diese Abgrenzung ausfällt, welchen Kriterien sie folgt und mit
welcher Schärfe sie formuliert wird, müßte […] im Zusammenhang mit dem
eigenen nationalen Anspruch stehen, müßte eine Beziehung aufweisen zur
Selbstdefinition«[9]. Wer eine Sie-Gruppe bildet und wie diese bewertet wird,
hängt also damit zusammen, wer die zu integrierende Wir-Gruppe darstellt.
Unter diesem Aspekt – als Teil des deutschen nationalen Diskurses – soll in
dem vorliegenden Beitrag das Bild der Polen untersucht werden.

Für die Analyse der Nationswerdung erweist sich der Untersuchungszeit-
raum von der Revolution von 1848/49 bis zur Reichsgründung von 1871 als
besonders fruchtbar, weil während dieser Zeit mehrere Nationskonzepte
miteinander konkurrieren, die alle auf eine Umsetzung auf institutioneller
Ebene zielen. Dem Bürgertum ist es zwar nicht gelungen, durch die Revolution die erstrebte Beteiligung an der politischen Macht zu erringen, aber die
von ihm vertretenen Nationskonzepte – hauptsächlich liberaler Couleur –
bleiben weiterhin in der Diskussion. Auch die Konservativen und – in zunehmendem Maße – die Katholiken haben Teil am nationalen Diskurs. Schließlich stellen die fünfziger und sechziger Jahre die Durchbruchszeit der
sozialistischen – von den Zeitgenossen meist als »communistisch« bezeichneten – politischen Strömung dar, deren Vorstellungen und verfolgte Ziele
häufig von denen der Demokraten nicht sehr weit abwichen.

---

[7] Michael Titzmann, Kulturelles Wissen (wie Anm. 5) S. 57.

[8] Siehe hierzu unter anderem Benedict Anderson, Die Erfindung der Nation. Zur Karriere
eines folgenreichen Konzepts. Frankfurt a. M. ²1993; Ernest Gellner, Nationalismus und Moderne. Hamburg 1991; M. Rainer Lepsius, Nation und Nationalismus in Deutschland, in:
Ders., Interessen, Ideen und Institutionen. Opladen 1990 S. 232–246.

[9] Michael Jeismann, Das Vaterland der Feinde. Studien zum nationalen Feindbegriff und
Selbstverständnis in Deutschland und Frankreich 1792–1918. Stuttgart 1992 S. 16 f.

Hinsichtlich des Polenbildes ist diese Epoche interessant, weil nach der
Welle der Unterstützung für die Polen durch die Liberalen im Vormärz ein
Meinungsumschwung einsetzt, der wohl am eindrucksvollsten in der berühmten Rede des Abgeordneten Jordan in der Paulskirche seinen Ausdruck
findet.[10] Die Einstellung gegenüber den Anliegen der Polen verändert sich
jedoch nicht einhellig von heute auf morgen, und so erlauben es die ersten
Jahre des Untersuchungszeitraumes, die Diskussion um die »Polenfrage«
mitzuverfolgen. Mitte der fünfziger Jahre läßt das Interesse an Polen jedoch
nach, wie sich in einer äußerst geringen Anzahl von Beiträgen ablesen läßt.
Erst der Januaraufstand von 1863 wird wieder intensiv kommentiert. Nach
1866 schließlich erreicht die Berichterstattung fast den Nullpunkt.[11]

I. Die Illustrirte Zeitung

Anhand der IZ läßt sich zeigen, in welcher Weise Polen zum Teil des deutschen nationalen Diskurses wird. Die Anzahl der Berichte über Polen ist
nicht sehr groß. So wird 1850 über den Hochverratsprozeß gegen den Polen
Krotowski und 1853 »Über die Zukunft der Slawen« geschrieben. Danach
bildet erst der polnische Aufstand von 1863 wieder einen Anlaß, über diese
Nation zu berichten. Die vier Artikel zu diesem Thema werden schließlich
im Jahre 1866 ergänzt durch einem Beitrag zur »Entnationalisierung« der
Polen. Die Berichterstattung über Polen richtet sich jedoch nicht nur nach
konkreten Anlässen, sondern sie nimmt zusätzlich immer eine deutsche Perspektive ein, d. h. im Mittelpunkt steht die Frage nach den möglichen Auswirkungen der jeweiligen Situation auf die deutsche Nation.
    Der Artikel von 1853 birgt schon alle grundsätzlichen Elemente in sich,
welche bei der Darstellung Polens in den darauffolgenden Jahren immer wie-

---

[10] Vgl. hierzu MICHAEL G. MÜLLER und BERND SCHÖNEMANN, Die »Polen-Debatte« in der
Frankfurter Paulskirche: Darstellung, Lernziele, Materialien. Frankfurt a. M. 1991.

[11] Untersucht worden sind die Illustrirte Zeitung (IZ) aus Leipzig, die Historisch-Politischen
Blätter für das Katholische Deutschland (HPBKD) aus München und die Grenzboten (GB),
ebenfalls aus Leipzig. Bei allen drei Zeitschriften handelt es sich um Revuen, das heißt um »uni-
versal angelegte Zeitschriften, die einem nicht nur gelehrten Publikum einen allgemeinen Überblick über wissenschaftliche, kulturelle, politische und ökonomisch-soziale Probleme und Themen geben wollen« (SIBYLLE OBENAUS, Literarische und politische Zeitschriften 1848–1880.
Stuttgart 1987 S. 37). Während die vierzehntägig erscheinende HPBKD einen konservativ-katholischen Standpunkt vertreten, sind die wöchentlich erscheinenden IZ und GB (Die Grenzboten) im liberalen, nach 1866 im dezidiert nationalliberalen Bereich anzusiedeln. Welches Bild
zeichnet nun jede dieser Revuen von den Polen, und welche Rückschlüsse lassen sich daraus hinsichtlich des deutschen nationalen Diskurses ziehen?

der bemüht werden. In einer direkten Analogie zu den Indianern Nordamerikas werden die Slawen als »urwüchsiges Naturvolk« präsentiert, dem die zivilisierten Deutschen entgegengesetzt werden:

»Wem sind nicht die Anekdoten bekannt von den Indianern, die, als sie mit den civilisirten Europäern zusammentrafen, für die goldnen Schätze ihrer wilden Natur sich Bänder, Glaskorallen und andern Tand eintauschten, mit den Kleidungsstücken der neuen Ankömmlinge sich putzten, indem sie die Beinkleider als Weste, die Weste als Schurzfell anlegten und tanzten und jubelten und sich die Herren der Erde dünkten, während sie ihre Freiheit verkauft hatten und ihren Verstand ertödteten im Rausche des Getränks, das die Fremden ihnen als Lebenswasser reichten.
Nicht ganz unähnlich vielleicht ist es unsern östlichen Nachbarn, dem frischen urkräftigen Naturvolk der Slaven, ergangen, als sie mit unserer germanischen Bildung die erste oberflächliche Bekanntschaft machten und, staunend über die Schätze unseres Wissens, Denkens und Empfindens, für ihren natürlichen Menschenverstand ein Spielzeug sich einhandelten, von dem sie den kindischsten und – gefährlichsten Gebrauch machten, – die deutsche Philosophie. [...] auch ihnen kann dieser speculative Rausch die letzten Reste der Freiheit und des Verstandes kosten!«[12]

Das Verhältnis der Europäer zu den Indianern bzw. der Germanen zu den Slawen entspricht in etwa dem eines Erwachsenen zu einem Kinde. Die Gutmütigkeit und ursprüngliche Naturkraft der Indianer wird als Dummheit entlarvt, da sie mit den Kleidungsstücken nicht umzugehen wissen, die Absichten der Fremden nicht durchschauen, sich ausnehmen lassen und dabei glauben, sie seien selber die Nutznießer. Ihre Handlungen enden in einem Alkoholrausch, aus dem es, so impliziert der Text, ein böses Erwachen geben wird.

Diese sehr bildhafte Beschreibung, die auf eine zu dieser Zeit allgemein vorhandene Vorstellung von der Entdeckung der Neuen Welt zielt, wird in einem zweiten Schritt übertragen auf den Vergleich von Germanen und Slawen. Das kulturelle, geistige Volk der Germanen schenkt den rückständigen Slawen die »Philosophie«, welche ihnen aber, da sie mit ihr nicht umzugehen wissen, mehr Unglück denn Fortschritt einbringt. Es kann laut dieses Textes keinen Lernprozeß geben. Der Werdegang eines Volkes ist vorherbestimmt – es gibt Völker, deren Schicksal es ist, voranzuschreiten und sich über die anderen zu erheben, und es gibt jene, die in ihrem »urwüchsigen« Zustand verharren. Diese sind, selbst bei gutem Willen, nicht dazu in der Lage, sich auf den Stand der fortgeschrittenen Völker zu erheben. So werden auch die Slawen im »Rausche« enden, der dieses Mal nicht vom Alkohol, sondern von ihren eigenen Anmaßungen und überdrehten Träumen herrührt. Der Rausch

---

[12] IZ 536. 1853 S. 225.

beschreibt zudem einen Zustand, der außerhalb jedes vernünftigen und kon-
trollierten Handelns steht. Der Fortschritt jedoch ist aufs engste mit dem Begriff der Vernunft verknüpft, und ein dem Rausch verfallenes Volk kann sich
aus diesem nicht eigenständig lösen, um dem Weg der Vernunft zu folgen.

Diesem kurzen Textauszug lassen sich schon die grundsätzlichen Einstellungen über das Verhältnis der Völker bzw. Nationen untereinander entnehmen. Völker verhalten sich analog zu Individuen: Sie folgen einem bestimmten (»Lebens«)-Weg, dessen Verlauf stark von ihren »Charakteren« beeinflußt ist. Charakterstarke Völker schreiten demnach voran, während die
charakterschwachen in ihrem ursprünglichen Zustand verharren. Die
Germanen – im engeren Sinne die Deutschen – erheben sich also naturgemäß
über die Slawen, und sie können diesen auch nicht aufhelfen, bemühten sie
sich noch so sehr. Ist jeder für seinen Werdegang selbst verantwortlich, so ist
es nur ein Schritt bis zu der Idee, daß auch jeder vor allem seine eigenen Interessen zu vertreten hat: Es muß das durchgesetzt werden, was für das deutsche Volk von Vorteil ist.

Aus der Gruppe der slawischen Völker werden die Polen noch einmal ge-
sondert hervorgehoben. Sie zeichnen sich durch eine höhere Aktivität aus,
genauer gesagt haben sie versucht, sich aus der »Urwüchsigkeit« zu erheben.
Doch »die Polen fielen im Kampfe jenes politischen Faustrechts, dem schon
mehr als ein Volk verfallen, weil es, durch dasselbe Recht der Gewalt zu siegen, nicht gewaltig genug war«[13]. Es wird ihnen somit nicht das Recht abge-
sprochen, den Weg des Fortschritts zu gehen, jedoch handelt es sich um ein
zu schwaches und zu unbedeutendes Volk, als daß dieser Versuch Aussicht
auf Erfolg hätte. Nach diesen bereits sozialdarwinistisch zu nennenden Thesen erwächst jeder politische Erfolg oder Mißerfolg einzig aus der inneren
Bestimmung eines Volkes – die Schwachen verlieren, die Starken siegen.

Die Darstellung des polnischen Aufstand von 1863 verfährt ebenfalls nach
diesem Schema: Die Rechtmäßigkeit ihres Handelns wird den Polen – ge-
mäß den liberalen Grundsätzen der Zeitschrift – zugesprochen, jedoch wird
aus einer deutschen Perspektive berichtet. Nur im Hinblick auf die möglichen Auswirkungen auf die deutschen Staaten sind die Ereignisse in »Polen«
von Interesse.

Hintergründe und Ziele des Aufstandes finden demgemäß keine Beachtung in den Beiträgen. So beginnt der Artikel »Die polnische Frage« folgen-
dermaßen:

»Man kann die Frage: Soll ein polnisches Reich wiederhergestellt werden? aus zwei
verschiedenen Gesichtspunkten betrachten; der erste ist ein allgemein menschlicher,

---

[13] Ebd. S. 226.

ein kosmopolitischer, der andere dagegen ein rein deutscher, der nur auf die Interessen Deutschlands Rücksicht nimmt.«[14]

Eine polnische Perspektive wird völlig außer acht gelassen. Der Text argumentiert auf solche Weise, daß aus »kosmopolitischer« Sicht die Wiederherstellung des polnischen Staates zweifelhaft, aus deutscher Sicht aber ganz unmöglich ist:

»Da wir nun in erster Linie Deutsche und erst in zweiter Linie Weltbürger sind, da es uns ferner doppelt nöthig ist, den Grundsatz anzunehmen, der in Frankreich, Italien und ganz besonders in England schon lange gilt, nämlich die eigenen Interessen als maßgebend bei der Entscheidung zu betrachten, so läßt sich wohl nur der Schluß ziehen: ›Wir Deutsche können in einem wiederhergestellten Polen nur eine Gefahr für unser eigenes Land erblicken‹ und besonders in einem Zeitmomente, wo ein energischer Wille in Frankreich herrscht.«[15]

Obwohl an der Textoberfläche noch die »menschliche« Komponente angesprochen wird, so ist doch jeglicher Kosmopolitismus aus dem nationalen Diskurs verschwunden.

Welche konkreten Verhaltensweisen in bezug auf den Aufstand ergeben sich daraus für die Politik der deutschen Staaten? Die IZ formuliert:

»Ist es ein unzweifelhaft preußisches und deutsches Interesse, Posen zu behaupten, so hat sich die preußische Regierung doch auf die Wahrnehmung dieses Interesses streng zu beschränken. [...] Es muß neutral im völkerrechtlichen Sinne sein. Die drüben kämpfenden Polen sind Rebellen gegen Rußland, nicht gegen Preußen.«[16]

Diese Anspielung auf die Alvenslebensche Konvention kommt einer Absage an die Bismarcksche Politik gleich. Die Neutralität soll jedoch nicht um der Polen Willen eingehalten werden, sondern weil nur so ein internationaler Konflikt – der auch den deutschen Staaten schaden würde – verhindert werden kann. Etwas weiter im Text heißt es:

»Weder dem einen noch dem anderen Theile ist irgendeine Unterstützung zu leisten, weder gegen den einen noch gegen den anderen Theil feindlich aufzutreten. Andernfalls hört die Neutralität auf und es tritt Parteinahme ein. Die letztere würde natürlich auch andere Staaten berechtigen, Partei zu nehmen, und geschähe dies in entgegengesetzter Richtung, so wäre ein Conflict da.«[17]

Der Aufstand ist es zweitens deshalb nicht wert, unterstützt zu werden, weil selbst das polnische Volk nicht geschlossen dahintersteht: »Der Revolution

---

[14] IZ 1055. 1863 S. 205.
[15] Ebd. S. 206.
[16] IZ 1027. 1863 S. 153.
[17] Ebd.

fehlen mithin die Bürger (Juden) und die Bauern.« Die im 19. Jahrhundert
weit verbreitete Sicht auf die sozialen Strukturen der Polen spiegeln sich hier
wider. Demnach ist die Gesellschaft aufgeteilt in eine dünne, adelige Oberschicht und eine breite Schicht von Bauern (und Handwerkern). Der
Mittelstand – das Bürgertum – fehlt, dieser Platz wird von einigen Juden eingenommen, die jedoch nicht Teil der polnischen Nation sind. Nun beansprucht der Adel – so die gängige Meinung –, die Interessen der Nation zu
vertreten, ohne sich um die Bauern – das Volk – zu kümmern. Die IZ fragt:
»Was soll dieser Parteigängerkrieg, der an sich zu nichts führen kann, als
das Land zu verwüsten und das Volk zu entsittlichen?«[18] Aus einem Aufstand gegen äußere Mächte und Zwänge wird in dieser Sichtweise ein Bürgerkrieg, dessen Verlauf rein destruktiv ist – die polnische Gesellschaft zerstört sich selber.

Dieser »Bürgerkrieg« ist drittens aufgrund seiner politischen Zielsetzungen gefährlich:

»Mit dem Sturze des Dictators [Langiewicz, B.P.] hat der Aufstand seinen national-
polnischen Charakter verloren und sich in eine sozial-demokratische Revolution um-
gewandelt. Nach einer solchen Metamorphose kann die europäische Intervention von
den Führern nicht mehr angerufen werden.«[19]

Der polnische Aufstand wird Teil der oft beschworenen »roten Gefahr«, einer Bedrohung mit internationalem Charakter, deren – häufig diffuse – Ursprünge sich über ganz Europa erstrecken. Durch diese Darstellung wird
dem Aufstand alles spezifisch Polnische genommen. Er wird eingereiht in
den nationalen politischen Diskurs der Deutschen, in dem konservative, katholische, liberale, demokratische und sozialistische (häufig vereint zu »soci-
al-demokratischen«) Strömungen sich gegenüberstehen und bemüht sind,
sich gegeneinander durchzusetzen. Die konserativen, katholischen und liberalen Bewegungen sind sich dabei über die »Gefahr«, die von der Sozial-De-
mokratie droht, einig.

Die emotionale Grundlage für diese Art der Darstellung Polens – sozusagen der Katalysator, der bewirken soll, daß die sachlich schiefe Argumentation trotzdem akzeptiert und nicht hinterfragt wird – wird gelegt durch die
schon bekannten Bilder der Rückständigkeit und Anarchie. Im Kontext des
Aufstandes werden der Terrorismus, die Hinterlist und die allgegenwärtige
Bedrohung betont. »Der kleine Volkstheil, der wirklich kämpft [...] theilt
sich in viele Abtheilungen von geringer Zahl, taucht hier und dort auf [...]

---

[18] IZ 1041. 1863 S. 397.
[19] Ebd. S. 398.

und verschwindet wieder in den Wäldern. [...] Die meisten der Guerillas halten sich längs der Grenze [...].«[20] Die Insurgenten werden angeführt von »Revolutionshäuptlingen« (womit der Bogen zu den Indianern wieder gezogen wäre!) und üben »schonungslosesten Terrorismus« aus. Schließlich gibt es noch »geheime Ausschüsse, welche den Gutsherren unter Todesdrohungen Kriegssteuern auferlegen, die Jugend in die Wälder treiben und zu Meuchelmorden reizen«.[21] Durch solche Handlungen diskreditieren die Polen – man verstehe analog: die Sozial-Demokraten – sich selber, und sie können weder auf Verständnis noch auf Unterstützung hoffen.

Drei Jahre später sind die abmildernden Töne, das zumindest oberflächlich zugestandene Recht auf Selbstbehauptung, aus der IZ ganz verschwunden. Der Titel »Die Entnationalisierung Polens« weist darauf hin, daß Polen, das bislang als Nation ohne Staat galt, nun auch aus der Familie der Nationen ganz ausgeschlossen wird. Die Semantik, die hinsichtlich Polens benutzt wird, ist eindeutig negativ und weist insgesamt auf ein nahendes Ende hin: »vielgeprüftes Volk«, »zerrissen«, »zersetzende Elemente«, »Untergrabung«, »feindlich«, »ängstlich«, »zerstören«.[22] Der dargestellte Prozeß gleicht einer Auflösung, einem Aufgehen der polnischen Nationalität in der russischen und der deutschen. Jedoch besteht ein Unterschied darin, wie diese Prozesse vonstatten gehen, denn die Russifizierung findet gewaltsam statt, wohingegen »Preußen nicht in derartige Gewaltacte [verfällt]«.[23] Die Germanisierung verläuft vielmehr »ohne Gewalt« und »auf naturgemäßem Wege«, denn die Deutschen – wie schon aus dem Text von 1853 bekannt ist – gehören zu den Völkern, die sich in der Geschichte über andere erheben und voranschreiten. Die Überlegenheit der Deutschen wird nun mit konkretem Inhalt gefüllt:

»Das Vordringen der Deutschen ist jedoch nur ein friedliches und deshalb von Erfolg begleitet, weil auf ihrer Seite die größere Intelligenz, der Fleiß, die Sparsamkeit und das Kapital zu suchen sind. Posen war, als es preußisch wurde, ein verarmtes Land ohne Schulen – heute ist es eine blühende Provinz, die sich aller Segnungen der Cultur erfreut, und dieses einzig durch den Einfluß des Deutschthums.«[24]

So erklärt sich auch, wieso die Russen Gewalt anwenden müssen – sie gehören ebenfalls zu den niederen Völkern und können daher andere nur mit Ge-

[20] Ebd. S. 397.
[21] Ebd. S. 398.
[22] IZ 1223. 1866 S. 379.
[23] Ebd.
[24] Ebd.

waltanwendung unterdrücken. In der deutschen Kulturnation aber gehen die anderen Nationen auf natürliche Weise auf, und dies bedeutet für sie keinen Verlust, sondern eine Erhöhung.

II. Die Historisch-Politischen Blätter
für das Katholische Deutschland

Die HPBKD wenden sich an eine katholische und damit auch anti-preußische Leserschaft. Zwar wird die Existenz von Nationen – auch der deutschen – vorausgesetzt, jedoch ist der »starke und edle Genius der deutschen Nation, [...] in sich selber vielfach nach Stämmen gegliedert, nur mühsam durch die Reichseinheit und mehr noch durch die Kraft des Glaubens zusammengehalten«[25]. Der Glaube bildet demnach die erste Referenz, denn die ersten »Christen sahen sich in dieser gemeinsamen Eigenschaft in einem wichtigeren Verhältnisse zueinander, als im vaterländischen« und »die Verschiedenheit der Völker vereinigte sich zu einem großen menschlichen Urvolk, zu einer Weltnation, und erkannte sich als solche.«[26]
Diese Verschränkung des nationalen mit dem religiösen Diskurs kann auf zwei Arten gedeutet werden. Versteht man sie als Teil des katholischen Diskurses, so kann man konstatieren, daß dieser zu seiner Verbreitung des nationalen Diskurses bedarf. Dies spricht für die große Bedeutung, die letzterer im öffentlichen Diskurs erlangt hat: so ist aus der »christlichen Welt« eine »Weltnation« geworden. Begreift man diese Verschränkung andersherum als Teil des nationalen Diskurses, so dient sie der Propagierung eines Reichspatriotismus, der sich gegen moderne liberale, demokratische und sozialistische Ideen wendet. Unter dem Kaiser »verwächst sich die vereinigte Christenheit zu einem höchst merkwürdigen, geistlich-weltlichen, oder hierarchisch-politischen Gemeinleben oder Gesamtstaate, einer überaus wunderbaren und nur einmal in der Weltgeschichte dagewesenen Bildung, einem Organismus, in dem die vollgültigste Herrschaft der Autorität die gesunde Freiheit der besonderen Reiche, Stände und Individuen nicht beeinträchtigt«[27]. Dieser »Gesamtstaat« verlangt nach habsburgischer Führung, zumal »die Interessen Preußens [...] keineswegs identisch [sind] mit den deutschen«[28].

---

[25] HPBKD 52. 1863 S. 510.
[26] HPBKD 26. 1850 S. 620.
[27] Ebd. S. 621.
[28] HPBKD 48. 1861 S. 696.

Wie wird nun Polen vor diesem Hintergrund dargestellt? Da der Katholizismus die wichtigste Referenz in den HPBKD darstellt, werden die Polen vorrangig als »katholisches Brudervolk« verstanden, welches unter den protestantischen Preußen und den orthodoxen Russen zu leiden hat. Die Darstellung Polens ist daher grundsätzlich positiv.

Zunächst erscheint Polen als Teil der Dichotomie »Europa – Asien« bzw. »Abendland – Orient«. Als »Bollwerk des Katholizismus« bildet es die äußerste Mauer des Abendlandes: »Polen hat [...] Jahrhunderte lang die abendländische Christenheit und ihre Bildung gegen den Andrang asiatischer Barbarenhorden ruhmvoll verteidigt.«[29] Polen nimmt hier nicht nur eine positive, sondern auch eine aktive Rolle ein. Es setzt sich von den anderen slawischen Völkern ab und wird zur abendländischen Zivilisation gerechnet. Der »polnische Nationalcharakter« läßt sich »in keiner Weise mit dem anderen Slaventhum identificiren [...]«, er ist »demselben sogar mehrfach entgegengesetzt [...]. Der Pole [...] hat an dem abendländischen Individualismus nur allzu viel Theil.«[30]

Die durch die Texte aufgebaute und vermittelte »Bedrohung aus dem Osten« bezieht sich nicht nur auf die Religion. Die Zitate benennen außerdem die politisch-gesellschaftliche Komponente in Gestalt des »Panslawismus«: »Für uns Deutsche aber ist Polen bis zur Stunde die wirksamste Schutzmauer gegen den Panslawismus gewesen; und dies konnte es einzig und allein in seiner Eigenschaft als römisch-katholische Nation seyn.«[31] Was genau unter »Panslawismus« zu verstehen ist, wird dabei nicht näher erläutert. Aus den jeweiligen Kontexten, in denen der Begriff gebraucht wird, ergibt sich jedoch eine diffuse Bedrohung auf allen Ebenen: religiös, politisch, gesellschaftlich, kulturell, und dieser »panslawischen Überfluthung« kann nur »Polen als der providentielle Damm«[32] standhalten.

Als eigentlicher Feind erweist sich somit das orthodoxe, »asiatische« Rußland: »In Charakter, Sitten und Gewohnheiten asiatisch geworden, war der Freiheitssinn [Rußlands, B.P.] erloschen und despotische Unterwürfigkeit sein Erbtheil aus der Dienstbarkeit der Mongolen.«[33] In dieser Konstellation wird das sonst im öffentlichen Diskurs eher negativ bewertete Polen sogar zu »Deutschlands treuestem Freund«.[34] Eine Neubildung des polnischen Staates wünschen die HPBKD nicht nur, um sich vor der aus Rußland dro-

---

[29] HPBKD 52. 1863 S. 512.
[30] HPBKD 51. 1863 S. 549.
[31] HPBKD 48. 1861 S. 685.
[32] HPBKD 51. 1863 S. 546.
[33] HPBKD 52. 1863 S. 516.
[34] Ebd. S. 519.

henden Gefahr zu schützen, sondern auch, um den Großmachtansprüchen Preußens und seiner anvisierten Vormachtstellung im Deutschen Bund entgegenzuwirken. »Kurz, ein selbständiges Polenreich läge im deutschen Interesse, während Preußen am Status quo der Zerfleischung Polens das größte Interesse hat.«[35] Die deutschen Interessen sind also konträr zu den preußischen, welche sich wiederum als einheitlich mit den russischen – und darum als gefährlich für die Deutschen – erweisen. Obwohl es inhaltlich um Polen geht, wird tatsächlich der deutsche nationale Diskurs bedient: Die »deutsche Nation«, so wird hier propagiert, ergibt sich aus dem Zusammenschluß mehrerer Monarchien unter österreichischer Führung, zusammengehalten durch das Band der Kultur, der Sprache und der katholischen Religion.

Die Darstellung Polens dient darüber hinaus der Ausgrenzung eines weiteren politischen Gegners: der Sozialisten. Die enge Anbindung an die abendländische – was bedeuten soll: die germanische – Kultur hat, so der Tenor aller Artikel, Polen geprägt. Somit können ganz leicht erwünschte Eigenschaften auf Polen übertragen werden, wie zum Beispiel die folgende:

»Aber Polen hat mit dieser slavischen Eigenthümlichkeit [der kommunalen Gütergemeinschaft, B.P.] nichts zu thun; die polnische Societät ruht wie die ganze abendländische Gesellschaft auf dem germanischen Prinzip des persönlichen Eigenthums.«[36]

In der Tat befinden sich die konservativen HPBKD in einer Zwickmühle, da sie gegen Revolutionen eingestellt sind, die Wiederentstehung des polnischen Staates aber einer Revolution gleichkäme. Die Einbindung der Polen in die germanische Kulturwelt bietet eine Möglichkeit, eine mögliche Neubildung des polnische Staates als gleichsam natürlichen und friedlichen Vorgang darzustellen. Gleichzeitig wird die im öffentliche Diskurs der Zeit immer wieder beschworene »rote Gefahr« als zumindest geographisch weit entfernt dargestellt – es handelt sich um ein slawisches, das heißt russisches, und nicht um ein abendländisches bzw. deutsches Phänomen.

Zudem wird der Sozialismus nicht als eine politische Einstellung präsentiert, die aus den sozial-politischen Umständen der Zeit erwachsen ist, sondern es handelt sich um eine dem Volkscharakter innewohnende Eigenschaft:

»Gefährlicher als in Polen, wo durch die germanische Cultur und die katholische Kirche der Socialismus dem Volke selber mehr fremdartig blieb, mußte sich in Rußland der Proceß gestalten, wegen der herrschenden Unzufriedenheit, welche die Re-

---

[35] HPBKD 48. 1861 S. 696.
[36] HPBKD 51. 1863 S. 553.

formen seit Peter I. hervorgerufen hatten, vorzugsweise jedoch wegen der durch und durch socialistischen Grundanschauung des Volkscharakters.«[37]

Durch diese Verinnerlichung wird Rußland auf der einen Seite noch gefährlicher, andererseits wird vermittelt, daß der Sozialismus in den deutschen Staaten (und Polen) überhaupt keine Chance hat.

III. Die Grenzboten

Diese dritte für die Analyse herangezogene Zeitschrift ist den HPBKD diametral entgegengesetzt, denn in ihr wird das Konzept einer preußisch-kleindeutschen, protestantischen Nation vertreten. Zudem unterscheidet sie sich in der Quantität der Berichterstattung über Polen ganz erheblich von den beiden vorangegangenen Revuen: Die Anzahl der Artikel übersteigt die der HPBKD und der IZ um ein Vielfaches. Dabei lassen sich jedoch verschiedene Phasen ausmachen.

Zunächst, das heißt in den Jahren 1849 und 1850, knüpft die Darstellung in den GB an das positiv gefärbte Polenbild aus dem Vormärz an. So wird in einem Artikel beschrieben, wie die »natürliche Zusammensetzung« der Warschauer Gesellschaft – dessen Kernstück die Polen bilden, ergänzt durch Deutsche, Russen und Juden – seit dem Novemberaufstand im Jahre 1830, als Polen »der Willkür des Czaren anheimfiel«, langsam zerrüttet wird durch die »widernatürliche Stellung beider Elemente [der Polen und der Russen, B.P.]«[38] zueinander. Der Naturdiskurs wird hier auf eine für die Polen positive Weise genutzt – Natur wird nicht als Gegenstück zu Zivilisation bzw. Kultur verstanden, sie ist weder rückständig noch bedrohlich, sondern sie drückt Harmonie und Konstanz aus. Eine Infragestellung der gegebenen Situation wird dadurch ausgeschlossen:

»Das Verhältnis war ein natürliches, da die Eingeborenen, die Ureinwohner, den Stamm bildeten. Die Natürlichkeit des Verhältnisses machte, daß alle übrigen Theile der Gesellschaft sich willig, innig und fest an sie anschlossen, gleich wie Zweige an den Stamm.«[39]

Als das eigentliche Feindbild – das widernatürliche Element – kristallisieren sich die Russen heraus.

Die Deutschen in Warschau werden gleichgesetzt mit dem Bürgertum, während die Russen das Militär stellen. Letztere haben die Macht – denn

---

[37] HPBKD 52. 1863 S. 526.
[38] Die Grenzboten (GB) 3. 1849 S. 482 f.
[39] Ebd. S. 482.

»die Dreistigkeit, mit welcher sich die Russen hier bewegen, die Schüchtern-
heit, in welcher die Deutschen sich zeigen, die Freundlichkeit jener, die Verlegenheit dieser, gibt sogleich Aufschluß über das Verhältnis, in welchem
sich diese beiden Gesellschaften zueinander befinden«[40] – jedoch bringen
die Russen nur »die lächerlichsten Erscheinungen hervor«[41]. Sie besitzen im
übrigen »keine Spur von Bürgergefühl [...]. Das schöne Gefühl des unbefan-
genen Bürgers, welches allein die Gesellschaft erquickend macht.«[42] Schließlich nehmen »in den öffentlichen Wirthschaften [...] die Polen den meisten
Raum ein«[43]. Ihr Verhältnis zu den Deutschen ist ausgesprochen gut: »Deutsche und Polen [...] leben sich im öffentlichen Gesellschaftshause oft so in
und an einander, daß man der Meinung wird, sie müssen Leute ein und derselben Nation und alte Freunde sein.«[44]
Die hier kurz skizzierte Darstellung der verschiedenen Nationalitäten läßt
vermuten, daß diese symbolisch für die innerdeutschen politischen Verhältnisse stehen. Zwar behandelt der Text explizit kulturell-gesellschaftliche und
keine politischen Themen, jedoch entspricht dies auch genau dem Zustand
der politischen Machtlosigkeit des deutschen Bürgertums nach der geschei-
terten Revolution von 1848/49. Den reaktionären Kräften – symbolisiert
durch das russische Militär – steht das liberale Bürgertum – hier die
Deutschen – gegenüber. Widersprüchlich könnte bei dieser Konstellation zunächst erscheinen, daß das Szenario nach Warschau, ins Herz der »Adelsna-
tion Polen« versetzt wird, denn der Adel gilt für die Liberalen als konservati-
tiv, wenn nicht gar reaktionär, wird aber hier positiv dargestellt. Jedoch können selbst die Polen, deren soziale Aufteilung in eine adelige Oberschicht
und die breite Masse der Bauern einen Gemeinplatz des 19. Jahrhunderts
darstellt, in dieses Schema eingefügt werden. Denn: »Der Pole, im politischen Leben der eingefleischte Aristokrat, ist hier in der bürgerlichen Gesellschaft der vollkommenste Republikaner.«[45] Diese Argumentationsstruktur,
die sachlich gesehen schief ist und einzig mit der emotionalen Aufladung der
verschiedenen Begriffe operiert, macht deutlich, daß die Polen und ihre
Stadt Warschau nicht das eigentliche Thema bilden, sondern nur den Rahmen bieten, innerhalb dessen Kritik am Gegner geübt werden kann: an den
Russen einerseits, an der Reaktion andererseits.

---

[40] Ebd. S. 485.
[41] Ebd. S. 491.
[42] Ebd. S. 487.
[43] Ebd. S. 488.
[44] Ebd. S. 489.
[45] Ebd. S. 488.

Die in den folgenden Monaten erscheinenden Artikel, welche zumeist den Aufstand von 1846 in Galizien und dessen Folgen behandeln, drücken sich auffällig negativ über die Deutschen aus. So sind »[D]ie deutschen Beamten [...] ein schwachköpfiges, engherziges Geschlecht, ohne moralische Kraft, ohne Mut, Intriguanten aus Schwäche«[46]. Auch hier wird mit den innenpolitischen Gegnern – den reaktionären Beamten, die den Liberalismus nicht unterstützen – abgerechnet. Ebenso wenden sich die Grenzboten gegen den Sozialismus. In einem Artikel über »Die Landarbeit in Galizien« wird ironisch beschrieben, wie die Gutsbesitzer ihre Landarbeiter nur noch mit »Kunstgriffen« – das heißt mit Geschenken oder Branntwein – von der Arbeit überzeugen können und sogar auf die »Bürger« der naheliegenden Stadt zurückgreifen müssen. Die Anführungsstriche weisen darauf hin, daß es sich um ein wahrhaft bürgerliches Verhalten nicht mehr handeln kann, daß die gesellschaftlichen Abgrenzungen verwischen, wenn Bürger sich zu Arbeit auf dem Felde herablassen. »O du reactionärer, dem Fortschritt abholder Edelmann, weigere dich nicht, dem Rufe der Zeit, der da lautet: Gleichberechtigung, dein Ohr zu öffnen, denn deine reiche Erndte bleibt sonst unberührt von den Händen, welche die Sense und die Sichel führen.«[47] Ein Schreckensbild wird hier gezeichnet, welches besagt, daß diese Hände nur noch die von Bürgern sind, weil das Volk nicht mehr zur Arbeit bereit ist. Eine »für die Sache des Socialismus so günstige Physiognomie«[48], aber für das liberale Bürgertum eine grauenvolle Zukunftsvision.

Erst Ende 1850 tritt eine Veränderung ein. Nun rücken die Polen wieder in den Mittelpunkt der Darstellung, welche allerdings eindeutig negativ wird. Der lange Artikel »Das stille Leben in den polnischen Wäldern« von 1851 nimmt dabei schon alle Themenschwerpunkte und Stereotypen vorweg, die in den darauffolgenden Jahren den Polendiskurs beherrschen.

Das grundlegende Stereotyp ist das der Rückständigkeit (man verstehe auch: der Anarchie, der Unzivilisiertheit, der Barbarei). Schon allein das Thema verweist darauf, denn bei den Wäldern handelt es sich um »dichtes Unterholz, ein zackiges Gestrüpp«, teilweise »durch Sümpfe völlig abgeschnitten«, in denen »von Forstcultur nichts zu sehen« ist.[49] In dieser dunklen und furchterregenden Gegend leben zwar einige arme Menschen, aber vor allem hausen hier die Wölfe. Sie benehmen sich »höchst trotzig und unverschämt, sie fühlen sich behaglich und zu Hause«[50]. Ironisch setzt der

---

46 GB 1. 1850 S. 151.
47 GB 3. 1850 S. 67.
48 Ebd.
49 GB 1. 1851 S. 202.
50 Ebd. S. 204.

Text hinzu: »Freilich, während der milden Jahreszeit zeigen sie keinen lei-
denschaftlichen Hang zur Menschenfresserei.« Damit sind auch die Herrschaftsverhältnisse eindeutig geklärt: Die hier lebenden Menschen werden
von der wilden Natur dominiert. Man kann sogar von einer Verschmelzung
mit der Natur sprechen: eine Pole hat »ein Gesicht wie Baumrinde und einen
mächtigen Schnauzbart«[51].

Haben die fortschrittlichen Deutschen sich durch ihre zivilisatorischen
Errungenschaften über die Natur erhoben, so verharren die Polen in ihrem
»ursprünglichen«, unzivilisierten Zustand. Diese Hierarchie wird nicht nur
impliziert, sondern an einigen Stellen auch benannt: »Hier und dort haben
deutsche Colonisten bewiesen, wie leicht es ist, aus stinkenden Sümpfen das
gesündeste, schönste Getreidefeld zu machen. Die Polen aber denken sehr
selten an derartige Verbesserungen.«[52] Nach dieser Darstellung sind es nicht
die äußeren Umstände, die es den Polen erschweren, ihr Land zu kultivie-
ren, sondern ihr »Volkscharakter« ist dafür verantwortlich, daß sie keine
Fortschritte machen und von der Natur sogar wieder »zurückerobert«
werden –, denn die Wölfe vermehren sich stetig. Diese Argumentationsstruktur beinhaltet eine äußerst gefährliche Konnotation: Wenn die Deutschen
die Natur »zivilisieren«, die Polen aber Teil dieser wilden Natur sind, so
dürfen die Deutschen – im Namen der Kultur und des Fortschritts – auch die
Polen »zivilisieren«. Welche konkreten Handlungen dadurch im Einzelfall
generiert werden können, hängt vom jeweiligen politisch-sozialen Kontext
ab; die Überlegenheit der Deutschen über die Polen und das Recht, über deren Schicksal zu entscheiden, sind jedoch zu diesem Zeitpunkt schon diskursiv verankert.

Ein weiterer Angriffspunkt der protestantischen Grenzboten ist der Katholizismus. Er wird als »falscher Glaube« identifiziert, die katholische Kirche erweist sich als machtgierige Institution.

»Sie tragen silberne Gürtel zu schwarzen Trauerröcken, sie arrangieren stumme
Trauerdiners mit Haselhühnern und Champagner, sie veranstalten Processionen vor-
nehmer Frauen zu berühmten Muttergottesbildern mit Wagen und Pferden […].
Schwarzgekleidete Damen sitzen an den Kirchenthüren und sammeln für Polen, See-
lenmessen werden für patriotische Märtyrer gehalten, welche noch im Licht der Sonne Tabak rauchend und Branntwein trinkend umherlungern.«[53]

Die Wurzel allen Übels schließlich sind die Jesuiten: »Ebenso bekannt ist
[…], daß diese Blüthe nur von kurzer Dauer war, und daß der Wurm, der

---

[51] Ebd. S. 261.
[52] Ebd. S. 203.
[53] GB 4. 1861 S. 81.

ihr rasches Verblühen bewirkte und zugleich die Zukunft des Landes zerstörte, in der Gesellschaft Jesu über die Grenzen kam.«[54]

Wo sich »Polen« befindet, läßt sich zu einem Zeitpunkt, da ein Staat Polen nicht existiert, natürlich nur sehr schwer definieren. In den Grenzboten wird jedoch betont, daß es sich um die Gebiete »östlich der Weichsel« handelt. Somit gehören zumindest die preußischen Provinzen Posen und Schlesien nicht dazu. Einerseits ist das natürlich auch faktisch richtig, andererseits gibt es aber auch östlich der Weichsel kein »Polen«, sondern an Preußen grenzt Rußland. Die Existenz einer polnischen Nation kann nicht geleugnet werden, aber wenn sie in ein Territorium außerhalb des eigenen Staatsgebietes versetzt wird, so scheint die eigene Integrität weniger gefährdet zu sein. Bei der Bezeichnung »Polen« für ein vage umrissenes Gebiet östlich der Weichsel handelt es sich im übrigen nicht um eine Besonderheit der Grenzboten, sondern um einen Gemeinplatz, der sich durch die verschiedenen Diskurse des 19. Jahrhunderts zieht. Eine Artikelreihe, die Anfang der sechziger Jahre erscheint, heißt bezeichnenderweise »Von der polnischen Grenze«.

Die Berichterstattung aus Posen und Schlesien, den »Grenzregionen« Preußens und Deutschlands, rückt ab der Mitte der fünfziger Jahre in den Vordergrund und verdrängt die Korrespondenz aus »Polen«. Der Schwerpunkt liegt noch immer auf dem Zusammenleben der verschiedenen Nationalitäten, jedoch fallen die Russen jetzt weg. Somit bleiben Deutsche und Polen, in geringerem Umfang auch Juden. Die Stereotypen ändern sich nicht: Den anarchischen Polen steht das Kulturvolk der Deutschen gegenüber. Die Funktion der Stereotypen hingegen ist nicht mehr genau die gleiche.

In den ersten Jahren nach der Revolution von 1848/49 dienen sie zum einen der Darstellung und Kritik innerdeutscher politisch-gesellschaftlicher Verhältnisse. Die politische Ohnmacht des Volkes wird karikiert, aber auch Kritik an sozialistischen Ideen und reaktionären Kräften laut. Das darüber hinaus geschaffene äußere Feindbild Rußland wird schon zu Beginn der fünfziger Jahre ergänzt durch ein Feindbild Polen. Beide dienen vor allem dazu, ein Gefühl der Bedrohung zu kreieren, welches den Zweck verfolgt, die Integration der Wir-Gruppe »deutsche Nation« – in diesem Fall: der preußisch-kleindeutschen Nation – zu fördern. Zudem wird eine Hierarchie auf kultureller und moralischer Ebene geschaffen. Das Zusammengehörigkeitsgefühl erwächst demnach nicht nur aus der Notwendigkeit des Schutzes

---

[54] GB 3. 1863 S. 451.

und der Abwehr, sondern auch aus einer der deutschen Nation innewohnenden Überlegenheit.

Ab Mitte der fünfziger Jahre kann dann eine Veränderung konstatiert
werden. Nun wird die Wir-Gruppe nicht nur zum Zusammenhalt aufgerufen, sondern sie bekommt eine aktive Rolle zugesprochen. Ein »Missionsgedanke« auf kultureller Ebene findet in dem Aufruf zur Germanisierung der
Polen ihren Höhepunkt. Aus einer eher defensiven Nationsbildung ist eine
offensive geworden.

Zwei Beispiele aus dieser »zweiten Phase« der Berichterstattung der
Grenzboten sollen genügen. Die Zugehörigkeit dieser Provinzen zu den
deutschen Staaten wird unmißverständlich kundgetan: »Die Polen kennen
keine Provinz Posen.«[55] Der Rückgriff auf die Natur untermauert die »Natürlichkeit« und damit die ewige Gültigkeit dieser Aussage:

> »Zwei mächtige Ströme bewerben sich um unser Land und theilen sich in dasselbe;
> aber obgleich die Weichsel es nicht verschmäht, ihre Bewerbung durch persönliches
> Erscheinen und Locken von der Ostgrenze her zu unterstützen, so muß sie doch der
> schwächeren Oder den bei weitem größten Teil des Gebietes überlassen, und so ge
> ben auch die Ströme ein Zeugniß dafür ab, wohin Polen durch seine natürliche Lage
> gewiesen ist.«[56]

Am Ende der »Deutschen Briefe aus der preußischen Provinz Posen« werden
noch einmal die kulturelle Überlegenheit der Deutschen sowie ihre aktive
Rolle bei der Ausbreitung des »Deutschtums« betont. In einer noch unbestimmten Zukunft, so läßt der Abschlußsatz erahnen, werden nicht nur alle
Polen, sondern alle Slawen germanisiert sein.

> »Einig sind die Polen ferner in ihrem glühenden Hasse gegen Deutschland, insonder
> heit gegen Preußen; eine Stimmung, deren Ungerechtigkeit in die Augen fällt. [...]
> Entscheidend [bei diesem Hasse, B.P.] aber ist der Gegensatz des germanischen und
> des slavischen Volksgeistes. Der Pole fühlt von ersterem eine ihm unerkannte, aber
> deswegen doppelt starke Gewalt ausgehen, der er nicht zu widerstehen, ja neben der
> er sich nicht zu behaupten vermag. [...] Wenn aber Großpolen »frei« würde, so wür
> de der Geist des nunmehr unterworfenen Deutschthums noch seine Überlegenheit
> geltend machen, noch neue Siege gewinnen, noch immer weiter nach Osten dringen.
> Weil vor ihm sein Thron wankt, darum zürnt das Slaventhum den Germanen.«[57]

***

---

[55] GB 1. 1863 S. 122.
[56] Ebd. S. 124.
[57] Ebd. S. 460.

Bei einem Vergleich dieser drei Zeitschriften fällt auf, daß die angesprochenen Themenkreise bezüglich Polens nicht sehr weit voneinander abweichen. Ganz allgemein wird das Bild einer katholischen Nation, bestehend aus einer dünnen Adelsschicht und einer breiten Masse von unmündigen Bauern, gezeichnet. Die Anarchie bestimmt sowohl das politische als auch das ökonomische Leben – die sprichwörtliche »polnische Wirtschaft« findet immer wieder Erwähnung. Faulenzerei, Trinksucht und Luxus bestimmen anscheinend das Leben der Polen. Schließlich wird ihnen eine Nähe zur Natur, eine gewisse »Urwüchsigkeit« zugeschrieben. Gemein ist den Zeitschriften darüber hinaus, daß sie nie einen polnischen Standpunkt einnehmen, sondern immer aus einer deutschen Sichtweise – sei sie nun großdeutsch oder kleindeutsch-preußisch – berichten.

Bei näherem Hinsehen entpuppen sich diese Ähnlichkeiten jedoch als reine Hülle, die je nach Perspektive mit unterschiedlichen Inhalten gefüllt werden kann. So zeichnen die HPBKD ein positives Polenbild, welches dazu dient, gegen eine preußisch-(protestantisch)-deutsche Nation Partei zu ergreifen und statt dessen eine großdeutsche Nation unter österreichisch-(katholischer) Führung zu propagieren. Die liberale IZ hingegen zeigt anhand Polens und der polnisch-deutschen Beziehungen auf, welch wichtige Stellung die Deutschen unter den europäischen Mächten einnehmen und zu welchen – auch umstrittenen – politischen Handlungen diese Position sie berechtigt. Ähnlich verfahren die GB, welche zudem – unter dem Deckmantel der Berichterstattung über Polen – Kritik an den innerdeutschen Zuständen äußern. Insbesondere die reaktionären Kräfte kommen dabei nicht zu kurz. Beide Blätter treten spätestens ab 1866 entschieden für die Durchsetzung der preußisch-deutschen Interessen ein und befürworten vorbehaltlos eine Germanisierung der sogenannten preußischen Ostprovinzen. Einig sind sich die katholisch-konservative und die liberalen Zeitschriften darin, daß von seiten der Sozialdemokratie Gefahr droht, die abgewendet werden muß. So finden sich in den Artikeln über Polen auch immer Warnungen vor dieser »rothen Gefahr«, welche zwar nach Polen oder Rußland versetzt wird, aber doch eigentlich die deutschen Demokraten und Kommunisten meint.

Der Prozeß der Nationsbildung findet also immer auch über die Ausgrenzung anderer, Nicht-Dazugehöriger statt. Diese »anderen« können als Bedrohung für die Wir-Gruppe dargestellt werden und so die Integration zu einer Schutzgemeinschaft fördern. Ebenso ist es möglich, die Sie-Gruppe moralisch abzuwerten und dadurch eine Hierarchie zu schaffen, in der die eigenen Nation an höherer Stelle steht. In einer doppelten Übertragung können diese Ausgegrenzten sogar noch symbolisch übertragen werden auf die inneren Gegner, welche sich dem eigenen Nationskonzept widersetzen.

Über Polen erfährt der Leser letztlich wenig. Er muß sich größtenteils mit emotional aufgeladen Stereotypen zufriedengeben, die als Teil des deutschen nationalen Diskurses fungieren. Dieser erweist sich als ungeheuer vielschichtig, und so gestaltet sich auch die Darstellung Polens als ein komplexes Gebilde von zugesprochener Unterstützung und eindeutig formulierter moralischer Abwertung. Von einem Feindbild Polen in den deutschen Staaten kann in diesem Zeitraum keine Rede sein, wohl hingegen von einer Funktionalisierung der Thematik »Polen«, die entsprechend der eigenen Perspektive freundschaftliche oder feindschaftliche Züge annimmt.

Vom »bösen« Juden und »guten« Deutschen

von

Peter Schumann

Es wäre ein leichtes, allein mit Hilfe des im 19. und 20. Jahrhundert entstandenen und überreichlich vorhandenen deutschen antijüdischen und antisemitischen Text- und Bildmaterials – bis hin zu den immer wieder zitierten Judenfratzen des »Stürmers« – ein Zerrbild des Juden, seine Karikatur nachzuzeichnen. Doch wer las dergleichen, sah sich mit möglichem Behagen solche Bilder an? Am Ende doch nur der Mensch, der seine schon vorhandenen Urteile und Meinungen schwarz auf weiß bestätigt sehen und lesen wollte: der Judenfeind, der verbohrte Rassist. Man sollte die Wirkung von ausgemachter Parteiliteratur, von Karikaturen nicht außer Betracht lassen, sie aber auch nicht überschätzen, wie das zuletzt Daniel Goldhagen getan hat.[1] Es ist viel zu simpel, aus der Häufigkeit genuin antijüdischer, antisemitischer Publikationen auf ihre unmittelbare Wirkung schließen zu wollen. So einfach ist die Geschichte nicht!

Doch wie nähert man sich dem Gegensatzpaar »böser« Jude hier und »guter« Deutscher da? Vielleicht lohnt es sich, die »schöne« Literatur, die deutsche Belletristik des 19. Jahrhunderts auf unsere Fragestellung hin einmal näher anzusehen. Die reine Unterhaltungsliteratur *à la mode*, die vielgelesenen Romane von Alexis, Gerstäcker, May, Spielhagen und anderen und alles das, was literarisch noch weit darunter lag, meinen wir nicht. Wir denken eher an die Erzählungen mit Kunstanspruch, raffiniert vorgetragene Geschichten voller Humor und Gemüt, die mitten hinein in das deutsche Herz zielten und – mit Sicherheit – auch trafen, wie in der Musik die perfekt gelungenen Balladen von Carl Loewe oder Wagners »Meistersinger« etwa. Die Rede ist von Gustav Freytag und Wilhelm Raabe. Theodor Fontane, der

---

[1] Daniel Jonah Goldhagen, Hitlers willige Vollstrecker. Ganz gewöhnliche Deutsche und der Holocaust. Berlin 1996. Vgl. besonders S. 71 ff. über die Entwicklung des »eliminatorischen Antisemitismus« in Deutschland.

auch genannt werden könnte, die beiden vorgenannten Kollegen aber künstlerisch weit überragt, hat ebenfalls Judenbilder überliefert; diese sind jedoch
viel weniger eindeutig[2] als die von Freytag oder Raabe.

Der 1816 im oberschlesischen Kreuzburg als Sohn einer Honoratioren-
familie – der Vater war Arzt und Bürgermeister – geborene und 1895 gestorbene Kulturhistoriker und Publizist Gustav Freytag gehörte mit seinen »Ahnen«, den »Bildern aus der deutschen Vergangenheit«, mit dem Lustspiel
»Journalisten« und vor allem mit »Soll und Haben« zu den meistgelesenen
deutschen Schriftstellern des 19. und frühen 20. Jahrhunderts. Noch in den
fünfziger Jahren galt er als Schulautor. Vor allem der 1855 vorgelegte dick-
leibige Roman »Soll und Haben«, von dem noch im Jahr seines Erscheinens
die 6. Auflage auf den Büchermarkt kam, begründete Freytags Popularität.
1901 erschien die 54. Auflage, beim Auslaufen des Copyrights, 1925, lag das
Buch in weit über 500.000 Exemplaren vor, um die Mitte unseres Jahrhunderts war die Millionengrenze überschritten. In den zahlreichen kleinen und
großen kommerziellen Leihbibliotheken des Kaiserreichs, einer weit verbreiteten Institution der Zeit, aber auch in Volksbüchereien und solchen von Ar-
beiterbildungsvereinen behauptete Freytag vor allem mit »Soll und Haben«
Spitzenplätze.[3] Kein Leihbibliothekar ging mit diesem Buch, dessen »Be-
gehr«, wie einer von ihnen schon 1857 schrieb, »fast bis in die untersten
Schichten hinein sich erstreckte«[4], ein Risiko ein. Als Buchhandelsobjekt,
heißt es in der Geschichte des deutschen Buchhandels[5], war es »einer der al-
lererfolgreichsten Artikel«. Die bedeutendste Berliner Leihbibliothek, die
von Fritz Borstell, schaffte zwischen 1865 und 1898 allein von »Soll und Haben« 2316 Exemplare an, von Kellers »Grünem Heinrich« etwa im selben
Zeitraum nur 630[6], also ein gutes Viertel.

Keine Frage, Freytag hatte einen Bestseller geschrieben! Wie wir heute
wissen, handelte es sich bei »Soll und Haben« indessen um eine Auftragsar-
beit. Ganz im Geiste eines liberalen Vereins, dem Freytag seit 1852 angehör-
te und der unter dem Patronat des Herzogs Ernst II. von Sachsen-Coburg-
Gotha die Einigung Deutschlands als konstitutionelle Monarchie unter

---

[2] Peter Schumann, Theodor Fontane und die Juden, in: Geschichte in Wissenschaft und Unterricht 49. 1998 S. 530 ff.

[3] Alberto Martino, Die deutsche Leihbibliothek. Geschichte einer literarischen Institution
(1756–1914). Mit einem […] Verzeichnis der erhaltenen Leihbibliothekskataloge (Beiträge zum
Buch- und Bibliothekswesen 29). Wiesbaden 1990 S. 821, 824, 827, 829, 842, 851, 874 und an
anderen Stellen.

[4] Ebd. S. 675.

[5] Friedrich Kapp und Johann Goldfriedrich, Geschichte des deutschen Buchhandels 4.
Leipzig 1913. S. 466.

[6] Martino, Die deutsche Leihbibliothek (wie Anm. 3) S. 633.

preußischer Führung anstrebte und der zu den Vorläufern von Nationalver-
ein und nationalliberaler Partei zählt, hatte der schon weithin bekannte und
überaus talentierte Autor sich verpflichtet, ein »Volksbuch« vorzulegen.[7]
Das mag den »Zug ins Pädagogisch-Modellhafte«[8] erklären, der dem Roman bei all seiner »süffigen Schreibe« (P. Sch.) anhaftet. Freytag hatte seine
Ziele klar formuliert: Das deutsche »Nationalgefühl« galt es zu beleben,
»Stammesantipathien« zu bekämpfen und die »brüderliche Genossenschaft
der deutschen Stämme« zu betonen; »Musterbilder« männlicher Kraft und
festen Rechts- und Ehrgefühls seien aufzustellen, auch solche der Beharrlichkeit und der Liebe zur Heimat, zu Haus und Hof.[9] Eine Programm-
schrift mit Neigung zur »Überbetonung«, in der gewissermaßen jeder Satz
»Partei ergreift«[10], war also entstanden, die aber so virtuos gemacht war,
daß man sie auch heute noch mit Spannung liest. Der Autor, nach gehöriger
»Auskultation der Leserinteressen«[11], verstand ganz offenbar sein Handwerk. Und so packte er wohldosiert in die gut eintausend Seiten dieses auch
nach Franz Mehring »meistgelesenen Romans des 19. Jahrhunderts«[12] alles
hinein, was eine gute *story* ausmacht: Hochspannung und Gemütsruhe, ker-
nig-deutschen Humor und sittlichen Ernst, Liebe, Verrat und Edelmut. Das
Buch[13] spielt in der zweiten Hälfte der vierziger Jahre des 19. Jahrhunderts
vornehmlich und zunächst in Schlesien und Breslau, dann kurzzeitig in Kra-
kau und über lange Passagen im zweiten Teil in den stark polnisch besiedel-
ten preußischen Ostprovinzen, zuletzt wieder in Breslau; es erzählt also
auch eine Grenzlandgeschichte, wobei antipolnische, antislavisch-rassisti-
sche Töne unüberhörbar mitschwingen. Das Romanpersonal besteht aus einem knappen Dutzend von Haupt- und Hauptnebenfiguren, Nichtjuden
und Juden, daneben wirbelt eine Schar skurriler oder knorriger deutscher,
polnischer und jüdischer Typen durch die überaus abwechslungsreich in Sze-

---

[7] KLAUS CHRISTIAN KÖHNKE, Ein antisemitischer Autor wider Willen. Zu Gustav Freytags Roman Soll und Haben, in: Conditio Judaica. Judentum, Antisemitismus und deutschsprachige Literatur vom 18. Jahrhundert bis zum Ersten Weltkrieg 2. Hg. HANS OTTO HORCH und HORST
DENKLER. Tübingen 1989 S. 136.

[8] MATTHIAS RICHTER, Die Sprache jüdischer Figuren in der deutschen Literatur (1750–1933).
Studien zu Form und Funktion. Göttingen 1995 S. 194.

[9] KÖHNKE, Antisemitischer Autor (wie Anm. 7) S. 137.

[10] PETER HEINZ HUBRICH, Gustav Freytags »Deutsche Ideologie« in Soll und Haben (Scriptor
Hochschulschriften Literaturwissenschaft 3). Kronberg/Ts. 1974 S. 107 und 97.

[11] KÖHNKE, Antisemitischer Autor (wie Anm. 7) S. 139 Anm. 48.

[12] EDA SAGARRA, Gustav Freytag, in: Literatur Lexikon. Autoren und Werke deutscher Sprache 3. Hg. WALTHER KILLY. Gütersloh und München 1989 S. 527.

[13] Ich zitiere im folgenden aus der zweibändigen Ausgabe der 43. Auflage von »Soll und Haben« des Verlages Hirzel in Leipzig 1895.

ne gesetzte Handlung. Ein solcher Stoff, heute geschrieben, würde sofort verfilmt werden! Freytag habe das »Bild eines idealen Bürgertums […] fixiert auf Gegenbilder gesellschaftlicher Minoritäten«, hat man in der Literaturwissenschaft vor einigen Jahren gefunden[14], er habe »tüchtiges Bürgertum im Gegensatz zum Adel und dem ungerechten jüdischen Handelsstande« darstellen wollen, befand man früher.[15] Der heutige Leser, der Schreiber dieses Aufsatzes eingeschlossen, ist in einiger Verlegenheit, weil ihn die effektvoll drapierte Geschichte, in Teilen fast eine Räuberpistole, immer noch fesselt. Hauptheld ist Anton Wohlfart, ein höchst wohlgeratener Kleinbürgersohn, der von seinen Eltern erklärtermaßen nichts anderes geerbt hat als deren »ehrlichen, unbescholtenen Namen«.[16] Anton tritt als Lehrling in ein Breslauer Handelshaus ein und erlernt den Kaufmannsberuf. Zur selben Zeit aber und zusammen mit ihm, und hier beginnt die Kalamität, ist sein Klassenkamerad aus der schlesisch-kleinstädtischen Bürgerschule, der Judenjunge Veitel Itzig, in Breslau eingetroffen und versucht sein Glück zu machen. Anton erwirbt sich im Laufe der nächsten zwei bis drei Jahre, Schritt für Schritt fortschreitend, solide kaufmännische Kenntnisse und Fertigkeiten; Veitel eignet sich mit rascher Auffassungsgabe kommerzielle Kniffe und Tricks gierig an, sein Lehrer vor allem in der Kunst, mit Wechseln, Pfandbriefen und Hypothekenüberschreibungen zu jonglieren, ist ein heruntergekommener nichtjüdischer Advokat.

Schon im ersten des aus sechs *Büchern* bestehenden Romans wird ein Grundmuster erkennbar: Die nichtjüdischen, die deutschen Charaktere, an der Spitze unser positiver Hauptheld Anton, befinden sich im Einklang mit ihrer Arbeit, beziehen ihre Zufriedenheit, ihre Seelenruhe aus der gemessenen und steten Erfüllung ihrer Pflichten, der regelmäßigen Abwicklung ihres Pensums. Sie sind »mit Lust bey den Geschäften am Tage«, wie es bei Thomas Mann im Hauptbuch von Johann Buddenbrook heißt, das gilt für den Prinzipal der alteingesessenen Firma wie für Fuhrleute und Auflader, von denen einer, der alte Sturm, als bieder-treue deutsche Prachtgestalt gezeichnet ist. Die jüdischen Handlungsträger und Randfiguren, Veitel Itzig, der negative Hauptheld an erster Stelle, hasten gewissermaßen ständig durch die Geschichte, bringen Unruhe in das Gleichmaß und tätigen ihre häufig nicht näher beschriebenen kaufmännischen Transaktionen in schmuddelig-dunklen Spelunken und überhaupt erst am Abend; die Herberge von Löbel Pinkus, an der Oder gelegen, die als Handlungsort eine wichtige Rolle spielt und in der manche zwielichtige Gestalt ein »verborgenes Nachtlager« nimmt

---

14 HUBRICH, Gustav Freytags »Deutsche Ideologie« (wie Anm. 10) S. 6.
15 RICHTER, Die Sprache jüdischer Figuren (wie Anm. 8) S. 195 Anm. 29.
16 FREYTAG, Soll und Haben 1 (wie Anm. 13) S. 227.

und des Morgens aus dem Hause schleicht[17], wird am Ende des Romans, nachdem der jüdische Wirt der Hehlerei überführt worden ist, an einen »ehrlichen«, vermutlich nichtjüdischen Färbermeister[18] verkauft.

Doch nicht nur den »ungerechten jüdischen Handelsstand«, wie die oben zitierte Stimme von 1907 meinte, und das tüchtige deutsche Bürgertum wollte Freytag darstellen, auch die Rollen des Adels der Zeit galt es angemessen zu besetzen; folgerichtig zeigt er uns einen Adel im Untergang. Der Majoratsherr auf dem Gute derer von Rothsattel verspielt den Stammsitz seines Geschlechts durch gewagte Spekulationen und den Bau einer Spritfabrik, wozu er – wie selbstverständlich – durch großzügig gewährte Hypoteken jüdischer Kreditoren verleitet worden ist. Die Familie verliert das Gut und muß auf einem verwahrlosten kümmerlichen Besitz im preußischen Osten Zuflucht suchen; unser Held, Anton, dem die Familie leid tut und der wohl auch die Tochter des Hauses, Lenore, mindestens verehrt, stellt sich als Helfer zur Verfügung.

Der wenig noble Freiherr weiß die idealistische Uneigennützigkeit Antons, der von seinem nüchtern denkenden Breslauer Prinzipal zuvor allerdings davor gewarnt worden war, sich überhaupt von dieser dem Verfall geweihten Familie in Dienst nehmen zu lassen, kaum zu schätzen. Erst als ein Freund Antons aus seinen Kontortagen, Fritz von Fink, zu der durch die polnischen Unruhen von 1848 auf ihrer östlichen Enklave bedrohten deutschen Gemeinschaft stößt, läßt sich der adelsstolze, nach einem Selbstmordversuch erblindete Baron umstimmen. Man durchsteht gemeinsam die polnischen Angriffe. Zuletzt gelingt es Anton noch, einen durch allerlei kommerzielle Manipulationen gestützten Anschlag Veitel Itzigs auf das schlesische Stammgut der von Rothsattel zu vereiteln. Die Szene, in der sich Anton deswegen noch einmal mit Veitel trifft, gehört – bemerkenswerterweise – zu den schwächsten Stellen im Roman. Anton obsiegt natürlich am Ende, wird zum Associé des Breslauer Handelshauses und heiratet die junge Schwester seines ehemaligen Prinzipals. Fritz von Fink wird Lenore von Rothsattel ehelichen und mit ihr eine »Schaar kraftvoller Knaben« zeugen, damit sich »ein neues deutsches Geschlecht, dauerhaft an Leib und Seele«, über das Land verbreite, ein »Geschlecht von Colonisten und Eroberern«.[19] Veitel Itzig ertrinkt nach finsterer Mordtat an seinem Lehrer in der Kunst des Schacherns und Wucherns in der Hochwasser führenden Oder. Fast ein Opernstoff!

Das mit »Soll und Haben« von Gustav Freytag präsentierte, noch leicht »biedermeierlich verklärte Monumentalgemälde bürgerlicher Rechtschaffen-

---

[17] Ebd. 1, S. 53.
[18] Ebd. 2, S. 387.
[19] Ebd. 2, S. 398.

heit«[20] mußte hier in seinen Grundzügen so ausführlich-umständlich nach-
gezeichnet werden, damit die Position der Juden darin richtig gesehen wird.
Neuere literaturwissenschaftliche Rettungsversuche, die sich an Freytags einzige Mitleidsbemerkung über Veitel Itzig von dessen »armer verwildeter
Menschenseele« klammern[21], verfangen nicht. Veitel ist der Hauptschurke,
und sein geistiger Schöpfer drischt mit verbaler Gewalt auf ihn ein.

Es fällt auf, daß die Juden bei Freytag, außer Veitel Itzig seien als Hauptnebenfiguren hier die Mitglieder der Familie des halbassimilierten Kaufman-
nes Hirsch Ehrenthal, der Gastwirt Löbel Pinkus und der galizische Händler Schmeie Tinkeles genannt, kaum fromm sind. Sie beten, mit einer Ausnahme, nämlich der des Hirsch Ehrenthal, so gut wie nie, und nur ein einziges Mal auf über tausend Seiten ziehen Juden »mit würdigem Schritt nach
der Synagoge"[22]. Vor allem aber ist Veitel Itzig nicht gläubig. Sein Gott ist
das Geld. »Tausendgüldenkraut heißt das Kraut, wodurch man Vieles kann
machen in der Welt«, belehrt er, noch heftig jüdelnd, seinen Schulkamera-
den Anton während ihres gemeinsamen Weges nach Breslau.[23] Und kaum in
der schlesischen Hauptstadt angekommen, entwickelt der als »scharfsinnig«
eingeführte junge Adept des Handelsstandes »mit der Gleichgültigkeit eines
Herumtreibers« eine »merkwürdige Vorliebe für krumme Seitengassen und
schmale Trottoirs«, wobei er, wie Freytag, die Empörung des Lesers vorweg-
nehmend, schreibt, es nicht lassen kann, mit »frecher Vertraulichkeit ge-
putzten Mädchen« zuzuwinken.[24] Letzteres deutet eines der beliebtesten antisemitischen Stereotype an: Der Jude umgarnt christliche Frauen.

Und die von Veitel favorisierten »krummen Seitengassen und schmalen
Trottoirs«? Erinnern wir uns doch:

> »Und der Jud' mit krummer Ferse
> Krummer Nas' und krummer Hos'
> Schlängelt sich zur hohen Börse
> Tiefverderbt und seelenlos«

Das sind, wie jedermann sofort weiß, Verse von Wilhelm Busch[25]; sie finden
sich in seiner 1872 entstandenen Geschichte von der »Frommen Helene«.
Und zehn Jahre später heißt es in »Plisch und Plum«:

---

[20] STEFAN ORTH, Arme verwilderte Menschenseele oder Wie antisemitisch ist Gustav Freytags
Roman »Soll und Haben«?, in: Frankfurter Allgemeine Zeitung vom 15. 10. 1997.
[21] So versucht es Stefan Orth in dem vorstehenden Artikel. Zum Zitat vgl. FREYTAG, Soll und
Haben 2 (wie Anm. 13) S. 128.
[22] Ebd. 1, S. 119.
[23] Ebd. 1, S. 22.
[24] Ebd. 1, in der Reihenfolge S. 26, 46 und 39.

>»Kurz die Hose, lang der Rock,
Krumm die Nase und der Stock,
Augen schwarz und Seele grau,
Hut nach hinten, Miene schlau –
So ist Schmulchen Schiefelbeiner.
(Schöner ist doch unsereiner!)«[26]

Man lacht immer noch – wenn auch mit schlechtem Gewissen – über Buschs schmissige Reimerei. In seinen Versen und Bildergeschichten kommen Juden nicht allzu häufig vor, aber bei diesem deutschen Erzhumoristen weiß man eigentlich am allerwenigsten, ob er nun in heiterer Gemütsruhe nur das wiedergibt, was das Volk so wahrnimmt und empfindet, oder ob er sich nicht doch seinen eigenen Reim auf die Erscheinungen seiner Zeit macht. Sein Humor ist mindestens fragwürdig, sein Umgang mit der von ihm erfundenen Welt wenig liebevoll; denn seine Geschichten münden fast alle in kleinere oder größere Katastrophen ein. Ist das am Ende *deutscher* Humor?

Der Schreiber dieses Aufsatzes ist hier lediglich durch das Wort »krumm« zu Busch abgeirrt, findet mit Hilfe des ebenfalls benutzten Adjektivs »schlau« und des Verbs »schlängeln« aber mühelos wieder zu Freytag und seinen Juden zurück. Da »windet« sich auf dem polnisch-deutschen Markt in der westpreußischen Kleinstadt der jüdische Händler »aalgleich« durch Stände und Menschen hindurch, in zwei Sprachen perfekt parlierend[27], Veitel Itzig ist es schon am Beginn seiner Laufbahn klar, es komme vor allem darauf an, »schlauer zu sein als andere Leute«[28], und der Breslauer Kaufmann Hirsch Ehrenthal, den Freytag als Betrüger mit Gemüt darstellt, bringt es gar fertig, seiner Frau Sidonie »einen schlauen und zärtlichen Blick« gleichzeitig zuzuwerfen.[29] Eine Auszählung des von Freytag benutzten Wortmaterials unter Berücksichtigung seiner Verteilung auf die beschriebenen jüdischen oder nichtjüdischen Figuren im Spiel könnte zu aufschlußreichen Ergebnissen führen. Jedenfalls scheint – nach vorläufiger Überprüfung – das für sich genommen harmlose Adjektiv oder Adverb »schlau« immer nur auf Juden angewendet worden zu sein oder in den von diesen dominierten Szenen vorzukommen. Nachdem sich Veitel, der längere Zeit in Diensten Ehrenthals gestanden hatte, selbst als »Geschäftsmann etabliert« hat, hält er sich zu seiner Bequemlichkeit und für Botengänge einen »ver-

---

[25] Wilhelm Busch, Gesamtausgabe in vier Bänden 2. Hg. Friedrich Bohne. Wiesbaden o. J. S. 204.
[26] Ebd. 3, S. 479.
[27] Freytag, Soll und Haben 2 (wie Anm. 13) S. 111.
[28] Ebd. 1, S. 126.
[29] Ebd. 1, S. 257.

schmitzten Jungen«[30], den Freytag etliche Seiten weiter einen »schlauen Burschen« nennt[31], also ebenfalls als Juden kennzeichnet.

Oben war schon von den unterschiedlichen *tempi* in der Erzählung die Rede: Die deutschen Hauptfiguren handeln eigentlich nie oder kaum spontan, vollziehen ihre Aktionen mit der Ruhe derer, die ein gutes Gewissen haben, agieren im Gleichmaß. Die jüdischen eilen durch das Geschehen – der Bezug zum Spruch von der »jüdischen Hast« liegt auf der Hand. Sie sind hektisch, immer berechnend, getrieben-drängend, eher »stürmisch« als »langsam«, um noch für einen Moment im Bild von den musikalischen *tempi* zu bleiben. Veitel Itzig ist von Freytag dabei die Hauptrolle zugedacht, er steigert im Laufe des Geschehens die Geschwindigkeit, erhöht die Unruhe, wird als immer heftiger, immer unberechenbarer beschrieben. Er, dessen »rastloser Geist« ihn ständig rechnen läßt[32], ist wie ein »Spürhund«[33], rennt wie toll umher, macht »Pläne«[34], ist in »verzweifelter Spannung« und wird, als in seiner Gegenwart eine gefährliche Transaktion zu mißlingen droht, wie vom »Fieber«[35] geschüttelt. Der dazu noch rothaarige Jude ist ein vom Teufel besessener Mensch. In seiner »armen verwilderten Menschenseele« ist ein »Dämon« erweckt worden, und seine Seele habe einen »Schuldschein«[36] unterschrieben, läßt Freytag seine Leser sich schaudern machend wissen.

Werfen wir, bevor wir uns Wilhelm Raabe und seinem auf andere Weise negativen Judenbild im »Hungerpastor«[37] zuwenden, noch einen kurzen Blick auf Freytags Hauptnebenfiguren, die Mitglieder der Familie Ehrenthal und den galizischen Händler Schmeie Tinkeles. Hirsch Ehrenthal gehört durchaus zu den gelungeneren von Freytag erfundenen Gestalten und hätte bei liebevollerer Behandlung das Zeug zum Original gehabt. Doch er ist ein Jude! Und so hat auch er das Geld für Frau und Kinder allein durch »Wucher und Schlauheit« zusammengebracht[38]; er macht »unterwürfige Complimente« da und »schöne Redensarten« dort, wo solches Verhalten seinen Geschäften dient[39], er hat »kleine Augen« und ein Gesicht, das zu »schlau« ist,

---

[30] Ebd. 2, S. 69.
[31] Ebd. 2, S. 335.
[32] Ebd. 1, S. 56.
[33] Ebd. 1, S. 248.
[34] Ebd. 1, S. 322.
[35] Ebd. 1, S. 541.
[36] Ebd. 1, S. 128 f.
[37] Die von mir benutzte Ausgabe: WILHELM RAABE, Der Hungerpastor (Sonderausgabe für die Mitglieder der Deutschen Buch-Gemeinschaft). Berlin o. J. (um 1930).
[38] FREYTAG, Soll und Haben 2 (wie Anm. 13) S. 383.
[39] Ebd. 1, S. 29 und S. 240.

um »schön« zu sein.[40] Als sein auf den Tod kranker Sohn Bernhard, welt-fremder Sprachwissenschaftler und Stubengelehrter, die einzige nicht negati-ve jüdische Romangestalt, den Freund Anton Wohlfart fragt, ob denn sein Vater bei »Männern« seiner, also Antons »Art« für »rechtschaffen« gehalten würde, meint dieser, der alte Ehrenthal werde zu der »großen Klasse von Er-werbenden« gezählt, die nicht danach früge, ob ihr »eigener Vorteil durch Verluste Anderer« erkauft würde[41]; wobei sich der Leser gewärtigen sollte, daß Anton dem jüdischen Freund gegenüber schon früher sein eigenes Kauf-mannsgewerbe als »ehrliches Geschäft« gerechtfertigt und Bernhard dieser Erklärung mit »gesenkten Augen« zugehört hatte.[42] Über Mutter und Toch-ter Ehrenthal sollen sich der Leser und vor allem die Leserin nicht nur erhe-ben, sondern auch lustigmachen können.[43] »Madame« ist eine »volle Frau in schwarzer Seide«, die gefallen will, die Tochter, Rosalie, eine »Schönheit«, doch beide halten nichts vom Saubermachen und Waschen, haben keine hausfraulichen Tugenden. Der Fußboden ihrer Wohnung, die sich als »wun-derliches Gemisch von Luxus und Unbehülflichkeit« präsentiert[44], ist »un-sauber«[45]; die »struppige Köchin« trägt eine »zerknitterte Haube«[46]. Zahl-reiche »schlechte Ölbilder« schmücken die Wände, die »bunten Vorhänge« haben »auffallende Farben«, roter Plüsch regiert.[47] Kurz, man ist bei Neu-reichs, einer jüdischen Sippe, die vor noch nicht allzulanger Zeit und vor ih-rem ergaunerten Reichtum in einer Hütte mit Lehmfußboden im tiefen Osten gelebt zu haben scheint.

Eindeutig östlicher Herkunft ist Schmeie Tinkeles, der »Jude aus Bro-dy«[48], der »Galizier«[49] oder einfach »der Jude«, als den ihn der Autor mehr-fach ohne Namen agieren läßt. Der »närrische Tinkeles«[50], von dem Anton überzeugt ist, daß er nur »die Sprache des Geldes« verstünde[51], dessen »auf-geregte Mimik« und lebhafte Gebärdensprache Fritz von Fink wie die »gal-vanischen Zuckungen eines Frosches«[52] anmuten, ist ein hartnäckiger Scha-

---

40 Ebd. 1, S. 30 und S. 31.
41 Ebd. 1, S. 511.
42 Ebd. 1, S. 275.
43 Ebd. 1, S. 51.
44 Ebd. 1, S. 245.
45 Ebd. 1, S. 244.
46 Ebd. 1, S. 271 und 2, S. 80.
47 Ebd. 1, S. 244.
48 Ebd. 1, S. 60.
49 Ebd. 2, S. 374.
50 Ebd. 1, S. 228.
51 Ebd. 2, S. 234.
52 Ebd. 1, S. 62.

cherer von der »Ausdauer seines Ahnherrn Jakob«[53] und verkörpert jenen jüdischen Händlertypus, von dem der volkstümliche Spruch geht, würfe man
ihn zur Vordertür hinaus, käme er zur Hintertür wieder herein. Natürlich
hat auch Schmeie Tinkeles ein »schlaues« Gesicht[54] und reagiert »schnell«[55],
rennt aber nicht umher wie Veitel Itzig, sondern er nähert sich schleichend[56]
und »schlüpft«[57], nachdem sein »Kratzen« an der Tür endlich erhört worden
ist[58], ins Zimmer. Ein geprügelter schlauer Hund!

Das Judenbild in »Soll und Haben« ist auch von Zeitgenossen Freytags
nicht unwidersprochen geblieben. Die gescheite und hellsichtige Kritik
Theodor Fontanes daran noch aus dem Erscheinungsjahr ist, lange Zeit un-
beachtet, erst neuerdings wieder entdeckt worden.[59] Die Frage nach der
Wirkung von Freytags Darstellung, die Frage also, ob dieser lange Zeit
höchst populäre, vielgelesene Roman dazu beigetragen haben könnte, ein
landläufiges Stereotyp vom »Juden« unter den Deutschen noch weiter zu ver-
breiten, zu verstärken oder gar zu bestätigen, muß offenbleiben. Wie will
man auch, wenn Leserreaktionen nicht vorliegen oder möglicherweise vorhandene nie ausgewertet worden sind, solche Nachweise führen? Die Rezeptionsgeschichte gehört gerade wegen dieses Problems zu den schwierigsten
Kapiteln der historischen Buchforschung.

Suchte man danach, »Soll und Haben« auf einen einzigen Begriff zu bringen und klänge es nach allem vorab Gesagten nicht zu positiv, so könnte
man, anknüpfend an das dem Buch vorangestellte Motto von Julian Schmidt
über die »Tüchtigkeit« des deutschen Volkes[60], von einer Darstellung deutscher »Herzhaftigkeit« sprechen; der »Hungerpastor« von Wilhelm Raabe
wäre dann eher eine solche deutscher »Innerlichkeit«. Der Autor erklärt seinen Roman gleich in der ersten Zeile für ein »schönes Buch« und ist noch im
Alter davon überzeugt, das »deutsche Volksbuch« geschrieben zu haben.[61]
Es ist eine unaufgeregte Geschichte, die Raabe erzählt: zwei Knaben werden

---

[53] Ebd. 1, S. 445.
[54] Ebd. 2, S. 321.
[55] Ebd. 1, S. 449.
[56] Ebd. 1, S. 60.
[57] Ebd. 2, S. 321.
[58] Ebd. 1, S. 445.
[59] Vgl. hierzu: Hans Dieter Zimmermann über Gustav Freytag in der Frankfurter Allgemeinen Zeitung vom 25. 2. 1998. Vgl. auch: Theodor Fontane, Aufsätze zur Literatur (Nymphen-
burger Taschenbuch-Ausgabe 14). München 1969 S. 109 ff. und S. 173 f.
[60] »Der Roman soll das deutsche Volk da suchen, wo es in seiner Tüchtigkeit zu finden ist,
nämlich bei seiner Arbeit.« Freytag, Soll und Haben 1 (wie Anm. 13) Titelblatt.
[61] Hermann Pongs, Wilhelm Raabe. Leben und Werk. Heidelberg 1958 S. 212.

»fast um dieselbe Stunde im Jahre 1819«[62] in einer deutschen Kleinstadt geboren, werden gemeinsam eingeschult, besuchen gemeinsam das Gymnasium und dieselbe Universität; der eine, um Theologie, der andere, um Philosophie zu studieren. Danach trennen sich ihre Lebenswege. Der eine, Hans Unwirsch, ist der Sohn eines biederen deutschen Schuhmachers, der – wie alle Vertreter seiner Zunft seit Hans Sachs und Jacob Böhme – in seine Schusterkugel blickend poetisch-philosophische Einfälle hat, der andere, Moses Freudenstein, ist der Sohn eines jüdischen Altwarenhändlers; die Mutter, Blümchen, ist bei seiner Geburt gestorben. In der Kindheit verteidigt Hans den Moses, wenn dieser seines Judeseins wegen von anderen Kindern verhöhnt wird – ähnliches hatte Freytag auch von Anton Wohlfart und Veitel Itzig berichtet.[63] Hans und Moses verbindet eine von ihrer Umwelt beargwöhnte »merkwürdige Freundschaft«[64], wobei Hans die Rolle des Naiv-Träumerischen, in der Nachfolge seines Vaters vor sich hin Sinnierenden zugedacht ist und Moses als kleiner Erwachsener gezeichnet wird. Er hat einen »klugen Kopf«, ist schon mit sechs oder sieben Jahren ein »kleiner semitischer Dialektiker«[65] und wird später vom Autor als »kühler Bursche« eingeschätzt, der nie ein »wahres, rechtes, echtes Kind« gewesen sei.[66] Raabe läßt also genau wie Freytag, wenn auch weniger direkt als dieser, seine Leser von Beginn an wissen, wem seine Sympathie gilt.

Der 1831 im braunschweigischen Eschershausen geborene und 1910 in Braunschweig, wo er seit 1870 wohnte, gestorbene Wilhelm Raabe hatte nach verschiedenen nicht beendeten Ausbildungswegen 1856 mit der »Chronik der Sperlingsgasse« seinen ersten großen Erfolg als Berufsschriftsteller. Den »Hungerpastor« ließ er 1864 folgen. Der umfangreiche Roman, nur anfangs ein Publikumserfolg, wurde erst nach 1890 mit der »Wiederentdekkung« Raabes zu dem vielgelesenen und neben der »Sperlingsgasse« wohl bekanntesten Buch aus seiner Feder.[67] Um 1900 zählte Raabe wie Freytag zu den in den kommerziellen wie öffentlichen Leihbibliotheken am häufigsten verlangten Autoren und übertraf mit dem »Hungerpastor« öfter sogar »Soll und Haben«.[68] Die moderne Literaturwissenschaft, anders als im Falle Freytags, beschäftigt sich immer noch verhältnismäßig intensiv mit Raabe; Schulautor dürfte er bis heute geblieben sein.

---

[62] RAABE, Der Hungerpastor (wie Anm. 37) S. 49.

[63] FREYTAG, Soll und Haben 1 (wie Anm. 13) S. 20.

[64] RAABE, Der Hungerpastor (wie Anm. 37) S. 59.

[65] Ebd. S. 56.

[66] Ebd. S. 64.

[67] ULRIKE KOLLER, Wilhelm Raabe, in: Literatur Lexikon. Autoren und Werke deutscher Sprache 9. Hg. WALTER KILLY. Gütersloh und München 1991 S. 258.

[68] Vgl. hierzu die in Anm. 3 genannten Bibliothekslisten.

Daß es äußerst schwierig, wenn nicht sogar unmöglich sei, dem Wunsch
nachzukommen, »das Vergangene aus seiner Zeit heraus zu verstehen« und
dabei zugleich der Verpflichtung zu genügen, »in der Gegenwart mit dieser
Vergangenheit fertigzuwerden«, darauf hat Uwe Johnson in seiner Dankes-
rede bei der Verleihung des Wilhelm-Raabe-Preises 1975 aufmerksam gemacht.[69] Einigermaßen ratlos nimmt man zahllose höchst freimütige antijü-
dische Briefäußerungen Theodor Fontanes zur Kenntnis, und fast hilflos
sieht man sich dem grobschlächtigen Judenbild bei Freytag ausgesetzt. Beide
Autoren waren indessen keine Antisemiten[70], müssen es sich aber gefallen
lassen, heute und nach dem »inkommensurablen Ereignis« Auschwitz (Wan-
da Kampmann) einem in gewisser Weise anachronistischen Verhör unterworfen zu werden. Und auch Raabe, dieser »bedeutende volkstümliche
Schriftsteller«, als den ihn auch der Marxist Georg Lukács gesehen hat[71],
war kein Antisemit, doch möglicherweise gewann sein »Hungerpastor« genauso wie Freytags »Soll und Haben« ein Eigenleben und nährte tatsächlich
verhängnisvolle Vorurteile, wie man gemeint hat.[72] Ein Biograph aus jüngerer Zeit[73] ist zwar auch davon überzeugt, daß Raabe kein Antisemit gewesen
sei, fragt aber ebenfalls danach, ob er nicht doch »bereitwillig […] zeitgenössische antisemitische Vorurteile bedient und befördert« haben könnte.
Wie sieht also sein Judenbild aus?

Zunächst zeichnet Raabe wie Freytag mit sehr grobem Stift. Eine ostjüdi-
sche Jammergestalt, geboren in »jener angenehmen Gegend […], wo [sich]
Russen, Polacken und Türken seit undenklichen Zeiten in den Haaren liegen«, ersteht mit Samuel, dem Vater von Moses Freudenstein vor dem Leser.[74] Ein »Trödeljude«, der in einem heruntergekommenen Haus lebt und
dessen äußere Erscheinung ein »Greuel« sei für jeden, der etwas auf ein
»wohlgewaschenes Gesicht und reinlich beschnittene Nägel« gäbe.[75] Man
schüttelt sich! Was Wunder, daß in des Juden Gasse die Mütter ihren Kin-

[69] Horst Denkler, Verantwortungsethik. Zu Wilhelm Raabes Umgang mit Juden und Judentum, in: Conditio Judaica (wie Anm. 7) S. 160.

[70] Zu Fontane vgl. Schumann, Theodor Fontane (wie Anm. 2). Zu Freytag vgl. etwa die Einschätzung von Jeffrey L. Sammons, Wilhelm Raabe. The Fiction of the Alternative Community.
Princeton N.J. 1987 S. 79. Freytag war in dritter Ehe mit der aus einer jüdischen Familie stammenden Anna Strakosch verheiratet.

[71] Georg Lukács, Deutsche Literatur in zwei Jahrhunderten, in: Ders., Werke 7. Neuwied
und Berlin 1964 S. 450.

[72] »The books took on lives of their own and nourished calamitous prejudices.« Sammons,
Wilhelm Raabe (wie Anm. 70) S. 79.

[73] Werner Fuld, Wilhelm Raabe. Eine Biographie. München und Wien 1993 S. 180.

[74] Raabe, Der Hungerpastor (wie Anm. 37) S. 47.

[75] Ebd. S. 47.

dern erzählen, im Trödelkeller würden sie geschlachtet.[76] Doch als der Sohn
des Trödlers mit Glanz und als Primus das Abitur gemacht hat, zeigt ihm
der vor Aufregung krankgewordene Vater das »geheime Geschäftsbuch«[77],
und jetzt wird offenbar, daß der scheinbar so arme Jude mit nicht näher beschriebenen, vermutlich unlauteren Geschäften ein Vermögen angehäuft hat.
Dem kalt berechnenden Sohn kann der Vater nun nicht schnell genug sterben. Und er stirbt! An dieser Stelle des Romans hat Raabe, wohl aus Gründen besserer dramatischer Wirkung seines Negativhelden Moses, eindeutig
gepatzt; denn gerade die besonders ausgeprägte Elternliebe zu den Kindern
und ebenso die der Kinder zu ihren Eltern gehört zu den populärsten positiven Vorurteilen über jüdisches Leben, Juden und ihren Familiensinn, die
landläufig (und bis heute) verbreitet sind.
  Raabe habe bei seiner Charakterzeichnung Moses Freudensteins sowohl
die Gestalt des preußischen Zensors Joel Jakoby wie die des jüdischen Rene-
gaten Friedrich Julius Stahl vor Augen gehabt, der »Hungerpastor« sei »par-
tiell« als »politischer Schlüsselroman« zu lesen, ist neuerdings vermutet worden.[78] Diese Deutung, die auch dazu dienen könnte, den »verkannten
Schriftsteller« Raabe vor dem Vorwurf des Antisemitismus zu schützen[79], ist
hier nicht weiter zu diskutieren. Moses Freudenstein ist vom Autor jedenfalls
mit vielen Attributen ausgestattet worden, die wir als judentypisch auch
schon bei Freytag gefunden haben, selbst der Hinweis auf die »scharfe Nase«[80] fehlt nicht. Raabe hätte auch »krumm« sagen können, aber er geht sozusagen subtiler vor; denn sein jüdischer Hauptheld ist mit dem vor krimineller Energie strotzenden Veitel Itzig nicht zu vergleichen. Moses Freudenstein ist ein intellektueller Schuft, die Inkarnation des in der Volksmeinung
ebenso bewunderten wie gefürcheteten »hochintelligenten« Juden. Raabe tut
alles, diesen Eindruck bei seinen Lesern zu erzeugen. Schon als Gymnasiast
verfügt Moses im Gegensatz zu seinem verträumten Freund Hans über eine
»schnelle Fassungsgabe«, wobei sich ihm die Fantasie keineswegs »hindernd
in den Weg« stellt[81], das heißt, er hat keine. Statt dessen ist der Student der
Philosophie »scharf« und »nüchtern«, stellt exakte »Berechnungen« an und
hat eine Vorliebe für boshafte *aperçus* und allerlei »philosophische Deduk-
tionen«[82]. Mit Autoritäten, seinen Professoren, geht er zum Erschrecken sei-

---

[76] Ebd. S. 50.
[77] Ebd. S. 114.
[78] DENKLER, Verantwortungsethik (wie Anm. 69) S. 155.
[79] Ebd. S. 148 f.
[80] RAABE, Der Hungerpastor (wie Anm. 37) S. 97.
[81] Ebd. S. 85, 89.
[82] Ebd. S. 126 f.

nes Freundes respektlos, »wahrhaft diabolisch« um.[83] Hier ist er wieder, der
Hinweis auf das Teuflische im Jüdischen, dem wir als »Dämon« in der abge-
feimten Kaufmannsseele von Veitel Itzig schon begegnet waren. Zur Skru-
pellosigkeit gesellt sich die Untreue. Moses verläßt den gemeinsamen Stu-
dienort, verläßt die Heimat, Deutschland. Er geht nach Paris, um dort, wie
er erklärt, »das Schwimmen zu lernen«[84]. Zuletzt wird er auch seinem erer-
ten Judentum untreu und konvertiert zum Katholizismus.[85] Der Glaubens-
wechsel geht mit einem Wechsel des Namens einher: Aus Moses Freudenstein, der inzwischen eine Dissertation verfaßt und publiziert hat, wird Dr.
Theophile Stein. Doch man nimmt, und so will es ganz offenbar auch Raabe,
dem Konvertiten kein einziges Wort ab. Hans trifft noch einmal mit seinem
Jugendfreund zusammen, als dieser, nach Deutschland zurückgekehrt, Karriere als Journalist gemacht hat und seiner »witzigen und scharf zufahrenden
Aussprüche« wegen zum vielbewunderten und gefürchteten Kritiker und Sa-
lonliteraten avanciert ist. Niemand »schien ihm auf irgendeinem Felde standhalten zu können« schreibt Raabe von ihm[86], und nichts mehr sei von seiner
Herkunft aus dem kleinstädtischen Trödelkeller zu spüren gewesen, nur gelegentlich habe sich Stein in dunklen Andeutungen über seine – natürlich
nichtjüdische – Herkunft gefallen. In der Gesellschaft wird hier und da ge-
munkelt, eigentlich sei dieser brillante Mann nichts anderes als ein Denunzi-
ant und Zuträger, und endlich begreift auch Hans die ganze fragwürdige
Existenz dessen, der seinen alten Namen abgelegt und sich eine neue Identität zu schaffen versucht hatte. In einem Gespräch erklärt er ihn für »falsch«
und »treulos«, für einen »Egoisten und Verächter des Göttlichen und des
Menschlichen« zugleich, für einen Unmenschen also. Hans »reißt« Moses
aus seinem Herzen[87] und bezieht eine Pfarrstelle an der Ostsee, und »über
der See zerrissen die Nebel, – von der Freiheit sang das Meer, von der Wahrheit sang die Sonne; die Welt aber gehörte nicht dem Doktor Theophile
Stein, der einst Moses Freudenstein hieß […]«[88] und ihn, Hans, seiner be-
scheidenen Lebensführung wegen spöttisch einen »Hungerpastor«[89] genannt
hatte.

Das ist nicht die ganze Geschichte, aber doch ihr wesentlicher Kern. Es
gibt zwei Arten von Hunger, den nach Erkenntnis, den »richtigen Hunger«,

---

[83] Ebd. S. 130 f.
[84] Ebd. S. 138.
[85] Ebd. S. 253 f.
[86] Ebd. S. 224 f.
[87] Ebd. S. 391.
[88] Ebd. S. 455.
[89] Ebd. S. 263.

wie einer seiner alten Lehrer zu Hans sagt[90], und der unseren positiven
Haupthelden schließlich seine Lebenserfüllung als Dorfpfarrer finden läßt;
und es gibt den Hunger als eine Art von Lebensgier, von unersättlichem Ehr-
geiz, der ziellos ist und ins Nichts führt. Moses Freudenstein ist in diesem
Sinne von seinem geistigen Schöpfer als ein durch und durch destruktiver,
und wir müssen hinzufügen, jüdischer Charakter gezeichnet worden. Der
neben wenigen anderen »bedeutendste Vertreter des deutschen poetischen
Realismus«, als den die neuere Literaturwissenschaft Raabe offenbar sieht[91],
läßt in keiner Zeile seines, um ihn selbst zu zitieren, »schönen Buches« Zweifel an der direkten Verbindung zwischen zersetzender Kritik und »jüdi-
schem« Geist aufkommen.

---

[90] Ebd. S. 164.
[91] So Koller, Wilhelm Raabe (wie Anm. 67) S. 259.

II. Die Deutschen, ihr Gott und die Vergangenheit

»Er ist wir selber: der ewige Deutsche«. Zur langanhaltenden Wirkung der Lutherdeutung von Heinrich von Treitschke

von

Hartmut Lehmann

Vergleicht man die Art und die Zahl der gegen Frankreich gerichteten Aussagen, Rituale und Symbole in Deutschland in den Jahrzehnten um 1800 mit antifranzösischen Äußerungen und Zeichen in den Jahrzehnten um 1900[1], stößt man auf eklatante Unterschiede. Trotz aller Diskussionen über Sinn und Bedeutung der Französischen Revolution waren die öffentliche Meinung und die politische Kultur in den Ländern des Heiligen Römischen Reiches kurz vor dessen Auflösung nicht auf eine antifranzösische Linie ausgerichtet. Anders die Lage im Deutschen Reich im ausgehenden 19. Jahrhundert: Im deutschen Nationalbewußtsein der späten Bismarckzeit und der Jahrzehnte bis hin zum Ersten Weltkrieg galten der Kölner Dom und das Straßburger Münster als Wahrzeichen deutscher Kultur am Rhein mit deutlich antifranzösischer Ausrichtung; die Germania des Niederwalddenkmals und auch das Denkmal zur Erinnerung an die Völkerschlacht bei Leipzig dienten dem gleichen Zweck; Max Schneckenburgers »Die Wacht am Rhein« war um 1900 nur eines von vielen antifranzösischen Liedern, die deutsche Schulkinder auswendig lernen mußten und die von deutschen Gesangsvereinen mit Inbrunst gesungen wurden. Nach übereinstimmender Ansicht aller deutschen Parteien war Bismarcks größte Tat der Sieg über das zum Erbfeind erklärte

---

[1] Siehe vor allem: Nation und Emotion. Deutschland und Frankreich im Vergleich 19. und 20. Jahrhundert. Hg. Etienne François/Hannes Siegrist/Jakob Vogel. Göttingen 1995, und Michael Jeismann, Das Vaterland der Feinde. Studien zum nationalen Feindbegriff und Selbstverständnis in Deutschland und Frankreich 1792–1918. Stuttgart 1992. Beide mit der einschlägigen neueren Literatur.

Frankreich im Krieg von 1870/71 und die im Zeichen des Triumphes voll-
zogene Reichseinigung.

Zumindest auf den ersten Blick scheint der von den deutschen Protestanten des 19. Jahrhunderts zum deutschen Nationalhelden erhobene Luther
nicht in dieses Bild zu passen.[2] Wie diese insbesondere während des Kulturkampfes betonten, war Luther zunächst und vor allem ein antirömischer, ein
antikatholischer Held. Er hatte, so wurden deutsche Protestanten nicht mü-
de zu erklären, die Lügen des Papstes aufgedeckt und das ausgeklügelte System, mit dem die römische Kurie die braven Deutschen unterdrückte und
ausbeutete, durchschaut und besiegt. Im deutschen Protestantismus der Kul-
turkampfzeit begannen jedoch die Grenzlinien zwischen antifranzösischen
und antirömischen, zwischen antiwelschen und antilateinischen Ressenti-
ments auf seltsame Weise zu verschwimmen, gerade so, als ob sich Luther
bereits gegen den Rationalismus eines Voltaire oder gegen die republikanischen Ideen von 1789 gewandt hätte.

In den folgenden Ausführungen gehe ich zunächst ein auf die Rede über
»Luther und die deutsche Nation«, die Heinrich von Treitschke am 7. November 1883 in Darmstadt hielt.[3] Aus Anlaß von Luthers 400. Geburtstag
wurden Tausende von Reden gehalten, Hunderte von Schriften publiziert.[4]
Fast wie ein Schlagwortregister weist uns Treitschkes Text auf die Zusammenhänge hin, die im deutschen Kaiserreich von vielen Protestanten zwischen »Religion, Nation und Gewalt« hergestellt wurden. Treitschkes
Schlußfolgerungen für seine eigene Zeit sollen dann im Hinblick auf die Entwicklungen des 20. Jahrhunderts aufgenommen und diskutiert werden.

Bemerkenswert ist zunächst, wie deutlich Treitschke sagt, daß das Lutherbild, das er seinen Zuhörern vermitteln möchte, Resultat historischer Konstruktion ist. Zwar sei Luther, so Treitschke, »in den hoffnungsreichen ersten Jahren seines öffentlichen Wirkens« von den Deutschen »mit einer stür-
mischen Freude« begrüßt worden[5]: »Da schien es wirklich, als sollten alle
die elementarischen Kräfte, die in der tief erregten Nation arbeiteten, der
Glaubensernst der frommen Gemüter, der Forschungsmut der jungen Wis-

---

[2] Dazu HARTMUT LEHMANN, Martin Luther as a National Hero in the 19th Century, in: Ro-
mantic Nationalism in Europe. Hg. JOHN C. EADE. Canberra 1983 S. 181–201; DERS., Martin
Luther als deutscher Nationalheld im 19. Jahrhundert, in: Luther. Zeitschrift der Luther-Gesell-
schaft 55. 1984 S. 53–65.

[3] HEINRICH VON TREITSCHKE, Aufsätze, Reden und Briefe. Hg. KARL MARTIN SCHILLER.
Meersburg 1929 S. 233–249.

[4] HARTMUT LEHMANN, Das Lutherjubiläum 1883, in: Luthers bleibende Bedeutung. Hg. JÜR-
GEN BECKER. Husum 1983 S. 93–116. Auch in DERS., Protestantische Weltsichten. Transformationen seit dem 17. Jahrhundert. Göttingen 1998 S. 105–129.

[5] TREITSCHKE, Aufsätze (wie Anm. 3) S. 234.

senschaft, der Nationalhaß des ritterlichen Adels wider die welschen Präla-
ten, der Groll der mißhandelten Bauern, sich zu einem mächtigen Strome
vereinigen und gewaltig aufwallend alles römische Wesen aus unserem
Staate, unserer Kirche hinwegschwemmen.« Binnen kurzer Zeit sei Luther
von den Deutschen aber im Stich gelassen worden. Nach den Erfolgen sei es
zu schmerzlichen Enttäuschungen gekommen.

»In jenen müden Jahrzehnten der politischen Tatenscheu und des theologischen Ge-
zänks, welche den lichten Tagen der deutschen Reformation folgten, formte sich ein
kleines Geschlecht die Gestalt des Reformators nach seinem eigenen Bilde, als wäre
er auch nur ein bibelfester Prediger und ehrsamer Hausvater gewesen, als hätte er
wirklich nur eine Sonderkirche, die sich nach dem Namen eines sündhaften Menschen nannte, stiften wollen.«[6]

Ein Umschwung, die Neuorientierung wurde, so Treitschke 1883, erst im
19. Jahrhundert geleistet. »Erst die historische Wissenschaft unseres Jahrhunderts hat sich wieder das Herz gefaßt, den ganzen Luther zu verstehen,
den zentralen Menschen, in dessen Seele fast alle neuen Gedanken eines reichen Jahrhunderts mächtig widertönten.«[7] Auf sieben Gebieten verdankten
die Deutschen nach Treitschke Luther Entscheidendes:

1. Die Wissenschaft: »Den Romanen fehlte die Kraft, ihre eigenen Gedanken in vollem Ernst zu nehmen, sie brachten es über sich, ihr Gewissen zu
teilen und einer Kirche, die sie verspotteten, zu gehorchen.« Anders die
Deutschen. Sie »wagten«, so Treitschke, »das Leben nach der erkannten
Wahrheit [zu] gestalten, und weil die historische Welt die Welt des Willens
ist, weil nicht der Gedanke, sondern die Tat das Schicksal der Völker bestimmt, darum beginnt die Geschichte der modernen Menschheit nicht mit
Petrarca, nicht mit den Künstlern des Quattrocento, sondern mit Martin Luther.« So verdankten die Deutschen der Reformation, »daß der Deutsche
zugleich fromm und frei empfinden kann, daß keiner unserer großen Den-
ker, wie kühn sich auch die Flüge ihres Geistes erhoben, jemals in den lä-
sternden Spott eines Voltaire verfiel und die Todsünde der Heuchelei unter
uns eine Ausnahme ist«.[8]

2. Das Verhältnis von Kirche und Staat: Zwar hätte Luther, so Treitschke,
»gleich allen echten Germanen« ein »tiefes Gefühl historischer Pietät« besessen und »die große Neuerung, die er in der Kirche vollzog«, nur »als die
Wiederherstellung der ursprünglichen Zustände des Christentums« verstanden; auch hätten die kräftigen Staaten des Mittelalters die »herrischen An-

---

[6] Ebd. S. 235.
[7] Ebd.
[8] Ebd. S. 240.

sprüche des Papsttums« niemals vollständig anerkannt. Aber erst Luther habe den Satz »Geistliche Gewalt ist über der weltlichen«, »diese starke Mauer der Romanisten«, verworfen und gelehrt, »daß der Staat selber eine Ordnung Gottes ist, berechtigt und verpflichtet, seinen eigenen sittlichen Lebenszwecken, unabhängig von der Kirche, nachzugehen«. Luther habe, so Treitschke, damit den »Staat für mündig erklärt«.[9]

3. Das Reich: »Die Befreiung des Staates von kirchlicher Herrschaft« hätte den Deutschen »lang nachwirkenden Segen« gebracht. »Nur aus dem Borne des Protestantismus« konnte nach Treitschke deren »sieches Reich den verjüngenden Trunk schöpfen. Nur wenn unser Staat wieder wahr wurde wie seine Kirche, wenn er die zur Lüge gewordenen Ansprüche seines heiligen römischen Kaisertums aufgab und seine Krummstablande einer weltlichen Obrigkeit unterwarf, nur dann vermochte er wieder zu wachsen mit der wachsenden Zeit«.[10]

4. Die Sprache: »Den Kämpfern der Reformation« verdankten die Deutschen, so Treitschke, »das köstliche Band, das uns in den Tagen deutscher Zerrissenheit lange fast allein zusammenhielt, unsere neue Sprache«. »Sprachgewaltig, wie seitdem nur einer noch, Goethe«, sei Luther »der volkstümlichste aller unserer Schriftsteller« geworden. »In seinen Schriften vereinigt sich, was sonst unvereinbar scheint, der Tiefsinn, die gedrängte Gedankenfülle des Buchs und die fortreißende Macht, der sprudelnde Wörterreichtum der Rede«: »Dem Einfältigen geben sie genug, und der Denkende findet des Nachsinnens kein Ende.«[11]

5. Die Träger der Nation: »In Deutschland« seien »jene mittleren Schichten der Gesellschaft, zu denen Luther vornehmlich geredet hatte, mehr und mehr zum Kerne der Nation« geworden. »Selbst den Kriegsleuten gab Luther die tröstliche Gewißheit, daß sie auch in seligen Stand kommen würden, wenn sie ihres harten Handwerks in Treue warteten.«[12]

6. Die Frauen: Luther habe, so Treitschke, »die deutschen Frauen höher erhoben, als sie je vordem gestanden hatten in den Zeiten, da noch die gnadenreiche Mutter Gottes angerufen ward; er hat den Wirkungskreis des Weibes, das Haus, wieder zu Ehren gebracht vor Gott und Menschen«.[13]

7. Die Kultur: Das Weihnachtsfest, die Geselligkeit, die Musik, das evangelische Pfarrhaus.[14]

---

[9] Ebd. S. 240 f.   [10] Ebd. S. 242.
[11] Ebd. S. 243 f.
[12] Ebd. S. 245.
[13] Ebd.
[14] Ebd. S. 246. Siehe auch dazu HARTMUT LEHMANN, Das ewige Haus. Das lutherische Pfarrhaus im Wandel der Zeiten, in: Gott kumm mir zu hilf! Martin Luther in der Zeitenwende. Ber-

Noch aufschlußreicher als die Leistungen, die Treitschke Luther zuschreibt, sind die einzelnen Begriffe und Attribute, mit denen er Luthers Bedeutung charakterisiert. Sie vermitteln uns eine Vorstellung davon, wie Religiöses und Politisches sich bei Luther nach Treitschke verbanden und zu einem Idealbild zusammenfügten von »deutschem Wesen« und »deutschem
Glauben«. Auch dazu einige Zitate:

Luthers Seele: »Der ganze Gegensatz romanischer und germanischer
Empfindung tritt uns vor die Augen, wenn wir diese Seelenkämpfe Luthers
vergleichen mit den inneren Anfechtungen, welche späterhin der Rittersmann der wiederhergestellten alten Kirche, Ignatius von Loyola, zu überwinden hatte. Der Spanier entledigte sich seiner Pein durch den Entschluß,
diese Wunden seiner Seele nie mehr zu berühren; der Deutsche beruhigte
sich erst, sobald sein Gemüt überzeugt ist und alle Zweifel vor der Gewißheit
einer innerlich erlebten Wahrheit schwinden.«[15]

Luthers Mut: »Nur ein Mann, in dessen Adern die ungebändigte Naturgewalt deutschen Trotzes kocht, konnte so Vermessenes wagen.«[16]

Luthers Charakter: Seine Größe bestand nach Treitschke »in der Verbindung von Seelenkräften, die nach der Meinung des platten Verstandes einander ausschließen«, also »Kühnheit« und doch »Mäßigung«, kindliches Vertrauen und schlichte Treuherzigkeit und zugleich Wahrheitsdrang und unzähmbare Selbständigkeit.[17]

Schließlich Luther, der Deutsche: »Das köstlichste Vermächtnis, das Luther unserem Volke hinterlassen hat, bleibt doch er selber und die lebendige
Macht seines gottbegeisterten Gemüts. Keine andere der neueren Nationen
hat je einen Mann gesehen, der so seinen Landsleuten jedes Wort von den
Lippen genommen, der so in Art und Unart das innerste Wesen seines Volkes
verkörpert hätte.« Und dann kommen Treitschkes entscheidende Formulierungen.

»Ein Ausländer mag wohl ratlos fragen«, betont er, »wie nur so wunderbare Gegensätze in einer Seele zusammenliegen mochten: diese Gewalt zermalmenden Zornes
und diese Innigkeit frommen Glaubens, so hohe Weisheit und so kindliche Einfalt,
so viel tiefsinnige Mystik und so viel Lebenslust, so ungeschlachte Grobheit und so
zarte Herzensgüte [...] Wir Deutschen finden in alledem kein Rätsel, wir sagen einfach: das ist Blut von unserem Blute. Aus den tiefen Augen dieses urwüchsigen deut-

---

lin 1984 S. 177–200. Auch in DERS., Religion und Religiosität in der Neuzeit. Historische Beiträge. Göttingen 1996 S. 181–204.

[15] TREITSCHKE, Aufsätze (wie Anm. 3) S. 238.

[16] Ebd.

[17] Ebd. S. 239.

schen Bauernsohnes blitzte der alte Heldenmut der Germanen, der die Welt nicht
flieht, sondern sie zu beherrschen sucht durch die Macht des sittlichen Willens.«[18]

Damit kennen wir den Begriff, mit dem Treitschke den Gegensatz des Deutschen zum Welschen, zum Katholischen, zum Romanischen und Französischen markiert, es ist der Begriff des Germanentums, ergänzt durch die Formulierung vom Heldenmut der Germanen.

Treitschke ließ im übrigen keinen Zweifel daran, daß Luthers Vorbild die
Deutschen wie ein Vermächtnis verpflichtete. Zunächst werde, wenn man
Luther folge, eine klare Abgrenzung zu allem Nichtdeutschen geschaffen:
»Wo immer deutsches und fremdes Volkstum aufeinander stößt, da war der
Protestantismus allezeit unser sicherster Grenzhüter.«[19] Des weiteren hätten
die Deutschen in der Nachfolge Luthers die Aufgabe, über ihren eigenen Le-
bensraum hinaus die Welt zu gestalten. Schließlich müßte auch in Deutschland selbst die seit der Reformation bestehende Kluft zwischen den einzelnen Teilen des deutschen Volkes durch den Sieg über den Papst überwunden
werden. »Diese Kluft zu schließen, das evangelische Christentum wieder also zu beleben, daß es fähig wird, unsere ganze Nation zu beherrschen – das
ist die Aufgabe, welche wir erkennen und spätere Geschlechter dereinst ein-
lösen sollen.«[20]

Überlebensgroß, wie eine Reinkarnation des Bismarck von 1870 als Moses, steht Treitschkes Luther vor uns. Treitschkes Luther wird wie ein Prophet von Gott inspiriert und wirkt zugleich wie ein Politiker in die Welt hinein. Ihn umgibt nationaler Mythos wie Friedrich den Großen, und ihm eignet Glaubensstärke wie dem protestantischen Heros Gustav Adolf. Indem es
die Verbindung mit dem, was Treitschke das Germanentum nennt, eingegangen ist, hat das von Luther erneuerte Christentum eine neue weltge-
schichtliche Qualität erhalten. Treitschke kann deshalb an dieser Stelle auf
direkte antifranzösische Polemik verzichten. Wer seinem Lutherbild vertraut, weiß genau, daß es zwischen Deutschen und Franzosen keine Versöhnung geben kann und darf. Treitschkes Luther ist insofern zugleich antirepu-
blikanisch, antirationalistisch und antikatholisch und steht in scharfem Gegensatz sowohl zu dem aufgeklärt-laizistischen wie zu dem katholisch-from-
men Frankreich. Religion und Politik sind in Treitschkes Luther somit eine
einzigartige, eine deutsch-christliche Symbiose eingegangen, und Treitschke
läßt keinen Zweifel daran, daß die im Sinne Luthers christlich gewordenen
Germanen beziehungsweise deren Nachkommen, diese vom germanischen

---

[18] Ebd. S. 246.
[19] Ebd. S. 247.
[20] Ebd. S. 248.

Erbe geprägten Christen, von Gott das Recht erhalten hatten, ihre Ansprüche, wenn nötig, auch mit Gewalt durchzusetzen. Im Sinne eines »historischen Fundamentalismus«, so die prägnante Formulierung von Michael Jeismann, erscheint Frankreich für diese »germanischen Christen« als der »Erbfeind«.[21]

Mit Treitschkes prägnanten, durchaus provozierenden Formulierungen war im deutschen Protestantismus eine wichtige neue Stufe der Lutherdeutung erreicht. Gewiß: Schon anläßlich der 300jährigen Wiederkehr des Thesenanschlags hatten nationalgesinnte Studenten Luther auf der Wartburg als großen deutschen Nationalhelden gefeiert.[22] Auch in den folgenden Jahrzehnten, als der Lutherkult in Deutschland immer populärer wurde, zweifelten liberale wie konservative deutsche Protestanten nie daran, daß Luther zu den »großen Deutschen« gehörte. Wie sich das sehr schön an dem 1868 eingeweihten Lutherdenkmal in Worms zeigen läßt, wurde Luther jedoch lange Zeit als Teil eines Ensembles begriffen, einer Gruppe von Reformatoren, deren gemeinsame Leistung darin bestand, daß sie das nach Meinung aller Protestanten korrupt gewordene Papsttum besiegten. Ebenso wurde nie daran gezweifelt, daß Luther sich auf dem Gebiet der Theologie seine größten Verdienste erworben hatte.

Alle diese Bezüge wurden von Treitschke in seiner Rede von 1883 neu bestimmt: Luthers Verdienste lagen nach Treitschke primär im weltlichen Bereich, nicht in der Theologie, und was ihn zu seinen großen Leistungen befähigte, das war nicht primär Gottes Gnade und Gottes ausdrücklicher Wille, der sich Luther als Werkzeug ausgewählt hatte, so wie das im Protestantismus bisher gesehen worden war, sondern seine besondere charakterliche Veranlagung, die von seinem germanischen Erbe bestimmt wurde. Etwas vereinfacht, aber nicht falsch formuliert, könnte man sagen, daß Treitschke an die Stelle einer religiösen und heilsgeschichtlichen Deutung Luthers eine darwinistische und zumindest in der Tendenz »rassistische« Deutung setzte. Auch wenn der Begriff »germanisch« für Treitschke noch stärker kulturell als biologisch bestimmt war, so öffneten seine Formulierungen doch die Bahn für im engeren Sinne rassistische Lutherdeutungen.

Schon 1883, aus Anlaß der Erinnerung an Luthers 400. Geburtstag, produzierten die Deutschen, wie erwähnt, eine Flut von Lutherliteratur. Beim nächsten Lutherjubiläum, der 400. Wiederkehr des Thesenanschlags im Jahr 1917, erschienen, wenn ich mich nicht täusche, noch mehr Schriften, 1933, aus Anlaß der Erinnerung an Luthers 450. Geburtstag kaum weniger. Betont

---

[21] Jeismann, Das Vaterland der Feinde (wie Anm. 1) S. 262–275.

[22] Dazu Lutz Winkler, Martin Luther als Bürger und Patriot: Das Reformationsjubiläum 1817 und der politische Protestantismus des Wartburgfestes. Lübeck u. Hamburg 1969.

sei vorweg, daß es hier nicht darum gehen kann, alle Linien der Lutherdeutung in den Jahrzehnten zwischen 1883, 1917, 1933 und 1946 nachzuzeichnen. Selbstverständlich lohnte es sich, den lutherkritischen katholischen Studien von Heinrich Denifle und Hartmann Grisar ebenso nachzugehen wie
den lutherfreundlichen katholischen Stimmen eines Sebastian Merkle oder
eines Joseph Lortz.[23] Und selbstverständlich mühten sich auch die Historiker der Generation nach Treitschke um eine eigene angemessene Würdigung
Luthers, so beispielsweise Max Lenz, der zwar Heinrich von Treitschke als
großen Historiker und deutschen Patrioten feierte[24], der aber dessen »germanische« Lutherdeutung nicht wiederholte, sondern die ältere Deutung
von Luther als dem Kämpfer gegen das Papsttum wiederbelebte.[25] Daß
Treitschkes Lutherdeutung aber weit über seinen Tod 1896 hinaus wirkte
und die nationalistische Lutherverehrung stark beeinflußte, soll wenigstens
in einigen knappen Strichen skizziert werden.

Eine erste Linie führt zum Lutherjubiläum des Jahres 1917 und von dort
zur Argumentation der Deutschen Christen im Kirchenkampf der 1930er
Jahre. Vor einigen Jahren hat Gottfried Maron die 1917 erschienene Masse
von Lutherliteratur und die damit intendierte Instrumentalisierung eines popularisierten Luther als »Materialschlacht an der Heimatfront« bezeichnet
und gezeigt, daß 1917 kein Thema häufiger traktiert wurde als »Luther und
Deutschland«.[26] Luther als Verkörperung des deutschen Wesens, Luther als
Inbegriff der deutschen Volksseele, so die Stichworte[27], und dann natürlich

---

[23] Der beste Überblick ist nach wie vor zu finden in HEINRICH BORNKAMM, Luther im Spiegel
der deutschen Geistesgeschichte. (Heidelberg 1955) Göttingen ²1970.

[24] MAX LENZ, Kleine Historische Schriften. (München 1910) Berlin, München ²1913, darin
Nr. 24: die Ansprache von Lenz bei der Trauerfeier für Treitschke in Berlin 1896 (S. 475–492).

[25] Ebd. Nr. 7: Martin Luther, S. 123–131.

[26] GOTTFRIED MARON, Luther 1917. Beobachtungen zur Literatur des 400. Reformationsjubi-
läums, in: Zeitschrift für Kirchengeschichte 93. 1982 S. 177–221; Zitate S. 179, 190.

[27] Typisch, zugleich nur ein Beispiel von vielen, aus denen zitiert werden könnte, ist PAUL
ALTHAUS, Luther und das Deutschtum. Leipzig 1917. Bei Althaus wird deutlich, in welchem Maße Treitschkes Vorstellungen und Formulierungen auch von der lutherischen Kirchengeschichts-
schreibung rezipiert worden sind. »Niemand kann Luther so lieb haben wie wir Deutsche«, so
Althaus einleitend. »Er ist der ›heimliche Kaiser‹ der Deutschen. Seines Lebens Segen ist weit
über die Grenzen unseres Volkes hinausgegangen. Aber nirgends kann der deutsche Prophet so
verstanden werden wie in Deutschland. Wie einen Bruder lieben wir ihn. Denn er war unser [...]
deutsch in seinem Ringen und Zürnen, deutsch in der Sinnigkeit seines Gemütes unter Kindern,
Tieren und Blumen. Kindlich und weich und wundersam zart – und dann wieder von einem
Mannestrotz ohnegleichen, von tiefstem Gewissensernste und doch von mächtiger, königlicher
Freiheit seines Wesens, das ist der deutsche Luther [...] Es gibt Leute, welsche und angewelschte
Deutsche, denen er nicht fein genug, denen seine Gestalt zu bäurisch, sein Poltern zu barbarisch
ist – von Kaiser Karl V. und den feinen Gelehrten jener Tage an bis heute [...] Wie hat Martin
Luther unser deutsches Volk lieb gehabt! Wenn er sah, wie sein Volk von Welschen gedrückt,

das Wort von Luthers deutscher Sendung sowie schließlich, in verschiedenen Varianten, die Rede von Luther als dem Ausdruck einer Verbindung von Christentum und Germanentum. Mitten im Ersten Weltkrieg wurden Treitschkes gefährlich-verführerische Spekulationen über Luther als einem germanischen Helden von Politikern, Historikern und Theologen aufgenommen und weitergeführt. Besonders einflußreich war, wenn wir Gottfried Maron folgen, der Berliner Theologe Reinhold Seeberg, der die Reformation als »das Christentum im Verständnis des germanischen Geistes« bezeichnete[28] und der, was dazu paßt, zu jenen Professoren gehörte, die die Reichsregierung in großen Denkschriften aufforderten, weitreichende Kriegsziele in einem »Siegfrieden« zu verwirklichen und jeden Verständigungsfrieden abzulehnen.

Gottfried Maron macht unzweideutig klar, daß mit diesen Reden und Schriften über den »Deutschen Luther« durchaus »gefährliche Bahnen«[29] betreten wurden. So erschienen schon 1917 im Zuge des Lutherjubiläums mehrere kraß antisemitische Schriften, in denen argumentiert wurde, die »Konsequenz« aus der engen Verbindung von »Deutschtum und Christentum« sei die »Loslösung vom Judentum«. Das Judentum sei, so wörtlich, ein das Christentum schädigender Fremdkörper, der aus dem Organismus einer deutschen christlichen Kirche entfernt werden müsse. Durch die Beibehaltung des Alten Testaments sei die christliche Religion »zu einer krankhaften religiösen Zwitterbildung geworden«. Deshalb sei »die Verbindung zwischen der christlichen und der alttestamentarisch-jüdischen Religion sobald als möglich zu lösen und die christliche Religion allein auf sich selbst zu stellen«. Wie Maron herausarbeitet, sind alle Argumente, die von den Deutschen Christen in den 1930er Jahren vorgebracht wurden, schon 1917 »in erschreckender Weise« geäußert worden, also auch die rassistischen Versionen eines von allem Jüdischen zu reinigenden Deutschchristentum.[30] Und der Kronzeuge, auf den sich diese Stimmen beriefen, war stets und immer wieder Luther. Gewiß, 1917 wurde auch der Theologe Luther wiederentdeckt. Im Vergleich zur Verwendung des »Deutschen Luther« in der Kriegspropaganda waren diese Anfänge der Lutherrenaissance aber nur ein Nebenthema.

---

geschunden und verachtet wurde, dann schwoll ihm die Zornesader gar gewaltig und deutscher Grimm donnerte durch seine Anklageschriften. Eines würde Luther auch heute gewißlich nicht sein: neutral! [S. 3] [...] Ein Gottesgeschenk war er für unser Volk [...] Um die Kongenialität von Luthertum und Deutschtum geht es uns [S. 5] [...] Das Christentum Luthers stellt die vollkommenste Verpersönlichung der Religion dar und insofern die deutsche Gestalt der Religion [S. 7].« 1933 konnte Althaus direkt an seine Ausführungen von 1917 anknüpfen.

[28] Maron, Luther 1917 (wie Anm. 26) S. 194.
[29] Ebd.
[30] Ebd. S. 195.

Einen besonderen Akzent setzte damals der in München lehrende Historiker Erich Marcks. Auf der einen Seite erinnerte er in Vorträgen, die er 1917 aus Anlaß des Lutherjubiläums hielt, an Treitschkes Rede von 1883: »Luther wollte ein Deutscher sein«, artikulierte er emphatisch, »und für seine lieben Deutschen schaffen! Und wie war er ein Deutscher.« Denn »dieser Riese« habe »in sich widerstreitende Kräfte vereinigt, über die das Ausland verständnislos erstaunte«, formulierte er im Anschluß an Treitschke, »und die seinen Deutschen einfach und selbstverständlich waren und sind, damals und heute – Schlichtheit und Größe, Zartheit und Derbheit, fröhliche Einfalt und lodernde Glut, Treue und Liebe im kleinen und eine wilde furchtlose Stärke in seinem großen Lebenskampf, die Freiheit von Menschenfurcht, die ihn nach außen so gigantisch machte, weil er im Innersten so ganz auf sich selbst stand«. Luther hatte, so Marcks, »die Wurzeln seiner weltüberragenden Kraft im Menschlich-Allgemeinen, im Deutsch-Allgemeinen«. Auf der anderen Seite richtete Marcks 1917 aber ein geradezu bewegendes Plädoyer an die deutschen Katholiken, jetzt im Kriege mit den deutschen Protestanten zusammenzustehen und Martin Luther für sich zu entdecken, als »einen Quell der Belebung und der Bereicherung« und der »Besinnung auf die ewigen Wurzeln unserer Kraft und auf den ewigen Reichtum unseres teuren Volkes«. Mehr noch als bei Friedrich dem Großen und bei Goethe zeige sich bei Luther »das deutsche Wesen«: So unmittelbar wie in Luther sei es »wohl nur in Bismarck wieder da«. Und die »Führer«, die Deutschland in seinem Lebenskampf brauche, sie müßten »aus Luthers und Bismarcks deutschem Holze sein«.[31]

Eine weitere Linie, auf die ich kurz eingehen muß, führt aus der Zeit nach dem Ersten Weltkrieg ebenfalls in die Dreißiger Jahre, dann aber noch weit bis in die Zeit nach dem Zweiten Weltkrieg. Diese Linie wurde maßgeblich von dem Freiburger Historiker Gerhard Ritter geprägt, der 1925 einen Essay über Luther vorlegte, den er in den folgenden Jahren mehrfach ergänzte und überarbeitete und zuletzt 1959 in 6. Auflage herausbrachte.

»Wie dem Seemann, der auf stürmischer Fahrt die Richtung verloren hat, so ergeht es uns. Nur wer selber in trostlosem Dunkel irrt, weiß ganz zu ermessen, was der Glanz der ewigen Gestirne hoch über den nächtlichen Pfaden dieser Erde bedeutet. Er kennt die sehnsüchtige Spannung des Ausblickens nach einem richtungsweisenden Halt, nach dem Aufglänzen eines Lichtes, das als ›ewige Wahrheit‹ überstrahlen soll alles zweifelhafte Flimmern des bloßen Meinens, alles ungewisse Dunkel der Zeit. Und findet er nicht in sich selber die Kraft, sich aufzuschwingen zu jenen Höhen, wo die schwankenden Nebel versinken und der klare Äther das Firmament erfüllt, so

---

[31] ERICH MARCKS, Luther und Deutschland. Leipzig 1917, Zitate S. 37 f., 41 f., 45.

wird er vielleicht sich anzuklammern suchen an stärkere Geister, um, von ihrer Kraft emporgerissen, der Sonne ›nach und immer nachzustreben.‹«

Dies ist der Beginn von Ritters Lutherbuch von 1925[32], und der Geist, der die nach Revolution und Niederlage verirrten Deutschen erleuchten soll, ist selbstverständlich Martin Luther.

Dies ist nicht der Ort, um die Argumente Ritters im einzelnen vorzuführen[33], inklusive der Veränderungen, die er bei den verschiedenen Textüberarbeitungen vornahm.[34] Eine Passage des Rittertexts von 1925 gilt es aber zu zitieren. »Was Martin Luther der Welt« bedeute, werde, so Ritter, »am unmittelbarsten anschaulich an unserem eigenen Beispiel; mehr noch: zu voller

---

[32] GERHARD RITTER, Luther. Gestalt und Symbol. München 1925 S. 7.

[33] Lohnend wäre auch ein gründlicher Vergleich zwischen dem Lutheressay von Gerhard Ritter und dem fast zeitgleich entstandenen Lutheressay von Lucien Febvre, der seit kurzem in einer vorzüglichen neuen Übersetzung, die Peter Schöttler besorgt hat, vorliegt: LUCIEN FEBVRE, Martin Luther. Frankfurt, New York 1996. Zum Vergleich Ritter/Febvre siehe Schöttlers Nachwort (ebd.) S. 318 sowie die Anm. 152–154 S. 333. Zum Lutherbuch Ritters siehe außerdem ausführlich MICHAEL MATTHIESEN, Gerhard Ritter. Studien zu Leben und Werk bis 1933. Bd. 1. Egelsbach, Köln, New York 1993 S. 376–498.

[34] Nur ein Beispiel. Der einleitende Abschnitt lautete in der 6. Auflage von Ritters Luther. Gestalt und Tat. München 1959 S. 7 f.: »Ratlos steht die abendländische Menschheit vor den Trümmern ihrer tausendjährigen Kultur. Nicht ein Winkel des Erdteils ist verschont geblieben, kein Stück ihres materiellen Besitzes unbeschädigt, keines ihrer geistigen Fundamente unerschüttert. Schlechthin alles hat das große dreißigjährige Erdbeben durcheinandergeworfen. Alles scheint sinnlos geworden, alles ins Schwanken geraten, was ehemals festen Grund bot, und immer wieder verwirren sich unsere unsicher tastenden Schritte. Bange Furcht starrt aus dem tiefen Dunkel, das unsere Zukunft verhüllt: wird das Rad eines scheinbar unaufhaltsamen Schicksals über uns hinwegrollen, und was wird es übriglassen von alledem, was uns bis heute das Leben schön und liebenswert erscheinen ließ? Oder gibt es doch noch Quellen geistiger Kraft, wirklich lebendige, aus letzter Tiefe sprudelnde, echt und stark genug, um uns wieder Mut zu geben: Mut nicht nur zum Weitertragen eines für so Zahllose unsicher und arm gewordenen Lebens, sondern wohl gar zum trotzigen Kampf wider das drohende Schicksal?
Man kann sich dem Leben eines großen Mannes wie Luther von den verschiedenen Seiten her nähern. In den trüben, aber doch nicht hoffnungslosen Jahren nach dem ersten Weltkrieg suchten wir uns innerlich aufzurichten an der klaren Festigkeit seines Mannestums und fragten uns, nicht ohne Sorge, was von den seelischen Kräften, die ihn zu seinem Lebenskampf befähigt hatten, für uns wohl heute, in einer so tief verwandelten geistigen Atmosphäre, noch erreichbar sei. […] So konnte uns Luther als der ›ewige Deutsche‹ erscheinen, auch in seiner Menschlichkeit, mit ihrer Größe wie mit ihren Gefahren und Schwächen. Das alles half uns, über mutlose Resignation hinwegzukommen, unser nationales Wesen in seiner Stärke und in seinen Gefahren besser zu verstehen und so den Sinn unseres Schicksals neu zu deuten, uns selbst auch im Unglück innerlich gegen die Umwelt zu behaupten.
Heute geht es gar nicht mehr bloß um deutsches Wesen und deutsche Zukunft. Es geht auch nicht mehr bloß um die abendländische Kultur. Heute geht es um unsere geistige Existenz schlechthin – um jene Grundfragen, von deren Lösung der Aufbau menschlicher Kultur überhaupt abhängt. Die Frage unserer Zeit schlechthin ist die Frage nach der Wirklichkeit Gottes.«

und reiner Wirkung ist der von ihm gegebene Anstoß fast nur in Deutschland gelangt; und nur wir Deutschen vermögen seine Bedeutung ganz zu erfassen, weil nur, wer seines Blutes und Geistes ist, ihn aus der Tiefe seines Wesens versteht.« Luther habe, so weiter Ritter, »dem metaphysischen Wesen der Deutschen zum Selbstbewußtsein verholfen. Er hat es erst eigentlich ans Licht gebracht.« Und dann gesperrt: »Er ist wir selber: der ewige Deutsche.«[35] Das ist die knappste aber deswegen besonders aufschlußreiche Formulierung des Ritterschen Lutherbildes.

Auch hinter dieser Passage Ritters steht selbstverständlich Treitschke, auch wenn Ritter diesen nicht zitiert, und von Treitschke inspiriert sind auch jene Passagen in Ritters Text, in denen er Luthers innige Frömmigkeit beschreibt und Luthers trotzigen Mut. Kein Rezensent erkannte die Begrenztheit des Ritterschen Lutherbuches schärfer als Paul Tillich, der 1926 anmerkte, Ritters Buch stelle ein großes Wagnis dar, da keine Persönlichkeit der Gegenwart so fremd sei wie Luther. »Zu vollem Gelingen aber wäre ein Erfassen von Luthers Gestalt in noch tieferer Schicht als der germanisch-religiösen notwendig gewesen.« Luther sei, so Tillich, »Prophet, also symbolisch für etwas, das mehr ist als Tiefe der deutschen Seele und des religiösen Erlebens.«[36]

Zehn Jahre später war Tillich gezwungen, als Emigrant in den USA zu lehren, während sich Ritter der Bekennenden Kirche anschloß. Das war insofern konsequent, als Ritter neben dem »deutschen Luther« den »frommen und gläubigen Luther« nie völlig vergessen hatte. So hatte er in seinem Essay von 1925 auch betont, der »unvergänglichste Ertrag« von Luthers Lebenswerk liege in dem, »was sein persönlichstes Geheimnis war: in dem Leben aus der Kraft des Gemütes, in der unmittelbaren Bezogenheit alles Denkens und Wollens auf den religiösen Kern der Persönlichkeit«.[37]

Es lohnte sich einmal darzustellen, in welchem Maße der Kirchenkampf für deutsche Theologen und Historiker auch ein Kampf um die Vorherrschaft in der Lutherdeutung war. Als Herausgeber des »Archivs für Reformationsgeschichte« okkupierte Gerhard Ritter hier seit 1938 eine Schlüsselstellung.[38] Es wäre vielleicht ein besonderer Reiz dieser Thematik, wenn

---

[35] RITTER, Luther (wie Anm. 32) S. 151.
[36] Zit. aus MATTHIESEN, Ritter 1 (wie Anm. 33) S. 492.
[37] RITTER, Luther (wie Anm. 32) S. 147.
[38] HARTMUT LEHMANN, Luther als Kronzeuge für Hitler. Anmerkungen zu Otto Scheels Lutherverständnis in den 1930er Jahren, in: Mare Balticum. Beiträge zur Geschichte des Ostseeraums in Mittelalter und Neuzeit. Festschrift zum 65. Geburtstag von Erich Hoffmann. Hg. WERNER PARAVICINI. Sigmaringen 1992 S. 413–427. Auch in DERS., Protestantische Weltsichten (wie Anm. 4) S. 153–173.

man zeigen könnte, wie im Kirchenkampf im Grunde zwei Varianten der Vorstellung vom deutschen Nationalhelden Luther miteinander konkurrierten: ein radikalisiertes deutsch-christliches Bild vom germanischen Heros Luther bei den Deutschen Christen und ein eher traditionell nationalprotestantisches Bild vom echtdeutschen Theologen Luther bei der Bekennenden Kirche.

Erst nach der Niederlage von 1945 begannen die deutschen Protestanten sich nach und nach vom nationalen Lutherbild des 19. Jahrhunderts und damit von den von Treitschke und seinen Zeitgenossen konstruierten Zusammenhängen und Vorgaben zu lösen.[39] Dabei galt es, das Religiöse vom Politischen zu trennen, die Frage nach Luthers Persönlichkeit neu zu stellen und insbesondere jene Themen zu erörtern, die wie seine von Gewaltvisionen geprägten Haßtiraden gegen die aufständischen Bauern oder seine nicht minder haßerfüllten späten antisemitischen Schriften dunkle Schatten auf sein Lebenswerk werfen. An der Art und Weise, wie diese notwendigen Revisionen in Angriff genommen wurden, läßt sich demonstrieren, wie deutsche Historiker und Kirchenhistoriker nach 1945 mit ihren eigenen Aussagen über den »deutschen« Luther vor 1945 und mit dem nationalistischen Lutherbild ihrer Lehrer umgegangen sind. Die Destruktion des von Treitschke und seinen Zeitgenossen errichteten Monuments vom nationalen Luther war mühsam, stieß auf viel Widerstand und war zunächst nur zum Teil erfolgreich. Dies zu erörtern, ist jedoch ein eigenes Thema.[40]

---

[39] HARTMUT LEHMANN, Katastrophe und Kontinuität. Die Diskussion über Martin Luthers historische Bedeutung in den ersten Jahren nach dem Zweiten Weltkrieg, in: Geschichte in Wissenschaft und Unterricht 25. 1974 S. 129–149. Auch in DERS., Protestantische Weltsichten (wie Anm. 4) S. 174–203.

[40] Ebenso lohnte es sich, die Wandlungen der Lutherbilder jenseits der deutschen Grenzen noch besser, als das bisher geschehen ist, zu erforschen. Einen Anfang habe ich gemacht mit der Untersuchung über Martin Luther in the American Imagination. München 1988.

»Nun danket alle Gott.«
Der Choral von Leuthen und Friedrich der Große als protestantischer Held.
Die Produktion politischer Mythen im 19. und 20. Jahrhundert

von

Bernhard R. Kroener

Mit einem Großen Zapfenstreich, der auch noch in der Gegenwart dem militärischen Zeremoniell eine quasireligiöse Weihe verleiht, begann am 8. September 1994 die offizielle Präsenz von Bundeswehrverbänden in der Bundeshauptstadt Berlin.[1] Im Anschluß intonierte das Stabsmusikkorps der Bundeswehr auf besonderen Wunsch des Bundeskanzlers den »Choral von Leuthen«.[2] Er zählt offensichtlich zu den besonders zählebigen nationalen Mythen, deren Wirkungsmächtigkeit bis in die Gegenwart verfolgt werden kann.

Es soll an dieser Stelle nicht versucht werden, eine theologische Textexegese des Chorals vorzunehmen, für die dem Historiker in der Regel auch die nötige Sachkenntnis fehlt, sondern die Entstehung und öffentlichkeitswirksame Instrumentalisierung einer politischen Chiffre aufzudecken, die weniger durch das geistliche Lied an sich, als vielmehr durch die spezifische Situation geprägt wurde, in der es gesungen wurde.

Die Analyse dieser Entwicklung verdeutlicht, in welchem Umfang die geistige Militarisierung der preußisch-deutschen Gesellschaft mit den Mitteln einer spezifisch nationalprotestantischen Mythenkonstruktion erreicht wurde. Die Intensität dieses Prozesses und seine Wirkungen sind bis in die Ge-

---

[1] Wilhelm Stephan, Der grosse Zapfenstreich. Skizze über Herkunft, Entwicklung und Ausführung. O.O. o.J.

[2] Tagesspiegel vom 6. November 1997 S. 18.

genwart spürbar geblieben. Im Verlauf von zweihundert Jahren wurde die Darstellung und Interpretation des historischen Geschehens also einer bewußten politisch-ideologischen Deformation unterworfen. Zu Beginn der achtziger Jahre, als im Vorfeld des zweihundertsten Todestages Friedrichs des Großen auch die DDR versuchte, den Hohenzollernherrscher im sozialistischen Geschichtsbild neu zu verorten, beschäftigte sich auch der Künstler Bernhard Heisig mit der Gestalt des Königs und gab der Janusköpfigkeit seines Charakters und seiner Regierungszeit eine Deutung, in der sich die spezifische Lebenserfahrung einer durch den Zweiten Weltkrieg und die Nachkriegszeit geprägten Generation widerspiegelte. Krieg, Zerstörung und Chaos als Erinnerungsfragmente der deutschen Geschichte kennzeichnen seine Friedrichbilder, von denen eines unter dem Titel »Choral von Leuthen« vom Kunstbeirat zur Ausstattung des künftigen Bundestages in Berlin vorgeschlagen wurde. Es zeugt, wie Eduard Beaucamp zu Recht hervorgehoben hat, vom Unverständnis der berufenen bundesdeutschen Kunstsachverständigen, vielleicht auch von ihrer Beziehungslosigkeit zu Themen, die in ihrer intellektuellen Sozialisation keine Bedeutung besessen haben, daß sie dieses Werk zwar für Wert befanden, im Reichstagsgebäude ausgestellt zu werden, ihm aber dazu nur einen Platz in der Cafeteria zubilligen mochten.[3]

Zwei Beispiele für den aktuellen Umgang mit einem sperrigen Symbol der deutschen Vergangenheit. Ein Ereignis der preußischen Geschichte, das offenbar auch heute noch durch die ihm innewohnenden Spannung von Glauben und Gewalt verstört und ratlos macht. Angesichts dieses Befundes vermag die Dekonstruktion des Gewordenen helfen, den Mythos zu entschleiern und die Chiffre für die Gegenwart zu enträtseln.

Erstaunlicherweise wurde die Schlacht von Leuthen erst verhältnismäßig spät zur Ikone der preußisch-deutschen Kriegsgeschichte erhoben. Friedrich der Große selbst und seine Zeitgenossen bezeichneten sie zunächst mit dem Namen des nahe beim Schlachtfeld liegenden Städtchens Lissa, an dem die gewaltsame Verfolgung des zurückweichenden Gegners endgültig abgebrochen worden war.[4] So fügt sich in diesen Zusammenhang, daß auch die zeitgenössische Bildpublizistik und die volkstümliche Beschreibung der friderizianischen Schlachten nicht nur den Choral von Leuthen, sondern mindestens ebenso intensiv die reizvolle Anekdote von Friedrichs nächtlichem Erscheinen im Schloß zu Lissa kolportierte. Fast hat es den Anschein, als ob bereits unmittelbar nach dem Ereignis zwei unterschiedliche Traditions-

---

[3] Eduard Beaucamp, Dämon des Krieges. Ein Besuch: Der Maler Bernhard Heisig im Havelland, in: Frankfurter Allgemeine Zeitung 74. 28. März 1998 S. 33.

[4] Ludwig Gleim, Siegeslied nach der Schlacht bei Lissa, in: Karl Schwarze, Der Siebenjährige Krieg in der zeitgenössischen deutschen Literatur (Neue Forschung 29). Berlin 1936 S. 105.

stränge entstanden sind, denen daher auch unterscheidende Etiketten ange-
heftet wurden. Während die Dankpredigten den von Gott dem König ge-
schenkten Schlachtensieg von Leuthen in den Vordergrund rückten, nutzte
die volkstümliche Publizistik das Ereignis der nächtlichen Begegnung Friedrichs mit überraschten österreichischen Offizieren im Schloß zu Lissa als ein
dankbares Objekt, um die Kaltblütigkeit des Königs einerseits und die Lä-
cherlichkeit der überrumpelten österreichischen Militärs andererseits her-
auszustellen.[5]

Bis ins 19. Jahrhundert überstrahlte zudem der Erfolg von Roßbach den
von Leuthen bei weitem. Der Sieg über die französische Armee, die militärische Vormacht auf dem Kontinent, vermochte weit mehr vaterländische Emphase zu wecken als ein Schlachtensieg über Österreich, dem Sieg und Niederlage vorausgegangen waren und folgen sollten.[6]

---

[5] Der dankbare David wurde am 3ten Advent, als am Dank-Feste wegen des den 5ten December 1757 dem Könige bey Born und Leuthen in Schlesien über die österreichische Armee ver-
liehenen herrlichen und grossen Sieges, in einer Predigt über den Psalm 116 v. 12, 13, 14, der
Ober-Pfarr- und Domgemeine vorgestellt, in: Drei Dank-Predigten über die von dem großen
Könige Friedrich II. im Jahre 1757 erfochtenen Siege bei Prag bei Roßbach und bei Leuthen, in
demselben Jahre im Dom zu Berlin gehalten von AUGUST FRIEDRICH WILHELM SACK. Berlin 1857
S. 29–39. Das Ereignis im Schloß des Barons von Mudrach zu Lissa von Daniel Chodowiecki,
Adolph von Menzel und ihren Epigonen in zahlreichen Fassungen immer wieder ins Bild gesetzt, hat in der geschilderten Form nicht stattgefunden. Das Gefecht um den Übergang über
die Weistritz in Lissa dauerte eine ganze Weile, und es ist nicht anzunehmen, daß die österreichischen Offiziere während dieser Zeit und unmittelbar nach einem ungeregelten Rückzug vom
Schlachtfeld seelenruhig ihr Nachtmahl im Schloß zu sich genommen haben. Das Gebäude war
offenbar mit einer größeren Anzahl verwundeter österreichischer Offiziere bis unter das Dach
belegt gewesen, die, selbst wenn sie es gewollt hätten, dem König und seiner militärischen Be-
deckung keinen ernsthaften Widerstand hätten entgegensetzen können. Als einziges repräsentatives Gebäude in der Stadt war nur das Schloß geeignet, den König aufzunehmen. In der un-
übersichtlichen Lage, die in der Stadt herrschte, erschien es Friedrich und seinem Gefolge besonders vorteilhaft, daß der Schloßherr als Parteigänger Preußens bekannt war. Vor diesem
Hintergrund verliert Friedrichs ironische Bemerkung: »Bon soir, Messieurs, Gewiß werden sie
mich hier nicht vermuten. Kann man hier auch noch mit unterkommen.« ihre legendäre Aura.
Reinhold Koser hat durch die Entdeckung eines Privatbriefes von Mudrach den Nachweis er-
bracht, daß das Schloß zum Zeitpunkt des Besuches von Friedrich völlig frei von gegnerischen
Soldaten war. Erst später wurde es mit einer ganzen Anzahl Kriegsgefangener und Verwundeter
belegt. REINHOLD KOSER, Vor und nach der Schlacht bei Leuthen. Die Poschwitzer Rede und
der Abend im Lissaer Schloß, in: FBPG 1. 1888 S. 288–294; FRANZ KUGLER, Geschichte Friedrichs des Großen. Leipzig 1936 S. 313; REINHOLD KOSER, Geschichte Friedrichs des Großen 2.
Stuttgart 1925 S. 559; WALTHER ROHDICH, Leuthen, 5. Dezember 1757. Freiburg 1996 S. 112;
KURT KÜHNS, Der Abend von Leuthen, in: Deutsche Monatshefte 5. 1929 S. 539–540.

[6] DIETER POSTIER, Die Schlacht bei Roßbach am 5. November 1757, in: Militärgeschichte 19.
1980 S. 685–696; RENÉ SAULIOL, Frédéric II. La campagne de 1757 (Kolin, Roßbach, Leuthen).
Paris 1922; STEPHAN SKALWEIT, Frankreich und Friedrich der Große. Der Aufstieg Preußens in

Die Episode, die später zum »Choral von Leuthen« stilisiert werden sollte, fanden die Mitlebenden durchaus nicht außergewöhnlich. Geistliche Gesänge und Dankgottesdienste bildeten während der Frühen Neuzeit einen selbstverständlichen Bestandteil des Schlachtenrituals. Auch bei Roßbach waren nach dem Ende der Kampfhandlungen von den Soldaten Danklieder angestimmt worden.[7] Für Leuthen gilt zusätzlich, daß korrekterweise nicht von dem »Choral von Leuthen«, sondern von »den Chorälen« gesprochen werden muß. Die Truppe hatte den Kampftag mit dem Lied: »Gib, daß ich tu' mit Fleiß, was mir zu tun gebühret« begonnen und mit »Nun danket alle Gott« beschlossen.[8] Erst im Verlauf der Befreiungskriege, zunächst bei Möckern und später bei Waterloo, wurde der »Choral von Leuthen« zum spezifischen Danklied der preußischen Armee.[9]

Hinsichtlich der Rolle, die der Schlacht bei Leuthen im Wandel des Friedrichbildes, aber auch als autonome Chiffre eines spezifisch preußisch-protestantischen Sendungsbewußtseins zukommt, lassen sich fünf unterschiedliche, zeitlich aufeinanderfolgende Interpretationsschichten fixieren, die im folgenden in ihren zentralen Zielstellungen dargestellt werden sollen.

Auf das partriotische Hochgefühl der Zeitgenossen folgte die Ernüchterung der napoleonischen Kriege und das politische Gegenbild eines vorbildlichen »inneren Königs«, mit dem im Vormärz den Regierenden der Heiligen Allianz der Spiegel vorgehalten wurde. Eine dritte Phase umfaßt die Jahre zwischen der Revolution von 1848 und der Reichsgründung, in der das Friedrichbild und der Leuthenmythos antiösterreichisch-kleindeutsch aufgeladen wurden. Im Wilhelminismus wurde die Regierungszeit Friedrichs und die Persönlichkeit des Königs in eine nationalprotestantisch fixierte und theologisch orientierte Geschichtsdeutung eingeordnet, während Leuthen zum Ausdruck der Überlegenheit operativer Führungskunst, preußischer Standhaftigkeit und als historisches Vorbild der modernen Vernichtungs-

---

der öffentlichen Meinung des »Ancien Régime« (Bonner Historische Forschungen 1). Bonn 1952 S. 100; COLMAR FREIHERR VON DER GOLTZ, Von Roßbach bis Jena und Auerstedt. Ein Beitrag zur Geschichte des preußischen Heeres. Berlin 1906 S. 10, 21.

[7] KOSER, Friedrich der Große 2 (wie Anm. 5) S. 543, der Augenzeugenschilderungen wiedergibt und in diesem Zusammenhang berichtet: »Ringsum, wohl aus jedem Regiment heraus, stiegen die feierlichen Klänge ihrer Choräle zum nächtlichen Himmel empor.«

[8] Es handelte sich dabei um die Verse aus Johann Heermanns Liede »O Gott, du frommer Gott«, THEODOR REHWITSCH, Die Schlacht bei Leuthen. Ein Erinnerungsblatt auf den 5. Dezember 1757, in: Westermanns Monatshefte 103. 1907 S. 421–431, hier S. 426.

[9] GERHARD GRAF, Gottesbild und Politik. Eine Studie zur Frömmigkeit in Preußen während der Befreiungskriege 1813–1815 (Forschungen zur Kirchen-und Dogmengeschichte 52). Göttingen 1993 S. 95.

schlacht stilisiert wurde. Erst im letzten Zeitabschnitt erhielt Leuthen vor
dem Hintergrund des Ersten Weltkrieges und der Weimarer Republik im
Lichte des Nationalsozialismus eine dezidiert pseudosakrale Funktion. In
enger Verbindung mit dem Friedrichmythos sollte innerhalb der Bevölkerung das Bewußtsein, eine politische Schicksalsgemeinschaft zu bilden, historisch legitimiert vorgeführt werden. Im Zeichen des totalen Krieges ge-
rann der Leuthenmythos schließlich zum Fanal eines heldenhaften Kampfes
des Schwächeren gegen den Stärkeren und zum Sterberitual einer militari-
sierten Gesellschaft.

I.

Bis zur Katastrophe von Jena und Auerstedt stand das volkstümliche Bild ei-
nes anspruchslosen Monarchen, der sein »Königreich der Grenzstriche«
(Voltaire) in den Kreis der Großmächte geführt hatte und der damit den
»National-Eifer« in Deutschland entfacht habe, im Vordergrund. »Nun
fing«, so beschließt etwa Archenholz sein populäres Werk über den Siebenjährigen Krieg, »die große Kulturepoche der Deutschen an; ein National-
Glück, das durch den Willen des Schicksals von jeher bei den berühmtesten
Völkern unter den schrecklichsten Kriegen erzeugt wurde.«[10] Der unerwar-
tete Sieg über die große Koalition seiner Gegner wurde von den Zeitgenossen in erster Linie als ein Sieg des preußischen Königs empfunden, »unter
dessen Stocke man nicht leben« (Klopstock), dessen militärische Erfolge jedoch einen Flächenbrand patriotischer Gefühle entfacht hatten. »Und so
war ich denn auch«, schrieb Goethe, »preußisch oder um richtiger zu reden,
Fritzisch gesinnt [...] Ich freute mich mit dem Vater unserer Siege, schrieb
sehr gern die Siegeslieder ab und fast noch lieber die Spottlieder auf die Ge-
genpartei«.[11] In der Tat dürfen die in der Regel auf ein aktuelles Ereignis bezogenen panegyrischen Knittelverse keine literaturhistorische Bedeutung beanspruchen. In erster Linie bildeten das taktische Genie des Königs und die
Tapferkeit seiner Truppen auch den Grundakkord der zeitgenössischen Interpretation von Leuthen, wobei gerade in der volkstümlichen Darstellung

---

[10] Johann Wilhelm Archenholz, Geschichte des Siebenjährigen Krieges in Deutschland
von 1756 bis 1763 (1793), in: Aufklärung und Kriegserfahrung. Klassische Zeitzeugen zum Siebenjährigen Krieg. Hg. Johannes Kunisch (Bibliothek der Geschichte und Politik 9). Frankfurt
a. M. 1996 S. 788.
[11] Theodor Schieder, Friedrich der Grosse. Ein Königtum der Widersprüche. Frankfurt
usw. 1983 S. 488.

der Sieg der Gottesfurcht des Heeres, nicht aber der ihres Feldherrn zugeschrieben wurde:

> »Die tapferen Preußen aber sie sungen,
> daß es hat die Nacht zum Himmel geklungen:
> Nun danket alle Gott.«[12]

Damit war bereits in den letzten Jahrzehnten des 18. Jahrhunderts das zentrale Bildmotiv zu Leuthen, wie es etwa im druckgraphischen Werk von
Bernhard Rode oder in den zwölf Radierungen zur brandenburgisch-preußi-
schen Geschichte, die Daniel Chodowiecki 1793 geschaffen hat, vor-
geprägt.[13] Der König im Kreis seiner Generale, der Sieg als Gemeinschafts-
leistung von Feldherr und Armee.

Im Unterschied zur politischen Publizistik setzte bereits unmittelbar nach
dem Ereignis die Volkskultur den Akzent stärker auf Aspekte einer mit
christlichen Elementen unterlegten Mythenbildung, deren Gegenstand, der
König, die Monarchie und das Heer bildeten. Diese Deutung der friderizianischen Epoche, die erst in den Befreiungskriegen allmählich ihre Prägekraft verlor und durch das volkstümlich verklärte Bild des Alten Fritz später
wieder aufgenommen wurde, erhielt durch die harsche Kritik, mit der die
führenden Vertreter der deutschen Frühromantik die Regierungszeit Friedrichs unterzogen, zumindest in den Schichten, die von ihnen beeinflußt wurden, deutliche Korrekturen. Arndt, Novalis und Müller zeichneten dabei bewußt das kalt-rationale Gegenbild eines volkstümlichen und christlichen Königs. Der Staat Friedrichs erschien ihnen konsequenterweise als seelenloser
Maschinenstaat, dem die Weihe einer höheren Idee fehlte.[14]

---

[12] HANNS VON SPIELBERG, Roßbach und Leuthen und die Volkspoesie. Zur Erinnerung an den
5. November und 5. Dezember 1767, in: Daheim 44. 1907 Nr. 6.
[13] GISOLD LAMMEL, Zwischen Legende und Wahrheit – Bilderfolgen zur brandenburgisch-
preußischen Geschichte (Kunstgeschichte 53). Münster 1997 S. 47; ELISABETH WORMSBÄCHER,
Daniel Nikolaus Chodowiecki (1726–1801). Erklärungen und Erläuterungen zu seinen Radierungen. Hannover 1988.
[14] WALTER BUSSMANN, Friedrich der Große im Wandel des europäischen Urteils, in: Deutschland und Europa. Historische Studien zur Völker- und Staatenordnung des Abendlandes (Festschrift für Hans Rothfels). Hg. WERNER CONZE. Düsseldorf 1951 S. 375–407, hier S. 377; JOHAN-
NES WILLMS, Posthume Zeitgenossenschaft – Anmerkungen zur Rezeption Friedrichs II. von
Preußen, in: Aus Politik und Zeitgeschichte. Beilage zur Wochenzeitung »Das Parlament« 20–
21. 1986 S. 27–38, hier S. 29.

II.

Schleiermachers »Patriotische Predigt« zum Friedrichstag des Jahres 1808 suchte dagegen den vorbildlichen inneren König, durch den Gott zum Wohle der Regierten wirkt. Mit seiner Feststellung: »Den besten Schutz der Frömmigkeit sah Friedrich in der Freiheit des Gewissens« leitete er über zur Friedrichrezeption des vormärzlichen Liberalismus.[15] Dem im Gegensatz zur zeitgenössischen Herrschaftspraxis in den Staaten der Heiligen Allianz toleranten inneren König stand unversöhnlich das Bild des kriegerischen Machtpolitikers gegenüber. Eine Deutung, von der aus letztlich keine Brücke zu den militärischen Leistungen seiner Regierungszeit geschlagen werden konnte, wenngleich auch Kritiker seiner Außenpolitik nicht verschwiegen, daß die Kriege Friedrichs den Grundstein zum Aufstieg der einzigen protestantischen Großmacht auf dem Kontinent gelegt hätten. Wenn auch noch nicht die Melodie, so wurden doch bereits im Vormärz bestimmte Akkorde des nationalprotestantischen Hymnus der Kaiserzeit angeschlagen.

Auch die preußischen Hochkonservativen vermochten ihres Friedrichbildes nicht recht froh zu werden. Die religiöse Indolenz des Monarchen rüttelte an den Grundfesten des Gottesgnadentums. In seinem unchristlichen Materialimus erkannte man den Nährstoff revolutionärer Gärung. Einzelne prominente Vertreter verweigerten bisweilen sogar selbstverständliche gesellschaftliche Ehrbezeugungen, wie etwa »das Anstoßen auf den Geist Friedrichs des Großen«, wie es von Ernst Ludwig von Gerlach in einer Tagebuchaufzeichung aus dem Jahre 1840 überliefert ist.[16] Patriotische Feiern, mit denen an die militärischen Leistungen des Königs im Kampf gegen Maria Theresia erinnert werden sollte, erschienen vor dem Hintergrund der preußisch-österreichischen Zusammenarbeit innerhalb der Heiligen Allianz als wenig opportun. Schließlich fanden sich Liberale und Konservative im Mißtrauen gegen die starke Persönlichkeit, gegen den großen König, dessen Herr-

---

[15] WILHELM MEISE, Die Beurteilung Friedrichs des Großen im Zeitalter der Erhebung und der preußischen Reformen. Ein Beitrag zur Bildung der politischen Meinung in Preußen in der Frühzeit der deutschen Einheitsbewegung. Phil. Diss. Marburg 1934 S. 60–74; FRIEDRICH SCHLEIERMACHER, Patriotische Predigten, »Über die rechte Verehrung gegen das einheimische Große aus einer früheren Zeit« (24. Januar 1808). Berlin 1935 S. 50–63; KARL BARTH, Die protestantische Theologie im 19. Jahrhundert. Ihre Vorgeschichte und Geschichte. Zürich 1952 S. 379, 431.

[16] Der Vorfall ereignete sich anläßlich einer Feier aus Anlaß der einhundertsten Wiederkehr von Friedrichs Regierungsantritt im Hause des Grafen Schwerin-Putzar. Gerlach notierte in diesem Zusammenhang: »Geschmack- und gedankenlose Schmeicheleien! Wie sehr kam die Kirche und unser allmächtiger König dabei zu kurz.« Zitat bei KARL ERICH BORN, Der Wandel des Friedrich-Bildes in Deutschland während des 19. Jahrhunderts. Phil. Diss. Köln 1953 S. 39.

schaftspraxis die lebendigen Kräfte der Nation nicht hatte zur Entfaltung kommen lassen.

Während die Intellektuellen mit der widersprüchlichen Persönlichkeit des Königs ihre Not hatten, verfestigte sich im breiten Publikum das ältere volkstümliche Bild der friderizianischen Epoche und ihres Herrschers. In der Darstellung Franz Kuglers und den Illustrationen Menzels fand es eine bis in die Gegenwart reichende Verbreitung. Wie bereits im 18. Jahrhundert bildete weder die Schlacht noch der Choral, sondern die Ansprache an die Generalität vom 3. Dezember 1757 den bevorzugten Ausgangspunkt der bildhaften Verarbeitung der Ereignisse von Leuthen.[17] Bis über die Jahrhundertmitte hinaus blieb dieses Motiv die bestimmende Aussage.[18] Nicht der König allein, sondern der Monarch mit Unterstützung seiner Offiziere waren die Sieger der Schlacht. In diesem Sinne, wenngleich noch pointierter auf die spezifische Leistung der Armee bezogen, formulierte es auch Friedrich Wilhelm IV. in seiner Rede anläßlich der Enthüllung des Reiterstandbildes von Rauch:

»Ich freue Mich des Augenblicks, wo Ich an dieser Stätte und gleichsam im Angesicht dieses großen Mannes Meiner Armee den feierlichen Dank sagen kann, daß es also ist, daß sie noch in jüngster Zeit [...] wie ein Berg Gottes in den heiteren Aether des Himmels geragt hat [...] Ich bitte Gott, die Gegenwart und Zukunft der Armee zu segnen zum Heile Preußens und zur Ehre des deutschen Namens.«[19]

Damit hatte der Monarch noch einmal öffentlich die Rolle der Armee und ihre staatserhaltende Bedeutung in der erst wenige Jahre zurückliegenden Revolution gewürdigt.

---

[17] Kugler beschreibt, wie die Truppen vor Beginn der Schlacht die Choralverse »Gib, daß ich tu' mit Fleiß, was mir zu tun gebühret« anstimmten. Er fügt daran die Anekdote, in der ein Regimentskommandeur im Gefolge des Königs den Monarchen gefragt habe, ob er den Soldaten das Singen verbieten solle und zur Antwort erhalten habe: »Nein, laß Er das: mit solchen Leuten wird Gott mir heute gewiß den Sieg verleihen.« Der agnostische König, der um den Wert bestimmter praktischer Elemente der Volksfrömmigkeit als Motivationsstimulans in existentiell kritischen Situationen wußte, das mochte die eine Lesart sein, die andere, die in den folgenden Jahrzehnten die Deutungsmuster dieser immer wieder unkritisch übernommenen Anekdote prägte, sah darin »glückliche Anklänge eines kindlichen Glaubens, die guten Keime waren in der Hülle vorhanden«, wie in einer Predigt, die aus Anlaß der Enthüllung seines Denkmals von Rauch in Berlin gehalten worden war, suggestiv interpretiert wurde: Der Glaube Friedrichs des Grossen an Gott und an Preussen. Eine Predigt gehalten am Tage nach der Enthüllung seines Denkmals von dem Prediger Dr. Henry. Berlin 1851 S. 6.
[18] Lammel, Zwischen Legende und Wahrheit (wie Anm. 13) S. 50 f.
[19] Reden, Proklamationen, Botschaften, Erlasse und Ordres Sr. Majestät des Königs Friedrich Wilhelm IV. Vom Schlusse des Vereinigten ständischen Ausschusses, am 6. März 1848 bis zur Enthüllungs-Feier des Denkmals Friedrichs des Großen, am 31. Mai 1851. Berlin 1851 S. 86 f.

III.

Mit dem Scheitern der revolutionären Bestrebungen und der in Preußen viel-fach als Schmach empfundenen Olmützer Punktation wandelten sich die Li-beralen zu kleindeutschen Realpolitikern, wurde Friedrich allmählich zum nationaldeutschen Held, empfand man den Sieg von Roßbach als die große nationale Tat des 18. Jahrhunderts. Erst unter dem sich verschärfenden preußisch-österreichischen Dualismus vor 1866 erfuhr auch die Interpretati-on der kriegerischen Leistungen Friedrichs eine zunehmend dezidiert pro-testantische, antiösterreichisch-kleindeutsche Zuspitzung. Jetzt entdeckten, für einen allerdings nur kurzen Zeitraum, auch die Konservativen ihr zeitge-mäßes Friedrichbild. Der König galt nun als Wegbereiter der deutschen Ein-heit unter Preußens Führung. Preußens deutsche Sendung, bedurfte der her-ausragenden Rolle der preußischen Armee und ihres *roi-connétable*. Gegen Ende der Regierungszeit Friedrich Wilhelm IV. schien das preußische Staatshandeln von diesem Idealzustand weit entfernt. Menzel, der wie kein anderer das Bild Friedrichs und seiner Zeit popularisiert hatte, unterbrach in diesen Jahren seine Arbeit an der Illustration des friderizianischen Zeitalters. Sein unvollendetes, in Teilen neukonzipiertes und schließlich bewußt zer-störtes Monumentalgemälde, mit dem er noch einmal, inzwischen aber völlig unzeitgemäß, das Thema der Ansprache Friedrichs an seine Generale auf-gegriffen hatte, spiegelt diese Entwicklung in tragischer Weise wider (Abbil-dung 1).[20] Der Künstler beabsichtigte offenbar 1858/59 mit den Gestal-tungsmitteln eines Historienbildes, das gleichsam den Abschluß seiner Preu-ßenbilder markieren sollte, dem Beginn der die Liberalen hoffnungsvoll stimmenden Ära der Regentschaft des Prinzen Wilhelm seine Referenz zu erweisen. Er wählte mit Bedacht ein Thema, dem er sich bereits im Vormärz, zuletzt in Kuglers Geschichte Friedrichs des Großen, gewidmet hatte. Dabei enthüllt bereits die kompositorische Anordnung der Figuren das inhaltliche Programm. Der König tritt unter seine Generale. Er ist einer von ihnen. Er ist abhängig von ihrer Loyalität und ihrem Können. Er tritt gegen eine Über-macht an und sieht einem ungewissen Ausgang entgegen. Menzel schrieb im

---

[20] CLAUDE KEISCH, Adolph Menzels »Ansprache Friedrichs des Großen an seine Generale vor der Schlacht bei Leuthen«, in: Staatliche Museen zu Berlin (Hg.), Forschungen und Berichte Bd. 26. Berlin 1987 S. 259–282; HANS-JOACHIM GRONAU, Maltechnische Beobachtungen am un-vollendeten Gemälde »Ansprache Friedrichs des Großen an seine Generale vor der Schlacht bei Leuthen« von Adolph Menzel, in: ebd. S. 283–290; CLAUDE KEISCH, Von Kassel bis Leuthen. Mehrdimensionalität des Augenblicks in Menzels Geschichtsmalerei, in: Kunstverhältnisse. Ein Paradigma kunstwissenschaftlicher Forschung. Hg. von der Akademie der Künste der DDR (Festschrift Peter H. Feist). Berlin 1988 S. 74–79.

Sommer 1859, als er die Arbeit an diesem Gemälde aufnahm: »[...] In meinen Affairen habe ich mich einmal wieder im Großen engagiert mit einer
Aufgabe, wenn Gott gibt, daß ich sie leiste: nämlich des Fritzens Rede an
seine Leute vor dem va banque von Leuthen. Es gilt hie einen moralischen
Eindruck zu malen [...].«[21] Der moralische Eindruck, der den Gegensatz
zur politischen Historienmalerei etwa eines Anton von Werner markierte,
war die symbolhafte Einheit von Volk und Herrscher, für die die vormärzlichen Liberalen gekämpft und die man sich unter der Regentschaft des späteren König Wilhelm I. erhoffte.

Abb. 1: Adolph Menzel, Ansprache Friedrichs des Großen an seine Generale vor der
Schlacht bei Leuthen (1859–1861). Öl auf Leinwand. Spuren weißer Kreidelinien auf
der Leinwand (318 × 424 cm). Berlin, Nationalgalerie, aus: CLAUDE KEISCH/URSULA
RIEMANN-REYHER, Adolph Menzel (1815–1905). Das Labyrinth der Wirklichkeit.
Ausstellungskatalog. Köln 1996 S. 197.

Es war aber gerade und vor allem die von diesem Monarchen als Sachwalter der Interessen der militärischen Elite im neuen Kaiserreich geforderte

---

[21] KEISCH, Ansprache Friedrichs des Großen (wie Anm. 20) S. 259.

deutliche Herausstellung des Feldherrngenies Friedrichs, die den Künstler
schließlich resignieren ließ. Mehr noch, der Verfassungskonflikt, der die
Sonderstellung der Armee und ihr besonderes Treueverhältnis zum Monarchen eindeutig festschrieb, ließ die Gleichsetzung von Armee und Volk, die
vor dem Hintergrund der Erfahrungen der Befreiungskriege auch nach 1848
noch denkbar schien, vollends obsolet werden.[22] Im Vorfeld der Reichsgründung, angesichts der sich abzeichnenden kleindeutschen Lösung schien die
Sonderstellung der Armee nicht zuletzt durch ihre Erfolge in den Augen vieler Liberaler legitimiert. Damit offenbarte sich aber auch Preußens deutsche
Sendung als eine Erlösung des Reiches aus dem Geist des Protestantismus.
Die Kombinationen von Friedrich dem Großen mit Gustav Adolf und Martin Luther erhielten in diesem politischen Klima eine erhebliche Popularisierung, die in den Schriften Heinrich von Treitschkes und Gustav Freytags ihren publikumswirksamen Niederschlag fand.[23] Hier bot sich ein Anknüp-
fungspunkt für eine zielgerichtete politische Instrumentalisierung des Leuthenmythos. Die Sakralisierung der Episode des »Chorals von Leuthen«,
hier hat sie ihren Ursprung. Als Hofprediger Adolf Stoecker in der Kaiser-
proklamation im Spiegelsaal des Schlosses zu Versailles die Geburtsstunde
des »heiligen evangelischen Reiches deutscher Nation« erblickte, wurde der
Choral von Leuthen zu einem integralen Bestandteil seiner Schöpfungsge-
schichte.[24]

Durch die Erfolge der Schlesischen Kriege des großen Königs waren nach
der Vorstellung der politischen Eliten des wilhelminischen Kaiserreiches die
machtpolitischen Voraussetzungen der Reichsgründung geschaffen worden.
Friedrichs inzwischen als überzeitlich gültig angesehene strategische Konzeptionen hatten 1866 den Entscheidungen des älteren Moltke nachträglich
eine höhere historische Weihe verliehen (Abbildung 2).[25] Andererseits war
mit der vollständigen Verdrängung des österreichischen Rivalen die politi-

---

[22] Thomas W. Gaehtgens und Anton von Werner, Die Proklamation des Deutschen Kaiserreiches. Ein Historienbild im Wandel preußischer Politik. Frankfurt a. M. 1990 S. 80 ff.; Gerhard Friedrich, Fontanes preußische Welt. Armee-Dynastie-Staat. Herford 1988 S. 268 ff.

[23] »Wie Luther und Gustav Adolf, die beiden einzigen Helden vordem, deren Bild sich den
Massen unseres Volkes unvergeßlich ins Herz prägte, so ward auch Friedrich in den Krumm-
stablanden am Rhein und Main als der große Feind gefürchtet.« Heinrich von Treitschke,
Deutsche Geschichte im 19. Jahrhundert 1. Leipzig 1886 S. 269–298, wieder abgedruckt in:
Ders., Deutsche Männer. Charakterbilder aus der deutschen Geschichte. Weimar 1927.

[24] Hans-Ulrich Wehler, Deutsche Gesellschaftsgeschichte 3: Von der »Deutschen Doppelrevolution« bis zum Beginn des Ersten Weltkrieges 1849–1914. Frankfurt 1995 S. 383.

[25] Martin Raschke, Der politisierende Generalstab. Die friderizianischen Kriege in der amtlichen deutschen Militärgeschichtsschreibung 1890–1914 (Einzelschriften zur Militärgeschichte
36). Freiburg i. Br. 1993 S. 86 ff.

Abb. 2: Fritz Roeber, Ansprache Friedrichs des Großen vor der Schlacht von Leuthen 1888/89, Öl auf Leinwand, ehemals Berlin, Zeughaus aus: KEISCH, Ansprache Friedrichs des Großen (wie Anm. 20).

sche Funktion des Leuthenmythos obsolet geworden, es sei denn, es gelang, den Verlauf dieser Schlacht zu einer allgemeingültigen Chiffre spezifisch preußischer Führungskunst werden zu lassen.

IV.

Flankierend zur militärisch-strategischen Glorifizierung der Kriegführung Friedrichs des Großen entwickelte sich eine spezifische auf das friderizianische Beispiel zurückgeführte Militärideologie, die eine fatale bis weit ins 20. Jahrhundert reichende Langzeitwirkung entfaltete. In diesem Kontext wurde das historische Beispiel der kriegerischen Leistungen Friedrichs mit als spezifisch preußisch empfundenen Lebenseinstellungen und Wertkategorien verknüpft, als deren Ferment der Protestantismus angesehen wurde, dessen preußische Ausformung durch die germanischen Wurzeln eine besonders kämpferische Ausprägung erhalten habe.[26]

Nicht nur in den jährlich in der Militärischen Gesellschaft zu Berlin aus Anlaß des Friedrichtages am 24. Januar, dem Geburtstag des Königs, veranstalteten Vorträgen, die in voller Länge oder in ihren zentralen Aussagen im Militärwochenblatt, dem zentralen Informationsorgan der preußisch-deutschen Armee, veröffentlicht wurden, enthüllt sich, in welchem Umfang die militärische Führung des wilhelminischen Reiches auf das friderizianische Beispiel rekurrierte, um von ihrer militärischen Elite bestimmte Verhaltensmuster einzufordern. Vorträge und Gedenkartikel erschienen auch zum Jubiläum seines Regierungsantrittes oder aus Anlaß der Wiederkehr seines Todestages. So hieß es etwa in einer Gedenkrede zum einhundertsten Todestag des Königs (1886): »Er (Friedrich II.) verlangte von seinen Kriegern die äußerste Hingebung, die mutige Haltung im Unglück, sowie diese Begriffsweise, welche im größten Gehorsam die größte Ehre sucht.«[27] In diesen und zahlreichen ähnlichen Formulierungen ließ sich der andressierte formelhafte vom Objekt gelöste Gehorsam historisch legitimieren, durch den das massenhafte anonyme Sterben im industrialisierten Krieg zur äußersten Hingabe, zum Schlachtentod als selbstverständlichen Zielpunkt soldatischen Lebens stilisiert werden konnte. Aus dieser spezifisch soldatischen Existenzbestimmung heraus ließen sich schließlich die politisch-gesellschaftlichen Vorrechte des Militärs im wilhelminischen Staat begründen. In einer eigentümlichen Schärfe offenbarte sich in den letzten Jahrzehnten des 19. Jahrhunderts der Gegensatz zwischen den in der Tradition der Befreiungskriege und des Vormärz verwurzelten Angehörigen der intellektuellen und militärischen Elite und den Vertretern der jüngeren durch die Einigungskriege geprägten Generation. In diesem Sinne formulierte Theodor Fontane seine Kritik am wilhelminischen Militarismus und wies die Vereinnahmung altpreußisch-friderizianischer Militärtraditionen, in denen auch der Leuthenmythos einen festen Platz gefunden hatte, vehement zurück.[28]

---

[26] MANFRED MESSERSCHMIDT, Nachwirkungen Friedrichs II. in Preußen-Deutschland, in: Europa im Zeitalter Friedrichs des Großen. Wirtschaft, Gesellschaft, Kriege. Hg. BERNHARD R. KROENER (Beiträge zur Militärgeschichte 26). München 1989 S. 269–288, hier S. 285 f.

[27] A. VON CROUSAZ, Zum 17. August 1786. Eine Erinnerung an Friedrich den Großen, in: Jahrbuch für die deutsche Armee und Marine 60. 1886 S. 117–139, hier S. 124.; M. J. (MAX JÄHNS), Zum Friedrichstage, in: Militärwochenblatt 74. 1889 Nr. 7, S. 158 f.

[28] 1876 verfaßte Fontane als Sekretär der königlichen Akademie der Künste eine Denkschrift über die Zielsetzungen, nach denen das Berliner Zeughaus zu einer »Ruhmeshalle der preußischen Armee« umgestaltet werden sollte. Als Quintessenz seines Geschichtsverständnisses formulierte er: »Durchaus ist unsere Geschichte [...] preußische Volks- und nicht preußische Armeegeschichte. Zum mindesten ist sie beides, und wie unzweifelhaft es sein mag, daß die Armee

Auch die strategisch-operativen Vorstellungen des alternden Moltke, die ihren Niederschlag etwa in der Instruktion für die höheren Truppenführer von 1885 und dem Exerzierreglement für die Infanterie von 1888 fanden, erkannten im Umfassungsangriff eine zentrale Grundvoraussetzung, um im Zeitalter erhöhter Waffenwirkung einen Erfolg über den Gegner erringen zu können. Selbst aus aktuellem Anlaß entwickelte taktische Bewegungen suchte man mit dem Hinweis auf ihre Entstehung etwa aus der »schiefen Schlachtordnung« Friedrichs des Großen bei Leuthen der fachlichen Kritik zu entziehen. Aber auch dieses taktische Prinzip, das versuchte, die Verluste der eigenen Verbände so gering wie möglich zu halten, wurde schon bald von der nachdrängenden Generation militärischer Führer als unbegreifliche »Verlustscheu« diskreditiert. Hatte das Reglement von 1888 noch gemahnt: »Vielmehr muß jedermann von der Einsicht durchdrungen werden, daß nur unaufhaltsames Streben nach vorwärts verbunden mit wohlüberlegter Vorbereitung durch Feuer, den Erfolg verbürgt, daß dagegen jedes lange Verweilen im Feuer eines besser gedeckten Gegners zu starken Verlusten führen muß«, war die militärische Führung der preußisch-deutschen Armee knapp zwanzig Jahre später der Meinung, daß der Frontalangriff gegen die gegnerischen Linien, das Grundprinzip des infanteristischen Kampfes zu sein habe: »Ihre Handlungen müssen von dem einen Gedanken beherrscht sein: Vorwärts auf den Feind, koste es was es wolle.« Voraussetzung dieser Haltung, daß nämlich die Truppe »zu sterben wissen« müsse, glaubte man in einer Friedensausbildung zu erreichen, die von der Überzeugung getragen wurde, daß »eine gut ausgebildete und gut geführte willenstarke Infanterie [...] selbst unter schwierigen Verhältnissen und gegen einen an Zahl überlegenen Feind Aussicht auf Erfolg« habe.[29] Eine in applikatorischer Absicht betriebene Kriegsgeschichte, vor allem der zu sakrosankter Bedeutung erhobenen friderizianischen Zeit lieferte hierzu, so schien es, das passende Anschauungsmaterial. In diesem Sinne wirkte die künstliche Vulgarisierung dieses Programms in den entsprechenden Historiengemälden von Röchling,

---

vom Tag von Fehrbellin an, den glänzensten Teil der Geschichte gemacht, aus Brandenburg ein Preußen und aus diesem ein Reich errichtet hat, so ist doch ebenso wahr, daß in dieser Armee die Kräfte des Volkes lebendig waren.« HERMANN FRICKE, Fontanes Historik, in: Jahrbuch für Brandenburgische Landesgeschichte 5. 1954 S. 22; FRIEDRICH, Fontanes preußische Welt (wie Anm. 22) S. 271; PETER PARET, Kunst als Geschichte. Kultur und Politik von Menzel bis Fontane. München 1990 S. 188 f.

[29] HEINZ-LUDGER BORGERT, Grundzüge der Landkriegführung von Schlieffen bis Guderian, in: Handbuch zur deutschen Militärgeschichte 5. Hg. Militärgeschichtliches Forschungsamt. München 1997 S. 427–428; STIG FÖRSTER, Der deutsche Generalstab und die Illusion des kurzen Krieges, 1871–1914. Metakritik eines Mythos, in: Militärgeschichtliche Mitteilungen 54. 1995 S. 61–95.

Mattschaß und Kampf. Im Gegensatz zum Bildprogramm Menzels traten nun Kampf- und Sterbeszenen in den Mittelpunkt der Darstellung der friderizianischen Kriege (Abbildung 3).[30]

Abb. 3: Athur Kampf, »Nun danket alle Gott!« Der Choral nach der Schlacht von Leuthen, aus: Bildersaal Deutscher Geschichte (wie Anm. 30) S. 286 f.

Der Siebenjährige Krieg und seine Einzeloperationen wurden zur Rechtfertigung eines Angriffskrieges der Zukunft, als Garanten des Sieges gegen eine Welt von Feinden herangezogen. Röchlings Gemälde des Sturmes des III. Bataillon Garde auf den befestigten Kirchhof von Leuthen wurde in diesem Sinne Bestandteil des Erziehungsprogramms einer ganzen Generation.[31] Die Gedenktafel an der Bresche der Kirchhofsmauer von Leuthen, nahm in zeitgenössischen Versen noch einmal auf, was am Ende des 19. Jahrhunderts in der Bevölkerung Preußens tief verankert war: Mit Gottes Hilfe und unter

---

[30] Unter den populären Prachtwerken zur deutschen Geschichte hat der von Adolf Bär und Paul Quesnel herausgegebene »Bildersaal deutscher Geschichte« eine besonders intensive Verbreitung gefunden: Bildersaal deutscher Geschichte.« Zwei Jahrtausende deutschen Lebens in Bild und Wort. Hg. ADOLF BÄR/PAUL QUENSEL. Stuttgart usw. 1890.

[31] W. EGGERT, Die Schlacht bei Leuthen. 5. Dezember 1757 (Für die Oberstufe), in: Aus der Schule für die Schule 9. 1897 S. 427–437.

Führung seines charismatischen Herrschers schlägt die preußische Armee in todesmutiger Heldenhaftigkeit jeden noch so überlegenen Gegner.[32]

Das Prinzip der Vernichtung des gegnerischen Heeres durch Überflügelung, als dessen Wiederentdecker Friedrich gefeiert wurde, stilisierte der Chef des Generalstabes Graf Schlieffen zum »Leuthener Programm«.[33] Damit wurde die Schlacht bei Leuthen von den militärischen Entscheidungsträgern in Anlage, Durchführung und Ergebnis beispielgebend vorgeführt. Das die gegnerische Front überflügelnde Angriffsverfahren, das den zentralen Ansatz des Schlieffenplanes darstellt, wurde unter Hinweis auf Friedrichs Erfolg bei Leuthen seit der Jahrhundertwende von Vertretern der Kriegswissenschaftlichen Abteilung im Großen Generalstab über das »Militärwochenblatt« der militärischen Öffentlichkeit in regelmäßigen Abständen nahegebracht.[34] Wenngleich der Sedanstag ein weit größeres öffentliches Interesse

---

[32] Die Inschrift trug die Verse eines bekannten Liedes, das in den Jahren des Siebenjährigen Krieges entstanden war: »Es lebe durch des Höchsten Gnade – Der König, der uns schützen kann, So schlägt er mit der Wachtparade – noch einmal 80.000 Mann.« Zitat in: ADOLF SCHILLER, Die Schlacht bei Leuthen. Zur 150 jährigen Erinnerung an die Schlacht bei Leuthen und an die Einweihung des Denksteines auf dem Schlachtfelde am 5. Dezember 1907 durch seine Majestät Kaiser Wilhelm II. Schweidnitz 1907 S. 24.

[33] ALFRED GRAF VON SCHLIEFFEN, Cannae, in: DERS., Cannae. Mit einer Auswahl von Aufsätzen und Reden des Feldmarschalls sowie einer Einführung und Lebensbeschreibung vom General der Infanterie Freiherrn von Freytag-Loringhoven. Berlin 1925 S. 1–263, hier S. 9 f.; SVEN LANGE, Hans Delbrück und der »Strategiestreit«. Kriegführung und Kriegsgeschichte in der Kontroverse 1879–1914 (Einzelschriften zur Militärgeschichte 40). Freiburg 1995 S. 77.

[34] Es ist faszinierend zu verfolgen, wie bestimmte strategisch-operative Optionen, aber auch politische Forderungen der Armeeführung über das friderizianische Beispiel jeder Kritik entzogen wurden. So erschien im Militärwochenblatt von 1893, im Rahmen einer aktuellen Diskussion über Probleme der Heeresvermehrung aus Anlaß des Fridrichstages ein Artikel, der mit dem Hinweis endete: »[...] unsere Pflicht ist es, mit allen Mitteln dahin zu streben, unsere numerische Stärke auf eine Höhe zu bringen, die unserer wahrscheinlichen geschichtlichen Aufgabe wenigstens einigermaßen entspricht, und für den inneren Gehalt der Truppen dadurch zu sorgen, daß wir ihnen unerschütterliche feste Stammtruppen geben, die zahlreich genug sind, um auch größere Verluste ohne wesentlichen Nachteil erleiden und die Last eines langen Krieges tragen können.« Militärwochenblatt 78. 1893 Nr. 7, Sp. 192–198, 1987. Im Jahr 1897 schrieb Oberst Max von Duvernoy, in einem Beitrag unter dem Titel: »Zum Friedrichstage« über Leuthen: »Also: unverzüglicher Angriff des dreimal stärkeren Feindes mag er in noch so fester Stellung stehen. Wir sehen ihn auf diesem Höhepunkt der kritischen Lage, beseelt von der äußersten Energie, völlig befreit von den Seelenqualen, denen er zuvor manchmal, wenn auch nur auf Augenblicke, zu erliegen schien, gefaßt sogar heiter.« MAX VON DUVERNOY, Zum Friedrichstage, in: Militärwochenblatt 82. 1897 Nr. 7, Sp. 193–200, Zitat Sp. 199. Zum Friedrichtage 1901 erschien erneut ein Artikel aus der Feder von Duvernoy, der ganz im Sinne der offiziellen operativen Führungsvorstellungen Friedrich als den überzeugten Verfechter von der Unüberwindlichkeit des eigenen Angriffsgeistes charakterisierte: »Er hat ihr (gem. die preußische Armee) jenen Angriffsgeist eingehaucht, der lebendig geblieben ist, seitdem auf allen Schlachtfeldern, der das Ei-

beanspruchen konnte, so erhielt doch die Erinnerung an Leuthen zunehmend den Charakter eines schicksalhaften Wendepunktes der preußischen
Geschichte.[35] Wie mit kaum einem anderen Ereignis ließen sich hier die konstitutiven Elemente des wilhelminischen Staatsverständnisses nachdrücklich
vorführen. Insofern bildete der einhundertfünfzigste Jahrestag der Schlacht
1907 eine willkommene Gelegenheit, die quasi sakrale Bedeutung dieses Or-
tes erneut zu betonen.

1824, als Friedrich Wilhelm III. in der Tradition Friedrichs des Großen in
der Umgebung von Leuthen das Königsmanöver abhielt, wurde in seiner
Umgebung die Frage erörtert, ob noch Zeugen des Geschehens am Leben
sein könnten. Tatsächlich fand sich ein fünfundachtzigjähriger Veteran, der
sogar in der Lage war, dem Monarchen den Platz zu bezeichnen, an dem die
Armee den Choral von Leuthen angestimmt hatte. Nicht zum höheren
Ruhme seines Ahnen, sondern als Zeichen seiner Dankbarkeit und zur höheren Ehre Gottes ließ der König diesen Ort durch die Anpflanzung von
Linden und Ahornbäumen, einem Weihe- oder Ehrenhain nicht unähnlich,
markieren. Nicht dem König, sondern dem großen Alliierten, auf den der
gottesfürchtige Ziethen einer weiteren Legende zufolge mit gegen Himmel
gerecktem Zeigefinger Friedrich aufmerksam gemacht hatte, wurde der Sieg
zugeschrieben. Friedrich Wilhelm III. ließ daher auf dem Platz einen provi-
sorischen Altar errichten und Feldgottesdienst halten. In beziehungsreicher
Anspielung erhielt der Ort wenig später die Bezeichnung »der Altar von Leuthen«.[36] Unter dem Eindruck eines innen- wie außenpolitisch veränderten
Klimas, ließen 1854 die Offiziere des VI. Armeekorps auf dem Scheuerberge

---

genthum des gesammten Deutschen Heeres geworden ist und in jüngster Zeit vor Taku und auf
den Planken des ›Iltis‹ aufs Neue mächtig emporloderte. Möge dieser Geist unserem Heere bleiben immerdar.« Max von Duvernoy, Zum Friedrichstage, in: Militärwochenblatt 86. 1901
Nr. 8, Sp. 247–250. 1902 erschien ein Artikel von Generalmajor Albert von Boguslawski, Sempach, Leuktra, Leuthen. Hierin heißt es abschließend: »Während also bei Leuktra der Acccent
einfach auf der Verstärkung des Angriffsflügels und der Zurückhaltung der andren Abtheilungen liegt, ist die Umgehung bei Leuthen offenbar die Hauptsache […]« und weiter »Leuthen dagegen vor Allem durch eine Umgehung mittelst Flankenmarsches und darauf folgenden Angriff
in schräger Schlachtordnung.« Albert von Boguslawski, Sempach, Leuktra, Leuthen, in: Militärwochenblatt 87. 1902 Nr. 81, S. 836–842. Vgl. Oberst a. D. von Duvernoy: »An den Feldmar-
schall Keith schrieb der Große König am Tage nach der Einnahme von Breslau, die nach dem
Sieg von Leuthen möglich geworden war: ›Si jamais la Prusse a eu lieu de chanter de Te Deum,
c'est dans cette occasion ci.‹« Max von Duvernoy, Vor hundertfünfzig Jahren. Teil VIII. Leuthen, in: Militärwochenblatt 92. 1907 Nr. 154, S. 3491–3501, Nr. 155, S. 3516–3520, Nr. 156,
S. 3542–3547, S. 3547.
[35] Claudia Lepp, Protestanten feiern ihre Nation. – Die kulturprotestantischen Ursprünge
des Sedanstages, in: Historisches Jahrbuch 118. 1998 S. 201–222.
[36] R. Conrad, Auf dem Schlachtfelde von Leuthen. Zur Erinnerung an die Schlacht am 5. De-

zwischen Leuthen und Heidau bei der Straße von Neumarkt nach Deutsch-Lissa eine zwölf Meter hohe Säule aus schlesischem Granit errichten, der die schmucklose Inschrift beigegeben wurde: »Zum Andenken an König Friedrichs des Grossen Sieg am 5. December 1757«. Das Denkmal war an dem Ort errichtet, an dem der König am Morgen des 5. Dezember 1757 den Plan zur Schlacht von Leuthen entworfen haben sollte. Seine Spitze bekrönte man mit einer von Rauch entworfenen Victoria den Siegeskranz reichend.[37] Die öffentliche Rehabilitation des Monarchen in den Augen der preußischen Konservativen war mit der Errichtung des Rauchschen Denkmals nahe dem Forum Fridericianum in Berlin sichtbar geworden. Jetzt konnte man, wie der pommersche Gutsherr und Landrat Carl Ernst Wilhelm von Waldow auf Steinhöfel in einer Denkschrift an Friedrich Wilhelm IV. schrieb, »als alter Preuße, dem weiß und schwarz die schönsten Farben sind, dem das Herz überwallt beim Anblick der Standarten, welche schon bei Hohenfriedberg, Roßbach und Leuthen preußische Krieger in Sieg und Tod führten«, an Preußens Herrschaft über Deutschland glauben.[38] Die Denkmalkultur auf dem Leuthener Schlachtfeld spiegelt anschaulich die veränderte Ortsbestimmung, mit der man im 19. Jahrhundert dem König und seiner Zeit begegnete, wider. Während Friedrich Wilhelm III. das Ereignis als Ausdruck eines göttlichen Gnadenbeweises für Volk und Armee zu sakralisieren suchte, rückte nach 1848 die Gestalt des Königs und der Kampf gegen die habsburgische Vormacht im Reich in den Vordergrund der zeitgenössischen Deutungsversuche. Insofern als die österreichische Herrschaft auch die Bevormundung durch eine rückwärtsgewandte, die Menschen in geistiger Unfreiheit haltende Kirche bedeutete, hatte Friedrich Schlesien diesem System entrissen und damit Preußens protestantischer Sendung im Reich den Weg geebnet.[39] Am Beispiel Leuthens ließen sich die unterschiedlichsten Deutungsangebote friderizianischer Politik miteinander verknüpfen. Es kann daher nicht verwundern, daß auch Wilhelm II. die Einhundertfünfzigjahrfeier 1907 dazu benutzte, um mit einem weiteren Denkmal die besondere Rolle, die er Leuthen im Rahmen seines Geschichtsverständnisses zuordnete, zu verdeutlichen. Er ließ an der Stelle, wo der Choral von Leuthen intoniert worden war, in schlesischem Sandstein einen 24 Meter hohen Obelisk aufführen, der damit das Siegeszeichen von 1854 weit überragte. Über ein Bronzemedaillon mit dem Brustbild Friedrichs war die Inschrift gesetzt: »Nun danket alle Gott«. Auf

---

zember 1757, in: Schlesische Heimatblätter, Zeitschrift für Schlesische Kultur. 1907/08 S. 87–91, S. 90.

[37] SCHILLER, Die Schlacht bei Leuthen (wie Anm. 32) S. 3.

[38] BORN, Der Wandel des Friedrich-Bildes (wie Anm. 16) S. 98.

[39] LEOPOLD VON RANKE, Friedrich II., König von Preussen, in: ADB 7. 1878 S. 656 ff.

der Rückseite fügte man die Widmung hinzu: »Den Siegern von Leuthen
Kaiser Wilhelm II. 1907«.[40] Beziehungsreich hatte man der Victoria von
Rauch auf der Spitze des Obelisken ein Kreuz gegenübergestellt. Wilhelm II.
hatte damit einer Auffassung öffentlich Ausdruck verliehen, die seit den Siegen des deutsch-französischen Krieges Allgemeingut geworden war. Bereits
die Dankpredigt, die der Dom- und Hofprediger Rudolph Kögel am 7. August 1870 aus Anlaß der Siege von Weißenburg und Wörth im Dom zu Berlin gehalten hatte, nahm die Erinnerung an Leuthen auf und integrierte sie in
einen eschatologischen Kontext, der den Sieg von 1870 als Gottesurteil erscheinen ließ. In diesem Sinne schrieb Kögel: »[…] wenn ich bei Leuthen
preisen konnte ›Nun danket alle Gott‹ wenn ich am 27. Juni 1866 nach
Beichte und Gebet mich mit der Frage aufrichten durfte: ist Gott für uns,
wer will wider uns sein?«[41] Am 5. Dezember 1870 wurde der neuerrichtete
Kirchturm des evangelischen Gotteshauses von Leuthen, zu dessen Wiederherstellung der preußische König einen wesentlichen Beitrag gestiftet hatte,
feierlich geweiht. Aus diesem Anlaß richteten die örtlichen Honoratioren
eine Dankadresse an den im Hauptquartier zu Versailles weilenden Herrscher. »Lobe den Herrn! In großer Zeit weiht Leuthen seinen Thurm durch
Euer Majestät Gnade! Dankbares Gedenken Friedrich dem Großen, brün-
stiges Gebet Wilhelm dem Siegreichen. Patron und Kirchengemeinde Leuthen.« Bereits am darauffolgenden Tag ließ der Monarch zurückdrahten:
»Dem Patron der Kirchengemeinde Leuthen: Freue mich, daß der Kirch-
thurm in Leuthen in einer Zeit gerichtet wird, wo die Siege der Enkel denen
der Vorfahren gleich zur Seite stehen. – Wilhelm.«[42]
  In Kögels Gedächtnisrede anläßlich der Feier des hundertjährigen Todestages Friedrich des Großen in der Garnisonkirche zu Potsdam am 17. August 1886 hatte sich die nationalprotestantische Geschichtstheologie auch
der Person des Königs bemächtigt: »Wenn er, dessen Namen wir heute feiern, am Abend der Schlacht von Leuthen bewegten Herzens seine Grenadie-
re ›Nun danket alle Gott‹ anstimmen hört und über die lodernden Wachtfeu-
er hinaus der Choral zum nächtlichen Himmel sich emporschwingt, von dort

[40] Anonym, Die Denkmäler bei Leuthen, in: Schlesien 3. 1907 S. 95. Die hier vermittelten Angaben differieren hinsichtlich der Höhe des Obelisken (22 Meter) und der Ausstattung. Ein nach
einem zeitgenössischen Kupferstich angefertigtes Relief mit der Darstellung Friedrichs, der sich
von dem Kretschmer von Saara den Weg nach Lissa weisen läßt, war an einer weiteren Seite des
Denkmals angebracht. Beide Denkmale werden erwähnt in: Handbuch der Historischen Stätten:
Schlesien. Hg. Hugo Weczerka. Stuttgart 1977 S. 280.
[41] Rudolph Kögel, Kirchliche Gedenkblätter an die Kriegszeit 1870/71. Evangelische Zeugnisse aus dem Dom in Berlin. Berlin 1871 S. 33.
[42] E. Klimke, Thurmweihe zu Leuthen, in: Rübezahl. Der Schlesischen Provinzialblätter. 75.
1871 S. 49–50.

neue Siege herabzuführen, [...] seht auch durch dieses Heldenleben ist das Bewußtsein gezogen: ›Allein Gott in der Höhe sei Ehr‹.«[43] Indem Wilhelm II. das Denkmal von Leuthen bewußt mit dem Kreuz, dem christlichen Heilszeichen schmücken ließ, wurde die Verbindung von Thron und Altar manifest vorgeführt und in der Inschrift »den Siegern von Leuthen« diese Allianz durch den Hinweis auf die kämpferische Nation ergänzt. Die Reichsgründung, auf den Bajonetten der deutschen Armeen zustandegekommen, erhielt nun eine nationalprotestantisch-sakrale Aura, deren spezifisch preußische Wurzeln historisch legitimiert wurden. Der »Choral von Leuthen« besaß darin eine zentrale Position, die es erlaubte, ihn gegen alle diejenigen in Stellung zu bringen, die, als »Reichsfeinde« gebrandmarkt, Preußens deutsche Sendung anzweifelten.

So hatte bereits am Vorabend des Ersten Weltkrieges eine Interpretation Friedrichs und seiner Kriege einen festen Platz am ideologischen Horizont des Reiches erhalten, in der das preußisch-protestantische Element mit einer historisch begründeten säkularisierten Weltsicht und einer Hypertrophierung des Militärischen verknüpft wurde. Eine ganze Anzahl der durch den Wilhelminismus geprägten führenden Intellektuellen konservativen und nationalliberalen Zuschnitts, darunter auch Vertreter der Geschichtswissenschaft, verfielen teleologisch begründeten historischen Beweisführungen.[44] Mit der Reichsgründung erhielt die spezifisch protestantische Deutung der Rolle Friedrichs des Großen in der europäischen Geschichte eine neue Akzentuierung. Die Historiographie und politische Publizistik dieser Jahre konstruierte bewußt eine politische Genealogie von Luther über Friedrich den Großen zu Wilhelm I., indem sie einen weiteren Stammvater einfügte, der später im Rahmen einer breiten Popularisierung dieser Entwicklungsgeschichte häufig unterschlagen wurde. Um den Eindruck eines zu gewaltsamen Übergangs vom protestantischen Reformator zum kosmopolitischen Monarchen zu vermeiden, fügte man den Schwedenkönig Gustav II. Adolf ein, der gleich in mehrfacher Hinsicht dem protestantischen Deutschland die göttliche Sendung symbolisierte.[45] Die Sakralisierung des Nationalen erfolgte in erster Linie durch die »Preußische Schule« der deutschen Ge-

---

[43] RUDOLF KÖGEL, Vaterländische und kirchliche Gedenktage. Reden und Ansprachen. Bremen 1892 S. 140–141.

[44] THOMAS NIPPERDEY, Deutsche Geschichte 1800–1866. Bürgerwelt und starker Staat. München 1987 S. 300; WOLFGANG J. MOMMSEN, Das Ringen um den nationalen Staat: die Gründung und der innere Ausbau des deutschen Reiches unter Otto von Bismarck 1850–1890. Berlin 1993 S. 248 ff.; STEPHAN SKALWEIT, Das Problem von Recht und Macht und das historiographische Bild Friedrichs des Grossen, in: GWU 2. 1951 S. 91–106, S. 99 ff.

[45] SVERKER OREDSSON, Geschichtsschreibung und Kult. Gustav Adolf, Schweden und der Dreißigjährige Krieg (Historische Forschungen 52). Berlin 1994 S. 77 f.

schichtswissenschaft. In der bürgerlich-liberalen Deutung wurde die Reformation zu der für die Entwicklung der modernen Gesellschaft maßgeblichen geistigen Bewegung. Wie Gustav Adolf so habe auch Friedrich der Große, als der Held aus dem Norden in seinem Staatshandeln durch die Freiheit des Geistes den sittlich-emanzipatorischen Kräften aus reformatorischer Wurzel zu Wirksamkeit verholfen und damit zu Recht seinen Platz neben Luther und Gustav Adolf gefunden. Mit der propagandistischen Stilisierung des preußischen Königs zum unerschrockenen Kämpfer für die protestantische Freiheit und gegen den Ultramontanismus ließ sich zunächst in erster Linie tagespolitisch Kapital schlagen.[46]

Mit dem Rückbezug auf Gustav Adolf wurde ein gefährliches, da längerfristig wirksames Propagandabild transportiert. Es zeigte das kleine skandinavische Volk, das sich durch die sittliche Kraft der protestantischen Sendung zu einer europäischen Militärmacht aufzuschwingen vermocht hatte, wobei ein spezifisch altgermanisches Verständnis für die nationale Pflicht noch zusätzlich stimulierend gewirkt hatte. Anläßlich des zweihundertsten Jahrestages der Selbstkrönung Friedrichs I. in Königsberg brachte Erich Marcks diese Auffassung auf eine knappe Formel, als er darauf hinwies, Friedrich habe im Siebenjährigen Krieg, »mit dem protestantisch-germanischen England vereint, der germanischen Rasse und ihrem Glauben das Dasein in der weiten Welt, den Sieg in Amerika, in Indien, die Möglichkeit der Behauptung und Vorherrschaft sichern helfen.«[47]

Wenige Jahre zuvor hatte Max Lenz auf die bereits von Treitschke herausgestellte geschichtsmächtige Verbindung von Gustav Adolfs protestantischer Sendung und den preußischen Regenten seit König Friedrich Wilhelm I. hingewiesen.[48] Nicht nur, daß der Schwedenkönig der Oheim des Großen Kurfürsten gewesen sei, auch das junge brandenburgische Heer habe mit dem Feldruf »Gott mit uns«, mit dem sich die schwedischen Truppen bei Lützen auf den Gegner geworfen hätten, Gottes Beistand für seine Waffen erfleht. Die Reichseinigungskriege schienen die Sinnfälligkeit dieser Vorstellung nachhaltig bewiesen zu haben, so daß die Formel »Gott mit uns« bis in die agonalen Tage des Mai 1945 die Koppelschlösser deutscher Uniformen

---

[46] Helmut Walser Smith, German Nationalism and Religious Conflicts. Culture, Ideology Politics 1870–1914. Princeton 1994; Wolfgang Hardtwig, Geschichtskultur und Wissenschaft. München 1990 S. 115–160.

[47] Erich Marcks, Das Königtum des großen Friedrich, in: Moderne preußische Geschichte 1. Hg. Otto Büsch u. a. (Leipzig 1901) Berlin usw. 1981 S. 132–1941.

[48] Heinrich von Treitschke, Gustav Adolf und Deutschlands Freiheit, in: Historische und Politische Aufsätze 4. Leipzig 1897 S. 456 f., 463 f.; Max Lenz, Gustav Adolf, in: Kleine historische Schriften 2: Von Luther bis Marx. München 1922.

zierte.[49] Bei Max Lenz wie auch bei vielen tonangebenden Historikern und
Publizisten der wilhelminischen Ära läßt sich darüber hinaus eine gewollte
Verknüpfung von militärischer Heldenverehrung und einer Berufung auf altgermanische Traditionen und protestantische Gottesfurcht finden. Die deutschen Armeen des Ersten Weltkrieges schöpften in diesem Sinne ihre Kraft
aus dem Glauben wie auch aus dem Bewußtsein, würdige Nachfahren der
Nibelungen zu sein. Mit diesem zweifach gestärkten ideologischen Rüstzeug
wurden die aus ländlichem und kleinstädtischem Milieu stammenden Mannschaften ebenso angesprochen wie die entkirchlichten Soldaten und Offiziere aus den Ballungszentren des Reiches.[50] Diese programmatische Ideologisierung wies jedoch bereits deutlich über den August 1914 hinaus. Die Sinnstiftung der Episode von Leuthen ließ sich somit bereits in den Jahrzehnten
vor dem Ersten Weltkrieg in eine komplexere Deutungsarchitektur einord-
nen, in der die Forderung nach unbedingtem Gehorsam, Angriffsgeist und
die Überbewertung der Kampfkraft über die numerische Überlegenheit des
Gegners in eine spezifische als preußisch-protestantisch definierte Lebens-
einstellung und sakralisierte Todesdisposition eingeordnet wurde, die im
»Choral von Leuthen«, dem entsprechenden zeitgenössischen Bildprogramm
und schließlich der wilhelmischen Denkmalskultur auf dem Schlachtfeld von
Leuthen seinen wirkungsmächtigen Ausdruck fand.

V.

Angesichts der Niederlage von 1918, die nach der Vorstellung der überwiegenden Mehrheit der politischen und militärischen Eliten das Ergebnis eines
Auseinanderfallens von Heer und Nation gewesen war, erhielt der Friedrich-
und Leuthenmythos eine nochmals gesteigerte Bedeutung. Gerade die Offenheit und Vieldeutigkeit sakraler Symbole war wie kein anderes Medium
geeignet, die Integration unterschiedlicher sozialer Orientierungen miteinander zu versöhnen. Gleichzeitig bestand aber auch die Gefahr, daß
durch ihre Totalsetzung der Interpretationsspielraum überdehnt würde, was

---

[49] Vgl. z. B.: Deutsche Koppelschlösser 1800–1945. Hg. KLAUS D. PATZWAN. Norderstedt
1990; ADOLF SCHLICHT und JÜRGEN KRAUS, Die Uniformierung und Ausrüstung des deutschen
Reichsheeres 1919–1932 (Veröffentlichungen des Bayerischen Armeemuseums 4). Ingolstadt
1987 S. 204 f.
[50] HARTMUT RUDOLPH, Die Potsdamer Hof- und Garnisonsgemeinde, in: Potsdam. Staat, Armee, Residenz. Hg. BERNHARD R. KROENER. Berlin 1993 S. 203–229, S. 215; MAX LENZ, Der
deutsche Gott. Deutsches Heldentum, Bismarck, Schweden und Deutschland im 17. Jahrhundert. Zitat bei OREDSSON, Geschichtsschreibung und Kult (wie Anm. 45) S. 79.

schließlich dazu führte, daß den traditionellen Identifikationschiffren veränderte ideologische Deutungen unterlegt wurden.

Bereits 1923 schrieb in diesem Sinne Erich Ludendorff: »Gewiß war der ›alte Fritz‹ ein volkstümlicher König, man ahnte seine Größe, aber man verstand nicht nach seinem Vorbilde das Volk zu erziehen.« In diesem Zusammenhang warf Ludendorff den gesellschaftlichen Eliten des Kaiserreiches vor, pazifistisch, international orientiert gewesen zu sein und damit gleichsam unpreußisches Denken an den Tag gelegt zu haben.[51] Weltoffenheit und die Bewahrung des Friedens galten dem General als mit dem friderizianischen Erbe und dem preußischen Geist unvereinbar. Vor diesem Hintergrund ließ sich das Beispiel von Leuthen auf nationalistische Borniertheit und blindgehorsame kriegerische Opferbereitschaft reduzieren.[52] Frühe Gefolgsleute des Nationalsozialismus erkannten die Chancen, spezifisch nationalsozialistische Inhalte im Gewande eines nationalkonservativ popularisierten historischen Ereignisses zu transportieren. In diesem Sinne konstatierte der Oberst a.D. und spätere Reichsarbeitsführer Constantin Hierl 1928:

> »Das Vorbildlichste an der Tat von Leuthen ist die *Seelengröße* des Königs, den das Unglück nicht beugt, sondern zur höchsten Entfaltung aller geistigen und seelischen Kräfte treibt. Der König macht sich mit dem Gedanken eines ehrenvollen Unterganges vertraut, aber nicht blinde Verzweifelungsstimmung, sondern die klar erkannte *Notwendigkeit des Wagnisses* leitete den Entschluß. [...] Leuthen *zeigt den Einfluß der großen Führerpersönlichkeit.* [...] Leuthen ist das klassische Beispiel eines *vollständigen Sieges gegen fast doppelte Überlegenheit* [...]. Wiederholt hat der König daher dieses Verfahren [den Angriff über eine Flanke, B.K.] angewendet, in vollendeter Weise gelungen ist es aber nur bei Leuthen, weil hier *die Vorbedingung für die volle Wirksamkeit des Flankenangriffes* erfüllt wurde, *die Überraschung*.«[53]

In Hierls Beitrag finden sich nahezu alle Bestandteile einer späteren Umdeutung des Leuthenthemas, wie sie nicht nur der militärischen Elite der Weimarer Republik geläufig waren. Die Niederlage von 1918 hatte hinsichtlich des militärischen Führungsversagen Wilhelms II. die besonderen Werte einer krisenfesten charismatischen Führerpersönlichkeit als den Garanten des Sieges erkennen lassen. Der ehrenvolle Untergang wie auch der erfolgreiche Kampf

---

[51] KLAUS-JÜRGEN MÜLLER, Deutsche Militär-Elite in der Vorgeschichte des Zweiten Weltkrieges, in: Die deutschen Eliten und der Weg in den Zweiten Weltkrieg. Hg. MARTIN BROSZAT u. a. München 1989 S. 226–290, S. 234 ff.

[52] ERICH LUDENDORFF, Nachklänge zum Friedrichstage, in: Militärwochenblatt 1923, Nr. 25, Sp. 513–516.

[53] CONSTANTIN HIERL, »Lehren aus der Kriegsgeschichte«. Leuthen und Austerlitz, in: Deutsche Wehr 1. 1928 S. 989–992 (kursive Textstellen im Original gesperrt).

des Feldherrn gegen eine Übermacht finden sich als Elemente nationalsozialistischer Durchhaltepropaganda bis zum Ende des Krieges.

War die »Schlacht von Leuthen« als publikumswirksames Symbol bereits
im Kaiserreich in vielfältiger Form bildmächtig in Szene gesetzt worden, so
erfuhr diese Form der Historisierung nach dem Ersten Weltkrieg in den Fridericus Filmen der Weimarer Republik eine Breitenwirkung, wie sie bis dahin noch nicht erreicht worden war. »Der Choral von Leuthen« wurde vom
Dankgebet zum Trutzlied degradiert, als man bei der noch gegen Ende des
Krieges unter der Kontrolle der Obersten Heeresleitung gegründeten und
seither unter Mitwirkung zahlreicher ehemaliger Offiziere betriebenen Ufa
daranging, die Sakralisierung eines nationalen Symbols im Dienste einer vi-
suellen Propaganda massenwirksam umzusetzen.[54] Im vierten Teil des ersten
Fridericus Großfilms, der bereits 1923 in die Lichtspieltheater kam, wurde
das Thema von Leuthen zu einem Zeitpunkt in die Erinnerung des Publi-
kums gerufen, als die Weimarer Republik sich in einer existenziellen Krise
befand. »Wer den Film als Gleichnis für die Gegenwart verstehen wollte und
in der Hoffnungslosigkeit am Vorabend von Leuthen die aktuelle deutsche
Niederlage und nationale Ohnmacht reproduziert sah, für den konnte bei
konsequentem Paralleldenken eine Schicksalswende nicht unmöglich scheinen.«[55] Gerade weil die zeitgenössische Publizistik mit dem Hinweis auf die
zeitangepaßten Deutungsmuster zu Leuthen die Forderung verbunden hatte,
Opferbereitschaft und Durchhaltewillen müßten im Volk wiedererweckt
werden, bedurfte es nur noch der sich im Stile Friedrichs des Großen selbst-
los und genügsam gebenden charismatischen Führergestalt, deren zukunft-
weisendes politisch-militärisches Handeln das Opfer des Volkes verdiente.

In einzelnen Szenen orientierten sich Ausstattung und Regie bewußt an
den Vorlagen von Menzel oder den Historiengemälden von Arthur Kampf,
die dem Film einen Wiedererkennungswert verliehen und damit die Authen-
tizität seiner Aussagen noch erhöhten. In den folgenden Jahren entstand im
Stile des Erfolgsrezeptes eine friderizianische Episodenverfilmung nach der
anderen. Die Einzelanalyse der Streifen verdeutlicht, daß die Drehbücher
weitgehend den sich verändernden politischen Stimmungslagen der Republik
folgten.

Als letzter Fridericus-Film entstand Carl Froelichs »Der Choral von Leuthen«, der am Tage der Machtübernahme Hitlers die Zensur passierte. Die

---

[54] Hans Feld, Potsdam gegen Weimar oder Wie Otto Gebühr den Siebenjährigen Krieg ge-
wann, in: Preußen im Film. Eine Retrospektive der Stiftung Deutsche Kinemathek. Hg. Axel
Marquardt u.a. (Preußen. Versuch einer Bilanz. Eine Ausstellung der Berliner Festspiele
GmbH, Bd.5). Hamburg 1981 S.68–73, S.69.

[55] Helmut Regel, Die Fridericus-Filme der Weimarer Republik, in: ebd. S.124–134, S.125.

Botschaft des Films, der in dieser Hinsicht die Dämmerung nachempfand, in der sich zu diesem Zeitpunkt die erste deutsche Republik befand, reduzierte den »Choral von Leuthen« auf eine diesseitige Heilsbotschaft. Erst wenn dem deutschen Volk eine Führerpersönlichkeit geschenkt werde, der das Volk unbegrenztes Vertrauen entgegenbrächte, würde sich der historische Erfolg von Leuthen wiederholen lassen.[56] Nur wenige Wochen später fand die Inszenierung des »Tages von Potsdam« statt. Sie wurde bewußt als die quasisakrale Weihe des Volkshelden einer neuen Zeit aufgefaßt.

In der Potsdamer Garnisonkirche vollzog sich am 21. März 1933 die gewollte, wie auch allgemein akzeptierte, symbiotische Verbindung zwischen preußischer Militärmonarchie, machtstaatlicher Repräsentanz und protestantischem Gottesgnadentum. In dieser mit Versatzstücken anstaltskirchlicher Liturgie versehenen Weihefeier schloß ein nationaler Gott mit seinem deutschen Volk einen neuen Bund, dessen Heilswirkung durch den Bezug auf die Reliquien der preußischen Könige eine zusätzliche Steigerung erfuhr.[57] Hindenburg, aber mehr noch Hitler, der seine Regierungserklärung vom Lektorenpult der Kirche verkündete, erhielten durch Ort und Akt eine religiös überhöhte charismatische Weihe. In diesem Sinne faßte Hitler den »heiligen Schauer«, der das Publikum ergreifen sollte, in Worte, als er feststellte: »Möge uns dann aber auch die Vorsehung verleihen jenen Mut und jene Beharrlichkeit, die wir in diesem für jeden Deutschen geheiligten Raum um uns spüren, als für unseres Volkes Freiheit und Größe ringende Menschen zu Füßen der Bahre seines größten Königs.«[58] Friedrich der Große wurde zum auserwählten Werkzeug eines deutschen Nationalgottes, seine Begräbnisstätte zum nationalen Wallfahrtsort, die seit dem März 1933 sogar die Qualität einer Gnadenstätte zu besitzen schien. Der Choral von Leuthen erhielt in diesem Kontext die Bedeutung eines preußischen Hymnus, in dem sich die vergangene Größe der Hohenzollernmonarchie wirkungsvoll mit den ideologischen Zielsetzungen des neuen Regimes verbinden ließ. Gerade in den ersten Jahren, in der die nationalsozialistische Regierung sich weder ihrer eigenen Gefolgschaft noch der Unterstützung der nationalkonservativen Kreise sicher fühlte, bedeutete die ostentative Verneigung vor den Symbolen der preußisch-deutschen Militärtradition eine wichtige Rückversicherung gegenüber den Vertretern »der zweiten Säule« des Dritten Reiches. Die

---

[56] W. Ruthe, Leuthen. Historischer Beitrag zum Film: »Der Choral von Leuthen«, in: Nationalsozialistische Erziehung 4/5. Bayreuth 1935/36 S. 474–477, S. 474.

[57] Werner Freitag, Nationale Mythen und kirchliches Heil: Der »Tag von Potsdam«, in: Westfälische Forschungen 41. 1991 S. 379–430, S. 381 f.

[58] Reichskanzler Adolf Hitler, Rede zur Eröffnung des neuen Reichstages in Potsdam, in: Der Tag von Potsdam zum 21. März 1933 (Gedenkausgabe der Zeitschrift »Die Woche«) S. 7 f.

Reverenz, die Hitler dem greisen Reichspräsidenten erwies, der in der Uniform eines kaiserlichen Generalfeldmarschalls seinen herausgehobenen Platz vor dem Altar und unter der Kanzel und damit in unmittelbarer Nähe der Königsgruft eingenommen hatte, erschien vielen Zuschauern als der beruhigende Ausdruck zu erwartender politischer Kontinuität. Hindenburg symbolisierte in seiner Person und an diesem Platz augenfällig die Vorstellung von der wiederbelebten Einheit von Thron und Altar, gleichsam die Rückkehr zur protestantischen Sendung Preußens im Reich. Während der Reichspräsident mit seinem Marschallstab den verwaisten Thronsessel seines exilierten Obersten Kriegsherrn grüßte, intonierte die Orgel den Choral von Leuthen.[59] Mit Bedacht hatte Goebbels Festregie damit das Publikum in der Kirche optisch und die Millionen Menschen an den Radiogeräten im Reich auf diesen Akt der Verschmelzung des Alten mit dem Neuen eingestimmt. Wenn in den folgenden Jahren und vor allem während des Krieges der Choral von Leuthen als Instrument des Durchhaltewillens propagandistisch in Szene gesetzt wurde, dann verschmolzen im Bewußtsein der Mitlebenden die Bilder der historischen Zusammenhänge, wie sie der Fridericus Zyklus so eindringlich vorgeführt hatte, mit dem Bild der »dritten Reichsgründung« im Kirchenschiff der Potsdamer Garnisonkirche.[60] 1943 erinnerten die gleichgeschalteten deutschen Presseorgane an die zehnte Wiederkehr dieses Tages. Die »Pariser Zeitung«, das Informationsblatt der deutschen Besatzung von Paris, erinnerte seine Leserschaft, bestehend aus Soldaten, Beamten und Funktionären des Regimes, in besonders nachdrücklicher Weise an die Bedeutung dieses Tages für die Gegenwart:

»Die Gruft der beiden grossen Preussenkönige deckt zwar der Staub der Ewigkeit aber es ist als ständen sie wieder auf, nun da die Stunde der deutschen Ehre, der deutschen Freiheit, die Stunde der nationalen Erhebung gekommen ist, und abschütteln will, was an äusseren und inneren Feinden den Lebenswillen eines grossen Volkes lähmen und töten will. In dieser Weihestunde, da die alte Garnisonkirche mit neuem Leben erfüllt werden soll, das unter dem Bann der Ehrfurcht und der Strenge des nationalen Willens stehen wird, bekommt sie ein ganz anderes Gesicht. War sie bisher ernstes Wahrzeichen preussisch-deutscher Geschichte und stille Hüterin rechtschaffener opferbereiter Tradition, so wächst sie jetzt über sich selbst hinaus und wird zum Mahnruf an die Männer, die die Geschicke des Deutschen Reiches in die Hand genommen haben, und zum warnenden Symbol für all diejenigen, die diese neue Zeit noch nicht begriffen haben. Der Ungeist der Verneinung, der Zersetzung der Entnervung ist tot. Ein System bricht zusammen, der Geist der Führung, des Aufbaues, des

---

[59] Müller, Deutsche Militär-Elite (wie Anm. 51) S. 437.
[60] Klaus Scheel, Der Tag von Potsdam. Berlin 1996 S. 101–102.

nationalen Wollens und Handelns hat sich durchgesetzt. Durch die Potsdamer Garnisonkirche weht ein Hauch des Frühlings.«

Wenige Zeilen weiter ist vom Choral von Leuthen die Rede: »Ein Choral erklingt, zart, fein, dann mächtig dröhnend, wie Meereswogen rauschen die Klänge herauf und wieder herab, wie aus einer Ewigkeit in eine Ewigkeit.«[61] Zehn Jahre nach den Ereignissen, angesichts der sich von Tag zu Tag verschlechternden militärischen Lage, galten der Tag von Potsdam und der Choral von Leuthen nicht mehr ausschließlich der nationalen Wiedergeburt, sondern verkündeten immer unüberhörbarer auch denen, die im Geist des Preußentums dem Regime in seine Verbrechen gefolgt waren, eine unmißverständliche Drohung. Die quasi religiöse Weihe schloß notwendigerweise diejenigen aus, die am Mysterium des nationalen Glaubens nicht teilnehmen wollten oder sollten. Der Tag von Potsdam bildete zunächst zwar den Transmissionsriemen, mit dem die spezifisch preußische Gedächtniskultur des Nationalsozialimus auf die Bevölkerung übertragen werden konnte, doch lag darin auch gleichzeitig die Tendenz zu Ausgrenzung und Verdrängung beschlossen. Auf diese Weise konnte die religiöse Aufladung nationaler Mythen erneuert und so einer veränderten ideologischen Ausrichtung dienstbar gemacht werden.

Dieses Deutungsmuster zeigt sich mit besonderer Eindringlichkeit bei der organisierten Sinnstiftung militärischer Tradition. Bis zum Beginn des Zweiten Weltkrieges erhielten die Rekruten des Infanterie-Regiments 9, das die Tradition der preußischen Garderegimenter weiterführte, unmittelbar nach ihrer Vereidigung an den Sarkophagen Friedrich Wilhelms I. und Friedrichs des Großen unter den Klängen des Chorals von Leuthen und des Hohenfriedberger Marsches eine gleichsam preußisch-religiöse Weihe.[62] Vorangegangen war eine bis dahin beispiellose Popularisierung Friedrichs, seiner Kriege und seines tragisch-heroischen Heldenlebens. An ihrem Anfang stand die politische Deutung Friedrichs durch Thomas Mann[63], an ihrem Ende die im Hugenberg-Konzern produzierten Filme: »Der Choral von Leuthen« und »Der Große König«. In ihnen waren die Bildvorlagen des Wilhelminismus und ihre preußisch-protestantische Weihefunktion massenpsychologisch wirksam filmisch umgesetzt worden. In den Jahren bis zum Kriegsausbruch variierte die national-konservative oder nationalsozialistisch inspirierte Pu-

---

[61] Hans Henningsen, Der Tag von Potsdam. Am 21. März 1933 – Erinnerungen und Tagebücher, in: Pariser Zeitung 20. März 1943, Nr. 79, S. 6.

[62] Klaus-Jürgen Müller, Der Tag von Potsdam und das Verhältnis der preußisch-deutschen Militärelite zum Nationalsozialismus, in: Potsdam. Staat, Armee, Residenz (wie Anm. 50). S. 435–450, hier S. 437.

[63] Thomas Mann, Friedrich und die große Koalition. Berlin 1915 S. 33–18.

blizistik in einer Fülle von Veröffentlichungen das Thema des »Chorals von Leuthen«. Der Mythos erwies sich als so flexibel, daß ihm immer neue, den propagandistischen Erfordernissen des Augenblicks angepaßte Deutungen unterlegt werden konnten. Offensichtlich hatte sich die Chiffre »Leuthen« bis zum Beginn des Krieges als Symbol für die zukunftsweisende Verbindung von Preußentum und Nationalsozialismus im Bewußtsein der Bevölkerung fest etabliert. Im Bild des Frontkämpfers verschmolzen Duchhaltewillen, Opferbereitschaft, Gemeinschaftserfahrung und die mystische Weihe des Heldentodes zu einem festen Topos, dessen Bild im Leuthenerlebnis immer wieder neu beschworen wurde.

»Unterwegs – der Gefechtslärm ist schnell wieder verstummt – hat einer von den tausenden der ihrem königlichen Führer nacheilenden Frontsoldaten das Lied angestimmt, das bald von allen mitgesungen brausend zum Nachthimmel emporscholl, jenes Lied, das ewig den Ehrennamen ›Choral von Leuthen‹ tragen wird [...].«

Die ersten Zeilen dieser völlig ahistorischen Beschreibung hätten genauso gut vom Fronterleben während des Ersten Weltkrieges berichten können. Friderizianisches Beispiel und das Erlebnis des Frontsoldaten überlagerten sich, der deutsche Soldatentypus, der zeitlose heroische Kämpfer erhielt seine spezifische auch ikonographisch faßbare Gestalt. Und so wie bei Leuthen der »nicht mehr zu erschütternde Glauben an die Unüberwindlichkeit ihres königlichen Führers« auf Dauer fest begründet wurde und dieses Königsheil sich auch auf die Nachfolger übertrug, die dem Geist des Königs ebenbürtig waren, so blieb auch »für alle Zukunft [...] in den schlimmsten Lagen die feste Hoffnung, er werde sich ebenso wieder emporraffen, wie 1757 aus der Nacht des Unglücks«.[64] Der Sieg des zahlenmäßig schwächeren aber von der operativen Führungskunst und dem Opfergeist seiner Offiziere und Mannschaften dem Gegner weit überlegeneren Staates wurde unter der Chiffre »Leuthen« zum Fanal des Durchhaltens bis zur physischen Selbstaufgabe. In der Endphase des Zweiten Weltkrieges reduzierte sich das Beispiel von Leuthen auf die knappe Formel »Siegen oder sterben«. Wenn die Leitidee in Abwandlung des Parteitagsmottos der NSDAP von 1934 und in bezug zu einer populären Riefenstahldokumentation lautete: »Leuthen – Triumph des Willens«, dann konnten unter diesem Signum die traditionellen mit diesem Begriff verbundenen Wertkategorien Dank und Demut keinen

---

[64] Wilhelm Dieckmann, Leuthen 1757, in: Schicksalsschlachten der Völker. Hg. Friedrich von Cochenhausen. Leipzig 1937 S.142–154, hier S.154; Hans Henning Freiherr Grote, Leuthen (Deutsches Ahnenerbe. Lesestoffe für den Deutsch- und Geschichtsunterricht). Leipzig usw. 1936 S.39–40.

Raum mehr beanspruchen.[65] Der Choral von Leuthen war verstummt. Während die Hugenberg-Filme noch in den letzten Kriegsmonaten Soldaten und Zivilisten vorgeführt wurden, verlieh Goebbels als »Bevollmächtigter für den Totalen Kriegseinsatz« seinem Aufruf zu einer letzten militärischen Kraftanstrengung auf dem Boden des Reiches den bezeichnenden Decknamen »Leuthen«.[66]

Während das Friedrichbild seit dem Tode des Königs subtilen Deutungsschwankungen unterworfen war, entstand der Mythos vom Choral von Leuthen erst unter den spezifischen Bedingungen eines aggressiven Nationalprotestantismus nach 1871. Bereits in den letzten Jahrzehnten des 19. Jahrhunderts wurden die Ingredienzen bereitgestellt, aus denen unter den Bedingungen einer ideologischen »Wiederwehrhaftmachung« nach 1918 eine letztlich verhängnisvolle quasireligiöse Begründung des Führerkultes aus dem Geist nationaler Mythen konstruiert wurde, die vielen plausibel erschien, weil ihnen einzelne ihrer Bestandteile so vertraut erschienen, daß sie das abstoßende Ganze in Kauf zu nehmen bereit waren.

Nach dem Ende des Zweiten Weltkrieges wurde die Erinnerung an Leuthen erst wieder aus Anlaß des zweihundertsten Jahrestages der Schlacht in größerem Umfang publizistisch aufgefrischt. Die erst kurz zuvor in der Bundesrepublik erfolgte Wiederbewaffnung warf die Frage nach der Überlebenskraft eines politisch-ideologischen Integrationssymbols gerade bei denen auf, die durch dieses bis in die politische Katastrophe von 1945 hinein in so verhängnisvoller Weise geprägt worden waren. Hans-Joachim Schoeps schlug das Leitmotiv der Leutheninterpretation im Zeitalter der Ost-West-konfrontation an: »Die Schlacht bei Leuthen«, schrieb er, »hat in der Geschichte der Kriegskunst hohen Ruhm und ist von Generalstäblern immer wieder als klassisches dafür studiert worden, daß man auch einen zahlenmäßig klar überlegenen Gegner schlagen kann.«[67] Vor dem Hintergrund einer konventionellen Überlegenheit der Truppen des Warschauer Paktes erhielt Leuthen damit erneut eine überzeitliche Bedeutung. »In der Schlacht bei Leuthen hat sich gezeigt, daß ein kleines Heer, richtig geführt, gut ausgebildet und organisiert, durchaus in der Lage ist, Entscheidungen herbeizuführen.«[68] Die Geschichte der Kriege der Vergangenheit ist nicht als Mythisie-

---

[65] Artur Gollmer, Leuthen – Triumph des Willens, in: Völkische Wacht 24, 1. 1944 S. 8.

[66] Eine der letzten Aufzeichnungen in den Akten der Abteilung Wehrmachtpropaganda im Oberkommando der Wehrmacht stellt ein einseitiges Exposé dar, das offenbar im März 1945 entstanden ist und den Titel trägt: Leuthen: 5. Dezember 1757. Bundesarchiv-Militärarchiv, RW 4/v. 500.

[67] Hans-Joachim Schoeps, Die Schlacht von Leuthen, in: Tradition und Leben 9. 1957 S. 10–12.

[68] Oberst i. G. Günther von Below, Leuthen – ein Gedenktag, in: Truppenpraxis 12. 1957 S. 455–456.

rung des Gewesenen, als Aspekt der Sakralisierung der nationalen Selbstvergewisserung, sondern als »abstrakte soldatische Leistung zeitlos und deshalb auch heute noch von beispielhafter Bedeutung«.[69] An dieser Stelle taucht noch einmal das Grundproblem von Kriegsgeschichtsschreibung und militärischer Traditionspflege auf. Die politischen Zielsetzungen militärischen Handelns bleiben in der traditionellen Kriegsgeschichtsschreibung weitgehend ausgeblendet. Für viele überlebende Soldaten des Zweiten Weltkrieges wurden sie nach 1945 als nicht beeinflußbare Rahmenbedingungen ihres Dienens hingenommen. Auf die Erkenntnis, daß der Mythos zerbrochen war und seinen wirkungsmächtigen Zauber eingebüßt hatte, folgte häufig die Erkenntnis, daß keine kritische Reflexion über die Mechanismen der ideologischen Verführung möglich war, sondern ein aus Orientierungslosigkeit gespeister Rückzug auf das überschaubare, nur fachlich zu verantwortende Handeln. Der »Choral von Leuthen« hatte seinen Bezugsrahmen verloren und fand demzufolge in den meisten Gedenkartikeln zum zweihundertsten Jahrestag kaum mehr als eine knappe Erwähnung.

Diese lange historisch-ideologisch zerklüftete Entwicklungsgeschichte sollte vor Augen haben, wer am Ende dieses Jahrhunderts im Rahmen eines militärischen Zeremoniells den »Choral von Leuthen« anstimmen läßt.

---

[69] Generalmajor a. D. A. L. Ratcliffe, Zur 200. Wiederkehr von Roßbach und Leuthen, in: Wehrkunde 6. 1957 S. 506–510, S. 510; Gert Buchheit, Der Sieg von Leuthen, in: Militärpolitisches Forum 6. 1957 S. 19–21.

Die Wiedergeburt Deutschlands 1813 und die Dämonisierung Napoleons

von

Erich Pelzer

Will man den Ort der frühen deutschen Nationalbewegung während der Befreiungskriege ausmessen, sind politische, religiöse und kulturelle Parameter von ausschlaggebender Bedeutung. Die unverwechselbaren Koordinaten deutscher Geschichte finden wir nicht, wenn wir Reichsgrenzen bestimmen und Machtbalancen austarieren. Sie lassen sich nur dann einigermaßen sicher bestimmen, wenn wir die Protagonisten nationaler Erweckungspoesie und Pamphletistik selbst zu Worte kommen lassen: Wie haben sich die Deutschen 1813 selbst gesehen? Welches Bild haben sie von sich und ihrer Nation gezeichnet? Das ist die eine, doch noch unvollständige Frage, die wir stellen werden. Sie verlangt nach Ergänzung, nach dem Gegenbild. Nationale Gefühle und Selbstbilder kommen in Krisenzeiten ohne Abgrenzung und Ausgrenzung nicht aus, und deshalb verstehen wir das deutsche Nationalbewußtsein während der Befreiungskriege erst dann in seinen besonderen Umrissen, wenn wir die Perspektive wechseln und nach der Alterität, dem Feindbild fragen, dessen verfremdetes Zerrbild als Kontrastmittel in das deutsche Selbstbild eingeflossen ist. Deutsche Identität und französische Alterität in der Zeit von Jena bis Waterloo sind zwei Seiten einer Medaille, und diese doppelte Blickrichtung soll uns ein Bild liefern, das im Lauf des 19. Jahrhunderts manche Retuschen erfuhr, doch in seinem Kern bis zum Ersten Weltkrieg unverändert blieb.[1] Dieser verschieden beschriebene, doch gleich gemeinte und in deutschen Augen hochgeschätzte, für fremde Blicke befremdliche Kern deutschen Wesens führt uns zwangsläufig zum Hinter-

---

[1] Vgl. Michael Jeismann, »Feind« und »Vaterland« in der frühen deutschen Nationalbewegung 1806–1815, in: Volk – Nation – Vaterland. Hg. Ulrich Herrmann. Hamburg 1996 S. 279–290, hier S. 281 f.

grund, vor den wir dieses Bild zu stellen haben. Die Kontrastfolie des deutschen Nationalbewußtseins im Jahre 1813 bilden die Franzosen und namentlich Napoleon, die politischen Gegner und Bezwinger Preußens von 1806, und das Nichtvorhandensein einer politischen Nation, die graue Wirklichkeit, von der sich das Selbstbild strahlend aber auch illusionär verfremdet abhebt.

Es ist bezeichnend und erkenntnisreich, daß wir den mühsamen Weg zurück zu den Wurzeln der deutschen nationalen Identität weder zuerst noch alleine zu beschreiten haben. Zahlreiche Historiker, Literatur- wie Religionswissenschaftler haben bereits wesentliche Wegmarkierungen, Kreuzungen und Sackgassen dieses patriotischen Lehr-, aber auch nationalistischen Kreuzzugpfades ausgemessen und beschrieben.[2] Wir brauchen nur der patriotischen Lyrik eines Ernst Moritz Arndt, Theodor Körner, Friedrich Rückert oder Max von Schenkendorf zu folgen, um zu verstehen, was mit dem sprachlich-kulturellen Selbstentwurf gemeint ist. Die nationale Prosa und Lyrik wurde repräsentiert von Intellektuellen, die jetzt ein anderes Verhältnis zu den Fragen der Nation einnahmen, als es bis dahin in Deutschland weitgehend üblich war. Die Literaten schrieben nicht nur eine Fülle politischer Texte, sondern engagierten sich persönlich in diesem Krieg. Arndt, Körner, Schenkendorf, Fouqué, Arnim und Eichendorff verließen ihre Schreibtische und wurden Soldaten oder übernahmen politische Aufgaben. Die patriotischen Texte, die Fülle von lyrischen Aufrufen und Ermunterun-

---

[2] Vgl. OSKAR RICHTER, Die Lieblingsvorstellungen der Dichter des deutschen Befreiungskrieges. Diss. phil. Leipzig 1909; GERHARD KUNZE, Die religiöse und nationale Volksstimmung in Preußen während der Freiheitskriege 1813–1815. Auf Grund von Kriegsliedern, soldatischen Zeugnissen, Kriegsberichten und kirchlichen Nachrichten. (Diss. theol. Breslau 1940). Oppeln 1940; HANS KOHN, Prelude to Nation-States. The French and German Experience, 1789–1815. Princeton N.J. 1967; HASKO ZIMMER, Auf dem Altar des Vaterlandes. Religion und Patriotismus in der deutschen Kriegslyrik des 19. Jahrhunderts. Frankfurt a. M. 1971; HELMUT BERDING, Das geschichtliche Problem der Freiheitskriege 1813–1814, in: Historismus und moderne Geschichtswissenschaft. Europa zwischen Revolution und Restauration 1797–1815. Hg. KARL OTMAR FRHR. VON ARETIN/GERHARD RITTER. Wiesbaden 1987 S. 201–215; ALBERT PORTMANN-TINGUELY, Romantik und Krieg. Eine Untersuchung zum Bild des Krieges bei deutschen Romantikern und »Freiheitssängern«: Adam Müller, Joseph Görres, Friedrich Schlegel, Achim von Arnim, Max von Schenkendorf und Theodor Körner. Freiburg/Schweiz 1989; BERND SCHÖNEMANN, »Volk« und »Nation« in Deutschland und Frankreich 1760–1815. Zur politischen Karriere zweier Begriffe, in: Französische Revolution und Pädagogik der Moderne. Hg. ULRICH HERRMANN/JÜRGEN OELKERS. Weinheim und Basel 1989 S. 275–292; ERNST WEBER, Lyrik der Befreiungskriege (1812–1815). Gesellschaftspolitische Meinungs- und Willensbildung durch Literatur. Stuttgart 1991; GERHARD GRAF, Gottesbild und Politik. Eine Studie zur Frömmigkeit in Preußen während der Befreiungskriege 1813–1815. Göttingen 1993; MICHAEL JEISMANN, Das Vaterland der Feinde. Studien zum nationalen Feindbegriff und Selbstverständnis in Deutschland und Frankreich 1792–1918. Stuttgart 1992.

gen, Lobpreisungen und Verdammungen wurden getragen von einem kämpferischen Ethos und von einer rauschhaften Begeisterung, die man als ein wesentliches Kennzeichen dieser Zeit anzusehen hat. Die Poesie gewann eine öffentliche Funktion und erschien als wirkungsvolle geistige Waffe gegen Napoleon; sie wurde, um ein Wort Adam Müllers zu zitieren, »eine kriegführende Macht«.[3] Im folgenden sollen zunächst die engen Verbindungslinien von Religion und Patriotismus in der Lyrik der Befreiungskriege beleuchtet werden. Es gilt mit anderen Worten zu fragen, was sind die Elemente und was sind die Deutungshorizonte der poetischen Antizipation der Nation? Schließlich werden in einem zweiten Schritt Genese und Konstruktionsebenen der »Wiedergeburt Deutschlands«, deren nationaler Selbstentwurf sich maßgeblich aus nationalen Feindbildern (»welscher Tand« und der »Höllensohn« Napoleon) speiste, auf Evidenz und semantisch-bildhafte Überleitungen im Rahmen einer politischen Funktionalisierung im Kontext des Befreiungskrieges hinterfragt. In dieser Spannung, die zwischen nationaler Inklusion und Exklusion erzeugt wird, ist die grundlegende Disposition der nationalen Befreiungslyrik verortet.

I. Mit Gott, für König und Vaterland

Die Rhetorik der patriotischen Lyrik und Pamphletistik von 1813, und hierin unterscheiden sich die Texte eines Ernst Moritz Arndt nicht wesentlich von anderen zeitgenössischen, war generell nicht für Intellektuelle konzipiert. Ihr Adressat war das Volk, das man zur Unterstützung des Kampfes gegen Napoleon dringend benötigte. Schon deshalb war nicht Rationalität das Gebot der Stunde, sondern das Bemühen um Popularität und Eindringlichkeit für die selbstgestellte, gemeinsame Aufgabe. Indem die Texte zu Hingebung und Begeisterung aufriefen und einstimmten, konnten sie jenes Übermaß an Gefühl und Gemeinschaftspathos erzielen, das so bezeichnend war für das enthusiastische Nationalgefühl von 1813 und die politische Haltung der patriotischen Dichter. Neben dem offenkundigen Irrationalismus ihrer politischen Texte rückte jedoch in erster Linie ein Phänomen in den Vordergrund, das es zu fixieren und konstruieren galt: die emphatische Imagination des Nationalen.

Weil die Nation noch nicht existierte, bedienten sich die deutschen Freiheitsdichter der Sprache als Evokation der Nation. Im sprachlichen Vorgriff war erfahrbar und konnte emotionale Bindekräfte entwickeln, was jenseits

---

[3] Zit. aus EMIL ERMATINGER, Die deutsche Lyrik seit Herder 2. Berlin ³1925 S. 139.

der politischen Realität lag. In den unzähligen Bekräftigungs- und Gelöbnis-
formeln, in den Aufrufen und lyrischen Texten finden sich zuhauf bereits
vorgeformte sprachliche Muster, auf die man zurückgreifen konnte. Zwei
Sprachtraditionen kamen insonderheit zum Tragen: das anti-absolutistische
und anti-rationalistische Vokabular und der Pietismus.

Die allseits umworbene Person war der preußische König Friedrich Wilhelm III., der sich mit seinem Aufruf »An mein Volk!« aus Breslau am 17.
März 1813[4] an die Spitze der nationalen Befreiungsbewegung gestellt hatte.
Was allerdings zunächst verborgen blieb, war die Tatsache, daß er dies nur
widerwillig und auf Druck seiner engsten Berater tat. Noch zwei Jahre zuvor
hatte er Gneisenaus Ratschlag »Auf Poesie ist die Sicherheit der Krone gegründet« in den Wind geschlagen. Den damit verbundenen Vorschlag zur
Einführung einer allgemeinen Volksbewaffnung quittierte er abfällig mit den
Worten »Gut als Poesie«.[5] Wichtig war nun im Kontext der politischen Situation im Frühjahr 1813, daß nicht der dynastische Aspekt, sondern die nationale Legitimation im Vordergrund stand. Zu sehr waren in der deutschen
Wahrnehmung die Königsrituale des Franzosenkaisers, die »geborgten«
Kronen von Napoleons Gnaden, in Mißkredit geraten, so daß sich über die
Schiene des Hofes im ausschließlich dynastischen Sinn keine Legitimation
stiften ließ. Höfische Gesinnung stand vielmehr für ein gegenteiliges, vom
politischen Gegner praktiziertes Modell, nämlich für Verrat an Volk und
Vaterland. Der preußische König konnte daher nur auf breite Unterstützung
hoffen, wenn er als vaterländisch gesinnter König an der Spitze seiner Armee
in Erscheinung trat. Erst in der Symbiose von dynastischer Berechnung und
patriotischem Gefühl lag für Preußen, für die Dichter, letztlich für Deutschland die Erfolgsgarantie in der Trias von König, Volk und Vaterland begründet. Das Beispiel, das die russischen und österreichischen Herrscher ihren Völkern gegeben hatten, war der Maßstab für den Sieg und den Erhalt
der Monarchie. Ein Flugblatt, das nach der Völkerschlacht bei Leipzig in
Deutschland zirkulierte, brachte diesen Sachverhalt signifikant zum Ausdruck:

> »Alexander, Rußlands Kaiser,
> du brachest die Bahn,
> Deutschlands Fürsten, Östreichs Kaiser
> schlossen sich dir an.

---

[4] Zit. aus: Gold gab ich für Eisen. Hg. ERNST MÜSEBECK. Berlin u. a. 1913 S. 211 f.

[5] Denkschrift Gneisenaus an den König, Berlin, den 20. August 1811, zit. aus: Kampf um
Freiheit. Dokumente zur Zeit der nationalen Erhebung 1789–1815. Hg. FRIEDRICH DONATH/
WALTER MARKOV. Berlin 1954 S. 186.

> Friedrich Wilhelm, Volksbeglücker!
> zogest selbst ins Feld,
> straftest Deutschlands Unterdrücker,
> Heil dir, großer Held!
>
> Friedrich Wilhelms, Franzens Krieger,
> Heil euch lebenslang!
> Ihr, Napoleons Besieger,
> habet großen Dank!«[6]

Neben dem demonstrativen Eintreten für König und Vaterland kam dem Krieg, der zum »heiligen Krieg« apostrophiert wurde, eine emblematische Bedeutung zu. Nicht die Frage nach dem Ziel des Krieges stand im Raum, sondern der legitimatorische Stellenwert für den Krieg. In diesem Verständnis war der Krieg ein »guter und gerechter Krieg«, weil er im Himmel beschlossen war, denn Gott stand Pate für die »gerechte Sache« der Freiheit. »So deutscher Mann, so, freier Mann, mit Gott dem Herrn zum Krieg! Denn Gott allein kann Helfer sein, von Gott kommt Glück und Sieg«, posaunte Ernst Moritz Arndt 1813.[7] Und Theodor Körner stand seinem Mitstreiter im Lützowschen Freikorps in nichts nach, allein das nationale Pathos war noch gewaltiger:

> »Nun, mit Gott! Wir wollen's wagen,
> Fest vereint dem Schicksal stehn,
> Unser Herz zum Altar tragen
> Und dem Tod entgegen gehn.
> Vaterland! Dir woll'n wir sterben,
> Wie dein großes Wort gebeut!
> Unsre Lieben mögen's erben,
> Was wir mit dem Blut befreit.
> Wachse, du Freiheit der deutschen Eichen,
> Wachse empor über unsere Leichen! –
> Vaterland, höre den heiligen Eid!«[8]

Dabei zeigt sich, daß der antizipatorische Charakter, der das ganze nationale Schrifttum dieser Zeit prägt, durch eine obsessiv betriebene Einstimmung auf Todesbereitschaft und Tod dominiert wird. Zwischen Tod und Vaterland herrschte ein wechselseitiges Bedingungs- und Bestätigungsver-

---

[6] Die Freiheitskriege in Lied und Geschichte. Hg. Wilhelm Wohlrabe. Leipzig 1912 S. 62.

[7] Ebd. S. 47.

[8] Theodor Körner, Bundeslied vor der Schlacht, in: Ders., Sämmtliche Werke 1. Berlin [13]1892 S. 21.

hältnis. Volk und Vaterland wurden als Handlungsgemeinschaft gesehen und entsprechend emotionalisiert.[9]

Die zweite Tradition in der patriotischen Lyrik der Jahre 1813 bis 1815 ist das hervorstechende religiöse Moment, namentlich der Pietismus, der in seinen Motiven, Bildern, Formen wie auch in der Wirklichkeit des Befreiungskrieges zum Vorschein kommt. Er ist insbesondere auf preußischem Boden in großem Maße in der protestantischen Kriegspredigt wie auch in offiziösen Verlautbarungen von Politikern und Militärs und nicht zuletzt in der verbreiteten schlichten Frömmigkeit der in lutherischem Geist aufgewachsenen preußischen Soldaten vertreten. Bis auf wenige Ausnahmen stammte das Gros der Dichter, Feldprediger und protestantischen Geistlichen, die im Befreiungskrieg publizistisch und als Kanzelredner tätig waren, aus Preußen und war in diesem religiös-kulturellem Milieu tief verwurzelt.[10] Gerhard Kaiser hat mit gutem Recht hervorgehoben, daß »die patriotischen Erben des Pietismus eine ganz andere Auffassung von der Entstehung und Manifestation der nationalen Gemeinschaft« hatten als der praktisch-politische Vorgang, der zur Konstituierung der französischen Staatsnation grundlegend war. Der Pietismus »geht nicht nur atmosphärisch, sondern in der spezifischen inneren Struktur des Erlebens auf die religiöse Erweckung, und zwar speziell auf die Gemeindeerweckung zurück [...]«. Als Beispiele nennt Kaiser die Zinzendorfsche Brüderunität, den Halleschen Pietismus und die Herrnhuter. Ihnen eigen ist die »plötzliche eruptive Erfahrung der Gotteskindschaft und Gemeinschaft, die ihrem Wesen nach keinerlei juristischer oder überhaupt formaler Fixierung bedarf.«[11] Zum Vorschein trat die pietistische Innerlichkeit in der häufigen Verwendung appellativer Formeln der »Erweckung« sowie in der bevorzugten Naturmetaphorik von »Feuer«, »Sturm« und »Wasser«. Die Dichter-Patrioten überwölbten demnach das Vaterland mit einem vertrauten Modus religiöser Erfahrung und machten es dadurch zu einem spirituellen Wert, der innerliche Bindung forderte und rationale Distanz als unangemessen zurückwies. Seelisch und religiös war der Patriot auf diese Weise mit der noch unsichtbaren Nation verknüpft. Die Er-

---

[9] Vgl. dazu KLAUS LATZEL, Vom Sterben im Krieg. Wandlungen in der Einstellung zum Soldatentod vom Siebenjährigen Krieg bis zum II. Weltkrieg. Warendorf 1988 S. 35 ff.

[10] Vgl. LEOPOLD ZSCHARNACK, Die Pflege des religiösen Patriotismus durch die evangelische Geistlichkeit 1806–1815, in: Harnack-Ehrung. Beiträge zur Kirchengeschichte. Leipzig 1921 S. 394–423.

[11] GERHARD KAISER, Pietismus und Patriotismus im literarischen Deutschland. Ein Beitrag zum Problem der Säkularisation. Frankfurt a. M. ²1973 S. 60; vgl. ebenso die kritischen Anmerkungen von HARTMUT LEHMANN, Pietism and Nationalism: The Relationship between Protestant Revivalism and National Renewal in Nineteenth-Century Germany, in: Church History 51. 1982 S. 39–53.

hebung gegen Napoleon konnte dadurch im nationalen Sinn erfahrbar gemacht werden. 1814 pries Graf Christian von Stolberg die Befreiung von französischer Okkupation als nationalen Gründungsakt:

> »Wo weht's, wo wallt's, wo flammt es herrlicher
> Als dort in dir, du Zollerns Heldenvolk,
> Du, Eines Herzens Alle, Eines Geist's,
> Von Thron zu Hütt'? – Auf Adlerschwingen fleugt
> Von Sieg zu Sieg! Es schwebt des Danks Gewölk'
> Euch nach, entzündet auf des Vaterlands
> Altar und jedes Deutschen Opferheerd [...].«[12]

Dem Kampf gegen Napoleon lag demzufolge im Selbstverständnis der Patrioten ein überirdischer Auftrag zugrunde. In einer emotional vollzogenen Koppelung von Christentum und Vaterlandsliebe sollte die Nation auf dem »Altar des Vaterlandes« errichtet werden. Damit waren alle irdischen Gegensätze aufgehoben, oder zumindest während des Krieges außer Kraft gesetzt. Die Liebe zum Glauben und der Dienst fürs Vaterland verliehen dem Gemeinschaftserlebnis erst Sinn und Erfüllung. Wenn von der »Religion des Vaterlandes« die Rede ist, so muß diese Transformation berücksichtigt werden.[13] Dem Akt der nationalen Befreiung in Deutschland lag somit kein voluntaristisch-rationaler Entschluß zugrunde, wie im Falle Frankreichs, sondern er nahm eher die Dimension eines nationalen Pfingsterlebnisses ein.

II. Deutsche Identität versus französische Alterität

Es waren, wie oben ausgeführt, die Schriftsteller und Publizisten, die zur Etablierung des Projekts »nationale Identität« die Bilder und Kollektivsymbole lieferten, die potentiell Bekenntnischarakter hatten und zu vielfältigen semantischen Aneignungen und Überleitungen anregten beziehungsweise aufforderten. Das Beiwort »deutsch« erlebte innerhalb der national engagierten Lyrik und Prosa eine unvergleichliche Begriffskarriere. Vor allem in seiner adjektivischen Anwendung tauchte es in einer geradezu inflationären Häufigkeit auf wie »deutsches Vaterland«, »deutsches Schwert«[14], »deutsches Blut«[15], »deutsche Freiheit«, »teutsche Treue«[16], »teutsches Herz«,

---

[12] Zit. in KAISER, ebd. S. 64.

[13] Vgl. ebenso JEISMANN, »Feind« und »Vaterland« (wie Anm. 1) S. 283.

[14] Vgl. MAX VON SCHENKENDORF, Das eiserne Kreuz (1813), zit. in: Die patriotische Lyrik der Befreiungskriege. Hg. ADOLF MATTHIAS. Bielefeld und Leipzig 1913 S. 39.

[15] ERNST MORITZ ARNDT, Das Lied von Schill, in: Die Freiheitskriege in Lied und Geschichte (wie Anm. 6) S. 32.

»teutscher Gott« und »teutscher Trost«[17]. Das Kollektivadjektiv »Deutsch«, das sollte offenbar durch die penetrante Wiederholung des Epiphetons zum Ausdruck gebracht werden, beinhaltete demnach sowohl eine besondere als auch eine universelle Konnotation. Das war zunächst nichts genuin Neues, denn auf die universale Bedeutung ihrer Begriffe legten auch die französischen Revolutionäre stets größten Wert. Worin unterschied sich aber das typisch »Deutsche« beispielsweise vom »Französischen«? Michael Jeismann nennt drei exklusive Stilisierungsvarianten: Es sind dies die »Ursprünglichkeit« in Fichtes idealistischer Diktion, die »Unmittelbarkeit zu Gott« aus religiöser Sicht und die »reinen Sitten« der populären Poesie.[18]

Wichtiger ist noch, und dies ist allen drei Varianten gemeinsam, welchen privilegierten und existenziellen Zugang die Schriftsteller dem »deutschen Volk« zur Menschheit unterstellen. Geradezu beschwörend drückt dies Fichte am Schluß seiner vierzehnten Rede an die deutsche Nation aus: »Es ist daraus kein Ausweg: wenn ihr versinkt, so versinkt die ganze Menschheit mit, ohne Hoffnung einer einstigen Wiederherstellung.«[19] Zuvor hatte er die besondere Sendung des deutschen Volks in der Menschheitsgeschichte mit den Worten beschrieben: »Ihr sehet im Geiste durch dieses Geschlecht den deutschen Namen zum glorreichsten unter allen Völkern erheben, ihr sehet diese Nation als Wiedergebärerin und Wiederherstellerin der Welt.«[20] Als »Urvolk« sind die Deutschen bei Fichte nicht nur Repräsentanten eines offenbarungsbegründeten normativen Ursprungs[21], sie zeichnen sich auch durch eine sittlich-religiöse Auserwähltheit und eine moralisch-kulturelle Höherwertigkeit vor allen anderen europäischen Nationen aus:

»Das in diesen Reden vorgeschlagene Bildungsmittel eines neuen Menschengeschlechts müsse zuallererst von Deutschen an Deutschen angewendet werden […] und wir werden auch hier so wie bisher anheben von dem Höchsten und Allgemeinsten, zeigend, was der Deutsche an und für sich, unabhängig von dem Schicksale, das ihn dermalen betroffen hat, in seinem Grundzuge sei und von jeher gewesen ist, seitdem er ist, und darlegend, daß schon in diesem Grundzuge die Fähigkeit und Empfänglichkeit einer solchen Bildung, ausschließend vor allen andern europäischen Nationen, liege.«[22]

---

[16] ERNST MORITZ ARNDT, Ermunterungslieder, in: DERS., Lieder für Teutsche. Leipzig 1813 S. 60.

[17] ERNST MORITZ ARNDT, Deutscher Trost, in: Die patriotische Lyrik der Befreiungskriege (wie Anm. 14) S. 19 f. Siehe weitere Beispiele bei RICHTER, Lieblingsvorstellungen der Dichter (wie Anm. 2).

[18] JEISMANN, »Feind« und »Vaterland« (wie Anm. 1) S. 287.

[19] JOHANN GOTTLIEB FICHTE, Reden an die deutsche Nation. Leipzig 1925 S. 268.

[20] Ebd. S. 253.

[21] Ebd., 7. Rede, S. 109 ff.

[22] Ebd., 4. Rede, S. 55.

In diesen abstrakt-theologischen Begründungskategorien dachten und schrieben auch die Dichter-Patrioten, wenn etwa Fouqué vom »Volk des Herrn« sprach, dem Gott »wohlgewogen« sei[23], oder Arndt 1810 dichtete: »Denn du alter treuer Gott, / Alter lieber teutscher Gott / Hast mit Männern und mit Rossen / Ueber mich dich ausgegossen«.[24]

Der Befreiungskrieg war ein »heiliger Krieg«, weil in ihm um heilige Güter gekämpft wurde und weil Gott den »Deutschen« zur Seite stand. Eine zweite Begründungskomponente ergab sich aus der schroffen Zurückweisung dessen, was als »französischer Geschmack« seit den Tagen Ludwigs XIV. von Versailles über Madrid und Berlin bis nach Sankt-Petersburg in den Höfen und Bürgerhäusern Einzug gehalten hatte. Dieser wurde als oberflächlich und substanzlos sowie als künstlerisch schlecht und damit minderwertig klassifiziert und abgelehnt. Über die Manie der Europäer, den Franzosen alles nachzuahmen, gießt Ernst Moritz Arndt in »Geist und Zeit« Spott und Hohn aus:

»Was französischer Herrschaft durch die Waffen damals [unter Ludwig XIV. – E.P.] nicht gelang, das gelang ihr durch Geschmack und Mode, welche ihre Sprache und ihre Sitten zu den allgemeinen für alle gebildete Europäer machten. Was an der Seine leicht, zart, liebenswürdig und natürlich hieß, sollte es auch an der Themse, Donau, Weichsel und Newa sein, und albern und närrisch genug machten die Nordländer die Kindereien und Torenspiele der ewigen Kinder nach und verdarben in einer Unnatur und Äfferei, die bei ihnen nie heimisch werden konnte, ihre alten Tugenden und ihre Sprachen, die aus alten Tugenden hätten gebildet werden sollen.«[25]

Eine dritte Differenz ergab sich auf der Ebene politisch-semantischer Begrifflichkeit. Unter »Freiheit« verstand man an der Seine etwas anderes als an der Spree. Während dem Freiheitsbegriff in Frankreich eine abstrakt-politische Definition zugrunde lag, war der Terminus in Deutschland beinahe ausschließlich moralisch konnotiert. »Freiheit« im deutschen Sinne meinte, nach außen gewandt, natürlich zuerst die Befreiung von französischer Herrschaft. Nach innen gewandt und im Sinne von Fichtes »Ursprünglichkeit« bezeichnete »deutsche Freiheit« eine Summe unterschiedlicher Attribute wie »Treue«, »Glaube«, »Ehre«, »Stolz« und vor allem »Tugendhaftigkeit«.[26]

---

[23] Friedrich de la Motte-Fouqué, Gedichte vor und während des Feldzugs 1813. Leipzig 1814 S. 24.

[24] Ernst Moritz Arndt, Gebet 1810, in: Ders., Lieder für Teutsche (wie Anm. 16) S. 22.

[25] Ernst Moritz Arndt, Geist der Zeit 1, in: Ders., Werke 6. Berlin u. a. 1912 S. 156. Weiter unten formulierte Arndt seine scharfe Kritik an der französischen Kultur: »Eine Bildung, die von Anfang an aus dem Nichts, der Lüge und Verdorbenheit entsprang, die auf den Stelzfüßen einer falschen Empfindung und einer ehrlosen Sache in der Kunst einhertrottierte [...].« (ebd.).

[26] »Das teutsche Volk ist in der Geschichte uralt und vor mehr als zweitausend Jahren schon

Allein der Bürger, der diese Tugenden besitzt oder verkörpert, war wirklich frei. Was demnach die Qualität einer Nation ausmachte, hing ganz wesentlich von der Freiheit ihrer Bürger ab. Und umgekehrt war der Bürger über den Begriff der »Freiheit« innerlich mit der Nation verbunden. In dieser synkretischen nationalen Stilisierung der Freiheit war es kaum möglich, politische von sittlicher Freiheit zu trennen. Darüber hinaus wurde der Freiheitsbegriff 1813 aus seiner passiven Verankerung gelöst und in die Form einer aktiven Handlungsanweisung überführt: Freiheit war jetzt nicht mehr etwas, was Fürsten und Regierungen garantieren oder versprechen konnten, sondern Freiheit konnte in einem voluntativen Akt der Selbstbestimmung von einem ganzen Volk erworben werden. In »Geist der Zeit« brachte Ernst Moritz Arndt diesen Sachverhalt auf die prägnante Formel: »Das Alte ist dahin; ihr könnet nicht Sachsen, ihr könnet nicht Bayern, ihr könnet nicht Württemberger sein als eigne Völkchen, ihr müsset Deutsche sein wollen.«[27] Daß man Freiheit nicht geschenkt bekam, sondern sich erkämpfen mußte, lag für Arndt in der Logik des Freiheitskampfes selbst begründet:

»Ich liebe die Unsterblichkeit, darum liebe ich Freiheit, Licht und Gesetz. [...] gebt mir nur ein Plätzchen in Germanien, wo die Lerche über mir singen darf, ohne das ein Franzose sie herabschieße; gebt mir ein Häuschen mit einem Gartenzaun, wo mein Hahn krähen darf, ohne daß ein Franzose ihn bei den Fittichen fasse und in seinen Topf stecke [...]. Fahre denn hin Nichtigkeit, und Stärke lebe! Haß beseele, Zorn entflamme, Rache bewaffne uns! Laßt uns vergehen für unser Land und unsere Freiheit, auf daß unsere Kinder ein freies Land bewohnen! Männer, auf, und seid gerüstet! Ihr dürfet nicht leben als Sklaven!«[28]

So wichtig die Identitätssuche der Deutschen während der Befreiungskriege war, sie bedeutete auch immer Abgrenzung und Abschottung. Über die Wirkungskraft von Vorurteilen reflektierte bereits Johann Gottfried Herder: »Das Vorurteil ist gut, zu seiner Zeit; denn es macht glücklich. Es drängt Völker zu ihrem Mittelpunkte zusammen.«[29] Auch Ernst Moritz Arndt wußte bereits um die bipolare Konstante der Identitätskonstruktion: »Jeder suchte nach dem Eigenen und wollte das Fremde nur aus der Entfernung auf sich wirken und an sich bilden lassen.«[30] Und Hagen Schulze konstatiert 1989,

gepriesen worden wegen seiner Redlichkeit, Gerechtigkeit, Tapferkeit und Freiheit.« (vgl. ERNST MORITZ ARNDT, Katechismus für den teutschen Kriegs- und Wehrmann. Leipzig 1813 S.75).

[27] ERNST MORITZ ARNDT, Geist der Zeit 2, in: DERS., Werke 7. Berlin u. a. 1912 S.170.
[28] Ebd. S.175.
[29] JOHANN GOTTFRIED HERDER, Auch eine Philosophie der Geschichte, zit. in: REINHART KOSELLECK, Volk, Nation, Nationalismus, Masse, in: Geschichtliche Grundbegriffe. Historisches Lexikon zur politisch-sozialen Sprache in Deutschland 7. Stuttgart 1992 S.318.
[30] ARNDT, Geist der Zeit 1 (wie Anm.25) S.156.

daß die »Selbstdefinition durch Feindmarkierung [...] seither eine Konstan-te deutscher Identität« sei.[31] In diesem Zusammenhang spricht Michael Jeis-mann von einer »Nationalisierung der Feindschaft«, die nach seiner Auffas-sung historisch neuartig sei.[32] Er führt als Beleg für seine These Arndts Ab-handlung »Über den Volkshaß und über den Gebrauch einer fremden Spra-che« (Leipzig 1813) an. In dieser Schrift entwickelt Arndt den Gedanken, daß Abneigung und Feindschaft zwischen den Völkern von Gott gestiftet seien: »Weil er der Gott der Liebe ist, darum gefällt ihm der Haß.« Den Haß zwischen den Völkern erklärt Arndt zum notwendigen Lebensprinzip und fordert im Hinblick auf die Franzosen:

»Ich will den Haß gegen die Franzosen, nicht bloß für diesen Krieg, ich will ihn lange Zeit, ich will ihn für immer [...] Dieser Haß glühe als Religion des deutschen Volkes [...] Dieser Haß wird uns wie ein heller Spiegel seyn, worin wir unsere Herrlichkeit wie unser Verderben werden sehen können.«[33]

Die Spiegelmetapher, so Jeismann, weist auf die Korrespondenz von Selbst- und Feindbild: Durch den Feind sollen die Deutschen zum nationalen Be-wußtsein ihrer selbst gelangen. Mag dies in der religiös motivierten Überspit-zung Arndts durchaus zutreffen, so ist doch von entscheidender Bedeutung, daß das generelle Agressionspotential des Nationalen bereits durch die revo-lutionäre französische Nation konstituiert war. Arndt übernahm hier schlichtweg ein französisches Feindschaftsmuster, wenngleich in einem an-derem Begründungszusammenhang. In seiner England-Rede vom 26. Mai 1794, die auch in zweifacher Übersetzung in Deutschland zirkulierte, hatte das Mitglied des Wohlfahrtsausschusses, der Südfranzose Barère, im Natio-nalkonvent zum nationalen Haß gegenüber den Engländern aufgerufen, und zwar ohne die übliche Unterscheidung Volk-Regierung:

»O mein Vaterland, wenn mein Blut schon beim bloßen Namen Engländer aufwallt, und mein Geist sich empört, so geschieht es, weil ich, in jenem Teil des ehemaligen Guyenne geboren, wo die Engländer, zu den Zeiten Karls VII. alles verheerten und mit eisernem Szepter regierten, seit meiner Kindheit vieles von jenem fortgepflanzten Hasse sprechen hörte, der zur festen Gründung der Freiheit Europas, zur festen Gründung der Republik Frankreichs, zum National-Haß werden muß.«[34]

---

[31] Hagen Schulze, Gibt es überhaupt eine deutsche Geschichte? Berlin 1989 S. 28.

[32] Jeismann, »Feind« und »Vaterland« (wie Anm. 1) S. 288.

[33] Ernst Moritz Arndt, Ueber den Volkshaß und über den Gebrauch einer fremden Spra-che. Leipzig 1813 S. 18 f.

[34] Bertrand Barère, Bericht über die Verbrechen Engellands gegen das fränkische Volk und über die gegen die Freyheit der Völker verübte Frevel desselben. Straßburg 1794 S. 29. Vgl. dazu Erich Pelzer, Nationales Bewußtsein und Wahrnehmungsstereotype in Frankreich und Eng-

Der alte anglo-französische Konflikt erhielt hier eine neue Rechtfertigung. Es war nicht länger ein Machtkampf zwischen königlichen Häusern und Kabinetten. Die Revolution nahm den Kampf der Monarchie gegen England mit einem moralistischen und nationalistischen Geist neu auf.

So schwierig das »Deutsche« und des »Deutschen Vaterland« zu definieren waren, so leicht schien die Frage nach dem Feind: natürlich Napoleon – und indirekt die französischen Okkupanten, die gezwungenermaßen für einen Tyrannen kämpften, seine Sklaven und Henkersknechte waren. War die Antwort bei Napoleon klar, so fiel sie bei den Franzosen nicht eindeutig aus. Wer war mit Franzosen gemeint: die Armee, das Volk? In welchem Verhältnis standen Kaiser und Franzosen zueinander? Wie konnten die deutschen Hilfstruppen, die in der napoleonischen Armee für Frankreich kämpften, in den nationalen Feindschaftskonnex übertragen werden? Als zentrale Feindschaftskonstruktion bot sich die Ableitung des Begriffs der »Erbfeindschaft« an, die mit umgekehrten Vorzeichen an die christlich-moralische Selbstdeutung der Deutschen als das »Volk Gottes« anschließt.[35] Der »Gottlosigkeit« und »Sündhaftigkeit« der Franzosen, wie sie in Revolution und napoleonischer Okkupation Europas paradigmatisch zum Vorschein traten, werden die »allgemeine Freiheit«, die »Rechte der Nationen«, die »Unabhängigkeit ihrer Fürsten« und die »Bürgertugend« der Deutschen entgegengestellt. Über das persönliche Verhältnis der Deutschen zu Gott in ihrer Demut und Zuversicht ist der Krieg gegen die Franzosen nicht nur stellvertretend im Namen Europas gerechtfertigt, sondern von Gott erlaubt, ja geboten. Das trotzige Entweder-Oder, das bipolare Muster von »christlich« und »unchristlich« wird zur Signatur der gesamten Befreiungslyrik. Der Dualismus der Anschauungen taucht in der Prosa und Poesie immer wieder auf, wonach die Franzosen als das böse und die Deutschen als das gute Volk schlechthin erscheinen. Die daraus entspringende verbale Radikalisierung erscheint vor diesem Hintergrund geradezu folgerichtig und konsequent. Die Liste xenophobischer Äußerungen, die den Furor Teutonicus bis zum Exzeß entfesselten, ist lang und könnte beliebig verlängert werden. Wir begnügen uns mit zwei oft zitierten und wohl bekannten Zeugnissen, wie Heinrich von Kleists berühmtem Aufruf »Germania an ihre Kinder«, der Napoleon für vogelfrei erklärt: »Schlagt ihn tot! Das Weltgericht / fragt euch nach den Gründen nicht!«[36], oder Theodor Körners »Lied der schwarzen Jäger«, wo es in der

---

land am Ende des 18. Jahrhunderts, in: Das 18. Jahrhundert. Hg. MONIKA FLUDERNIK/RUTH NESTVOLD. Trier 1998 S. 253–275, bes. S. 260.

  [35] JEISMANN, »Feind« und »Vaterland« (wie Anm. 1) S. 289.

  [36] Zit. aus: Fremdherrschaft und Befreiung 1795–1815. Hg. ROBERT F. ARNOLD. Leipzig 1932 S. 77. Über Kleist und Napoleon vgl. DIRK GRATHOFF, Heinrich von Kleist und Napoleon Bona-

dritten Strophe heißt: »Gebt kein Pardon! Könnt ihr das Schwert nicht heben, / So würg't sie ohne Scheu; / Und hoch verkauf't den letzten Tropfen Leben! / Der Tod macht Alle frei.«[37]

Um den Gefahren der »fränkischen« Verführungen zu entgegnen, starteten die Dichter-Patrioten eine gleichermaßen heroische wie brutale Immunisierungskampagne. Mit der Glorifizierung der eigenen Position ging zugleich die Dämonisierung des Gegners einher. Ein beliebtes Stilmittel für diese Art ethnisch-religiöser Denunzierung war die Tiermetaphorik. Bei Arndt wird der französische Soldat zum »welschen Hund«[38], und für Körner ist der Krieg gegen Frankreich ein »Kreuzzug«, ein »heil'ger Krieg«, bei dem der »Himmel« gegen die »Hölle« kämpft.[39] Bei Heinrich von Kleist wird der Kampf zur »Lustjagd«, der französische Infanterist zum »Wolf« und Napoleon zum »Höllensohn«.[40] Mit einem Bock, dem Tier der Apokalypse, einem Tiger oder einer Katze, der Verkörperung der Nacht, verbunden, reitet Napoleon in anderen Karikaturen auf einem Pferdeskelett oder einem Hippogryph und schleudert Blitze, ein regelrechter Gott des Krieges und des Todes.

Der noch wenige Jahre zuvor von der deutschen Geisteswelt als »Held der Weltgeschichte«, als »Abgott« gefeierte Napoleon wurde 1813 zum »Dämon« umstilisiert.[41] Das Bild, das von Napoleon gezeichnet wurde, setzt sich aus zwei ineinander übergehenden Motiven zusammen. Das eine ist das des »Tyrannen«. Es kennzeichnet die »Unrechtmäßigkeit«, das »Unheil«, die »Gottlosigkeit« seiner Herrschaft. Friedrich Gottlob Wetzel dichtete in seinen Kriegsliedern aus dem Jahre 1813: »Du erschlugst den holden Frieden, / Du Pest des menschlichen Geschlechts, / Willst die Welt in Fesseln schmieden, / Zertreter alles heil'gen Rechts.«[42] Unter den vielen Hauptattributen, die dem Tyrannen zugeschrieben werden, zählen zu den hervorste-

---

parte. Der Furor Teutonicus und die ferne Revolution, in: Schreckensmythen – Hoffnungsbilder. Die Französische Revolution in der deutschen Literatur. Hg. Harro Zimmermann. Frankfurt a. M. 1989 S. 81–105.

[37] Körner, Bundeslied (wie Anm. 8) S. 19.

[38] Ernst Moritz Arndt, Lied vom Dörnberg, in: Die Freiheitskriege in Lied und Geschichte (wie Anm. 6) S. 31.

[39] Theodor Körner, Aufruf, in: Ders., Werke (wie Anm. 8) S. 15.

[40] Heinrich von Kleist, Germania an ihre Kinder, in: Fremdherrschaft und Befreiung (wie Anm. 36) S. 77 f.

[41] Vgl. Wulf Wülfing, »Heiland« und »Höllensohn«. Zum Napoleons-Mythos im Deutschland des 19. Jahrhunderts, in: Mythos und Nation. Hg. Helmut Berding. Frankfurt a. M. 1996 S. 164–184.

[42] Friedrich Gottlob Wetzel, Aus dem Kriegs- und Siegesjahre Achtzehnhundert Dreyzehn. Vierzig Lieder nebst Anhang. Leipzig und Altenburg 1815 S. 15.

chendsten Hinterlist, Ruchlosigkeit, Blutdurstigkeit, verbrecherisches und
heuchlerisches Handeln, Unmenschlichkeit und frivole Überheblichkeit.

Das andere Motiv im Napoleonbild ist das des Teufels und Menschenfein-
des. Es taucht in der patriotischen Lyrik zwar gelegentlich auf, aber als Bild-
motiv ist es in den 1813/14 entstandenen Karikaturen reichlich vertreten.
Beispielsweise in der Karikatur des »Roten Teufels« (Abbildung 1) oder in
»Napoleons Ankunft in der Unterwelt« (Abbildung 2) von Johann Christoph
Erhard.[43] Hier wird er zu seinem aus Schädeln und Knochen gebildeten
Thron geführt, doch nicht in der Absicht, ihn zu ehren, sondern ihn auf
»ewig in der Hölle [zu] braten«.[44] Drei Marschälle begleiten ihn auf diesem
Weg. Diese satirischen Jenseitsvorstellungen greifen zwar der irdischen Ge-
genwart voraus, sie tauchen jedoch auch in der Befreiungslyrik auf. Nach dem
alliierten Sieg bei Leipzig im Oktober 1813 widmete Johann Friedrich Schink
dem Kaiser eine »Schand- und Schimpfode«, die sich wie ein Nachruf liest:

»Abschaum der Menschheit, der mit Schwert und Feuer
Die Welt durchzog, verbreitend Ach und Weh!
Brandmark der Zeiten, Wütrich, Ungeheuer,
Wie keines war, keins ist, keins sein wird je!

Blutsauger, Völkergeißel, Weltzertreter,
Pest, Räuberhauptmann, Henker und Bandit,
Du menschgewordner Satan, Missetäter,
Wie selbst der Abgrund keinen sah und sieht! [...]

Die Höll' ist selbst nicht schwarz genug an Farben,
Zu schildern dich. Verbrecher, die vor dir
Durch Henkerbeil und auf dem Rade starben,
Sind Ehrenmänner gegenüber dir.«[45]

Ein weiteres Beispiel ist die anonyme Karikatur »Das ist mein lieber Sohn an
dem ich mein Wohlgefallen habe« (Abbildung 3).[46] Gezeigt wird der auf fla-
chem Boden sitzende Teufel, der in seinen Armen liebevoll ein Kind hält,

---

[43] Vgl. die Abbildungen bei Sabine und Ernst Scheffler, So zerstieben getraeumte Weltreiche. Napoleon I. in der deutschen Karikatur. Stuttgart 1995 S. 179, 183; vgl. ebenso: Napoleon
I. im Spiegel der Karikatur. Hg. Hans Peter Mathis. Zürich 1998.
[44] Über die Bildlegende wird die Aussagekraft der Karikatur noch verstärkt: »Errichtet hast
du deinen Thron, durch Mord von Millionen Seelen, / Besteig ihm nun mein Lieber Sohn, die
Teufel soll dich jezt quälen, / Und dich zum Lohn für deine groszen Thaten, auf ewig in der
Hölle – braten.« (ebd. S. 183).
[45] Johann Friedrich Schink, Dem Korsen. Schand- und Schimpfode. Zur Feier der Zernich-
tungsschlacht am 18. und 19. Oktober 1813, in: Fremdherrschaft und Befreiung (wie Anm. 36),
S. 178.
[46] Scheffler, Weltreiche (wie Anm. 43) S. 181.

nämlich Napoleon, dessen Steckkissen mit einem Band in den Farben der Trikolore umwunden ist. Voller Stolz auf den Sprößling spricht sein Erzeuger, der Teufel, die in der Bildlegende mitgeteilten Worte. Der anonyme Radierer bedient sich in doppelter Weise des christlichen Vorbilds: Das figürliche Motiv geht letztlich auf Darstellungen der Maria mit dem Jesuskind im Arm zurück. Napoleon, so wird hier vor Augen geführt, ist eine Ausgeburt der Hölle. Die schlagende Wirkung der Karikatur beruht auf der lakonisch knappen Aussage von Bild, Text, Bibelzitat (Markus 1, 11) und christlichem Bildmotiv.

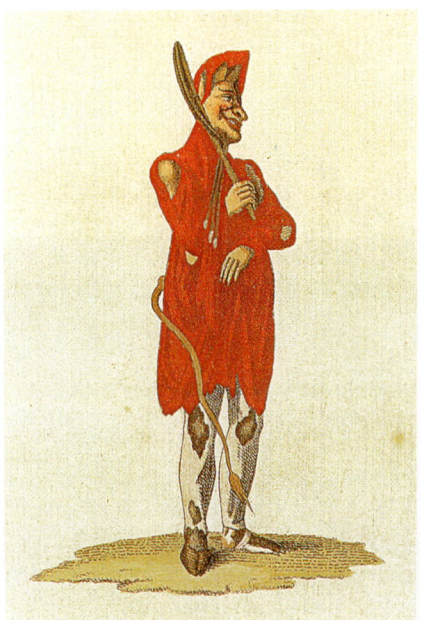

Abb. 1: Anonym, Der Rote Teufel (siehe Anm. 43).

Beide Motive, dieses der christlichen Theologie, jenes der antiken politischen Theorie entlehnt, sind für sich genommen zwar traditionell; bemerkenswert ist aber ihre Kombination, die einen doppelten Transfer anzeigt. Erstens wurde ein innerstaatlicher, die Legitimität der Herrschaft betreffender Topos auf eine zwischenstaatliche Situation übertragen. Gewiß mochte die Selbstkrönung Napoleons zum Kaiser dazu beigetragen haben. Wichtiger aber als der Akt der Usurpation war die Art, in der Napoleon seine Herrschaft über die besiegten Völker ausübte, die jetzt in einen Vorwurf umgemünzt wurde. Mit der Verwendung des Tyrannen-Topos für den Kaiser der Franzosen ging man über den Akt der nationalen Befreiung hinaus und

Abb. 2: Johann Christoph Erhard, Napoleons Ankunft in der Unterwelt
(siehe Anm. 43 u. 44).

stilisierte das Bild eines europäischen Bürgerkrieges. Dies geschah in Anlehnung an die französische Rhetorik aus der frühen Zeit der Revolutionskriege, die nicht von einem Krieg zwischen den Völkern, sondern zwischen den unterdrückten Nationen und ihren fürstlichen Herrschern ausging.

Der zweite Transfer, der die Figur des Teufels von der Religion in die Politik überführte, verstärkte nicht nur die Dämonisierung, sondern gab ihr eine qualitative Steigerung, welche die Feindschaft auf das manichäische Muster von »gut« und »böse« brachte. Der Befreiungskrieg war, wie wir gesehen haben, im Selbstverständnis der deutschen Patrioten ein heiliger Krieg, weil in ihm um heilige Güter gekämpft wurde. Aber er schien auch darum heilig zu sein, weil die natürliche Erregung der Unterdrückten alle im Laufe des Krieges begangenen Grausamkeiten und Schlechtigkeiten auf eine notwendige Folge des verderbten Charakters des französischen Gegners reduzierte.

Napoleon als bevorzugte Zielscheibe von Spott, Empörung und abgrundtiefer Ablehnung kommt in zahlreichen Karikaturen zum Ausdruck, die nach der Völkerschlacht bei Leipzig in Deutschland und darüber hinaus in

Das ist mein lieber Sohn an dem ich Wohlgefallen habe

Abb. 3: Anonym, »Das ist mein lieber Sohn an dem ich Wohlgefallen habe«
(siehe Anm. 46).

ganz Europa zirkulierten. Zwei exponierte Beispiele sind hierfür besonders repräsentativ: Zum einen die anonyme Karikatur »Der Universalmonarch«[47] (Abbildung 4), ein Spottbild auf die 1804 inaugurierte Universalmonarchie. Der Kaiser der Franzosen, so sagt die Karikatur, gab sich als Wohltäter der

Menschheit und hat doch nur Tod und Tränen über die Erde gebracht. Vom
Himmel, dem Sitz der Gerechtigkeit, treffen ihn nun vernichtende Blitze,
die von den Fängen dreier Adler ausgehen. Sie heißen Rußland, Preußen
und Österreich und benennen somit die militärische Koalition gegen Napoleon. Den gebildeten Zeitgenossen war der Blitze schleudernde Adler auch
als Symbol des Göttervaters Zeus bekannt. Napoleons Ende, so legen Bild
und Text nahe, ist durch überirdische Kräfte bewirkt. Dieser Gedanke findet
sich in der politischen Lyrik der Freiheitskriege immer wieder. Theodor
Körners Verse aus dem »Reiterlied« – »Ja! Gottes Arm führt unser Schwert,
/ Und unser Schild heißt Gott«[48] – bieten die wohl kürzeste Begründung des
»Kreuzzuges«, des »Heiligen Krieges« gegen Frankreich.

    Schließlich ist der »Triumph des Jahres 1813. Den Deutschen zum Neuen-
jahr 1814«[49], kurz auch »Der Leichenkopf« genannt (Abbildung 5), die mit
Abstand erfolgreichste Napoleon-Karikatur der Zeit. Sie war in neun europäischen Ländern zumeist in nur geringfügig veränderten Fassungen bekannt. Auf den ersten Blick mutet die kleine Radierung gar nicht wie eine
Karikatur an. Wir haben ein Brustbild Napoleons vor uns, nach links gewandt, mit unverzerrtem Profil. Dem äußeren Erscheinungsbild von Antlitz,
Zweispitz und Uniformrock standen die populären Napoleonbildnisse von
Heinrich Anton Dähling und Gottfried Arnold Lehmann aus dem Jahre
1806 Pate.[50] Bei näherem Hinsehen erschließt sich der satirische Hintersinn:
Der Zweispitz wandelt sich zum preußischen Adler; das Gesicht ist aus Leichen zusammengesetzt, der Kragen zum Blutstrom ausgebildet, der Uniformrock zu einer stilisierten Landkarte, darüber statt des Ordens der Eh-
renlegion das Spinnennetz der napoleonischen Herrschaft, das von der
Hand Gottes, aus einer Epaulette geformt, zerrissen wird. Geschickt verbindet der Karikaturist den naturalistischen Umriß und die bedeutungsträchtige
Binnenzeichnung zu einer Allegorie des Untergangs. Als Teufel gebrandmarkt, wurde der Kaiser, Sohn des Beelzebubs, in Deutschland sogar mittels
öffentlicher Anschläge und Steckbriefe gesucht.[51]

    Wie bei der politischen Lyrik, so mangelt es auch bei den Karikaturen oft
an Originalität. Einige deutsche Napoleon-Karikaturen lassen den Einfluß
russischer, französischer und englischer Vorbilder erkennen, ja, die russi-

[47] Ebd. S. 121.
[48] Körner, Werke (wie Anm. 8) S. 25.
[49] Scheffler, Weltreiche (wie Anm. 43) S. 109.
[50] Ebd. S. 258.
[51] Vgl. die anonyme Radierung »An die teutsche Nation. Steckbrief hinter Nicolaus Bona-
parte, genannt Napoleon, auch Père la violette, Prinz L'emballe sc.sc. von Teufels Gnaden«,
ebd. S. 157; vgl. ebenso: Napoleon I. im Spiegel der Karikatur (wie Anm. 43) S. 559.

Abb. 4: Anonym, Der Universalmonarch (siehe Anm. 47).

schen Vorbilder scheinen die Herstellung von Karikaturen in Deutschland ermutigt zu haben. Von 1806 bis 1812/13 lebten viele deutsche Oppositionelle in Rußland im Exil. Sie unterstützten die Erhebung gegen Napoleon unter anderem auch mit ihren Spottschriften und Karikaturen, die nach der Niederlage Napoleons in Rußland gedruckt und nach Deutschland, vorzugsweise nach Preußen, exportiert wurden. Die Bildmuster des französischen »Erbfeindes« England[52] und die spanische Erhebung 1808[53] sind

---

[52] Vgl. dazu: »Die Kehrseite der Medaille«. Napoleon-Karikaturen aus Deutschland, Frankreich und England. Hg. EKKEHARD EGGS/HUBERTUS FISCHER. Hannover 1985; Napoleon: Europäische Spiegelungen in Mythos, Geschichte und Karikatur. Sechs Vorträge. Hg. DIES. Frankfurt a. M. 1986.

[53] Gegen das »Ungeheuer« Napoleon veröffentlichten die Spanier einen »Bürger-Katechismus«, der die öffentliche Meinung aufrütteln sollte und der Heinrich von Kleist in seinem »Katechismus der Deutschen« (1809) als Vorlage diente, vgl. RAINER WOHLFEIL, Spanien und die deutsche Erhebung 1808–1814. Wiesbaden 1964 S. 251 ff.

Abb. 5: Triumph des Jahres 1813. Den Deutschen zum Neuenjahr 1814
[Der Leichenkopf] (siehe Anm. 49).

ebenfalls wichtige Referenzpunkte innerhalb dieses deutschen Aneignungs-
prozesses.

Ich komme zum Schluß und fasse in drei Punkten zusammen. *Erstens*, die
zeitgenössisch apostrophierte »Wiedergeburt Deutschlands«[54] besaß einen

dominant antizipatorischen Charakter, der das ganze nationale Schrifttum dieser Zeit prägte. Kennzeichnend und dominant sind hierin eine obsessiv betriebene Einstimmung auf Todesbereitschaft und Tod. Die Nicht-Existenz des deutschen Vaterlandes wurde kompensiert durch eine neuartige patriotische Gefühlskultur. Doch im Gegensatz zum Patriotismus des 18. Jahrhunderts speiste sich diese nicht mehr allein aus dynastischer Anhänglichkeit der Untertanen zum König, sondern aus der Identifikation mit einem unpersönlichen Kollektiv, das durch den Staat oder das Volk verkörpert wurde. »Volk« und »Vaterland« bildeten so gesehen eine neue Handlungseinheit, die, entsprechend emotionalisiert und politisiert durch eine exaltierte »pietistische Innerlichkeit«, Voraussetzung war für die langfristige politische Wirksamkeit des nationalen Selbstverständnisses. Allein im Medium einer emphatischen Sprache konnte die politisch nicht existierende Nation Evidenz gewinnen. *Zweitens*, einer der markantesten Züge der frühen deutschen Nationalbewegung, die tiefgreifende religiöse Überformung, schuf 1813 einen Katalog von spezifisch patriotischen Vorstellungen und Sprachmustern, der zunächst popularisiert und später kanonisiert, eine eminente Wirkung bis ins 20. Jahrhundert hinein entfaltet hat. Das »Vaterland«, als »Land des Herzens« bei Schenkendorf verinnerlicht[55], hob die vormals enge Koppelung von Gläubigkeit und Gemüt weitgehend auf zugunsten patriotischer Sentimentalität, die die neue nationale Religiosität überlagerte. *Drittens*, die Dämonisierung Napoleons spielte während der Befreiungskriege als Kontrapunkt für die Wiederherstellung des deutschen Nationalbewußtseins eine unvergleichlich große Rolle. Nach Waterloo trat an die Stelle der Dämonisierung sehr schnell das Motiv der Schadenfreude der Sieger, dann das der allgemeinen Verhöhnung des Gefangenen-Schicksals, und ganz allmählich setzte sich erneut das Grundmotiv der Verherrlichung durch. Nicht

---

[54] Bezeichnenderweise führen gleich mehrere Schriften »Deutschlands Wiedergeburt« im Titel. So eine Sammlung evangelischer Predigten von Johann Heinrich Bernhard Dräseke, der als protestantischer Kanzelredner zu St. Ansgar in Bremen tätig war, vgl. JOHANN HEINRICH BERNHARD DRÄSEKE, Deutschlands Wiedergeburt, verkündet und gefeiert durch eine Reihe evangelischer Reden im Laufe des unvergeßlichen Jahres 1813. Heft 1. Lübeck 1814; oder ANDREAS SEBASTIAN STUMPF, Ueber Teutschlands Wiedergeburt. Geschrieben im November 1813. Leipzig [1814]; andere diskutierten die nationale Frage im europäischen Kontext wie ARNOLD ANDREAS FRIEDRICH MALLINCKRODT, Was thun bey Deutschlands, bey Europa's Wiedergeburt? Dortmund 1814. Im Unterschied zu Dräseke (1774–1849), dem der Deutsche Bundestag durch den Rat von Bremen seine Kanzelreden untersagen ließ, blieben Stumpf (1772–1820) als Archivar und Hofrat zu Würzburg und der gebürtige Dortmunder Mallinckrodt (1768–1825) in der Restaurationszeit politisch unbehelligt.

[55] MAX VON SCHENKENDORF, Frühlingsgruß an das Vaterland (1814), in: Die patriotische Lyrik der Befreiungskriege (wie Anm. 14) S. 58 f.

die Freiheitsdichter von 1813, sondern die großen Literaten ebenso wie die einfachen Soldaten initialisierten als Reaktion auf die europäische Restauration nach dem Tod des Titanen, spätestens zu Beginn der 1820er Jahre, als die Memoiren Napoleons die Schreibtische Europas überfluteten, den Mythos des Genies, Feldherrn und Helden aufs neue.[56] Der suggestiven Wirkungsmacht, die Person und Werk auf die Nachwelt ausübten, konnte die deutsche bürgerliche Intelligenz in ihrer überwiegenden Mehrheit, allen voran Heine, Goethe, aber auch Hegel, nicht widerstehen. Sie alle werden dem »Held der Weltgeschichte« mehr oder weniger erliegen.

---

[56] Vgl. PHILIPPE GONNARD, Les origines de la légende napoléonienne. L'œuvre historique de Napoléon à Sainte-Hélène. Paris 1906. [Reprint Genf 1976]; FRIEDRICH STÄHLIN, Napoleons Glanz und Fall im deutschen Urteil. Wandlungen des deutschen Napoleonbildes. Braunschweig 1952; JEAN TULARD, Napoléon. Le pouvoir, la nation, la légende. Paris 1997; NATALIE PETITEAU, Napoléon, de la mythologie à l'histoire. Paris 1999.

Sinngebung in der Niederlage:
Die französischen Katholiken
und die »année terrible« (1870/71)

von

Daniel Mollenhauer

»Beaucoup de pays ont pu être faibles et corrompus impunément. C'est certainement un des signes de grandeur de la France que cela ne lui ait pas été permis. […] il est évident que la Providence l'aime; car elle la châtie.«[1] (Ernest Renan)

Daß Religion und Krieg zentrale Elemente bei der Konstruktion nationaler Identitäten, im Prozeß des mentalen »nation-building« sind, gehört geradezu zu den Gemeinplätzen der kaum mehr zu überschauenden Literatur zu diesen Themen.[2] Frankreich macht dabei keine Ausnahme. Das Verhältnis von Nation, Religion und Krieg stellt sich hier jedoch als komplex und vieldeutig dar. Über Jahrhunderte war der Katholizismus, die Vorstellung, Frankreich sei die »erste Tochter der Kirche«, die dieser gegenüber eine besondere Verantwortung trage, ein wesentliches, wenn nicht das wesentliche Element der nationalen Selbstdefinition Frankreichs gewesen.[3] Mit der Revolution war dieses Erbe zerstört, ja geradezu in das Gegenteil umgekehrt worden. Seit 1790 bedeutete die religiöse Frage also eher ein Hindernis im Prozeß der Herstellung nationaler Kohärenz: Von nun an konkurrierten

---

[1] Ernest Renan, La réforme intellectuelle et morale. Brüssel 1990 [1871] S. 1 f. Ich danke Marie-Antoinette Gross (Berlin) für ihre hilfreichen Hinweise zum Thema dieses Aufsatzes.

[2] Verwiesen sei hier nur auf drei Bände der »Studien zur Entwicklung des kollektiven Bewußtseins in der Neuzeit«: Nationale und kulturelle Identität. Hg. Bernhard Giesen. Frankfurt a. M. ³1996; Nationales Bewußtsein und kollektive Identität. Hg. Helmut Berding. Frankfurt a. M. ²1996; Mythos und Nation. Hg. Ders. Frankfurt a. M. 1996.

[3] Vgl. René Rémond, La fille aînée de l'Église, in: Les lieux de mémoire 3. Hg. Pierre Nora. Paris 1997 S. 4321–4351 (alle Aufsätze aus den »Lieux de mémoire« werden im folgenden zitiert nach der dreibändigen Quarto-Ausgabe von 1997); Colette Beaune, Naissance de la nation France. Paris 1985.

zwei Konzepte nationaler Identität miteinander, eine Grundspannung, die
sich bekanntlich bis weit ins 20. Jahrhundert hinein hielt und die meist mit
dem Terminus der »deux France«, der zwei Frankreich beschrieben wird.[4]
Nicht einmal der Krieg, der zum »nationalen Krieg« stilisiert wurde, konnte
diesen Bruch zunächst heilen: Die katholische Vendée kämpfte 1793/94 gegen die Truppen der Revolution, die in ihren Augen das Vaterland nicht re-
präsentieren konnten. Erst in der »union sacrée« des Ersten Weltkriegs, der
»Grande Guerre« der Franzosen, konnte der Graben zwischen den »deux
France«, der sich 1790 aufgetan hatte, überbrückt werden.

Wie Stéphane Audoin-Rouzeau vor einigen Jahren zeigen konnte, hat
auch im Deutsch-Französischen Krieg von 1870/71 der Wille, die »patrie«
gegen den nationalen Gegner zu verteidigen, für eine Zeitlang die politischen
und religiösen Gräben innerhalb der Nation schließen können – Audoin-
Rouzeau spricht gar von einer Art »union sacrée avant la lettre«.[5] Es handelte sich jedoch um eine »union sacrée«, die nur äußerst kurze Zeit Bestand
hatte. Denn bekanntlich waren die auf den Krieg folgenden Jahre, im Grunde sogar der ganze Zeitraum, der den Deutsch-Französischen Krieg und den
Ersten Weltkrieg trennte, doch eine Periode der quasi pausenlosen und mit
großer Intensität geführten Auseinandersetzung zwischen den »deux France«, einer Auseinandersetzung, die sich immer wieder an der »religiösen Frage« entzündete.[6] Es erscheint daher lohnend, sich die Dialektik zwischen
»nationaler Kohäsion« im Krieg und der säkularen Auseinandersetzung der
»deux France« für das konkrete Beispiel der »année terrible« noch einmal genauer anzuschauen. Dies soll hier aus der Perspektive der französischen Ka-

---

[4] Vgl. CLAUDE LANGLOIS, Catholiques et laïcs, in: Les lieux de mémoire 2 (wie Anm. 3)
S. 2327–2358; RALPH GIBSON, Why Republicans and Catholics couldn't stand each other in the
Nineteenth Century, in: Religion, Society and Politics in France since 1789. Hg. FRANK TAL-
LETT/NICHOLAS ATKIN. London 1991 S. 107–120. Übergreifend zum Konflikt der »deux France«:
JULIUS WILHELM, Das Problem der »Deux France«, in: DERS., Beiträge zur romanischen Litera-
turwissenschaft. Tübingen 1956 S. 15–35; DOUGLAS JOHNSON, The Two Frances: The Historical
Debate, in: Conflict and Consensus in France. Hg. VINCENT WRIGHT. London 1979 S. 3–10;
MAURICE AGULHON u. a., Les guerres franco-françaises, in: Vingtième Siècle 5. 1985 S. 7–153.
[5] STÉPHANE AUDOIN-ROUZEAU, 1870. La France dans la guerre. Paris 1989. Auch Michael
Jeismann sieht in dem Konflikt von 1870/71 – vor allem bei Bonapartisten und gemäßigten
Republikanern – den Versuch, einer »nationalen« Rhetorik jenseits der religiös-politischen Ge-
gensätze zum Durchbruch zu verhelfen: MICHAEL JEISMANN, Das Vaterland der Feinde. Stuttgart
1992 S. 175 ff.; vgl. zu diesem Thema neuerdings auch: RAYMOND ANTHONY JONAS, Anxiety,
Identity, and the Displacement of Violence during the Année Terrible: The Sacred Heart and
the Diocese of Nantes, 1870–1871, in: French Historical Studies 21. 1998 S. 55–75.
[6] Vgl. dazu besonders GERD KRUMEICH, Jeanne d'Arc in der Geschichte. Historiographie –
Politik – Kultur. Sigmaringen 1989, hier bes. Kapitel 6: Jeanne d'Arc im Streit der »deux France«
bis zum Ersten Weltkrieg.

tholiken geschehen. Zwei Fragenkomplexe stehen dabei im Zentrum der folgenden Überlegungen: Gefragt werden soll zunächst, wie die Kriegssituation selbst gedeutet, wie der Feind definiert wurde. Inwiefern ging es bei den Kämpfen um religiöse Fragen – war es ein religiöser Krieg, ein »heiliger Krieg«? Anschließend wird zu untersuchen sein, wie der »Sinn« des Krieges, dann der Niederlage und schließlich des Bürgerkrieges interpretiert wurde.

Bevor wir eine Antwort auf diese Fragen versuchen, ist zunächst in aller Kürze der unmittelbare Ereignishorizont in Erinnerung zu rufen.[7] »L'année terrible« bedeutete für die französischen Katholiken zumindest vier auf unterschiedlichen Ebenen angesiedelte Ereignisketten:

Erstens ist zu nennen der Deutsch-Französische Krieg selbst, an dem die französischen Katholiken, wie überhaupt die meisten Franzosen, ohne Zögern und ohne innere oder äußere Widerstände teilnahmen, auch wenn sie der eigenen Regierung sowohl vor als auch nach dem Sturz des Kaiserreiches nur wenig Sympathien entgegenbrachten. Seit den ersten größeren Kämpfen Anfang August mußte dabei nicht nur der Krieg selbst, sondern auch dessen unerfreulicher Verlauf reflektiert und gedeutet werden, bis mit den weiteren Etappen der Schlacht von Sedan, der Kapitulation von Metz und schließlich der Belagerung und Kapitulation von Paris die Niederlage im Krieg zu einer Gewißheit wurde.

Zweitens: Ein Ereignis, das in seiner Bedeutung für die französischen Katholiken der eigenen Niederlage kaum nachstand, war die Einnahme Roms durch italienische Truppen und damit die Zerschlagung des Kirchenstaates. Seit 1849 hatten französische Soldaten die Integrität des päpstlichen Besitzes gegenüber den italienischen Forderungen verteidigt und garantiert; auf Entscheidung Napoleons waren diese aber bereits am 5. August abgezogen worden. Die Einnahme Roms und die Verlegung des italienischen Regierungssitzes in die päpstliche Stadt geschah dann zwar im September ohne das formelle Einverständnis der französischen Regierung, wurde aber billigend in Kauf genommen. Ein zentraler Bestandteil der »Berufung« Frankreichs in der Welt, nämlich der Schutz des Papstes, wurde damit verletzt.

---

[7] Zum Kriegsverlauf vgl. neben der Arbeit von AUDOIN-ROUZEAU, 1870 (wie Anm. 5), vor allem FRANÇOIS ROTH, La guerre de 1870. Paris 1990. Zur Haltung der Katholiken im Krieg vgl. vor allem JACQUES GADILLE, La pensée et l'action politiques des évêques français au début de la IIIe République (1870–1883). Paris 1967; materialreich und weiterführend weiterhin die klassischen Darstellungen von EDOUARD LECANUET, L'Eglise de France sous la Troisième République 1: Les dernières années du pontificat de Pie XI, 1870–1878. Paris ²1931 [1908]; und ANTONIN DEBIDOUR, L'Église catholique et l'État sous la Troisième République 1: 1870–1889. Paris 1906.

Drittens hingen innenpolitisch mit der militärischen Niederlage der Sturz des Kaiserreichs und die erneute Rückkehr zu einem republikanischen Regime zusammen. Die Katholiken waren sich der antiklerikalen Tendenzen innerhalb des französischen Republikanismus bewußt, suchten jedoch zunächst den Kontakt mit den neuen Machthabern. Vor allem in Paris und in einigen großen Provinzstädten wie Lyon oder Marseille, wo der linke, militant antiklerikale Flügel der Republikaner am stärksten war, sah sich die katholische Kirche dennoch bald diversen Angriffen ausgesetzt, die das Verhältnis schwer belasteten.

Schließlich ist der Kommuneaufstand zu nennen, der das »schreckliche Jahr« in einem blutigen Bürgerkrieg enden ließ. Auch hier sei auf die besondere Bedeutung der Kommune für das katholische Frankreich hingewiesen: In dessen Augen war diese einerseits eine Radikalisierung der antiklerikalen Tendenzen der Monate zuvor, andererseits die Wiederaufnahme des Projekts einer totalen und forcierten Dechristianisierung der Revolutionsjahre.

Wie reagierte nun das katholische Frankreich auf diese komplexe Situation? Um diese Frage zu beantworten, seien hier mit Veuillots »L'Univers« und dem »Français« zwei Zeitungen herangezogen, die als repräsentativ für die beiden großen Strömungen innerhalb des französischen Katholizismus, Ultramontanismus und Liberalismus, angesehen werden können.[8]

Veuillots tägliche Kommentare zum aktuellen Geschehen, zu Kriegsverlauf und Innenpolitik, sollen uns im folgenden einen ersten Einstieg in die oben skizzierten Fragestellungen einer katholischen Interpretation von Krieg, Niederlage und Bürgerkrieg geben.[9] Drei Leitideen standen im Zentrum seiner Argumentation. Alle drei Ideen waren von Beginn des Krieges an zu erkennen, sie erfuhren kaum eine Entwicklung, und sie wurden seinen Lesern in unablässiger Folge geradezu eingehämmert.[10]

---

[8] Jacques Gadille hat in seiner Arbeit zum französischen Episkopat gezeigt, daß diese schematische Einteilung der »opinion catholique« zu nuancieren ist, wobei er vor allem davor gewarnt hat, den »Liberalismus« der Gefolgsleute eines Dupanloup zu überschätzen: GADILLE, La pensée et l'action des évêques (wie Anm. 7) S. 46–108. Für unsere Zwecke scheint es jedoch zulässig, weiter mit dieser Klassifizierung zu arbeiten.

[9] Zu Veuillot und seiner Zeitung vgl. PIERRE PIERRARD, Louis Veuillot. Paris 1998; MARVIN L. BROWN, Louis Veuillot. French Ultramontane Catholic Journalist and Layman, 1813–1883. Durham N.C. 1977. Veuillots führende Stellung innerhalb des französischen Ultramontanismus betont GADILLE, La pensée et l'action politiques des évêques (wie Anm. 7) S. 59.

[10] Unter dem Titel »Paris pendant les deux sièges« hat Veuillot seine Leitartikel aus der Kriegszeit Ende 1871 in Buchform veröffentlicht; hier benutzt wurde die Ausgabe von 1927: LOUIS VEUILLOT, Paris pendant les deux sièges, in: DERS., Œuvres complètes 13. Paris 1927.

Zunächst: Der Krieg gegen Preußen ist in der Tat ein heiliger Krieg, ein Religionskrieg. Am 14. August, wenige Tage nach den ersten militärischen Rückschlägen Frankreichs, publizierte Veuillot einen Artikel mit dem Titel »La Prusse est le péché de l'Europe«, in dem die Melodie für zahllose weitere Artikel vorgegeben wurde:

»Née du protestantisme, son premier établissement lui fut fait par l'apostasie; elle a grandi dans le délire de l'impiété philosophique. Après Albert de Brandenbourg l'apostat, son second fondateur est Frédéric l'athée.«[11]

Damit gelingt es Veuillot, mit dem Feind Preußen geradezu zwei Fliegen mit einer Klappe zu schlagen: Preußen repräsentiert nicht nur den Protestantismus, sondern auch die Trias von Rationalismus, Individualismus und Aufklärung. Gegen einen solchen Feind, der in einem späteren Text mit Nero, mit Attila und selbst dem Satan gleichgesetzt wird, kann der Krieg, der ein Kreuzzug ist, nur grenzenlos sein. Grenzenlos in den Mitteln: Sollten die regulären Armeen nicht mehr genügen, so soll eine Guerilla den Kampf weiterführen und die Ehre Frankreichs retten.[12] Grenzenlos aber auch in der Zeit: Selbst die vollständige militärische Niederlage würde den Krieg zwischen dem katholischen Frankreich und dem »césar de l'hérésie« (gemeint ist der preußische König) nicht beenden können: Frankreich, die Personifizierung des Katholizismus, würde leben, solange es den Katholizismus gibt, also ewig. Und es würde seine Bestimmung im Streben nach Revanche finden, einer Revanche, die möglich wird, sobald die Gründe für die militärische Unterlegenheit im aktuellen Krieg behoben sind.[13]

Damit kommen wir zur zweiten Leitidee. Der Feind, das wird aus Veuillots Texten überdeutlich, ist im Grunde nicht Preußen, Deutschland, die deutsche Nation oder die deutsche Regierung, sondern eben der Protestantismus, der Rationalismus oder, noch breiter gefaßt, das Nicht-Katholische. Frankreich ist demgegenüber nicht aus sich heraus, als Nation, zu verteidigen, sondern nur insofern, als es das katholische Frankreich ist. Daher geht bei Veuillot mit der äußeren Feindbestimmung Preußen eine innere Feindbestimmung einher: Der französische Liberale ist so etwas wie der »prussien de l'intérieur«, da er wie dieser an der Zerstörung der »vieille France« gearbeitet habe. Symbolfigur dieser preußisch-französischen Symbiose ist Voltaire, *bête noire* des französischen Katholizismus (nicht nur in seiner ultramontan-intransigenten Variante), und es trifft sich für einen Polemiker wie Veuillot,

---

[11] Louis Veuillot, La Prusse est le péché de l'Europe [14.8.1870], in: ebd. S. 21 ff.; vgl. auch Ders., Le Prussien de M. de Girardin [26.8.1870], in: ebd. S. 53 ff.

[12] Ders., Tumulte [9.8.1870], in: ebd. S. 16.

[13] Ders., Bonne proclamation du Général Trochu [14.11.1870], in: ebd. S. 198.

daß just in den ersten Wochen des Krieges die republikanische Opposition in Paris eine Voltaire-Statue errichtet hat.[14] Voltaire, 1789, Napoleon, die Revolution von 1830 und das »juste milieu« der Julimonarchie, der Deismus à la Voltaire wie der Positivismus à la Comte und die bürgerlichen Freidenker der »Revue des Deux Mondes«, sie alle sind nicht Frankreich, keine wirklichen Franzosen:

»Ces gens-là sont venus des pays d'hérésie, des juiveries errantes, de lieux pires encore, des cavernes et des terres maudites où le nom de Jesus-Christ n'est pas connu. Les uns n'ont pas reçu le baptême, les autres l'ont gratté de leur front. Rénégats ou étrangers, ils n'ont ni ma foi, ni ma prière, ni mes souvenirs, ni mes attentes.«[15]

Die dritte Leitidee Veuillots ist mit dieser zweiten eng verbunden: Frankreich kann nur dann auf eine Umkehr des Kriegsglücks hoffen, wenn es vorher zu einer »Rechristianisierung« bereit ist und somit »zu sich selbst zurückfindet«, wenn das Frankreich Christi das Frankreich Voltaires wieder ersetzt hat. Dies zu erkennen, so Veuillot, ist der eigentliche Sinn des Krieges. Der Krieg selbst, dann die Niederlage, schließlich auch noch die Schrecken des Bürgerkrieges, alles zusammen wird von Veuillot konsequent als Teil eines göttlichen Plans interpretiert, dessen Ziel es ist, Frankreich zur Umkehr zu bewegen. Das Frankreich Voltaires, das Frankreich der Revolution, auch das Frankreich des Second Empire, das den Papst in Rom schutzlos den italienischen Truppen ausliefert, kann nicht auf die (notwendige) Hilfe Gottes auf dem Schlachtfeld hoffen; Preußen wird von Veuillot als der Stab Gottes interpretiert, mit dem dieser Frankreich straft und den er nach getanem Werk zerbrechen wird.[16] Zu Beginn des Krieges erwartete Veuillot diese Rückkehr zum rechten Glauben noch als direkte Folge des Kriegserlebnisses und hoffte auf eine Wendung des Kriegesglückes: Nach den ersten Meldungen über die militärischen Niederlagen im Elsaß schrieb er:

»La France se sent vivante. Elle espère, de cette espérance qui ne trompe point. Elle a quelque chose à garder dans le monde, quelque chose de plus grand qu'elle-même. Elle invoquera Dieu, elle réparera ses fautes, et elle remplira sa mission.«[17]

---

[14] DERS., La statue de Voltaire [16.8.1870], in: ebd. S.29f.; DERS., Inscription pour la statue de Voltaire [18.8.1870], in: ebd. S.36ff. Vgl. auch: AUGUSTIN COCHIN, Catholiques et protestants pendant la guerre, in: Le Français. 3.9.1870, S.1; zum Streit um Voltaire vgl. daneben JEAN-MARIE GOULEMOT/ERIC WALTER, Les centenaires de Voltaire et de Rousseau, in: Les lieux de mémoire 1 (wie Anm.3) S.351–382.
[15] VEUILLOT, Conversation avec M. Pelletan [16.11.1870], in: DERS., Paris pendant les deux sièges (wie Anm.10) S.204.
[16] DERS., Première nouvelle de la capitulation de Sedan – quand viendra l'homme? [4.9.1870], in: ebd. S.63.
[17] DERS., Première défaite [7.8.1870], in: ebd. S.14.

In diesen Zeilen ist alles enthalten, was den ultramontanen Diskurs über den Krieg und die Niederlage ausmachen sollte: die Hoffnung, das Gebet, die Erkenntnis der eigenen Fehler, die Umkehr und die Rückkehr zur nationalen »Mission«. Tatsächlich meinte Veuillot Zeichen der Umkehr zu erkennen, einen Geist des Opfers, eine Abwendung von der Genußsucht, die die letzten Jahre des Kaiserreiches gekennzeichnet hatte.[18] Mit zunehmender Kriegsdauer aber sah Veuillot den aktuellen Krieg als verloren an und hielt die Wiedergeburt Frankreichs nur als Folge der Niederlage im Krieg möglich. Die Wiederauferstehung Frankreichs konnte kein Werk weniger Tage oder Wochen sein.

Mit dieser in sich kohärenten, ja geradezu hermetischen Deutung des Krieges kontrastiert in fast allen Punkten das Bild, das in dem repräsentativen Organ des liberalen Katholizismus, der Zeitung »Le Français«, gezeichnet wird.[19] Mehrfach wird eine religiöse Interpretation des Kriegsgrundes und eine Stilisierung der Auseinandersetzung zwischen Preußen und Frankreich zum »Religionskrieg« explizit abgelehnt.[20] Ebenso dezidiert nehmen die Redakteure der Zeitung gegen eine sich in anderen Blättern entfaltende Haß-Propaganda Stellung.[21] Nicht Haß zwischen den Völkern, sondern machtpolitische Interessen, so die Zeitung, stehen hinter dem Krieg. Ebensowenig wie der äußere wird der innenpolitische Gegner religiös gedeutet. Antiprotestantische Töne finden sich in dem Blatt kaum, im Gegenteil, ausdrücklich wird der Patriotismus der französischen Protestanten anerkannt. »Je nie qu'il y ait au dix-neuvième siècle des nations ou des partis catholiques; il y a seulement des catholiques dans toutes les nations et dans tous les partis«, schreibt Augustin Cochin, einer der intellektuellen Köpfe des liberalen französischen

---

[18] DERS., La guerre [21.8.1870], in: ebd. S.44 f.

[19] Die Haltung der konservativ-katholischen, aber nicht »reaktionären« Gruppe von Politikern und Publizisten, als deren Organ »Le Français« angesehen werden kann, wird analysiert von JEAN-MARIE MAYEUR, Les conservateurs dans la crise de 1870–71, in: La guerre de 1870/71 et ses conséquences. Hg. PHILIPPE LEVILLAIN/RAINER RIEMENSCHNEIDER. Bonn 1990 S.284–308. Allgemein zum liberalen Katholizismus vgl. Les catholiques libéraux au XIXe siècle. Actes du Colloque international d'histoire religieuse de Grenoble. Hg. JACQUES GADILLE. Grenoble 1974; JEAN RÉMY PALANQUE, Catholiques libéraux et gallicans face au concile du Vatican, 1867–1870. Gap 1962.

[20] Vgl. zum Beispiel FRANÇOIS BESLAY, Le but de la guerre, in: Le Français. 26.7.1870 S.1. Später macht sich ein Redakteur der Zeitung darüber lustig, daß die Deutschen in den Erfolgen ihrer Armeen ein himmlisches Zeichen zugunsten des preußischen Königs und gegen die französische »Korruption« sehen, und bezeichnet derartige Auffassungen als »un curieux mélange de politique et de théologie«. Vgl. G. HUBER, Paris, 26 août, in: Le Français. 27.8.1870 S.1.

[21] G. HUBER, ohne Titel, in: ebd. 25.7.1870 S.4; sowie FRANÇOIS BESLAY, Les blessés de l'ennemi, in: ebd. 4.8.1870 S.1.

Katholizismus dieser Zeit und regelmäßiger Kommentator der Zeitung, in einem Artikel am 2. Januar 1871.[22] Deutlicher kann man die Antithese zu Veuillot, bei dem Nationen erst durch ihre religiöse Prägung einen eigenen Charakter gewinnen, kaum formulieren.

Dennoch: trotz dieser fundamentalen Unterschiede ist auch im »Français« deutlich eine »providentialistische« Deutung des Krieges zu erkennen. Auch die Autoren dieser Zeitung erkannten im Krieg und im Kriegsverlauf Zeichen der göttlichen Vorsehung, Zeichen, welche die Zeitgenossen zu deuten hatten.[23] Auch hier wurden Krieg und Niederlage als »châtiment«, als Strafe Gottes und Aufruf zur Umkehr angesehen, wenn auch nicht mit dem Ziel einer *forcierten* Rechristianisierung der Gesellschaft, wie wir es bei Veuillot gesehen haben.[24] »Concorde« – tatsächlich so etwas wie eine vorweggenommene »union sacrée«[25] – stand hier im Vordergrund: Durch den Krieg, so die Interpretation, werde Frankreich daran erinnert, Schluß mit den »discordes civiles« zu machen, die es in den letzten Jahrzehnten schwächten und ermatteten; gleichzeitig müsse und werde er zu einem »relèvement moral« führen, einer Abkehr vom Glanz, Luxus und frivolem Vergnügen, das die letzten Jahre des Empire gekennzeichnet habe.[26]

Tatsächlich trafen sich in dieser providentialistischen Deutung des Krieges, also in der Überzeugung, daß der Krieg und sein für Frankreich fataler Ausgang ein direkter Fingerzeig Gottes sei, Vertreter aller theologischen und politischen Strömungen des französischen Katholizismus. Wie weit diese Überzeugung ging, mag das Beispiel Renans verdeutlichen, den man durchaus schon als außerhalb des Katholizismus stehend ansehen kann und der in der »Réforme intellectuelle et morale« in den Ereignissen der »année terri-

---

[22] Augustin Cochin, L'année 1870, in: Le Français. 2./3.1.1871 S.1. Vgl. zuvor schon Ders., Catholiques et protestants pendant la guerre, in: ebd. 3.9.1870 S.1.

[23] Besonders deutlich: Paul Thureau-Dangin, Les signes de salut, in: ebd. 18.10.1870 S.1: »Nous sommes à une époque grandiose et redoutable où la main de Dieu apparaît plus qu'à tout autre moment […].«

[24] Eine ganz ähnliche Interpretation bietet Franz de Champagny in der ebenfalls liberal-katholischen Zeitschrift »Le Correspondant« am 18.6.1871, der ersten nach Krieg und Bürgerkrieg erschienenen Nummer. Vgl. Jürgen Vormbrock, »Le Correspondant« und das Second Empire. Phil. Diss. Essen 1998 S.204.

[25] Augustin Cochin, Catholiques et protestants pendant la guerre (wie Anm.14): »L'admirable patriotisme de la France réunit et confond de plus en plus toutes les distinctions de culte et de parti.«

[26] Ebd.: »Parmi ces signes, il en est un entre tous qui nous frappait et nous rejouissait, ce sont ces victoires quotidiennes de l'esprit de concorde, ce désarmement forcé des haines sociales et politiques et des haines antireligieuses.«

ble« ebenfalls die strafende Hand der Vorsehung entdeckte.[27] Es war jedoch eindeutig die ultramontane Variante der providentialistischen Kriegsdeutung, die nach 1871 in Frankreich die Oberhand gewann. Wie kam es dazu? Was verlieh der ultramontanen, intransigenten These diese Überzeugungskraft? Drei Gründe können meines Erachtens angeführt werden. Zur Radikalisierung der providentialistischen Deutung der »année terrible« trug zunächst das Erlebnis des Kommuneaufstandes bei. Hier etablierte sich – für lange Zeit – eine Deutung, nach der auch der gemäßigte Republikanismus oder Liberalismus mit der Zeit unwiderstehlich zu Anarchie und Terreur, zu Bürgerkrieg und Christenverfolgung führen müsse. Es ist hier nicht notwendig, die einzelnen Elemente des Anti-Kommune-Diskurses der katholischen Rechten zu wiederholen: In vielen Punkten, z.B. in dem Komplott-Topos, konnten sie direkt aus dem argumentativen Arsenal der Konterrevolution zwischen 1789 und 1815 übernommen werden.[28] Entscheidend war, daß die Kommune wie der endgültige Beweis der naturnotwendigen Entwicklung von Liberalismus und Freidenkertum zu Anarchie und Bürgerkrieg erscheinen konnte. Für zahlreiche Bischöfe (verschiedener Tendenzen) war auch hier das Zeichen Gottes nicht zu übersehen: Der politische und soziale Kollaps wurde nach dem militärischen Desaster als der letzte, unmißverständliche Aufruf Gottes, zu einer christlich geprägten Gesellschaft zurückzukehren, verstanden.[29] Symptomatisch für diese Sichtweise war die »Lettre pastorale sur les derniers malheurs de Paris«, die der Bischof von Orléans, Mgr. Dupanloup, vor 1870 einer der Wortführer des liberalen Flügels im französischen Episkopat, Ende Mai 1871 veröffentlichte.[30] »Le doigt de Dieu est ici«: Frankreich habe nicht auf die Warnungen, die er, Dupanloup (u.a. in seiner Schrift »L'Athéisme et le péril social«), schon während des Kaiserreichs ausgesprochen hatte, gehört; die Kommune habe nun gezeigt, wohin die »irréligion« in letzter Konsequenz führe. Für Dupanloup bestand kein Zweifel, daß hinter dem »satanischen« Treiben der Kommunarden die Frankreich für seinen Abfall vom Glauben strafende Hand Gottes zu erkennen war. »Par delà les flammes qui dévorent Paris, il est impossible de ne voir que la main des hommes. (…) il y faut voir Dieu, nous châtiant par nous-mêmes.« Eine rein politische Antwort auf die Krise der »année terrible« greife daher notwendigerweise zu kurz: Nur eine regelrechte Rechristianisie-

---

[27] Renan, La réforme intellectuelle (wie Anm. 1).

[28] Vgl. John M. Roberts, La Commune considérée par la droite, dimensions d'une mythologie, in: Revue d'histoire moderne et contemporaine 19. 1972 S. 187–203.

[29] Vgl. Gadille, La pensée et action politiques des évêques (wie Anm. 7) S. 218 ff.

[30] Hier zitiert nach dem Abdruck in: Le Français. 7.6.1871. Der Hirtenbrief Dupanloups ist datiert auf den 30.5.1871.

rung Frankreichs könne einen Ausweg aus dem Teufelskreis von Atheismus
und Revolution bieten: »Si la France ne redevient pas chrétienne, elle est per-
due.«

Die Überzeugungskraft einer solchen providentialistischen Deutung von
Krieg und Bürgerkrieg lag zweitens darin, daß sie auf einer im Frankreich
des 19. Jahrhunderts solide etablierten Tradition aufbauen konnte. Die Vorstellung eines im Hier und Jetzt richtenden und strafenden Gottes, die Interpretation der Geschichte als Offenbarung des göttlichen Weltenplans, war
im geistigen Leben der französischen Rechten seit den Schriften de Maistres
oder des Abbé de Barruel gängige Münze gewesen.[31] Diese hatten die Französische Revolution als Strafe Gottes für das »philosophische Zeitalter«, für
Rationalismus und Aufklärung interpretiert. Das Gegenstück dieser Deutung
bestand in einer messianischen Aufladung der Zukunft: Frankreich, das in
seinem Unglück seine Sünden erkenne und um Vergebung bitte, werde danach umso heller erstrahlen. Dieses Denkmodell, entstanden unter dem Eindruck der Terreur und der napoleonischen Kriege und ausgesprochen einflußreich während der Restauration, konnte während des 19. Jahrhunderts
mehrfach aktualisiert werden: Die Mißernte von 1846 fand in ihr als Zeichen
anhaltenden göttlichen Zorns ebenso Platz wie die Revolutionen von 1830
und 1848 (wobei der Juniaufstand als das eigentlich zentrale Ereignis dieses
Jahres erschien). Positive Deutungen erfuhren die Geburt des Thronfolgers
Henri V. im Jahre 1821 sowie der Staatsstreich Louis-Napoleon Bonapartes
1851 – Fingerzeige dafür, daß Gott Frankreich nicht vergessen hatte.

Derartige Interpretationen waren beileibe keine extravaganten Gedanken-
spiele ultramontaner oder ultraroyalistischer Intellektueller: Sie fielen, das
ist der dritte Grund, den ich hier für den Erfolg der providentialistischen
Kriegsdeutung anführen möchte, auf einen ausgesprochen fruchtbaren Boden beim katholischen Kirchenvolk selbst. Wunderglaube und der Gedanke
einer »lesbaren« Vorsehung waren in der Volksfrömmigkeit, die in den Jahren vor dem Krieg einen spürbaren Aufschwung erlebt hatte, tief verwurzelt.[32] Das Kriegserlebnis verstärkte diese Tendenz nur noch. So war es An-

---

[31] Vgl. Philippe Boutry, Dieu, in: Histoire des droites en France 3: Sensibilités. Hg. Jean-
François Sirinelli. Paris 1992 S. 209–249, vor allem S. 214 ff.

[32] Vgl. Thomas Kselman, Miracles and Prophecies in 19th century France. New Brunswick
N.J. 1983; zur Volksfrömmigkeit allgemein Philippe Boutry, Les mutations des croyances, in:
Histoire de la France religieuse 3: Du roi Très Chrétien à la laïcité républicaine. Hg. Jacques Le
Goff/René Rémond. Paris 1991 S. 465–510; Gérard Cholvy/Yves-Marie Hilaire, Histoire
religieuse de la France contemporaine. 2 Bde. Toulouse 1985–86, hier: Bd. 1; eine knappe Skizze
dieser Entwicklung bietet Gerd Krumeich, Jeanne d'Arc-Kult und politische Religiosität in
Frankreich nach 1870, in: Religion und Gesellschaft im 19. Jahrhundert. Hg. Wolfgang Schieder. Stuttgart 1993 S. 318–331, hier: S. 320 ff.

fang Januar 1871 in dem kleinen Dorf Pontmain bei Laval im Département Mayenne zu einer Marienerscheinung gekommen, in der Frankreich zum Gebet aufgefordert und dem Land baldige Rettung versprochen worden war.[33] Dieses Ereignis wurde mit einer fast zeitgleich stattfindenden bischöflichen Bittprozession in der Départmentshauptstadt Laval und der anschließenden tatsächlichen Verschonung der Stadt durch die deutschen Truppen in einen Zusammenhang gebracht und bald als ein Beweis für ein aktives Eingreifen Gottes zugunsten des katholischen Frankreich und die Macht des Gebets angesehen. Pontmain entwickelte sich schnell zu einem wichtigen regionalen Pilgerziel, das so erfolgreich war, daß bald der Neubau einer großen Basilika in Angriff genommen werden konnte. Ähnliche Ereignisse, wenn auch ohne die nationale Resonanz wie in Pontmain, waren auch an anderen Orten des Landes zu verzeichnen, wie überhaupt die 1870er Jahre eine Welle von – häufig royalistisch und ultramontan konnotierten oder ausdeutbaren – Wundern und Prophezeiungen erlebten. Bezeichnenderweise sahen sich die »liberalen« Katholiken veranlaßt, zur Vorsicht im Umgang mit derartigen Vorkommnissen zu warnen, während ein Veuillot, bei allen Vorbehalten in der Sache, sie zumindest politisch begrüßte.[34]

Besonders eng mit der providentialistischen Kriegsdeutung verbunden war der Herz-Jesu-Kult, der das vielleicht wichtigste Element in der durch den Krieg ausgelösten Frömmigkeitsbewegung darstellte.[35] Dieser basierte auf einer Vision der Ordensschwester Marguerite-Marie Alacoque im Kloster Paray-le-Monial im Jahre 1675, während der ihr Jesus sein Herz als Zeichen seiner Liebe zu den Menschen offenbart hatte. Gleichzeitig hatte er sich über den fehlenden Respekt der Menschen vor dem göttlichen Willen beklagt und sie zu Umkehr und Buße aufgerufen. Bei einer späteren Vision hatte Christus der Ordensschwester mitgeteilt, er werde über das Schicksal Frankreichs wachen, wenn der König dieses dem Herzen Jesu weihe. Andernfalls werde er das Königreich mit exemplarischen Strafen belegen. Der Vorwurf der Sünde, der Aufruf zu Reue und Buße, die Drohung mit Strafe und die Verheißung strahlender Zeiten nach der Rückkehr auf den rechten Weg – hier waren in der Tat alle Elemente vereinigt, die eine »providentialistische« Interpretation der Geschichte geradezu herausforderten. So kann es nicht verwundern,

---

[33] Zur Marienerscheinung von Pontmain vgl. KSELMAN, Miracles (wie Anm. 32) S. 114 ff.; RENÉ LAURENTIN/ALBERT DURAND, Pontmain. Histoire authentique. 3 Bde. Paris 1971.

[34] Vgl. dazu JEAN-MARIE MAYEUR, Mgr. Dupanloup et Louis Veuillot devant les »prophéties contemporaines« en 1874, in: Revue d'histoire spirituelle 48. 1972 S. 193–204.

[35] Zum Herz-Jesu-Kult vgl. die außerordentlich materialreiche Arbeit von JACQUES BENOIST, Le Sacré-Cœur de Montmartre. Spiritualité, Art et politique (1870–1923). 2 Bde. Paris 1992; sowie JONAS, Anxiety (wie Anm. 5).

wenn sich der Herz-Jesu-Kult vor allem im Gefolge der Französischen Revolution zu entfalten begann: Hier entstand die – apokryphe – Geschichte,
Ludwig der XVI. habe, bereits im Gefängnis, den von Christus geforderten
»Pakt« geschlossen, die dann ein gewichtiges Argument für die Rückkehr
der Bourbonen auf den Thron werden sollte. Aber erst im Deutsch-Französischen Krieg gewann die Verehrung des Herzen Jesu allgemeine Bedeutung.
Verschiedene Bischöfe weihten ihre Diözese dem Sacré-Cœur; im Kloster
von Paray-le-Monial wurde ein Banner mit der Aufschrift »Cœur de Jésus,
sauvez la France« genäht, unter dem die ehemaligen päpstlichen Zouaven,
die seit der Aufgabe Roms als »volontaires de l'Ouest« in der Loirearmee
kämpften, in den Kampf zogen.[36] In den Diskursen, die den Herz-Jesu-Kult
bereits während des Krieges begleiten, ist der Gedanke von Sünde – Sühne –
Vergebung omnipräsent. Der bereits erwähnte Bischof von Poitiers, Pie, erklärte am 16. Oktober:

>»Le crime du monde moderne, le crime qui nous attire de si cruels châtiments n'est ni
le crime privé ni le crime domestique. C'est le crime public, le crime social, le crime
national. Elevons donc nos bras, élevons nos voix, élevons nos cœurs vers le Cœur de
Jésus pour lui faire une consécration personnelle, domestique, nationale.«[37]

In den 1870er Jahren gelang es, den Herz-Jesu-Kult gleich zweifach zu »in-
stitutionalisieren«: durch die Pilgerfahrten nach Paray-le-Monial, dem Ort
der ursprünglichen Vision, an dem nun auch das symbolbeladene Kriegsban-
ner der Zouaven aufbewahrt wurde, und durch den Bau der Kirche Sacré-
Cœur de Montmartre in Paris. In beiden Fällen gelang es, das Kirchenvolk
aktiv in den Kult einzubinden und damit den alltäglichen Rahmen der religiösen Aktivität der Gläubigen über Gottesdienst, Gebet und fromme Lektüre hinaus zu erweitern: Sacré-Cœur, ursprünglich geplant als Fanal an der
Stelle der neuen Pariser Oper, dem Symbol des dekadenten Kaiserreichs,
wurde zum allseits sichtbaren Zeichen der Sühnebereitschaft Frankreichs
und der Franzosen. In dem »Vœu national«, der am Anfang des Kirchenbaus
von Montmartre stand und als Basis für die Spendensammlung zur Finanzie-
rung der Kirche diente, war die Gedankenkette »Schuld – gerechte Strafe –
Reue – Gnade« die dominierende Leitidee.[38] In Paray-le-Monial dagegen
demonstrierten Zehntausende katholischer Pilger ihre Verbundenheit mit

---

[36] GADILLE, La pensée et l'action politiques des évêques (wie Anm. 7) S. 230 ff.; BENOIST, Le
Sacré-Cœur (wie Anm. 35) S. 200 f.
[37] Zit. nach ebd. S. 204.
[38] Text des Gelübdes: ebd. S. 209/210; zum Kirchenbau von Montmartre vgl. neben der Arbeit von Benoist: FRANÇOIS LOYER, Le Sacré-Cœur de Montmartre, in: Les lieux de mémoire 3
(wie Anm. 3) S. 4253–4269.

dem Herzen Jesu und ihre Hoffnung, durch Reue und die Bitte um Vergebung sowohl Frankreich als auch Rom von ihren modernen Usurpatoren zu befreien.[39] Sowohl in Paris als auch in der burgundischen Provinz zeigte sich – neben dem dominierenden Sühnegedanken – die dezidiert antimoderne Ausdeutung der Kriegsereignisse. Die Kette der Sünden Frankreichs, für die man in der »année terrible« so teuer bezahlen mußte, so die Überzeugung der Initiatoren des »Vœu national«, reicht zurück bis in die Entwicklung der gallikanischen Kirche und ihrer Betonung der »französischen« Freiheiten gegenüber dem Heiligen Stuhl in Rom und führt über die Politik Ludwigs XIV. und die Aufklärung zur Revolution und zu den jüngsten Sünden des Kaiserreichs: dem Verrat an der Sache des Papstes und der »fête impériale«, dem Sittenverfall vor allem im Sündenpfuhl Paris, dem neuen Babylon.[40] Die erhoffte Rechristianisierung Frankreichs bedeutete dabei weit mehr als bloß eine Renaissance des individuellen Glaubens. Es ging – wie schon Dupanloup in seinem Hirtenbrief von 1871 gefordert hatte – um eine Rechristianisierung auch des öffentlichen Lebens, der Politik.[41] Mit dem Kult des Sacré-Cœur war untrennbar die Idee verbunden, daß sich Frankreich *als Nation* dem Herzen Jesu weihen und damit endlich wieder seinen angestammten Platz als »fille aînée de l'église« einnehmen sollte. Dies war der Sinn einer Pilgerfahrt, die 50 katholische Abgeordnete der »Assemblée Nationale« am 29. Juni 1873 nach Paray-le-Monial unternahmen und bei der der Abgeordnete de Belcastel Frankreich gleichsam »vorläufig« (bis zu einem entsprechenden Beschluß der zuständigen Institutionen) dem »Sacré-Cœur« weihte[42]; dies war auch der Sinn, den die Initiatoren des »Vœu national« (wenn auch letztlich vergeblich) dem Kirchenbau von Montmartre zu geben wünschten.[43] Mehr noch als die im unmittelbaren Sinn politischen Forderungen, die in ihrem Umfeld (wie überhaupt im ultramontanen Katholizismus) ständig zu hören waren – die Restauration der legitimen Monarchie unter Henri V. und die Rückkehr des Papstes nach Rom – war es die-

---

[39] Zur Pilgerbewegung nach Paray-le-Monial vgl. MICHEL CINQUIN, Paray-le-Monial, in: DERS./PHILIPPE BOUTRY, Deux pèlerinages au XIXe siècle: Ars et Paray-le-Monial. Paris 1980.

[40] Vgl. dazu ausführlich BENOIST, Sacré-Cœur 1 (wie Anm. 35) S. 134 ff. Benoist widerlegt ein für alle Mal die Legende, daß die Pariser Kommune der Anlaß für den Bau der Kirche war.

[41] Hier zeigt sich einmal mehr, daß bezüglich des Staat-Kirche-Verhältnisses »liberale« Katholiken wie Dupanloup und die »Ultramontanen« weniger weit auseinander lagen als es die überaus heftigen Polemiken zwischen beiden Lagern in theologischen und kirchenpolitischen Fragen vermuten lassen. Vgl. dazu KRUMEICH, Jeanne d'Arc in der Geschichte (wie Anm. 6) S. 167 f.

[42] Vgl. CINQUIN, Paray-le-Monial (wie Anm. 39) S. 208 ff. Die Ansprache de Belcastels ist abgedruckt in: L'Univers. 1. 7. 1873 S. 1.

[43] Vgl. BENOIST, Sacré-Cœur 1 (wie Anm. 35) S. 276 ff.

se Neudefinition des Verhältnisses von Staat und Kirche, in der sich die »re-
aktionäre«, anti-liberale Tendenz der Sacré-Cœur-Bewegung manifestierte.

Mit dem Schwinden der Hoffnungen auf eine Realisierung des Sühnegedan-
kens und der nationalen Umkehr zu Beginn der 1880er Jahre begann auch
die oben skizzierte Interpretation der »année terrible« an Anziehungskraft
zu verlieren; sie erwies sich schließlich doch als zu esoterisch, um langfristig
und in einem sich wandelnden politisch-theologischen Umfeld mythenbil-
dend wirksam zu werden. Eine spezifisch katholische Interpetation der Ereignisse von 1870/71 ist fortan nicht mehr zu verzeichnen[44], wie insgesamt
zu sagen ist, daß der Deutsch-Französische Krieg im kollektiven Gedächtnis
der französischen Rechten bis 1914 kaum präsent ist.[45]
    Die Auswirkungen der hier grob skizzierten Deutung der »année terrible«
durch die französischen Katholiken waren dennoch erheblich. Die providentialistische Sicht der Niederlage führte mit dazu, daß sich in den Jahren nach
1871 die religiöse Frage wieder zu der Frage entwickelte, an der sich die
»deux France« schieden; nicht die Entscheidung zwischen Republik oder
Monarchie, auch nicht der Gegensatz zwischen sozialer Reformbereitschaft
und sozialem Konservativismus.[46] Denn weder die Interpretation des Krieges und der Niederlage als »châtiment« und als göttliches Zeichen, noch die
daraus abgeleitete Forderung nach einer Rechristianisierung der Gesellschaft
war über das im engeren Sinne katholische Lager hinaus vermittel- oder auch
nur verhandelbar und dies umso mehr, als der Schuld-Sühne-Topos bei entsprechend übelwollender Lektüre durchaus auch »defaitistisch« ausdeutbar
war: Wie kann man ein Land verteidigen, von dessen Schuld man überzeugt
ist und dessen göttliche Bestrafung man selbst als gerecht anerkennt?[47] Die
massive Teilnahme der Katholiken an der Verteidigung des Landes zeigte indes, daß dies ein rein hypothetisches Gedankenspiel war, das jeder realen

---

[44] Ein bezeichnendes Indiz für dieses »Vergessen« ist die fast vollständige Abwesenheit des
»Schuld-Sühne«-Topos im 1908 erschienenen ersten Band von LECANUET, L'Eglise de France
sous la Troisième République (wie Anm. 7), in dem die Kriegs- und Nachkriegszeit behandelt
wird .
[45] Vgl. JEAN EL GAMMAL, La guerre de 1870–1871 dans la mémoire des droites, in: Histoire
des droites en France 2: Cultures. Hg. JEAN-FRANÇOIS SIRINELLI. Paris 1992 S. 471–504.
[46] Dies zeigt überzeugend für die Zeit der Assemblée Nationale RAINER HUDEMANN, Frakti-
onsbildung im französischen Parlament. Zur Entwicklung des Parteiensystems in der frühen
Dritten Republik (1871–75). München 1979.
[47] So kritisierte der (ansonsten den katholischen Patriotismus ausdrücklich würdigende) republikanische Historiker Antonin Debidour noch 1906 die »demoralisierende Wirkung« dieser
providentialistischen Geschichtsdeutung: DEBIDOUR, L'Église catholique et l'État (wie Anm. 7)
S. 14.

Grundlage entbehrte; dennoch stellte die providentialistische Kriegsdeutung eine ideale Munition für antiklerikale Propaganda dar, mit der die Katholiken wirksam aus der modernen Nation, der Gemeinschaft der »citoyens«, ausgeschlossen werden konnten.

»Die Legende vom frommen Reichsgründer Bismarck«. Neue Überlegungen zu Bismarcks Religiosität

von

Lucian Hölscher

Manchmal vermag auch eine historisch obsolet erscheinende Frage Anstöße für die Arbeit des Historikers zu geben. Zwingt sie ihn doch, Distanz zu wahren gegenüber der vorschnellen Annahme, in der Vergangenheit sei es immer schon um prinzipiell die gleichen Probleme gegangen, die uns heute auch noch berühren, und statt dessen den Gründen nachzugehen, die dazu geführt haben, daß eine vormals als eminent wichtig erschienene Fragestellung heute als unwichtig und historisch bedeutungslos erscheint. In diesem Sinne soll hier noch einmal die Frage aufgegriffen werden: War Bismarck ein frommer Mann? Das Problem ist heute von relativ geringem Interesse. In der neueren Bismarck-Literatur spielt sie jedenfalls keine große Rolle mehr – umso mehr dagegen in der älteren: In ihr wurde Bismarcks Frömmigkeit, seine »Religion«, sein »Glaube«, wie man sagte, nämlich schon zu seinen Lebzeiten zu einem zentralen Schlüssel für sein Verständnis erhoben, und dies Interesse hielt bis weit über den Zweiten Weltkrieg hinaus an. Worin, so fragt man sich heute, lag der historische Sinn dieses Zugangs zum Verständnis Bismarcks begründet, und warum ist das Interesse daran in den letzten Jahrzehnten so stark geschwunden?

I. Bismarcks Religiosität: ein forschungsgeschichtlicher Rückblick

Die Frage verweist auf die Legende vom frommen Reichsgründer Bismarck, die in der deutschen Geschichtsschreibung schon bald nach Bismarcks Tod aufgekommen ist. Bismarcks Briefe an seine Braut und Gattin, im Jahre 1900 von dessen Sohn Herbert veröffentlicht, eröffneten den Zeitgenossen, insbesondere der damals wachsenden Zahl von Bismarck-Verehrern, einen bislang wenig vertrauten Blick auf den Privatmann Bismarck, der das in der linksliberalen, katholischen und sozialdemokratischen Öffentlichkeit weit verbreitete Bild vom stahlharten Gewalt- und Interessenpolitiker zu korrigieren erlaubte. Schon der Werbebrief an seinen künftigen Schwiegervater von Puttkammer vom Dezember 1846, mit dem die Briefsammlung einsetzte, zeigte Bismarck als einen jungen, auf die 30 zugehenden Mann, der sich, von seinem bisher unsteten und glaubenslosen Leben abgestoßen, mit »rückhaltloser Offenheit« der religiösen Glaubenswelt seines neuen pietistischen Freundeskreises in Pommern, in den adligen Familien der von Thadden-Trieglaff und von Puttkammer, zugewandt hatte.[1] Und dieser Eindruck verfestigte sich im folgenden immer mehr in dem innigen Briefwechsel mit seiner Braut und Gattin: In ihm zeigte sich Bismarck nicht nur als ein liebender und stets um rechte Glaubensgewißheit ringender Gatte, sondern zugleich auch als scharfer Kritiker aller Formen von mangelhafter, klerikaler oder weltabgewandter Frömmigkeit.

Die Briefe sollten, wie schon die Verlagsbuchhandlung im Vorwort von 1900 erläuterte, »von neuem den Beweis liefern, daß sein Gemüt ebenso groß und tief war wie sein Geist«, und damit dazu beitragen, Bismarck »den Herzen vieler seiner Landleute menschlich näher« zu rücken.[2] Der Berliner Historiker Max Lenz bestätigte denn auch im folgenden Jahr sogleich, die Veröffentlichung der Bismarck-Briefe habe »auf viele Leser fast verblüffend, [...] auf alle überraschend« gewirkt.[3] Lenz selbst nutzte sie zunächst, um das politische Ansehen Bismarcks aufzupolieren: Bismarcks politische Haltung sei, so seine folgenreiche These, auch später, zu Zeiten des »Bruderkriegs« mit Österreich und der Reichsgründung, seines Bündnisses mit den Liberalen und seines Kampfes gegen die politischen Machtansprüche des katholischen und protestantischen Klerus, als Ausdruck einer tiefen persönlichen Religiosität zu werten und deshalb, wenn schon nicht zu teilen, so doch wenigstens menschlich ernst zu nehmen. Lenz ging jedoch auch schon einen Schritt darüber hinaus, indem er Bismarcks Briefe als erstrangiges literarisches und religiöses Dokument innerhalb der deutschen Kulturgeschichte würdigte: „Schönere Briefe als Bismarck an seine Braut hat nie ein Liebender geschrieben. Sie erinnern zugleich an den jungen Goethe und an Luther.[4] Hier deutete sich schon die Überhöhung Bismarcks zum nicht nur politi-

---

[1] Fürst Bismarcks Briefe an seine Braut und Gattin. Hg. Fürst HERBERT BISMARCK. Stuttgart ⁴1914 S. 1.

[2] Ebd. S. 1.

[3] MAX LENZ, Bismarcks Religion, in: DERS., Kleine Historische Schriften. München 1910 S. 360–382, hier S. 361 f.

[4] Ebd.

schen, sondern auch zum nationalen, insbesondere zum religiösen Glaubenshelden an, welche in der Folge eine so große Bedeutung für die Bismarck-Legende gewinnen sollte. Auf die Prüfung der sachlichen Berechtigung dieses Urteils sei hier vorerst verzichtet, auf sie ist später einzugehen. Hier geht es zunächst nur darum, die Bedeutung der Frage nach Bismarcks Religiosität für dessen historische Beurteilung insgesamt im Urteil der Bismarck-Forschung zu verstehen:

Erich Marcks monumentale Beschreibung von Bismarcks Jugend aus dem Jahr 1909 knüpfte unmittelbar an die Untersuchungen von Max Lenz an. Vor allem seine Einschätzung der Persönlichkeit Bismarcks kam derjenigen von Lenz außerordentlich nahe: »Dieses Dasein war so groß, in sich so gewaltig, für sein Volk so umfassend bedeutungsvoll, daß an ihm alles, soweit es nur Leben hat, historisch wertvoll ist.«[5] Dies gilt auch für Bismarcks Religion: An ihr vor allem versuchte Marcks »die Wechselwirkung der Persönlichkeit mit ihren Aufgaben und ihrer Welt« aufzuzeigen.[6] Und auch ihm drängte sich wie Lenz bei der Würdigung von Bismarcks »genialer Religiosität« der Vergleich mit Luther auf – »den beiden mächtigsten unter allen Deutschen der Neuzeit«. Beide teilten ihm zufolge »neben dem persönlichen auch den männlichen Gleichklang [...] die Abweisung aller Weichlichkeit und Schwärmerei [...], die doch auch bei Luther immer wieder durchbrechende Heiligung des Weltlichen!«[7] Historische Distanz und historistische Einfühlung in das religiöse Seelenleben Bismarcks gingen hier eine zeittypische Verbindung ein: Sie erlaubten der hagiographischen Bismarck-Forschung der ersten Jahrzehnte nach Bismarcks Tod, in dessen religiöser Persönlichkeit auch den Schlüssel zur historischen Würdigung seines politischen Werkes, vor allem der Reichsgründung, zu finden.[8]

Dies erwies sich in den Jahren vor und während des Ersten Weltkriegs, einer Zeit, in der auch konservative und nationalliberale Kreise eine wachsende Unzufriedenheit mit der Reichspolitik unter Wilhelm II. bekundeten, als ein wichtiger Beitrag zur politischen Kursbestimmung: Angesichts zunehmender Mißerfolge in der Außenpolitik und einer verstärkten innenpoliti-

---

[5] ERICH MARCKS, Bismarcks Jugend 1815–1848. Stuttgart 1909 S. VII.

[6] Die wissenschaftliche Beschäftigung mit Bismarcks Religion setzte schon vor der Veröffentlichung der Brautbriefe im Jahre 1900 ein. Vgl. OTTO BAUMGARTEN, Bismarcks Stellung zu Religion und Kirche. Tübingen 1900.

[7] Ebd. S. 371.

[8] Zu der Überzeugung, »daß man die Persönlichkeit Bismarcks in ihrer Eigenart und geschichtlichen Größe nie ganz verstehen wird, wenn man glaubt, sie von ihrem ewigen Grunde loslösen zu können«, hatte sich unter vielen anderen auch der niederrheinische Pfarrer Otto Schiffers im Vorwort zu seiner 1905 erstmals veröffentlichten Schrift »Bismarck als Christ« bekannt: OTTO SCHIFFERS, Bismarck als Christ. Elberfeld 1906 S. V.

schen Opposition schien ihnen eine Reorientierung der Reichspolitik an Bismarcks politischem Kurs als erfolgversprechendes politisches Konzept. Und da sich dieses nur unzureichend unmittelbar an Bismarcks pragmatischen politischen Entscheidungen ausrichten konnte, mußte der besondere »Geist«, die religiöse Haltung Bismarcks als Ersatz für eine eigene, in sich konsistente politische Philosophie herhalten.

Ein deutliches Beispiel für diese unmittelbare Funktionalisierung von Bismarcks Religiosität für die zeitgenössische politische Kursbestimmung bietet die Schrift »Bismarcks Glaube«, die 1915 der damalige protestantische Divisionspfarrer Hans von Soden als Heft 40 der Politischen Flugschriften »Der Deutsche Krieg« veröffentlichte. Im Kontext der Frage, woran sich die Gerechtigkeit dieses Krieges aus deutscher Sicht bemesse und in welchem Glauben er gewonnen werden könne, diente ihm Bismarck gleich auf zweifache Weise als Wegweiser: Zum einen hatte Bismarck durch seine militärischen Siege 1864–71 bewiesen, daß er »den rechten Glauben« besaß, der zum Siege führte und so am besten dem Vaterland diente, und zum andern war es schließlich sein Erbe, um dessen Zukunft es jetzt ging.

Die Quelle von Bismarcks Religiosität lag für von Soden in dessen »persönlichem Gottesglauben«: »Es ist schwierig zu denken, daß er sich jemals bei etwas minder Elementarem wahrhaft beruhigt haben würde als bei dem persönlichen Gott«, hatte schon Marcks bemerkt.[9]

»In ihm selber wirkten zeitlose Gewalten: diese Stärke der persönlichen Kraft und der eine ewige Urtrieb des Menschentums, der immer wieder über alle Dämme und jeden Kunstbau des Denkens und der Kultur hinweggedrungen ist und gerade das Starke und die Starken gepackt und an sich gerissen hat, der religiöse Otto von Bismarck fühlte ihn, […] sein ganzes Leben hat er bewiesen: Er brauchte den persönlichen Gott und kam zur Vollendung und zum Frieden erst, als er ihn hatte.«[10]

In der Betonung von Bismarcks persönlichem Gottesglauben lag für von Soden aber noch mehr, nämlich die polemische Abgrenzung sowohl gegenüber dem Pantheismus wie gegenüber dem Deismus – zwei Strömungen innerhalb der protestantischen Frömmigkeit zur Zeit Bismarcks wie zu Beginn des 20. Jahrhunderts, welche, wie von Soden betonte, zumindest in kriegerischen Zeiten wie der gegenwärtigen äußerst schädlich seien. Denn die eine verführe mit ihrem Glauben an eine »unendliche Harmonie« zu einer extensiven »Individualkultur« und »religiöser Zersetzung«, die andere dagegen mit ihrem Glauben an eine sich selbst regulierende Natur zu »falscher Ge-

---

    [9] Marcks, Bismarcks Jugend (wie Anm. 5) S. 267.
    [10] Hans von Soden, Bismarcks Glaube (Der Deutsche Krieg. Politische Flugschriften Heft 40). Stuttgart usw. 1915 S. 12.

wißheit«.[11] Die Rekonstruktion von Bismarcks Religiosität diente hier also auch der Parteinahme in einem innerprotestantischen Richtungsstreit um die richtige Kriegstheologie. Konkret ging es um die Abwehr von religiösen einerseits zu ängstlichen, andererseits zu selbstgewissen Stimmen, welche die rechte Mischung von nationalem Selbstbewußtsein und Gottesdemut im Krieg zu verfehlen drohten.

Dies war kein Einzelfall, sondern findet sich auch bei anderen liberalen Theologen, etwa in der 1915 unter demselben Titel »Bismarcks Glaube« publizierten Schrift des Kieler praktischen Theologen Otto Baumgarten.[12] Von den liberalen Theologen wurde Bismarck als Kronzeuge für eine moderne, weltoffene Religion vorgeführt, als »Klassiker der Religion«, wie ihn Otto Baumgarten 1922 titulierte.[13] Baumgarten bezog damit eine theologische Gegenposition zu den orthodoxen Lutheranern und Pietisten, die schon zu Lebzeiten Bismarcks an dessen protestantischer Gesinnung gezweifelt hatten. Schon in den 1860er Jahren waren solche Zweifel aus dem pietistischen Freundeskreis Bismarcks an die Öffentlichkeit getreten, und sie nähren eine bis heute anhaltende Diskussion unter deren Nachkommen.[14] Das Verhältnis von Politik und Religion stellte sich bei ihnen gewissermaßen unter umgekehrten Vorzeichen: Bemaß sich bei den Liberalen das Urteil über Bismarcks Religiosität überwiegend an seinem politischen und privaten Wirken, so bemaß sich bei den Pietisten umgekehrt das Urteil über Bismarcks Politik an deren Übereinstimmung mit einem bestimmten Begriff von Luthertum. Darauf wird später noch näher einzugehen sein.

Nach dem Ersten Weltkrieg trat die Bismarck-Forschung dann aber doch wenigstens teilweise aus dem Schatten einer vorbehaltlosen Bismarck-Verehrung heraus. Zwar wurde die Niederlage im Krieg von der Bismarck-Gemeinde, zu der weiterhin die Mehrheit der deutschen Universitätshistoriker zählte, jetzt mehr als je zuvor darauf zurückgeführt, daß die politische Führung Deutschlands den Kurs des Reichsgründers nicht beibehalten hatte. Aber zugleich meldeten sich nun auch vereinzelt diejenigen zu Worte, die in Bismarcks politischem Credo keine Basis mehr für die junge demokratische Republik sehen konnten. Dies wirkte sich vereinzelt auch auf die literarische

---

[11] Ebd. S. 28.

[12] Vgl. auch Reinhold Seeberg, Das Christentum Bismarcks (Biblische Zeit- und Streitfragen 10, 6). Berlin-Lichterfelde 1915.

[13] Otto Baumgarten, Bismarcks Religion, in: Klassiker der Religion 16. Hg. Gustav Pfannmüller. Berlin-Schöneberg 1922.

[14] Vgl. Reinhold von Thadden-Triglaff, Der junge Bismarck. Eine Antwort auf die Frage: War Bismarck Christ? Hamburg, Berlin 1950; Rudolf von Thadden, Bismarck – ein Lutheraner?, in: Luther in der Neuzeit. Hg. Bernd Moeller. Gütersloh 1983 S. 104–120.

Darstellung Bismarcks aus. Vor allem die populäre, psychologisierende Bismarck-Biographie von Emil Ludwig aus dem Jahre 1926 wurde von der Zunft als Skandal empfunden.[15] Allerdings brachte auch sie keine Abkehr von der vorherrschenden Aufmerksamkeit für Bismarcks religiöses Innenleben.

Denn so sehr sich Ludwig auch darum bemühte, Bismarcks Religiosität durch eine vermittelnde Würdigung der dunklen und der hellen Seiten seines Charakters zu einer funktionalen Nebensache zu erklären, so sehr verriet doch gerade sein Bestreben, der »Geschichte einer Seele auf den Grund zu gehen«[16], letztlich wieder ein religiöses Anliegen. Zwar stilisierte er Bismarck nicht mehr wie seine Vorgänger zum Christen in einem wie auch immer theologisch oder religiös definierten Sinne, dafür aber umso mehr zu einem dämonisch-unheimlichen, wenn auch genialen Charakter, der sich von aller religiösen Verpflichtung an ein kirchliches Bekenntnis frei gemacht hatte. Gerade in dieser Gestalt bot auch für Ludwig Bismarcks eigentümlich ungebundene und politisch funktionalisierte Religiosität den entscheidenden Schlüssel zur Erklärung seines politischen wie privaten Lebens.

Dies setzte sich auch in der nationalsozialistischen Geschichtsschreibung fort. Sie verachtete an Bismarcks Religiosität ebenso deren christliche Züge, wie sie umgekehrt seine Ungebundenheit gegenüber klerikalen Machtansprüchen guthieß. Mit dem Ende des Dritten Reiches ging allerdings diese partielle Emanzipation vom Vorbild Bismarcks zunächst wieder verloren. Sicherheit vor einer Wiederholung der nationalsozialistischen Gewaltpolitik schien nämlich konservativen Historikern vielfach gerade wieder Bismarcks Religiosität zu bieten. Zu diesen gehörte etwa der Schweizer Leonhard von Muralt, der 1955 seine Untersuchung über »Bismarcks Verantwortlichkeit« in den Dienst der Suche »nach den geschichtlichen Stellen« stellte, an die man »nach der Zerstörung des deutschen Denkens« durch die »Katastrophe« des Dritten Reiches historisch anknüpfen könne.[17]

Nicht ohne eine typisch historistische Versenkung in Bismarcks innerste Seelenlage präsentierte von Muralt Bismarcks Religiosität als Vorbild für eine bis heute gültige politische Ethik. Denn in deren »innerer Echtheit und Wahrhaftigkeit« erblickte er ein entscheidendes Kriterium für die Richtigkeit und den Erfolg von Bismarcks und damit letztlich aller Politik. Jenseits aller Ideologien und politischen Programme bildete für den überzeugten

---

[15] Zum Beispiel Otto Westphal, Der Fall Ludwig, in: Ders., Feinde Bismarcks. München usw. 1930 S. 1–44.

[16] Emil Ludwig, Bismarck. Geschichte eines Kämpfers. Berlin 1928 S. 9.

[17] Leopold von Muralt, Bismarcks Verantwortlichkeit (Göttinger Bausteine zur Geschichtswissenschaft 20). Göttingen 1955 (Vorwort).

Protestanten Bismarck das individuelle Gewissen des Politikers, seine aus-
schließliche Verantwortung vor Gott, die oberste Richtschnur politischen
Handelns: »Die Stimme des Gewissens ist indes nur verständlich als Antwort
auf einen unbedingten Anruf, dem sich weder der Republikaner noch der
Monarchist […] entziehen kann.«[18] Die historistische Einfühlung in die Religiosität, den innersten Kern einer Persönlichkeit, bildete noch immer die
theoretische und methodische Prämisse solcher Geschichtswissenschaft:
»Die geschichtliche Erkenntnis erweist sich in diesen Fragen als Wahrheit in
der Begegnung. Sie vollzieht sich als Akt des Vertrauens oder Mißtrauens.
Nur in ihr kommt sie den Dingen, der geschichtlichen Persönlichkeit auf
den Grund.«[19]

Erst seit den 1960er Jahren verlor Bismarcks Religiosität in der Forschung
allmählich an Interesse. Die Preisgabe des historistischen Deutungsansatzes,
d.h. des Bestrebens, historische Prozesse im wesentlichen aus einem Verständnis der an ihnen maßgeblich beteiligten Persönlichkeiten zu verstehen,
schuf Raum für sozialhistorisch und politikwissenschaftlich ausgerichtete
Erklärungsansätze, die dem religiösen Faktor nun allerdings kaum noch Erklärungskraft zubilligten. Wenn deshalb in den letzten beiden Jahrzehnten
Analysen von Bismarcks Politik, wie etwa in Hans-Ulrich Wehlers »Deutscher Gesellschaftsgeschichte«, auch nicht gänzlich ohne Verweis auf dessen
Religiosität auskamen, so beschränkten sie sich doch in der Regel strikt auf
die Veranschaulichung von Bismarcks Charakter und sprachen diesem nur
noch gelegentlich, wie etwa bei Lothar Gall und Thomas Nipperdey, in der
Beschreibung Bismarcks als politisches »Urgestein« eine latent politische Bedeutung zu.[20]

Wenn damit aber auch die historiographische Aufmerksamkeit für Bismarcks Religiosität ihre vormalige Bedeutung für eine Rechtfertigung von
dessen Politik und einer an seinem Vorbild orientierten allgemeinen politischen Ethik verloren hat, so ist trotzdem noch nicht die auf ihr aufbauende
Legende vom frommen Reichsgründer Bismarck erledigt. Denn wie »fromm«
Bismarck tatsächlich war und in welcher Weise seine politischen Entscheidungen von seiner Frömmigkeit beeinflußt wurden, ist bislang noch gar nicht
zur Sprache gekommen. Die in der nationalliberalen Bismarck-Forschung

---

[18] Ebd. S. 49.
[19] Ebd. S. 50.
[20] Hans-Ulrich Wehler, Deutsche Gesellschaftsgeschichte 3: Von der »Deutschen Doppelrevolution« bis zum Beginn des Ersten Weltkrieges 1849–1914. München 1995 S. 849–993; Thomas Nipperdey, Deutsche Geschichte 1800–1866. München 1984 S. 758–762; ähnlich auch Lothar Gall, Bismarck. Der weiße Revolutionär. Frankfurt a. M. usw. 1980 S. 54–62; vorsichtiger
Ernst Engelberg, Bismarck. Berlin 1985 S. 191 ff., 240, 456 ff. und passim.

aufgestellte These von einem eigenen Typus spezifisch moderner, weltoffe-
ner Frömmigkeit bedarf deshalb einer näheren Erörterung.

II. Methodische Überlegungen zum Konstrukt
einer »religiösen Persönlichkeit« Bismarcks

Analysiert man das methodische Vorgehen der älteren Bismarck-Forschung
bei der Rekonstruktion von Bismarcks Religiosität, so fallen zwei charakteristische Merkmale auf: Zum einen ging die historistische Forschung davon
aus, daß sich die verstreuten religiösen Äußerungen von Bismarck zu einem
Gesamtbild seines religiösen Charakters zusammenfügen lassen, dem man
seinerseits wieder eine mehr oder weniger große Erklärungskraft für sein politisches und privates Verhalten zusprechen könne. Zum andern wurden Bismarcks religiöse Äußerungen auf dem Hintergrund jeweils gerade aktueller
religiöser Fragestellungen gedeutet, welche ihnen ihr je eigenes religions-
typologisches Profil gaben.[21] Dabei ging es bald um die Auseinandersetzung
zwischen kirchlichem Liberalismus und kirchlicher Orthodoxie, bald um das
rechte Gottvertrauen im Kriege, bald um die moralische Absicherung gegenüber der verbrecherischen Politik der Nationalsozialisten.
    Doch die theoretischen Grundlagen dieses methodischen Vorgehens sind
fragwürdig. Sie unterstellen nämlich nicht nur so etwas wie eine religiöse
Persönlichkeit, die sich im Laufe eines Lebens entwickelt, sondern darüber
hinaus auch die Möglichkeit für den Historiker, diese Persönlichkeit durch
eine Art von empatischer Zusammenschau von verstreut überlieferten religiösen Äußerungen und Verhaltensweisen zu rekonstruieren. Zweifel an diesem
Vorgehen lassen sich gleich auf mehreren Ebenen formulieren:
– Zunächst ist schon die Annahme einer religiösen Persönlichkeit ein Konstrukt, welches sich im Lichte strukturalistischer Analysen weitgehend auf-
löst: Als soziales Subjekt partizipieren wir nämlich an den religiösen Verhal-
tens- und Denkweisen unterschiedlicher Gruppen, als Sprechende an jeweils
unterschiedlichen religiösen Diskursen. Und selbst von den singulären Situationen, in denen sich so etwas wie eine ganz persönliche religiöse Entscheidung manifestiert, ist kaum anzunehmen, daß sie untereinander einen konsistenten biographischen Zusammenhang bilden.
– Die angedeutete Form der historischen Rekonstruktion einer religiösen
Persönlichkeit widerspricht aber auch den anerkannten theoretischen Prä-

---

[21] Vgl. hierzu etwa OTTO PFLANZE, Towards a Psychoanalytic Interpretation of Bismarck, in:
American Historical Review 77. 1972 S. 419–444.

missen sowohl der literarischen als auch der psychoanalytischen Identitätstheorie: Autobiographisch mag sich ein Autor seiner eigenen religiösen Entwicklung und Persönlichkeit im Durchgang durch vergangene Erlebnisse
und Erfahrungen selbst vergewissern. Im psychoanalytischen Gespräch mag
diesen Vorgang auch ein Therapeut in seinem Klienten auf den Weg bringen.
In beiden Fällen ist jedoch die Akzeptanz der so gedeuteten eigenen Vergangenheit durch das religiöse Subjekt die entscheidende Voraussetzung dafür,
daß sie ihm als »wahr« gelten kann. Eben diesen Vorgang, daß sich das religiöse Subjekt in seiner eigenen Vergangenheit wiedererkennt, vermag der
Historiker aber nicht zu bewerkstelligen. Denn sein »Klient« ist in der Regel
tot und kann deshalb nicht mehr von der Arbeit des Historikers profitieren.
So tritt an die Stelle des untersuchten religiösen Subjekts der historistische
Historiker selbst mit seinen eigenen religiösen Identitätsbedürfnissen. Eine
solche Auseinandersetzung mit religiösen Konstellationen in der Vergangenheit ist nun zwar als solche keineswegs illegitim – ich halte sie sogar für eine
äußerst wichtige und heute viel zu wenig methodisch betriebene Form des
Umgangs mit historischen Quellen – aber sie kann wenig zur Rekonstruktion
religiöser »Persönlichkeiten« beitragen.
– Theoretisch vollends haltlos ist schließlich die Überhöhung einer solchermaßen konstruierten religiösen Persönlichkeit zu einem normativen Typus
von Religiosität. Mag einem Bismarcks religiöse Denkweise auch sympathisch und seine Ausrichtung an religiösen Grundsätzen in spezifischen Situationen nachahmenswert erscheinen, so handelt es sich doch immer um historisch spezifische Ereignisse, die als solche keinen normativen Geltungsanspruch für die Gegenwart und Zukunft haben können. Psychologisch gesehen handelt es sich bei solchen sympathetischen Identifikationen mit
historischen Persönlichkeiten immer um Projektionen der eigenen Persönlichkeit in die Vergangenheit.
    Im folgenden wird deshalb ein anderer Weg der historischen Analyse von
»Bismarcks Religiosität« beschritten: Bismarcks religiöse Äußerungen werden jeweils im Kontext der zeitgenössischen religiösen Diskurse und politischen Konstellationen analysiert. Ziel dieser Analyse ist nicht die Rekonstruktion der religiösen »Persönlichkeit« Bismarcks, sondern die Frage nach
der historisch spezifischen Funktion religiöser Argumente und Bekenntnisse
innerhalb eines politischen Diskurses, der gerade nicht auf die Durchsetzung
spezifisch religiöser Ziele gerichtet war. Methodisch soll deshalb jeweils besonders nach dem religiösen und politischen Gegensatz gefragt werden, der
mit einer bestimmten religiösen Parteinahme verbunden war.
    Politische Funktions- und religiöse Diskursanalyse greifen dabei eng ineinander. Denn die (Selbst- bzw. Fremd-)Zurechnung zu einem religiösen
Diskurs diente häufig politischen Zwecken, und umgekehrt profilierte sich

der religiöse Diskurs in seinen jeweiligen politischen Funktionalisierungen. Damit soll nicht einer Vermischung von Diskurs- und Funktionsanalyse Vorschub geleistet, sondern gerade im Gegenteil betont werden, daß die politische Funktion einer religiösen Äußerung nur beschrieben werden kann, wenn sie im Kontext der Möglichkeiten gesehen wird, die der religiöse Diskurs bereit stellt.

Die dabei auftretende Frage nach dem theoretischen Zusammenhang von religiösem Bekenntnis und Handeln »in der Welt« ist nach Max Webers frühem Versuch von 1905 über »Die protestantische Ethik und der Geist des Kapitalismus« in der neueren Geschichtsschreibung vielfach aufgeworfen, aber kaum auf befriedigende Weise beantwortet worden. Sie verdient daher ein über Bismarck hinaus gehendes, allgemeineres Interesse vor allem deshalb, weil Webers theoretischer Ansatz m.E. aus vielerlei Gründen, von denen hier nur einer hervorgehoben sei, heute nicht mehr zu befriedigen vermag: Er ordnet nämlich in außerordentlich globaler und deshalb empirisch schwer nachprüfbarer Weise einen bestimmten religiösen Diskurs einem bestimmten (wirtschaftlich-sozialen) Verhaltensstil zu. Dabei verläßt er sich, und dies schränkt den Wert seines Argumentationsmodells zusätzlich ein, letztlich ebenfalls auf einen individuellen, persönlichkeitszentrierten Zusammenhang zwischen religiöser Gesinnung und wirtschaftlich-sozialem Verhalten.

Ist diese Annahme aus den genannten Gründen aber auch nicht tragfähig, so bleibt doch die von Weber gestellte Frage nach dem Zusammenhang von religiösem Bekenntnis und gesellschaftlichem Verhalten bestehen – und dies schließt neben dem wirtschaftlichen, auf das Weber besonders abhebt, auch jede andere Form sozialen Verhaltens ein, sei es in Politik und Gesellschaft, in Kunst und Wissenschaft oder wo auch immer. In säkularen Gesellschaften (und vor allem von säkularen Historikern) dürfte dieser Zusammenhang nun allerdings ganz generell, auch unter Vermeidung des historistischen Konstrukts einer religiösen Persönlichkeit, die das soziale Handeln eines Menschen von einem in sich konsistenten religiösen Bewußtsein aus lenkt, selten ganz unmittelbar nachzuweisen sein: Denn es ist in jeder konkreten Situation, wenn überhaupt, so nur sehr schwer zu entscheiden, ob ein Politiker (Unternehmer, Künstler oder Wissenschaftler), der sein professionelles Handeln nicht nur religiösen Prinzipien unterwirft, anders gehandelt hätte, wenn er die von ihm postulierten religiösen Prinzipien nicht geteilt hätte.

Deshalb bleibt auch im Falle Bismarcks unentscheidbar, ob seine politischen Entscheidungen jeweils religiösen Prinzipien oder nicht vielmehr umgekehrt diese Prinzipien aktuellen politischen Bedürfnissen folgten. Überspitzt stellte sich schon für Bismarcks Zeitgenossen, aber später auch für die Forschungskontroverse um Bismarcks Religiosität die Alternative: Berief sich Bismarck auf religiöse Formen nur, um sich bei seiner »Gewaltpolitik« gegenüber Konservativen und Liberalen, Kirchlichen wie Unkirchlichen mit dem Nimbus der Frömmigkeit zu umgeben, oder fühlte er sich dabei tatsächlich an Gottes Wille und sein eigenes Gewissen als Gottes Stimme in uns gebunden? So gestellt, läßt sich die Frage allerdings tatsächlich nur subjektiv dadurch entscheiden, daß man, wie von Muralt 1955 feststellte, dem religiösen Selbstbekenntnis Bismarcks glaubt oder mißtraut. Dazu bedarf es in der Tat eines Bildes von der religiösen »Persönlichkeit« Bismarcks jenseits der von ihm überlieferten religiösen Äußerungen und Verhaltensweisen. Empirisch im Sinne heutiger methodischer Evidenzkriterien läßt sie sich nicht beantworten.

Anders stellt sich das Problem jedoch, wenn man die Frage nach der religiösen Glaubwürdigkeit Bismarcks auf sich beruhen läßt und statt dessen die spezifische politische Funktion in den Blick nimmt, die religiös fundierte Argumente in einer bestimmten diskursiven Situation erfüllten. Die historistische Bismarck-Forschung hat sich diese Frage immer vorschnell verstellt, indem sie in religiösen wie politischen Angelegenheiten nur die Alternative zwischen einem »diplomatischen« und einem »gewissenhaften« Verhalten Bismarcks gelten ließ. Unter dem Diktat eines absoluten Begriffs von Religiosität verwarf sie damit die Unterstellung einer funktionalen Verwendung religiöser Normen schon von vorn herein als Ausdruck einer unredlichen Gesinnung. Später ist mit der Preisgabe des religiösen Deutungsansatzes von Bismarcks Politik dann auch die Frage nach der spezifischen Funktion religiöser Argumente im politischen Diskurs überhaupt verloren gegangen. Doch eben diesen Verlust kann eine politisch orientierte Analyse religiöser Diskurse heilen. Und in der Tat scheinen Bismarcks religiöse Äußerungen hierfür kein schlechtes Untersuchungsbeispiel zu bilden. Denn selten ist bei einem Politiker eine solche Virtuosität im Einsatz religiöser Argumente in politischen Entscheidungskonstellationen zu beobachten wie bei ihm.

III. Zur politischen Funktion religiöser Äußerungen bei Bismarck

Die Umrisse der religiösen Biographie Bismarcks, so wie sie von der historistischen Bismarck-Forschung rekonstruiert wurden, sind uns aus den zahlreichen Werken, die sich mit dieser Biographie befaßt haben, hinreichend bekannt. Sie sollen hier deshalb nur kurz in Erinnerung gerufen werden: In einem kirchlich und religiös wenig aktiven Elternhaus aufgewachsen, verlor demnach schon der Knabe den Glauben an die Kraft des Gebets und zweifelte unter dem Einfluß deistischer und pantheistischer Vorstellungen im Elternhaus an der Erkennbarkeit des Willens Gottes durch den Menschen.

Von wechselhaften Berufsplänen und einer ausschweifenden Lebensführung in einen wachsenden Lebensüberdruß getrieben, fand der schon bald Dreißigjährige aber Mitte der 1840er Jahre im Kreis pietistischer Adliger in Pommern schließlich einen Freundeskreis, dessen strenger Glauben an einen persönlichen Gott eine religiöse Bekehrung in ihm auslöste. Vor allem in der Verbindung mit seiner streng gläubigen Frau, Johanna von Puttkammer, die er in diesem Kreis fand, wurde dieser Glaube zu einer lebenslangen Quelle häuslichen Glücks und neu gewonnener beruflicher Tatkraft.

So sehr Bismarck dabei aber auch bestimmte Formen pietistischer Frömmigkeit übernahm, so sehr wahrte er jedoch Distanz zum Hang seiner damaligen pietistischen Umgebung zu hochkirchlichem Dogmatismus und enger, z. T. sogar ängstlicher Weltabgewandtheit. Daraus entstand dann im Verlauf seiner Emanzipation von der Kamarilla am Hofe Friedrich Wilhelms IV. – vor allem von den streng pietistischen Brüdern von Gerlach, denen er seinen politischen Aufstieg bis dahin verdankt hatte – seit Mitte der 50er Jahre eine immer entschiedenere Abneigung gegenüber klerikalen Machtansprüchen in der Politik, sei es von protestantischer, sei es von katholischer Seite. Bismarcks Religiosität nahm dabei eine mehr und mehr persönliche, sich nur auf sein eigenes Gewissen und seine persönliche Verantwortung vor Gott gründende Form an. Diese konnte sich gleichzeitig in der Form eines göttlichen Sendungsbewußtseins und in der einer grundsätzlichen Demut gegenüber Gottes unerforschlichem Ratschluß äußern. In beiderlei Sinne hinderte sie ihn jedoch nicht daran, politische wie persönliche Maßnahmen auch dann, wenn sie auf starken Widerstand stießen und sich gegen die Interessen kirchlicher Parteien oder gar religiöser Freunde richteten, mit großer Entschiedenheit, ja sogar im Vertrauen auf Gottes speziellen Segen für sein Handeln, durchzusetzen.

Es fällt nicht schwer, in dieser kurzen Skizze von Bismarcks religiöser Persönlichkeit das Ideal eines liberalen Protestantismus wiederzuerkennen, der sich noch Jahrzehnte später mit der theologischen Bejahung eines je persönlichen, berufs- und tatorientierten Christentums gleichermaßen von der hochkirchlichen Orthodoxie wie von der religiösen Indifferenz kirchenferner Kreise abgrenzte. Sieht man näher hin, so geht dieses Bismarck-Bild jedoch eher auf Stilisierungen zurück, die in ganz bestimmten biographischen Situationen teils von Bismarck selbst, teils von dessen pietistischen Freunden und Gegnern vorgenommen worden sind. Es erscheint nicht nur wenig aussichtsreich, Bismarcks religiöse Äußerungen aus diesen Situationen herauslösen zu können, um so etwas wie eine konsistente religiöse Persönlichkeit zu gewinnen, sondern man bringt sich damit sogar gerade um den eigentlichen Ertrag der Quellenexegese. Denn erst im konkreten Kontext entfalten die religiösen Äußerungen Bismarcks ihre distinktive Kraft, und zwar unabhängig davon, ob man sie als bloß taktische Äußerungen oder als Ausdruck seiner innersten religiösen Überzeugung wertet.

Dies gilt schon für die frühe Zeit von Bismarcks sogenannter Bekehrung, aus der wir eine Fülle von Zeugnissen, vor allem Bismarcks Briefe an seine Braut, seinen Schwiegervater, seinen Bruder und seine pietistischen Freunde, besitzen. In ihnen legte Bismarck seine damalige religiöse Einstellung dar. Emil Ludwig interpretierte ihre pietistische Sprache, Bismarcks Bekenntnis zum wiedergefundenen Gebet, zum Selbstvertrauen aus Gottvertrauen etc. überwiegend als Anpassung an die damalige pietistische Umgebung und spielte damit das tatsächliche religiöse Erweckungserlebnis zu einer nicht all-zu tiefgreifenden Episode herunter. Tatsächlich, so Ludwigs These, ist Bis-marck im Kern immer der Pantheist geblieben, als den er sich im Dezember 1846 – vordergründig abwertend – in seinem Werbebrief an den Schwieger-vater von seiner religiösen Herkunft her selbst bezeichnete.[22] Darin konnte sich Emil Ludwig bis zu einem gewissen Grad sogar auf das Zeugnis Ernst Ludwig von Gerlachs stützen, der später, als ihm die religiöse Distanz zu Bismarck deutlicher wurde, in sein Tagebuch notierte: »Ich habe die Erinne-rung von den damaligen Gesprächen mit Bismarck, daß er immer gegen den christlichen Glauben sprach, aber wie einer, der die eigenen Gedanken los werden will und sich freuen würde, widerlegt zu werden.«[23] Doch so heilsam die in Ludwigs Deutung enthaltene Kampfansage an die in den 20er Jahren noch immer vorherrschende religiöse Bismarck-Legende auch sein mochte – etwa deren Neigung, nicht nur Bismarcks religiöse Selbstschilderung, son-dern auch dessen negatives Urteil über den religiösen Deismus und Pantheis-mus schlichtweg als historische Tatsache zu übernehmen – so wenig eignet sie sich doch dazu, auf diesem Wege Bismarcks »wahren« religiösen Cha-rakter aufzudecken.[24]

Denn wichtiger als ihre psychologische Glaubwürdigkeit ist die faktische Strukturierung der religiösen Landschaft seiner Zeit, die Bismarck in diesen Äußerungen vornahm: Schon allein die Profilierung seines neueren persönli-chen Gottesglaubens gegenüber dem früheren »Deismus mit pantheistischen Beimischungen« im Brautwerbebrief[25] strukturierte den religiösen Diskurs um das rechte Bekenntnis in einer zeitgenössisch keineswegs selbstverständ-lichen und konsensfähigen Weise: Sie reklamierte nämlich den Begriff der

---

[22] LUDWIG, Bismarck (wie Anm. 16) S. 68 ff., zusammenfassend S. 367.

[23] Zit. nach MARCKS, Bismarcks Jugend (wie Anm. 5) S. 283.

[24] Aufschlußreich bleibt die Berufung auf die Zeugnisse von Bismarcks pietistischen Freunden trotz Ludwigs Begriff von »Religion«, der wohl gerade, weil er sich nicht zu ihm positiv bekann-te, äußerst orthodox und unreflektiert anmutet.

[25] Vgl. Fürst Bismarcks Briefe (wie Anm. 1) S. 1 f.

»Persönlichkeit Gottes« für die protestantische Orthodoxie, zu der sich in diesem Punkte auch der pommersche Pietismus rechnete, und sprach damit dem Deismus jeglichen Begriff von einer Persönlichkeit Gottes ab. Dagegen sprach z. B. Brockhaus' »Allgemeine deutsche Real-Encyklopädie« in ihrer zwei Jahre zuvor erschienenen 9. Auflage den Glauben an die Persönlichkeit Gottes neben dem Theismus auch dem Deismus zu: »Sieht man Gott als eine von der Welt wesentlich verschiedene Persönlichkeit an, welche unabhängig von der Welt von Ewigkeit existire, die Welt erschaffen habe, erhalte und regiere, so ist dies Theismus oder Deismus.«[26]

Zugleich griff Bismarck mit seinem Bekenntnis gegen den Pantheismus einen Zentralbegriff der pietistischen Polemik im pommerschen Kreis auf. Dieser verstand darunter allerdings noch weit mehr als die Identifikation des ganzen Alls, der gesamten Natur mit Gott, mehr auch als Bismarck, der zusammen mit der religiösen Orthodoxie den Pantheismus zu den modernen Formen des Atheismus rechnete: Er verstand darunter alles, was sich »nicht auf jenseitige, sondern auf diesseitige und irdische Gründe, Zwecke und Notwendigkeiten berief«, also z. B. auch die historische Begründung des Staates und seiner absoluten Zwecke.[27]

Wichtiger noch ist das Verständnis von »Glauben«, das sich in Bismarcks Brautwerbebrief kundtut, weil es sich ebenso auch in zahlreichen späteren Äußerungen wiederfindet: Glaube äußerte sich für Bismarck hier wie an anderer Stelle in erster Linie in der Fähigkeit zum »inbrünstigen Gebet«. Nach dem Verlust dieser Fähigkeit mit 16 Jahren, so berichtete er 1846 seinem künftigen Schwiegervater, hatte er sie erst wenige Wochen zuvor in den Tagen wiedergefunden, als die Freundin Marie von Thadden tödlich erkrankt war – »ohne Grübeln über die Vernünftigkeit desselben«, wie er betonte.[28] Und wenn sein erstes Gebet auch von Gott unerhört geblieben war, so hatte es ihm doch etwas langfristig viel Wichtigeres gegeben, nämlich »Vertrauen und Lebensmut in mir, wie ich sie sonst nicht mehr kannte«.

Das war nicht nur dasjenige Verständnis von Gebet und Glauben, das seine pietistischen Freunde kannten und schätzten, sondern zugleich implizit auch eine Absage an ein ganz anderes, rationaleres Verständnis, welches unter »Glaube« ein Führwahrhalten bestimmter religiöser Überzeugungen und kirchlich tradierter Lehren, unter »Gebet« dagegen eine Form der Bitte verstand, die sich in einer andächtigen »Erhebung des Herzens zum Übersinnlichen und Ewigen« kundtat und sich nur auf das »Gute überhaupt«, nicht

---

[26] Brockhaus, Conversations-Lexikon. Leipzig ⁹1844 S. 294 (s.v. Gott).
[27] FRIEDRICH MEINECKE, Weltbürgertum und Nationalstaat. München ⁶1922 S. 243.
[28] Fürst Bismarcks Briefe (wie Anm. 1) S. 3.

auf eine bestimmte Tat Gottes richtete.[29] Unbeschadet der Frage, ob Bismarck darin ehrlich war, ging es ihm hier wie an anderer Stelle aber ganz offensichtlich um ein Gebet, das auf einen ganz bestimmten Zweck gerichtet war, nicht um eines, das darum bat, daß überhaupt das Gute geschehe.

Andere Äußerungen Bismarcks fügen sich allerdings schon zu dieser Zeit nicht in das Bild des pietistischen Parteigängers, sondern verweisen eher auf seine schon damals offensichtliche Schwierigkeit, sich in der zeitgenössischen religiösen Parteienlandschaft zu verorten. Dazu zählt etwa seine immer wieder aus einem Brief an seine Braut vom 7. Februar 1847 zitierte Kritik am geringen Vertrauen von deren Glaubensgenossen in ihren Glauben – dieser verleite sie immer wieder dazu, »ihn sorgfältig in die Baumwolle der Abgeschlossenheit (zu wickeln), damit kein Luftzug der Welt ihn erkälte«[30] – eine Kritik, welche nach Meinung der älteren Bismarck-Biographen schon damals sein später immer wieder geäußertes Bedürfnis nach einem weltoffenen, selbstgewissen Glauben erkennen ließ. Dazu zählt auch der halb belustigte Bericht über die Sorge seines Bruders Arnim am 1. Februar 1847, Bismarck »möchte ›fromm‹ werden: Sein Blick ruhte ernst und nachdenklich, mit mitleidiger Besorgnis, während der ganzen Zeit auf mir, wie auf einem lieben Freunde, den man gerne retten möchte und doch fast für verloren hält.«[31] Den pietistischen »Frommen« wollte er sich damals, in der Zeit seiner Annäherung an den pommerschen Kreis, offenbar ebensowenig zuordnen wie deren Gegnern. Doch gerade im wechselseitigen Bemühen beider Gruppen, ihn vor der Verfallenheit an die jeweils andere Gruppe zu bewahren, sah er wohl damals seine wahre religiöse Stellung am besten charakterisiert. Jedenfalls war dies die Alternative, in die er sich selbst zu dieser Zeit gern hineinstellte, um seine religiöse Eigenart zu beschreiben.

Ganz anderen Ursprungs war die religiöse Stilisierung, die sich an Bismarcks briefliche Auseinandersetzung mit dem politischen und religiösen Mentor Leopold von Gerlach im Frühjahr 1857 knüpfte. Sie ging in diesem Falle nämlich nicht von Bismarck selbst, sondern von seinem Briefpartner aus und wurde von der Bismarck-Forschung später als Zeugnis für seine jetzt einsetzende politisch-religiöse Distanzierung von der hochkonservativen Partei am preußischen Hofe gewertet. Gestritten wurde in diesem Briefwechsel um die Bündnisfähigkeit Napoleons III. für Preußen, welche von Gerlach aus grundsätzlichen Erwägungen bestritt, während sie Bismarck aus politischem Kalkül zumindest in Erwägung zog. Lothar Gall hat neuerdings, dar-

---

[29] Vgl. WILHELM TRAUGOTT KRUG, Allgemeines Handwörterbuch der philosophischen Wissenschaften 1. Leipzig 1827 S. 109 ff. (s.v. Glaube).

[30] Fürst Bismarcks Briefe (wie Anm. 1) S. 16.

[31] Ebd. S. 8.

in Bismarcks eigener Auffassung folgend, die Differenzen als einen Streit nicht um Grundsätze, sondern um Einschätzungen und Methoden interpretiert.[32]

Ganz anders fiel dagegen 1915 das Urteil des liberalen Theologen Otto Baumgarten aus: »Während für v. Gerlach das Prinzip feststand, daß das napoleonische Frankreich um seiner Illegitimität willen niemals als Bundesgenosse in Betracht komme, weil das hieße: an einem Joche mit den Ungläubigen und Antichristen ziehen, ordnete Bismarck dies Prinzip seinem spezifisch preußischen Patriotismus, seinem Machtstreben unter.« Worauf es Baumgarten ankam, war die sich nun angeblich ins Politische wendende religiöse Grunddifferenz zwischen Bismarck und von Gerlach. Diese hatte vor ihm schon Karl Müller anhand von Bismarcks »Gedanken und Erinnerungen« mit der Bemerkung herausgearbeitet, »daß zwischen den beiden Welten, die durch Gerlach und Bismarck vertreten wurden, eine *religiöse* Entwicklung liegt, ohne die der gesunde Fortgang der Geschichte gar nicht zu denken wäre. Wie phantastisch und farblos, starr und doktrinär ist das Christentum, das aus Gerlachs Briefen spricht! Er hat der Politik das Mark aus den Knochen gesogen. Und dagegen Bismarck!«[33]

Hier also lag nach liberaler Lesart wenn nicht der Ursprung, so doch der Emanzipationspunkt von Bismarcks eigenem gegenüber dem pietistischen Glauben seiner Freunde: Diese konnten politische Konstellationen immer nur vom doktrinären Prinzip religiöser Postulate her beurteilen – und dazu gehörte eben auch der Grundsatz, daß Napoleon seine Herrschaft auf das revolutionäre Recht der Volkssouveränität, nicht auf göttliches Recht stützen könne. Bismarck hingegen sei flexibel genug gewesen, trotz Übereinstimmung im Grundsätzlichen die historische Realität anzuerkennen, daß man sich schließlich politisch mit dem faktischen, nicht mit irgend einem »legitimen«, dafür aber imaginären französischen Herrscher auseinandersetzen müsse. Religiöse und politische Überzeugung gingen nach liberaler Überzeugung hier Hand in Hand, ja die politische Haltung war nur Ausdruck der religiösen. In Bismarcks Briefen ist hiervon nichts nachzuweisen.

Tatsächlich war es denn auch ursprünglich von Gerlach gewesen, der der erst in den folgenden Jahren allmählich sich vertiefenden politischen Differenz nachträglich eine ins Religiöse sich weitende Grunddifferenz unterschob. Dies kann nicht verwundern und entsprang auch keiner böswilligen Umdeutung von Bismarcks politischer Haltung. Denn Politik und Religion waren für von Gerlach ja ohnehin nur zwei Seiten derselben Sache, bzw. Po-

---

[32] GALL, Bismarck (wie Anm. 20) S. 174.
[33] BAUMGARTEN, Bismarcks Religion (wie Anm. 13) S. 84 f.

litik gewissermaßen die praktische Seite der Religion. Bismarck wurde seither von der hochkirchlichen Partei immer wieder – so z. B. 1866 im »Bruder-
krieg« mit Österreich, fast noch mehr aber während des späteren sogenannten Kulturkampfes der 70er Jahre, der neben den Interessen der katholischen
ja auch die der protestantischen Kirchen berührte – als prinzipienloser Ge-
waltpolitiker beschrieben, der die christlichen Grundsätze der Politik d. h.
kurzfristigen Machtinteressen des Staates, wenn nicht gar seiner selbst op-
ferte. Bismarck selbst hatte an dieser religiösen Stilisierung seiner politischen
Haltung damals wie später kein Interesse. Selbst bei der Veröffentlichung
seines Briefwechsels mit von Gerlach in seinen »Gedanken und Erinnerungen« (1898) ging es ihm wohl eher darum zu demonstrieren, daß damals von
einer solchen Differenz in religiösen Grundüberzeugungen keine Rede sein
konnte. Doch nach Bismarcks Tode griffen seine liberalen Biographen die
konservative Grundsatzkritik an Bismarck gerne auf, um sie ins Positive zu
wenden und aus ihr einen eigenen Typus von Religiosität abzuleiten.

Dazu konnte man dann auch eine ganze Reihe prominenter Aussprüche
Bismarcks zitieren, so etwa die scharfe Antwort, die er einem konservativen
Parteifreund gab, als dieser ihn angesichts des drohenden Krieges mit Österreich an Weihnachten 1865 an seine Pflichten als »christlicher Staatsmann«
erinnerte: »Wer mich einen gewissenlosen Politiker schilt«, antwortete ihm
Bismarck postwendend, »tut mir unrecht und soll sich sein Gewissen auf *diesem* Kampfplatz erst selbst einmal versuchen [...] Wenn ich mein Leben an
eine Sache setze, so tue ich es in demjenigen Glauben, den ich mir in langem
und schwerem Kampfe, aber in ehrlichem und demütigem Gebete vor Gott
gestärkt habe und den mir Menschenwort, auch das eines Freundes im
Herrn und eines Dieners Seiner Kirche, nicht umstößt.«[34] Die Interpretationen zu diesem Zitat gingen in der Bismarck-Forschung oft weit auseinander:
Otto Baumgarten demonstrierte daran Bismarcks tiefe Gewissenhaftigkeit
auch und gerade als »Realpolitiker«, der er war, Lothar Gall den Zorn Bismarcks über den „Geist christlicher Selbstgerechtigkeit«, der seine hochkonservativen Gegner leitete. Emil Ludwig dagegen kontrastierte dieses Bekenntnis mit dem anderen: »Nie bereue, nie verzeihe! Das habe ich als besten
Grundsatz schon lange im Leben verwendet!«, um Bismarcks grundsätzlichen Unglauben hinter solch jeweils gerade passend erscheinenden Ausrufen
aufzudecken.[35]

---

[34] OTTO VON BISMARCK, Die gesammelten Werke 14, 2: Briefe 1862–1898. Hg. WOLFGANG
WINDELBAND/WERNER FRAUENDIENST. Berlin ³1933 S. 709.
[35] BAUMGARTEN, Bismarcks Religion (wie Anm. 13) S. 133; GALL, Bismarck (wie Anm. 20)
S. 56; LUDWIG, Bismarck (wie Anm. 16) S. 365.

Tatsächlich ist an Bismarcks Antwort an den religiös verbundenen Parteifreund Andrae-Roman aber nur sein Bemühen abzulesen, seine politische Haltung vor dessen religiöser Überzeugung zu rechtfertigen. Dabei konnte er sich wohl mit seinem Korrespondenten eins wissen in der Überzeugung, daß der verantwortlich Handelnde seine Entscheidungen »in ehrlichem und demütigem Gebete vor Gott« treffen müsse. Was dagegen das Gewissen betraf, so machte er ein ebenfalls protestantisch gut fundiertes Reservatrecht gegenüber fremden Einsprüchen geltend: Dieses konnte im vorliegenden Fall allerdings umso entschiedener ausfallen, als es nicht nur das Recht jedes Gläubigen festhielt, allein mit seinem Gott ins Reine zu kommen, sondern nach macchiavellistischer Manier auch noch auf die besonderen Handlungsbedingungen von Staatsmännern verwies, welche einem Privatmann gar nicht einsehbar seien. Daraus läßt sich wenig über Bismarcks religiöse Persönlichkeit, viel dagegen über Bismarcks Art der Strukturierung eines politischen Diskurses ablesen, der sich religiöser Argumente bediente: Wann immer solche Argumente gegen seine Politik vorgebracht wurden, wies sie Bismarck nicht dadurch zurück, daß er sie von vornherein als in der Politik illegitim auswies, sondern indem er sie zu seinen Gunsten neu ordnete.

Dies gilt in besonderem Maße für die Zeit der Reichsgründung. Sie vor allem ist von der älteren Bismarck-Forschung auf ihre religiösen Motive in der Politik Bismarcks hin untersucht worden, so spärlich dann auch tatsächlich die Funde ausfielen. Denn abgesehen von Bismarcks wiederholten Hinweisen auf Gottes Fügung und gnädige Leitung, die er schon in den 60er Jahren in seinen eigenen Kriegserfolgen wiedererkannte, deutet nur wenig darauf hin, daß religiöse Erwägungen bei seinen politischen Entscheidungen eine einflußreiche Rolle gespielt haben. Man schrieb dies teils seiner erhöhten Beanspruchung durch das Amt des Ministerpräsidenten zu, welche ihn nicht zu privaten Aufzeichnungen kommen ließ, teils seiner seltenen Abwesenheit von seiner Frau, mit der er sich früher über religiöse Fragen so viel brieflich ausgetauscht hatte. Das wenige jedoch, worauf man in seiner Hinterlassenschaft verweisen konnte, diente deshalb umso mehr der späteren Legendenbildung vom frommen Reichsgründer, mit der sich die nationalliberale Geschichtsschreibung der zeitgenössischen wie späteren Kritik an Bismarcks Maßnahmen zu erwehren suchte.

Ein eklatantes Beispiel hierfür findet sich in den Berichten, die die pietistischen Freunde Bismarcks von dessen Einleitung der Kriegskonstellation gaben, die am 14. Juli 1870 zur französischen Kriegserklärung an Preußen und damit gleichermaßen zum Kriegseintritt der übrigen deutschen Staaten und zur Neutralität der übrigen europäischen Mächte führte: Von Bismarcks religiöser Haltung während der entscheidenden Tage, die er bis zum 12. Juli auf seinem Gut in Varzin verbrachte, wurden in der Folge unterschiedliche

Berichte kolportiert:[36] Der konservative Freund Kleist-Retzow behauptete in seinen ein Jahr später zu Papier gebrachten Aufzeichnungen, Bismarck habe schon am 6. Juli gleich nach der scharfen Rede des französischen Außenministers Grammont vor der französischen Nationalversammlung den Entschluß zur preußischen Kriegserklärung gefaßt. Er habe dann jedoch bei der Lektüre der Losung des Tages »Selig sind die Friedfertigen« davon Abstand genommen und so durch Gottes Hilfe den entscheidenden Vorteil errungen, daß Frankreich durch seine Kriegserklärung vom 14. Juli vor der europäischen Öffentlichkeit als Aggressor dastand.

Doch auch, wenn diese Version, wie Arnold Meyer nachwies, wenig wahrscheinlich ist, weil sich die bezeichnete Losung erst drei Tage später am 11. Juli (hier allerdings am Rand von Bismarck mit einem Ausrufungszeichen versehen) in Bismarcks Losungsbuch findet, so lief doch auch Meyers abgeschwächte Version, derzufolge von der Losung während der Tage in Varzin zweifellos »eine hemmende Wirkung« auf Bismarck ausging, auf eine starke religiöse Komponente bei der politischen Entscheidung hinaus. Meyer sah sie in einer »Gewissensschärfung« des preußischen Ministerpräsidenten und brachte sie mit anderen Äußerungen Bismarcks in Zusammenhang, in denen derselbe »Grundakkord seiner religiösen Stimmung während des Krieges« zum Ausdruck kam.[37] Ebensowenig wie dort ist jedoch auch bei diesen Äußerungen zu entscheiden, ob sich Bismarck in seinen politischen Entscheidungen von religiösen Erwägungen leiten ließ oder ob er diese nicht umgekehrt nur zur Darstellung seiner Motive nach außen nutzte. Nimmt man allerdings von dem Ziel Abstand, in ihnen Bismarcks »wahre religiöse Gesinnung« ermitteln zu wollen, so ist deren Funktion im gegebenen Kontext jeweils klar zu erkennen: so etwa wenn er die grausame Strategie der Aushungerung von Paris durch die preußische Armeeführung oder deren überzogene Beuteforderungen nach dem Sieg über Frankreich mit Verweis auf göttliche Gebote geißelte.

Ähnliches gilt schließlich auch für die vor allem zur Zeit des Kulturkampfs in den 70er und 80er Jahren sich häufenden Äußerungen Bismarcks, in denen er sich gegen den politischen Machtanspruch der katholischen Kirche wandte, sowie für parallele Äußerungen zum politischen Einfluß protestantischer Geistlicher wie vor allem seines Gegenspielers bei Wilhelm II., Adolph Stoecker: Auch in ihnen machte er sich die im protestantischen Liberalismus verbreitete Abneigung gegen die »Pfaffen« zunutze, um seine politische Position durchzusetzen. Daraus auf eine spezifische »Religiosität« Bismarcks

---

[36] Zum folgenden vgl. ARNOLD OSKAR MEYER, Bismarcks Glaube. München ²1933 S. 34 ff.
[37] Ebd. S. 37, 39.

schließen zu wollen, wäre methodisch aber ebenso schwer zu rechtfertigen wie der umgekehrte Versuch, ihm eine solche Religiosität unter der Annahme eines bloßen religiösen Zynismus absprechen zu wollen, wie dies nach eher zaghaften Ansätzen seiner pietistischen Gegner nach dem Ersten Weltkrieg dann Emil Ludwig mit der kühnen Behauptung tat: »Nie hat ihn Demut vor Gott, wie Luther, Hilfsbereitschaft für den König, wie Roon, Pflicht gegen Deutschland, wie Stein, angetrieben zu tun, was er, ein dämonischer Mensch, durchaus nicht lassen konnte.«[38]

Überdenkt man in all dem den Zusammenhang von politischem und religiösem Handeln bei Bismarck, so läßt sich wohl einzig ausmachen, daß Bismarck auch den religiösen Diskurs nutzte, um Differenzen aufzuzeigen, die seine eigene Position von der anderer unterschied. Solche Differenzen konnten je nachdem, mit wem er es gerade zu tun hatte, unterschiedlich ausfallen. Sie als Bruchstücke eines einheitlichen religiösen Bekenntnisses zu werten, dafür besteht umso weniger ein Anlaß, als Bismarck ein solches Bekenntnis – abgesehen von der frühen, funktional leicht einzuordnenden Selbstbeschreibung im Werbebrief an den Schwiegervater – selbst niemals, auch nicht in seinen Lebenserinnerungen, gegeben hat. So wenig er die Politik von religiösen Grundsätzen regiert wissen wollte, so wenig unterschied er doch selbst zwischen der religiösen und der politischen Seite seines Handelns. Zwar finden sich eine Reihe von Äußerungen, in denen er politische Entscheidungen von moralischen Erwägungen freigehalten wissen wollte. Aber in anderen Fällen gründete er gerade diese Freiheit seiner politischen Entscheidungen wieder in einer religiösen Gewissensprüfung.

Die Legende vom frommen Reichsgründer Bismarck ist deshalb durch die Quellen ebensowenig zu verwerfen wie zu bestätigen. Sie löst sich auf, sobald man das historische Interesse statt auf die religiöse Persönlichkeit Bismarcks auf die Funktion religiöser Begriffe und Unterscheidungen in der jeweils vorliegenden Situation richtet. Sie bleibt als Legende jedoch gleichwohl ein wichtiger Erklärungsfaktor für die Wirkung Bismarcks auf seine Zeitgenossen und mindestens drei folgende Generationen.

---

[38] Ludwig, Bismarck (wie Anm. 16) S. 367.

Der Sinn des Krieges.
Die deutsche Offizierselite zwischen Religion und Sozialdarwinismus, 1870–1914

von

STIG FÖRSTER

I. Gott, die Kirchen und der Krieg

»Welch' eine Wende durch Gottes Führung!« – Dieser triumphierende Ausspruch aus der Proklamation Wilhelms I. anläßlich der Schlacht von Sedan war während des Krieges von 1870/71 in aller Munde.[1] Dieser Satz prangte auch in riesigen Lettern am Brandenburger Tor, als die siegreichen Truppen nach Beendigung des Krieges im Parademarsch in Berlin einzogen. Daß der christliche Gott der Liebe im neuen Deutschen Reich für martialische Zwecke mißbraucht wurde, ist allgemein bekannt. In Sätzen wie »Der Gott, der Eisen wachsen ließ […]« und »Gott, unser alter Alliierte« fand die Verbindung von Patriotismus, kriegerischer Haltung und Religion beredten Ausdruck. Als die deutschen Soldaten 1914 in den nächsten großen Krieg zogen, trugen sie auf ihrem Koppelschloß die beschwörende Formel »Gott mit uns!«.

Tatsächlich entsteht auf den ersten Blick der Eindruck, die Berufung auf Gott sei für die deutschen Kriegsanstrengungen zu Beginn und am Ende des Kaiserreiches geradezu konstitutiv gewesen. Dabei haben besonders die protestantischen Staatskirchen, aber auch in gewisser Weise der deutsche Katholizismus jenes Bild propagiert, demzufolge Gott das deutsche Volk auserwählt habe, um sein Werk auf Erden voranzutreiben. Ausgerüstet mit dem Exerzierreglement, mit Bibel und Gesangbuch, konnte der deutsche Soldat

---

[1] MARTIN GRESCHAT, Krieg und Kriegsbereitschaft im deutschen Protestantismus, in: Bereit zum Krieg. Kriegsmentalität im wilhelminischen Deutschland, 1890–1914. Hg. JOST DÜLFFER/ KARL HOLL. Göttingen 1986 S. 33–55, hier S. 36.

deshalb mit Gottvertrauen und in Erwartung des Sieges in die Schlacht ziehen. Dabei begleiteten ihn die Gebete der Daheimgebliebenen, deren
fromme Haltung die christliche Volksgemeinschaft stärkte und damit den
Status des Auserwähltseins rechtfertigte.[2]

Unleugbar war, daß sich ab August 1914 Deutschlands Kirchen zur Freude der Pfarrer, Bischöfe und Theologen wieder füllten. Gebete und religiöse
Inbrunst wurden zu weit verbreiteten Phänomenen. Jahrzehntelange Arbeit
zur Verbreitung eines patriotischen Christentums schien sich auszuzahlen.[3]
Ähnliches hatte sich schon 1870/71 abgespielt. Damals hatte die Volksfrömmigkeit etwa unter bayerischen Soldaten erheblichen Aufschwung genommen.[4] Zynisch betrachtet könnte man meinen, daß Marx' berühmte Feststellung, wonach die Religion das Opium des Volkes sei, gerade in Kriegszeiten
galt. Demnach half die religiöse Verbrämung des Krieges bei der Massenmo-
bilisierung. Das Gottvertrauen konnte einen wertvollen Beitrag bei der Über-
windung der natürlichen Angst vor der Lebensgefahr leisten. Zudem, wenn
Krieg eine von Gott gesandte Prüfung war, die wie Naturkatastrophen von
Zeit zu Zeit über die Menschen hereinbrach[5], ließ sich auch der militärische
Zwang zum Töten leichter hinnehmen. Aus der Sicht der politischen und militärischen Führung war die Religion deshalb ein mächtiger Verbündeter,
wenn es darum ging, das Volk in den Krieg zu führen.

Dabei hatte die Religion aber in Wirklichkeit erheblich an Anziehungskraft verloren. Die tektonischen demographischen, wirtschaftlichen und so-
zio-kulturellen Verschiebungen, die sich zwischen 1871 und 1914 im Zuge
der Industrialisierung ergaben, bewirkten nicht nur einen erheblichen Wandel der politischen Einstellungen, sondern sorgten auch sonst für grundlegende Veränderungen in den Mentalitäten. Sicherlich waren Religion und
insbesondere Konfessionalismus immer noch wichtig. Aber weit verbreitete
Säkularisierungstendenzen waren unübersehbar. Der Kirchenbesuch war
rückläufig, und ausgesprochen kirchenfeindliche Bewegungen wie die So-

---

[2] Besonders ausgeprägt war diese Einstellung unter den deutschen Pietisten. Siehe hierzu
HARTMUT LEHMANN, »God Our Old Ally«. The Chosen People Theme in Late Nineteenth- and
Early Twentieth-Century German Nationalism, in: Many Are Chosen. Divine Election and Western Nationalism. Hg. WILLIAM R. HUTCHISON/HARTMUT LEHMANN. Minneapolis 1994 S. 85–
107.

[3] Siehe GRESCHAT, Krieg (wie Anm. 1) S. 47–49.

[4] Hierzu WERNER BÜHRER, Volksreligiosität und Kriegserleben: Bayerische Soldaten im
Deutsch-Französischen Krieg 1870/71, in: Volksreligiosität und Kriegserleben. Hg. FRIEDHELM
BOLL (Jahrbuch für Historische Friedensforschung 6). Münster 1997 S. 48–65.

[5] Dies wurde gerade von protestantischen Geistlichen immer wieder gepredigt. Siehe GRE-
SCHAT, Krieg (wie Anm. 1) S. 35.

zialdemokratie erhielten Massenzulauf.[6] Doch die Sozialdemokratie stellte keineswegs die einzige Konkurrenz für die Kirchen dar. Die weltlichen Ideologien des Nationalismus und des Sozialdarwinismus entwickelten sich geradezu zu Ersatzreligionen, die vom christlichen Glauben immer weniger Notiz nahmen und das Bild vom auserwählten Volk chauvinistisch, ja rassenbiologisch umdeuteten.[7]

Die etablierten Kirchen gerieten somit gleich von mehreren Seiten unter Druck. Ihre Reaktion bestand im wesentlichen in Anpassung an den nationalistischen Trend. Nach Beendigung des Kulturkampfes wurde der politische Katholizismus immer staatstreuer und entwickelte sich geradezu zu einem Hort des aggressiven Nationalismus. Spätestens Georg von Hertlings auftrumpfende Reichstagsrede bei der Marokkodebatte 1911 demonstrierte, daß der deutsche Katholizismus auf das machtstaatliche Denken eingeschwenkt war.[8] Dabei stand die Amtskirche keineswegs abseits, wenn es um die Unterstützung patriotischer Gesinnung ging. Während der Katholizismus einigermaßen geschlossen auftrat, war der politische Protestantismus in verschiedene Strömungen gespalten. Vom radikalnationalistischen Antisemitismus eines Adolph Stoecker bis hin zu einzelnen sozialdemokratisch gesonnenen Pfarrern waren alle Richtungen vertreten. Es überwogen jedoch deutlich die nationalkonservativen sowie vor allem die imperialistisch ausgerichteten Nationalprotestanten.[9] Eine besondere Gruppe stellten die Neupietisten dar, die eine radikale Mischung aus aggressivem Nationalismus, Konservativismus und religiösem Fundamentalismus vertraten.[10] Angesichts dieser Entwicklung waren beide Kirchen, aber vor allem die Protestanten, mehrheitlich nur allzu bereit, als Förderer von nationalistischer Kriegsbegeisterung aufzutreten und damit den herrschenden Eliten zur Hand zu sein. Lange vor 1914 war die religiöse Mobilmachung für den Kriegsfall somit bestens vorbereitet.[11]

---

[6] Zur religiösen Entwicklung in Deutschland insgesamt vgl. die subtile Analyse bei Thomas Nipperdey, Deutsche Geschichte, 1866–1918, Bd. 1: Arbeitswelt und Bürgergeist. München 1990 S. 428–530, und die etwas distanziertere Darstellung bei Hans-Ulrich Wehler, Deutsche Gesellschaftsgeschichte, Bd. 3: 1849–1914. München 1995 S. 1169–1191.

[7] Siehe Lehmann, »God« (wie Anm. 2) S. 104 f. Zur »politischen Religion« des Nationalismus und zum Sozialdarwinismus siehe auch die eindringliche Analyse bei Wehler, Gesellschaftsgeschichte 3 (wie Anm. 6) S. 938–961 und 1066–1085.

[8] Georg von Hertling am 9. November 1891 im Reichstag, in: Stenographische Berichte über die Sitzungen des Deutschen Reichstages, Bd. 268, S. 7713–7718.

[9] Zu dem ganzen Komplex siehe Gangolf Hübinger, Confessionalism, in: Imperial Germany. A Historiographical Companion. Hg. Roger Chickering. Westport/CN 1996 S. 156–184.

[10] Siehe hierzu die kritische Untersuchung bei Lehmann, »God« (wie Anm. 2).

[11] Siehe hierzu noch einmal Greschat, Krieg (wie Anm. 1).

Ob diese Mobilmachung dann allerdings so erfolgreich war, wie die Zunahme der Kirchenbesuche im August andeutete, steht auf einem anderen Blatt. Viele Menschen werden einfach auch aus Angst und Verzweiflung Hilfe von oben erfleht haben, ohne dabei unbedingt dem nationalreligiösen Trommeln der Amtskirchen Folge geleistet zu haben. Ähnlich war es wohl bei den Soldaten im Feld. Um dieser Problematik genauer nachzugehen, was natürlich im Hinblick auf das sogenannte Augusterlebnis interessant wäre, bedürfte es allerdings noch eingehenderer Forschungen, die hier nicht geleistet werden können. Immerhin zeigt Bührers Studie über die Volksfrömmigkeit der bayerischen Soldaten 1870/71, daß zumindest damals das angebliche religiöse Erwachen wohl eher ein Strohfeuer unter dem bedrohlichen Eindruck des Krieges war und daß danach die bereits vorhandenen Säkularisierungstendenzen verstärkt auftraten.[12]

Im folgenden soll nun einer anderen Frage nachgegangen werden. Wenn die Religion nämlich wenigstens intentional eine tragende Rolle bei der Mobilisierung der Massen für den Krieg spielen sollte, dann ist es auch interessant zu untersuchen, welchen Stellenwert die Religion im Kalkül der Entscheidungsträger selbst besaß, als sie zum Mittel des Krieges griffen. Wenn die Religion also nicht nur das Opium des Volkes war, sondern, um sich des alten Mißverständnisses an dieser Stelle einmal zu bedienen, auch klar erkennbar von oben her als Opium *für das* Volk eingesetzt wurde, dann stellt sich die Frage, ob die Entscheidungsträger bloß zynisch handelten oder ob sie selbst religiös motiviert waren. War der Erste Weltkrieg so gesehen ein Religionskrieg, oder wurden religiöse Argumente nur zum Gebrauch für die breite Masse verwandt? Wie stand es schließlich mit dem Verhältnis von Religion und weltlichen Ersatzideologien, also Nationalismus und Sozialdarwinismus, bei denjenigen, die in verantwortlicher Stellung den Krieg auslösten? Diese Fragen sollen hier anhand der militärischen Elite des Kaiserreichs untersucht werden. Dabei handelt es sich um jene Gruppe von Armeeoffizieren, die im Generalstab, im preußischen Kriegsministerium und als hochgestellte Truppenoffiziere auf den Krieg hinarbeiteten und entscheidenden Anteil an seiner Verursachung besaßen. Gerade diese Gruppe, für die Krieg und Kriegsvorbereitung wahrhaftig Beruf waren, ist in unserem Zusammenhang von besonderem Interesse.

---

[12] BÜHRER, Volksreligiosität (wie Anm. 4).

II. Generalstabsplanung und der Krieg der Zukunft

Meine eigenen Forschungen in den letzten Jahren haben die Frage nach der Motivation zum Krieg innerhalb der deutschen militärischen Elite mit erneuter Dringlichkeit versehen.[13] Entgegen früheren Auffassungen, wie sie etwa von Gerhard Ritter aber auch von Fritz Fischer vertreten wurden[14], hat sich nämlich herausgestellt, daß die militärische Führung und insbesondere der Generalstab den Krieg keineswegs in der sicheren Erwartung eines Sieges anstrebten. Es kann keine Rede davon sein, daß der Schlieffenplan als sicheres Siegesrezept angesehen wurde, das nur rechtzeitig, also bevor der europäische Rüstungswettlauf endgültig verloren war, umgesetzt werden mußte. Ebenso hat sich zeigen lassen, daß die von der Forschung bislang unterstellte obsessive Illusion des kurzen Krieges auf seiten der militärischen Elite in dieser Form nicht vorhanden war. Vielmehr ging die militärische Führung, mit der signifikanten Ausnahme Schlieffens und seiner Schüler, durchweg von einer langen Dauer eines europäischen Großkrieges aus. Die noch nachweisbaren Äußerungen führender Persönlichkeiten zeigen, daß die militärischen Spitzen im Moment des Kriegsausbruchs 1914 mit einer Kriegsdauer von anderthalb bis vier Jahren rechneten.

Generalstabschef Helmuth von Moltke erwartete sogar eine Katastrophe. So warnte er Reichskanzler Bethmann Hollweg in einem Schreiben vom 28. Juli 1914, daß ein Weltkrieg bevorstünde, der die europäische Zivilisation auf Jahrzehnte hinaus zerstören werde.[15] Noch deutlicher drückte sich Moltke gegenüber seinem Adjutanten, Major von Haeften, in der Nacht zum 31. Juli aus:

»Dieser Krieg wird sich zu einem Weltkriege auswachsen, in den auch England eingreifen wird. Nur Wenige können sich eine Vorstellung über den Umfang, die Dauer

---

[13] Zum folgenden vgl. ausführlicher STIG FÖRSTER, Der deutsche Generalstab und die Illusion des kurzen Krieges, 1871–1914. Metakritik eines Mythos, in: Militärgeschichtliche Mitteilungen 54. 1995 S. 61–95. Die Ausführungen in diesem Abschnitt, soweit sie nicht durch Fußnoten belegt sind, beruhen auf diesem Aufsatz.

[14] Siehe GERHARD RITTER, Der Schlieffenplan. Kritik eines Mythos. München 1956; DERS., Staatskunst und Kriegshandwerk 2: Die Hauptmächte Europas und das wilhelminische Reich, 1890–1914. München 1960; FRITZ FISCHER, Krieg der Illusionen. Die deutsche Politik von 1911 bis 1914. Düsseldorf ²1969. Vgl. ähnlich JEHUDA L. WALLACH, Das Dogma der Vernichtungsschlacht. Die Lehren von Clausewitz und Schlieffen und ihre Wirkungen in zwei Weltkriegen. Frankfurt 1967, sowie JAMES JOLL, The Origins of the First World War. London 1984.

[15] HELMUTH VON MOLTKE, »Zur Beurteilung der politischen Lage«, Geheimes Schreiben an den Reichskanzler vom 28.7.1914. Hier zitiert eine Abschrift aus dem Nachlaß Wilhelm Groeners Bundesarchiv-Militärarchiv, Freiburg, N 46 (Nachlaß Groener), Nr 40: Korrespondenz mit dem Reichsarchiv. Dieses Schreiben ist jedoch bereits mehrfach abgedruckt worden.

und das Ende dieses Krieges machen. Wie das alles enden soll, ahnt heute niemand.«[16]

Ähnlich düster äußerten sich auch andere Generale. So meinte etwa Generalfeldmarschall Colmar von der Goltz im Augenblick des Kriegsausbruchs zu seinem Sohn:

»Das wird ein langer und sehr schwerer Krieg. Vorläufig sehe ich noch nicht, wie wir mit Rußland und England zum Frieden kommen können.«[17]

Der im Osten stationierte General von Mackensen vertraute seinem Tagebuch an:

»Die Truppen im Westen werden es leichter haben als wir hier an der Ostgrenze [...] Nur eine schnelle Entscheidung gegen Frankreich kann uns aus dieser kritischen Lage befreien. Ich prophezeie diesem Feldzug eine lange Dauer. Er gilt dem Sein oder Nichtsein des deutschen Reiches und damit des deutschen Volkes.«[18]

Kriegsminister Erich von Falkenhayn sah die Lage auch nicht rosiger. Dies geht aus einer Äußerung hervor, die er wenige Tage nach Kriegsausbruch gegenüber dem amerikanischen Diplomaten Henry White machte:

»[...] the coming in of England had made all the difference in the world, both to the probable duration of the war (which he thought was likely to last at least three or four years), and possibly even to its outcome.«[19]

Derlei Vorahnungen hatten zudem Tradition. In seiner letzten Reichstagsrede etwa hatte schon der ältere Moltke vor einem siebenjährigen, wenn nicht gar dreißigjährigen Krieg gewarnt.[20]

Den Hintergrund für solche Befürchtungen stellte der seit Mitte des 19. Jahrhunderts eingetretene Wandel im Charakter des Krieges dar. So hatte der Deutsch-Französische Krieg nicht etwa mit der Schlacht von Sedan geendet. Danach dauerten die Kämpfe vielmehr noch sechs Monate an, mußten weitere zwölf Schlachten geschlagen, Städte und Festungen belagert und im Hinterland die sogenannten Franctireurs bekämpft werden. Selbst gegen ein geschwächtes Frankreich hatten die deutschen Armeen bis an den

[16] Hans von Haeften, Meine Erlebnisse aus den Mobilmachungstagen 1914, BA-MA Freiburg, N 35 (Nachlaß von Haeften), Nr. 1.
[17] Generalfeldmarschall Colmar von der Goltz. Denkwürdigkeiten. Hg. FRIEDRICH FREIHERR VON DER GOLTZ/WOLFGANG FOERSTER. Berlin 1929 S. 345 f.
[18] Zitiert nach THEO SCHWARZMÜLLER, Zwischen Kaiser und »Führer«. Generalfeldmarschall August von Mackensen. Eine politische Biographie. Paderborn 1995 S. 93.
[19] Zitiert nach HOLGER AFFLERBACH, Falkenhayn. Politisches Denken und Handeln im Kaiserreich. München 1994 S. 170 f.
[20] Helmuth von Moltke am 14. 5. 1890 im Reichstag, RT, Sten. Ber., 1890/91, Bd. 114, S. 76 f.

Rand der Erschöpfung kämpfen müssen, weil Gambetta mit der *levée en masse* und der *guerre à outrance* die noch freie Bevölkerung erfolgreich mobilisiert hatte. Der ältere Moltke und viele seiner Schüler sprachen fortan vom »Zeitalter des Volkskrieges«, in dem man sich nun befinde. Ganze Nationen würden für den Krieg mobilisiert werden, so daß mit kurzen Kriegen nicht mehr zu rechnen sei, weil allein schon die feindlichen Massenarmeen nicht mehr in schnellen Feldzügen vernichtet werden könnten. Dementsprechend meinte der jüngere Moltke im Januar 1905, ein Jahr vor seiner Amtsübernahme als Generalstabschef, zum Kaiser:

»Wir haben jetzt eine über dreißigjährige Friedensperiode hinter uns und ich glaube, daß wir in unseren Anschauungen vielfach sehr friedensmäßig geworden sind. Wie und ob es überhaupt möglich sein wird, die Massenheere, die wir aufstellen werden, einheitlich zu leiten, kann, glaube ich, kein Mensch vorher wissen. Auch unser Gegner ist ein anderer geworden, wir werden es nicht mehr wie früher mit einem feindlichen Heer, dem wir mit Überlegenheit entgegentreten können, zu tun haben, sondern mit einer Nation in Waffen. Es wird ein Volkskrieg werden, der nicht mit einer entscheidenden Schlacht abzumachen sein wird, sondern der ein langes, mühevolles Ringen mit einem Lande sein wird, das sich nicht eher überwunden geben wird, als bis seine ganze Volkskraft gebrochen ist, und der auch unser Volk, selbst wenn wir Sieger sein sollten, bis aufs äußerste erschöpfen wird.«[21]

Hier aber sprach Moltke nur von der Möglichkeit eines Krieges gegen Frankreich allein. Tatsächlich zeichnete sich schon seit langem ab, daß das Reich im Kriegsfalle zumindest einen Kampf an zwei Fronten zu bestehen haben würde. In einem solchen Krieg wäre es natürlich wünschenswert gewesen, zunächst mit aller Macht gegen einen Feind vorzugehen, um diesen zu vernichten. Danach hätte man sich dann gegen den anderen Gegner wenden können. Doch alle Aufmarschpläne des älteren Moltke und seines Nachfolgers Waldersee waren an der Aufgabe gescheitert, einen der beiden Gegner schnell und vernichtend zu schlagen. Schon am 27. April 1871 hatte der ältere Moltke in bezug auf einen möglichen Zweifrontenkrieg gegen Frankreich und Rußland festgestellt:

»[Deutschland, S.F.] darf nicht hoffen, durch eine rasche und glückliche Offensive in letzterer Richtung [nach Westen, S.F.] sich in kurzer Zeit von dem einen Gegner zu befreien, um sich dann gegen den anderen zu wenden. Wir haben eben erst erlebt, wie schwer es ist, selbst den siegreichsten Kampf gegen Frankreich zu beenden.«[22]

---

[21] Moltke berichtete über diese Unterredung in einem Schreiben vom 29.1.1905 an seine Frau. Zitiert nach: Generaloberst Helmuth von Moltke. Erinnerungen, Briefe, Dokumente, 1877–1916. Hg. ELIZA VON MOLTKE. Stuttgart 1922 S. 308.

[22] Denkschrift vom 27.4.1871 abgedruckt in: Moltke. Vom Kabinettskrieg zum Volkskrieg. Eine Werkauswahl. Hg. STIG FÖRSTER. Bonn 1992 S. 598–609, Zitat S. 603.

Da auch Rußland gegenüber schnelle Siege nicht zu erwarten waren, erschien die strategische Lage als äußerst bedrohlich.

Es blieb Alfred von Schlieffen vorbehalten, für dieses Dilemma eine
Scheinlösung anzubieten. Um die Jahreswende 1905/06 legte er seinen berühmten Entwurf vor, der das Ziel propagierte, Frankreich nun doch in einem kurzen Feldzug vernichtend zu schlagen. Zu diesem Zweck sollte die
niederländische und belgische Neutralität gebrochen werden, um unter Umgehung des französischen Festungsgürtels im Süden in Nordfrankreich einzufallen, Paris zu umfassen und dann in einem gigantischen Schwenk nach
Süden die gesamte französische Armee einzukesseln. Dieser minutiöse Plan
war so elegant wie wirklichkeitsfremd. Gerhard Ritter hat in allen Einzelheiten gezeigt, daß dieser Plan kaum durchführbar war.[23] Dabei war Schlieffen
aber nicht etwa ein Dilettant. Er hatte vielmehr die katastrophalen Auswirkungen eines langwierigen Krieges nicht für die strategische Lage des Reiches, sondern auch für Wirtschaft und Gesellschaft erkannt. Sein Plan stellte
daher einen verzweifelten Versuch der Quadratur des Zirkels dar.[24]

Schlieffens Nachfolger, der jüngere Moltke, hat jedoch nie daran geglaubt, daß der Schlieffenplan in dieser Form und mit dieser Zielsetzung
durchführbar war. Er nahm deshalb die für einen langen Krieg nötigen Änderungen vor, inklusive einer Aufgabe des Überfalls auf die Niederlande.
Darüber hinaus bombardierte er die zuständigen militärischen und zivilen
Stellen mit Forderungen nach Vorbereitungen für den langen Krieg. Aber im
polykratischen System des Kaiserreichs konnte er sich damit nicht durchsetzen. Nicht einmal auf dem Gebiet der Rüstungspolitik wurden seine Wünsche erfüllt. So blieb ihm nur die operative Planung. Hier aber warnte ihn ein
seit 1910 jährlich erneuerter Bericht der Geheimdienstabteilung des Generalstabs, daß es schlechterdings unmöglich sei, das französische Millionenheer
in einem kurzen Feldzug einzukesseln und zu vernichten.[25] Moltke nutzte
daher den Schlieffenplan allein als operatives Vehikel für seine eigenen Vor

[23] Siehe RITTER, Schlieffenplan (wie Anm. 14).

[24] Die These von Terence Zuber, den Schlieffenplan habe es nie gegeben, stellt allerdings eine
erhebliche Übertreibung dar. Schließlich war Schlieffen für den Rest seines Lebens von der Idee
des schnellen Sieges über Frankreich wie besessen. Sein Nachfolger sah sich deshalb zur wiederholten Auseinandersetzung mit Schlieffens entsprechenden Planungen genötigt. Richtig ist vielmehr, daß der Schlieffenplan 1914 nicht mehr die Grundlage für die deutschen Operationen im
Westen darstellte. Hier wurde nach dem Moltke-Ludendorff Plan vorgegangen. Vgl. TERENCE
ZUBER, The Schlieffen Plan Reconsidered, in: War in History 6. 1999 S. 262–305.

[25] Großer Generalstab, 3. Abteilung, Mai 1910 (berichtigt 9.11.1912, für Mobilmachung
1913/14, April 1914), Geheim! »Aufmarsch und operative Absichten der Franzosen in einem
zukünftigen deutsch-französischen Kriege«, BA-MA Freiburg, PH3/256 (Generalstabsakten).

stellungen, um in Erwartung eines langwierigen Kampfes nach mehreren Fronten den Krieg ins Feindesland zu tragen.

In operativer Hinsicht war der Generalstab somit eigentlich mit seinem Latein am Ende. Dennoch ist der Generalstab, wie allgemein bekannt ist, zwischen 1871 und 1914 wiederholt mit der Forderung nach einem Präventivkrieg hervorgetreten. Der ältere Moltke und sein Nachfolger Waldersee verlangten sowohl 1875 als auch zwischen 1887 und 1890 von Bismarck mehrmals das sofortige Losschlagen, bevor es zu spät sei. Bismarck lehnte dieses Ansinnen jedoch brüsk ab.[26] Schlieffen soll 1905 den Präventivkrieg gefordert haben, scheiterte jedoch am Widerstand Bülows und des Kaisers.[27] Der jüngere Moltke trat 1908 und 1911 bereits als regelrechter Kriegstreiber auf. Im berüchtigten Kriegsrat vom 8. Dezember 1912 ließ er dann einen hysterischen Wilhelm II. wissen: »Ich halte einen Krieg für unvermeidlich und: je eher, desto besser.«[28] Im Mai 1914 forderte er den Staatssekretär des Auswärtigen Amtes von Jagow beinahe ultimativ auf, einen Präventivkrieg herbeizuführen.[29] Noch am Ende der Julikrise 1914 erschien Moltke, nach einigem Zögern, als eine der treibenden Kräfte für den Entschluß zum Krieg.[30]

Vor diesem Hintergrund stellt sich nun allerdings die Frage nach einer Erklärung für jenen eklatanten Widerspruch: Einerseits war der Generalstab mit seinem Latein am Ende, was er intern auch durchaus durchblicken ließ, und führende deutsche Offiziere warnten wiederholt, vor allem zum Zeitpunkt des Kriegsausbruchs, vor einer Katastrophe. Andererseits aber gehörte gerade der Generalstab zu den entschiedensten Kriegstreibern im Reich. Das Problem der Motivation der deutschen Offizierselite im Hinblick auf den angestrebten Krieg ist somit von größtem Interesse.

---

[26] Zu den Präventivkriegsforderungen des alten Moltke und seines Nachfolgers Waldersee siehe Stig Förster, Optionen der Kriegführung im Zeitalter des »Volkskrieges«. Zu Helmuth von Moltkes militärisch-politischen Überlegungen nach den Erfahrungen der Einigungskriege, in: Militärische Verantwortung in Staat und Gesellschaft. 175 Jahre Generalstabsausbildung in Deutschland. Hg. Detlef Bald. Koblenz 1986 S. 83–107, hier S. 94–99. Vgl. auch Karl-Ernst Jeismann, Das Problem des Präventivkriegs im europäischen Staatensystem mit besonderem Blick auf die Bismarckzeit. Freiburg 1957.

[27] Siehe Heiner Raulff, Zwischen Machtpolitik und Imperialismus. Die deutsche Frankreichpolitik, 1904–1906. Düsseldorf 1976 S. 126–130.

[28] Der Kaiser [...] Aufzeichnungen des Chefs des Marinekabinetts Admiral Georg Alexander von Müller über die Ära Wilhelms II. Hg. Walter Görlitz. Göttingen 1965 S. 125.

[29] Zu diesem Vorgang siehe Fischer, Krieg (wie Anm. 14) S. 583–585.

[30] In seinem hochinteressanten Tagebuch, dessen Entdeckung wir Holger Afflerbach verdanken, notierte Kriegsminister von Falkenhayn am 30. Juli, nach Tagen der Klage über Moltkes ambivalentes Auftreten: »Moltke spricht sich in sehr entschiedener Weise für den Krieg sans phrase aus. Seine Stimmungswechsel sind kaum oder gar nicht zu erklären.« Siehe Afflerbach, Falkenhayn (wie Anm. 19) S. 159.

III. Kriegsmentalitäten der Offizierselite

Tatsächlich handelte es sich zweifellos um eine Gemengelage von Motiven, die im folgenden kurz dargestellt werden soll. Sicherlich erzeugte die wachsende Furcht vor der angeblichen Einkreisung durch Deutschlands Feinde und die immer wieder auftretende Sorge, den kontinentalen Rüstungswettlauf zu verlieren, bei vielen führenden Offizieren eine Art Panikstimmung. Die meisten Präventivkriegsforderungen des Generalstabs lassen sich mehr oder weniger direkt mit derartigen Vorstellungen in Verbindung bringen, was gut dokumentiert ist. Dabei nahmen die Befürchtungen von militärischen Spitzenfiguren allerdings mitunter schon paranoide Züge an. Als typisch hierfür darf wohl folgende Passage aus einem Aufsatz Schlieffens gelten:

»Damit ist die militärische Lage Europas gegeben. In der Mitte stehen ungeschützt Deutschland und Österreich, ringsherum hinter Wall und Graben die übrigen Mächte. Der militärischen Lage entspricht die politische. […] Es ist nicht ausgemacht, daß diese Leidenschaften und Begehrlichkeiten sich in gewaltsames Handeln umsetzen werden. Aber das eifrige Bemühen ist doch vorhanden, alle diese Mächte zum gemeinschaftlichen Angriff gegen die Mitte zusammenzuführen. Im gegebenen Augenblick sollen die Tore geöffnet, die Zugbrücken herabgelassen werden und die Millionenheere über die Vogesen, die Maas, die Königsau, den Niemen, den Bug und sogar über den Isonzo und die Tiroler Alpen verheerend und vernichtend hereinströmen. Die Gefahr erscheint riesengroß.«[31]

Derlei Angstvorstellungen waren natürlich keine guten Ratgeber und förderten den rationalen Entscheidungsprozeß nicht unbedingt. Dabei ist es von großer Wichtigkeit zu konstatieren, daß den von Einkreisungsängsten vorangetriebenen Präventivkriegsforderungen eben keinerlei irgendwie aussichtsreiche operativen Pläne gegenüber standen. Der Wunsch nach Krieg war deshalb unverantwortlich. Was die militärische Führung eigentlich zu tun gedachte, wenn ihrem Wunsch entsprochen wurde, blieb ihr Geheimnis. Vor dieser Situation stand Moltke dann ja auch Ende Juli 1914. Der Topos vom unvermeidlichen Krieg[32], den es gelte, »je eher, desto besser« herbeizuführen, solange die allgemeine Lage nicht noch schlimmer war, gehört in denselben Zusammenhang.

---

[31] GRAF ALFRED V. SCHLIEFFEN, Der Krieg der Gegenwart, in: DERS., Gesammelte Schriften 1. Berlin 1913 S. 11–22, hier S. 20 f.

[32] Auf die Bedeutung dieses Phänomens ist schon vor Jahren hingewiesen worden. Siehe WOLFGANG J. MOMMSEN, The Topos of Inevitable War in Germany in the Decade before 1914, in: Germany in the Age of Total War. Essays in Honour of Francis Carsten. Hg. VOLKER R. BERGHAHN/MARTIN KITCHEN. London 1981 S. 23–45.

Ganz offenbar spielten aber auch sozial bedingte Statusfragen eine erhebliche Rolle. Seit 1870/71 besaßen das deutsche Offizierkorps im allgemeinen
und die »Halbgötter« des Generalstabs im besonderen eine herausragende
Stellung in Staat und Gesellschaft. Diese konnte nur verteidigt werden, wenn
die Spitzen der Armee das Versprechen aufrecht erhielten, es beim nächsten
Mal genauso zu machen. Eine reine Abschreckungsarmee aber, die die deutschen Grenzen nur mit Mühe verteidigen konnte, paßte gar nicht in dieses
Konzept. Mancher Offizier mag zudem der Meinung gewesen sein, daß die
lange Friedenszeit allmählich an seinem sozialen Prestige nagte, war doch
der Monokel tragende Hauptmann eine beliebte Witzfigur geworden. Ein
richtiger Krieg konnte hier Remedur schaffen. Doch derartige Vorstellungen
sind in den Quellen schwer nachzuweisen, weil sie natürlich kaum zu Papier
gebracht wurden. Von Hinweisen, die gleichwohl in diese Richtung gehen,
wird aber noch zu sprechen sein.

Sehr viel eindeutiger auszumachen ist der Umstand, daß das Offizierkorps
zunehmend in einer Umwelt lebte, in der Kriegshetzerei fast schon zum guten Ton gehörte. Spätestens seit 1911 hetzten Alldeutsche, der Wehrverein,
die Nationalliberalen, die Konservativen und sogar Teile des Zentrums immer offener zum Krieg.[33] Obendrein erwartete der launenhafte Kaiser von
seinen Offizieren eine zackige Haltung, die jederzeit zum Schlagen bereit
war. In diesem Umfeld mußte es jedem »patriotischen« Offizier schwer fallen, auch wenn er den Ernst der Lage erkannt hatte, vom Krieg abzuraten.
Aber offenbar war so mancher deutsche Offizier aus eigenem Antrieb bei der
Sache. In den Privatnachlässen führender Offiziere findet sich jedenfalls ein
geradezu erschreckendes Ausmaß an Kriegstreiberei um des Krieges willen.
Hier ein paar Kostproben: So schrieb der junge Moltke schon 1881 aus dem
Manöver an seine Frau, wie schön doch ein wirklicher Feldzug wäre, ein
wirklicher Krieg, ein Kampf auf Leben und Tod.[34] Am 10. März 1900
schrieb Colmar von der Goltz an Oberst von Morgen: »[...] einen Krieg
aber, und zwar einen recht festen, frischen und frölichen [sic!], wie sie ihn
mir wünschen, liesse ich mir schon gefallen.«[35]

Die lange Friedensperiode, die dem Soldaten verwehrte, seinem Handwerk auf dem Schlachtfeld ehrenvoll nachzugehen, ging ihm dabei sichtlich
auf die Nerven. In einem Brief aus dem Jahre 1906 an den osmanischen General Pertev meinte er jedenfalls, man komme sich als Soldat allmählich vor
»wie der Spielmann, der immer und ewig ein Instrument spielt, das keinen

---

[33] Siehe etwa STIG FÖRSTER, Der doppelte Militarismus. Die deutsche Heeresrüstungspolitik
zwischen Status-quo-Sicherung und Aggression, 1890–1913. Stuttgart 1985 S. 208–295.

[34] Moltke, Erinnerungen (wie Anm. 21) S. 100.

[35] BA-MA Freiburg, N 227 (Nachlaß Curt von Morgen), Nr. 34.

rechten Ton gibt.«[36] Gegenüber General Mudra ließ Goltz seinem Zorn ein Jahr später vollen Lauf:

»Ich wünsche dem deutschen Vaterlande freilich von allen guten Dingen *zwei*, nämlich völlige Verarmung und einen mehrjährigen harten Krieg. Dann würde sich das deutsche Volk vielleicht noch einmal wieder erheben und für Jahrhunderte vor moralischer Auflösung schützen.«[37]

Und 1912 schrieb er dann wiederum an von Morgen: »Völker werden überhaupt nur durch grosse Katastrophen überzeugt, wie Kinder durch eine ordentliche Tracht Prügel.«[38] Ähnlich äußerte sich auch der spätere Kriegsminister von Falkenhayn, als er zum Beispiel im Jahre 1904 an seinen Freund Hanneken schrieb: »Und einen struggle for life mit allen seinen Schrecken aber auch allen seinen herrlichen Entwicklungen müßten wir haben [...].«[39] Erich Ludendorff schließlich bemerkte 1913 zu Major Bauer:

»Sehen Sie nicht zu schwarz in die Zukunft. Ich glaube, wir und Sie bestehen alles ehrenhaft und glücklich, nur wenn es Krieg würde, ich glaube, gerade dieser ewige Friede ist an aller politisch-militärischen Zerfahrenheit schuld.«[40]

Hier ergibt sich ein erschreckendes Gruppenbild, das sich durch weitere Zitate noch krasser ausmalen ließe. Dabei spielte wohl eine unverantwortliche Hau-Drauf-Mentalität, die sich aus einem romantisch verklärten Soldatenbild speiste, ebenso eine Rolle, wie der Wunsch, den Gordischen Knoten einer vertrackten außenpolitischen Situation endlich zu zerschlagen. Erkennbar ist auch der Wunsch, die als bedrohlich und dekadent empfundene innere Lage des Reiches durch einen Gewaltstreich zu überwinden. Von religiöser Motivation ist bei all dem jedoch überhaupt nichts zu erkennen. Eher schimmern hier die erwähnten weltlichen Ersatzreligionen des Nationalismus und vor allem des Sozialdarwinismus durch.

Zudem wäre es zweifellos verfehlt, in dienstlichen Schreiben deutscher Offiziere religiöse Anspielungen zu erwarten. Dafür war der Dienstverkehr zu trocken und zu nüchtern und die Sprache der Offiziere zu »ernst«, wie es im damaligen Deutsch hieß.[41] Auffallend ist allerdings, daß auch in den Pri-

---

[36] BA-MA Freiburg, N 737 (Nachlaß Colmar von der Goltz), Nr. v. 9.

[37] BA-MA Freiburg, N 80 (Nachlaß Bruno von Mudra), Nr. 1.

[38] BA-MA Freiburg, N 227 (Nachlaß Morgen), Nr. 34.

[39] Zitiert nach Afflerbach, Falkenhayn (wie Anm. 19) S. 52.

[40] Zitiert nach Fischer, Krieg (wie Anm. 14) S. 246.

[41] Vor einiger Zeit wurde mir aus russischen Archiven ein Dokument zugespielt, das einen angeblichen Gesamtkriegsplan für das Deutsche Reich enthielt. Das mit »Moltke« unterzeichnete Schriftstück war allerdings, neben anderen Ungereimtheiten, schon dadurch unschwer als Fälschung zu erkennen, daß wiederholt auf Gott rekurriert wurde, der Deutschlands Feinde strafen

vatkorrespondenzen vieler führender Offiziere das religiöse Motiv gänzlich fehlt. Ein Colmar von der Goltz, ein Erich von Falkenhayn und ein Erich Ludendorff haben sich vor 1914 um Religion offenbar kaum geschert. Ludendorffs »deutsche Gotterkenntnis« kam ja erst nach dem Krieg und brachte ihm nur das Kopfschütteln seiner Kameraden ein.[42]

Andererseits ist bekannt, daß mehrere Mitglieder der deutschen Offiziers-elite gläubige Christen waren. Dies läßt sich bereits für einige Generalstabs-chefs zeigen. So war der alte Moltke zum Beispiel ein frommer Protestant, der seinen Glauben nicht nur durch regelmäßigen, ernst gemeinten Kirch-gang zum Ausdruck brachte.[43] Auch Alfred von Waldersee tat sich immer wieder als überzeugter Protestant hervor, der insbesondere dem Kreis um den Hofprediger Adolph Stoecker nahestand.[44] Schlieffen schließlich war ein radikaler Christ, dessen protestantische Arbeitswut seinen Untergebenen allzu oft zur Last wurde.[45] Gerade an diesen Personen läßt sich zeigen, ob und wie sehr christliche Motive die Verhaltensweisen im Dienst beeinfluß-ten.

Auch in Fragen des Krieges dachte der alte Moltke sicherlich in protestan-tischen Kategorien, wobei er gelegentlich nicht vor Blasphemien zurück-schreckte.[46] Ein ganz traditionelles Gottvertrauen kam jedenfalls in seinem Verhalten während der von ihm geführten Kriege zum Ausdruck, auch wenn seine Korrespondenz aus jener Zeit wenig von Gott spricht. Danach hielt sich seine Grundeinstellung zum Krieg ziemlich eng an die offizielle protes-tantische Lehre. Berühmt sind etwa seine diesbezüglichen Ausführungen ge-genüber dem pazifistischen Professor Bluntschli:

---

werde. Dies widersprach jedoch gänzlich dem sonst üblichen nüchternen Jargon von Denk-schriften des Generalstabs.

[42] Andreas Schwab hat hierzu kürzlich eine interessante Lizentiatsarbeit verfaßt: Andreas Schwab, Vom »totalen Krieg« zur »deutschen Gotterkenntnis«. Die Weltanschauung Erich Lu-dendorffs. Bern 1997 (MS).

[43] Vgl. hierzu die immer noch unübertroffene Biographie von Eberhard Kessel, Moltke. Stuttgart 1957.

[44] Gewissermaßen als Nebenprodukt seiner Wilhelm II.-Biographie hat John Röhl eine wun-derbare Analyse über Waldersee geschrieben. Siehe John C. G. Röhl, Wilhelm II. Die Jugend des Kaisers, 1859–1888. München 1993 insbesondere S. 601–616 und S. 715–717.

[45] Zu Schlieffen siehe Arden Bucholz, Moltke, Schlieffen, and Prussian War Planning. New York 1991 S. 109–157.

[46] So verkündete er zum Beispiel triumphierend, nachdem er Zeuge der Verfälschung der Em-ser Depesche durch Bismarck geworden war: »Wenn ich das noch erlebe, in solchem Kriege un-sere Heere zu führen, so mag gleich nachher ›die alte Carcasse‹ der Teufel holen.« Zitat nach Kessel, Moltke (wie Anm. 43) S. 544.

»Der ewige Friede ist ein Traum, und nicht einmal ein schöner, und der Krieg ist ein Glied in Gottes Weltordnung. In ihm entfalten sich die edelsten Tugenden des Menschen, Mut, Entsagung, Pflichttreue und Opferwilligkeit mit Einsetzung des Lebens. Ohne den Krieg würde die Welt im Materialismus versumpfen.«[47]

Allerdings fällt auch in diesem Zitat auf, daß Moltkes konservativ-zivilisationskritische Haltung eher weltlich geprägt war. Bei den »edelsten Tugenden des Menschen« wird jedenfalls die Religion nicht direkt angesprochen. Doch auch wenn Moltkes Christentum unbestreitbar ist, so hat dies seine Arbeit nicht direkt beeinflußt. Weder seine Dienstschriften, noch seine Reden, noch die Mehrzahl seiner Privatbriefe geben einen Hinweis darauf, daß er seine Entscheidungen sozusagen in Rücksprache mit Gott getroffen hätte. Moltke war vielmehr der Erfinder der Sachlichkeit im preußischen Militär. Selbst für ihn war Religion wohl eher Privatsache, wenngleich auch eine Selbstverständlichkeit. Die bereits bei ihm klar erkennbare Dichotomie zwischen seiner Einsicht in die militärpolitische Lage und seinen Präventivkriegsforderungen läßt sich jedenfalls aus seiner religiösen Einstellung heraus nicht erklären. Andererseits, selbst wenn der Krieg für ihn »ein Glied in Gottes Weltordnung« war, so hinderte ihn das doch nicht, in seiner letzten Reichstagsrede eindringlich davor zu warnen.

Bei Waldersee lagen die Dinge anders. Für ihn war *alles* Politik, auch die Religion. Seine Begeisterung für Stoecker etwa galt weniger Glaubensgrundsätzen als dem Ergreifen einer Chance im Intrigenspiel des innenpolitischen Machtkampfes, denn Waldersee strebte eindeutig nach höheren Dingen als nach dem Posten eines Generalstabschefs.[48] Christlich-protestantische Religion und aggressiver Antisemitismus dienten dabei als Mittel, um die inneren Feinde, also Liberale und Sozialdemokraten, zu bekämpfen. Vor diesem Hintergrund muß auch folgender Eintrag in sein Tagebuch gelesen werden, der wie kaum ein anderer Waldersees Einstellung zur Religion bloßlegt:

»Wir leben, ohne daß die überwältigende Majorität der Menschen denen man die Fähigkeit zum Denken zutrauen müßte es merkt - in Mitten einer gewaltigen Revolution [...] Das gänzlich Ungesunde unserer Zustände liegt darin daß auf der einen Seite ungeheurer Reichtum schnell erworben u in der Hand von wenigen Menschen vereinigt wurde während auf der anderen die große Masse der nicht besitzenden [sic!] man kann sagen völlig Armen steht die von heut zu morgen ihr Brod verdienen. Das kann auf die Dauer gar nicht bestehen solange wir Menschen sind und menschliche Schwächen haben; von dem einzigen Mittel mildernd=vermittelnd zu wirken, von der Religion wird kein Gebrauch gemacht, im Gegentheil es wird mit Ueberlegung auf

---

[47] Brief vom 11.9.1890, abgedruckt in: Moltke (wie Anm. 22) S.633.
[48] Zu Waldersee Rolle als aggressivem politischen Intriganten siehe eindrucksvoll RÖHL, Wilhelm II. (wie Anm. 44) S.601–628.

Verwilderung der Massen, auf Gleichgültigkeit bei den mittleren=oberen Klassen hingearbeitet.

Vom Staat ist nichts zu merken von Maßregeln die dem Uebel an die Wurzel kommen; er begnügt sich mit Versuchen die materielle Lage der arbeitenden Klasse zu verbessern, hat aber bisher nichts erreicht als deren Begehrlichkeit zu steigern. Das Ansammeln großer Reichtümer, die Möglichkeit durch Spekulation schnell große Summen zu verdienen, hat eine Neigung zum Luxus u. zum Genuß von oben aus nach unten entwickelt daß weite Kreise davon erfaßt sind. Das deutsche Familienleben, eine unserer bisher größten Stärken, geht sichtlich zu Grunde. Unglückliche Ehen, Ehebruch, frühzeitiges Verderben der Jugend, Hang zum Wohlleben, Neigung reicher zu scheinen als man ist, nimmt entsetzlich zu u erfaßt allmählich alle Stände u vernichtet die Karaktere [sic!]; auf dem Lande geht es natürlich noch besser zu als in den Städten u namentlich den großen, daß Uebel frißt aber weiter.

Bei den unteren Klassen der großen Städte hat die Verwilderung schon einen hohen Grad erreicht; man kann rechnen, daß in Berlin einige 100,000 Heiden wohnen u ist entsetzlich zu sehen was für eine Jugend, sowohl männliche als weibliche, heranwächst!

Die Konzentration der Arbeitermassen hat bisher noch zu keinen ernsten Störungen geführt; es kann dies aber schon bald eintreten da unsere Industrie im Zurückgehen ist; es kann kommen daß hunderttausende schnell brodlos werden u. was werden wir dann erleben wenn diese verwilderten Massen anfangen zu hungern!

Ich komme hier aber etwas von meinen Grundgedanken ab; sie sind dahin zusammen zu fassen, daß die ungleiche Vertheilung des Geldes mit allen ihren Konsequenzen schließlich zum Krach führen muß; [...]«[49]

Waldersee ließ hier durchblicken, daß für ihn Religion tatsächlich in erster Linie als Opium fürs Volk gedacht war, um von den Problemen der Klassengesellschaft abzulenken. Angesichts der zunehmenden Säkularisierung in Deutschland fiel seine Zivilisationskritik entsprechend vernichtend aus. Es war aber gerade diese kritische Haltung gegenüber dem angeblichen allgemeinen Verfall, die ihn zu einem besonders harten Kriegstreiber werden ließ. Krieg war für ihn ganz eindeutig ein probates Mittel, um den inneren Verfall aufzuhalten. Hier ging es also nicht um Religion an sich, sondern um den Erhalt der bestehenden Herrschaftsverhältnisse. Dafür war er auch bereit, einen abenteuerlichen Präventivkrieg zu riskieren, selbst wenn seine operativen Pläne keine Aussicht auf Erfolg versprachen.

Mit seiner Haltung jedoch stand Waldersee dem Sozialdarwinismus ebenso nahe wie dem zeitgenössischen Pietismus, was gerade in jener Phase ohnehin immer weniger ein Widerspruch war. Die Verbindungslinien zum radikalen Protestantismus sind jedenfalls nicht zu leugnen. In seinen dienstlichen

---

[49] Eintragung vom 9.11.1890, Geheimes Staatsarchiv – Berlin, Rep. 92 Waldersee, Bd. 12.

Schriften war davon allerdings wenig zu spüren, ebensowenig wie in seiner Korrespondenz mit den Kameraden.

Noch schwieriger stellt sich das Problem des Herrnhuters Schlieffen dar. In den Briefen an seine Familie ist häufig von Gott und Religion die Rede. Allerdings immer im Hinblick auf private Dinge und auf seine allgemeine Weltsicht.[50] Im Dienst aber blieb Schlieffen nüchtern und sachlich, mindestens so wie der alte Moltke. Es ist somit nicht auszumachen, ob Schlieffens militärpolitische Einstellung in irgend einer Weise von seinen religiösen Überzeugungen beeinflußt wurde. Hier ist man nur auf Vermutungen angewiesen, die kaum weiterhelfen können. Umso offensichtlicher sind seine politischen Vorstellungen, die er schonungslos darlegte. Die Motivation zu seinem abenteuerlichen Plan bezog er demnach eindeutig nicht nur aus der Einsicht in die schwierige strategische Lage des Reiches, sondern auch aus Sorge um die innere Stabilität bei einem langwierigen Krieg. Konservative, systemerhaltende Überlegungen standen hierbei definitiv im Vordergrund.[51] Von religiöser Motivation ist bei all dem nichts zu spüren. Darüber hinaus läßt sich nicht nachweisen, daß Schlieffen etwa aus religiösen Gründen heraus den Krieg propagiert hätte, so wie dies sein Vorgänger Waldersee noch in gewisser Weise getan hatte. Trotz seines tiefen Christentums war Schlieffen eben in erster Linie ein Positivist, der seine Arbeit rein »sachlich« tat. Die bürokratische Grundeinstellung des Generalstabs kam bei ihm wohl am deutlichsten zum Ausdruck.

So liefern nicht einmal die mehr oder weniger frommen Chefs des Generalstabs einen wesentlichen Beleg für die konkrete Bedeutung christlich-religiöser Grundeinstellungen im Denken und vor allem Handeln der deutschen Offizierselite. Allenfalls werden religiöse Grundüberzeugungen wie bei Moltke und Schlieffen erkennbar, die jedoch im militärischen Tagesgeschäft kaum eine Rolle spielten. Auch bei Waldersee lassen sich Ansätze in diese Richtung nachweisen. Hier allerdings wird man den Verdacht nicht los, daß dieser karrierebewußte General vornehmlich die Herrschaftsinteressen seiner Kaste und damit letztlich seine eigene Stellung im Auge hatte. Immerhin taucht bei ihm, klarer als bei irgend jemandem sonst, jene zynische Denkfigur auf, wonach die Religion als Mittel zur Niederhaltung der »begehrlichen Klassen« zu dienen habe.

Ansonsten aber entsteht der Eindruck, daß neben der positivistischen »Sachlichkeit« der Offizierselite zunehmend die weltlichen Ersatzreligionen des Nationalismus und des Sozialdarwinismus im Vordergrund standen.

---

[50] Siehe: Generalfeldmarschall Graf Alfred Schlieffen. Briefe. Hg. EBERHARD KESSEL. Göttingen 1958.

[51] Vgl. FÖRSTER, Generalstab (wie Anm. 13) S. 134–142.

Dies läßt sich für von der Goltz, Falkenhayn, Ludendorff und andere eindeutig zeigen. Vielleicht am radikalsten äußerte sich in dieser Hinsicht der pensionierte General und ehemalige Generalstäbler Friedrich von Bernhardi in seinem berüchtigten Buch »Deutschland und der nächste Krieg«. Emphatisch stellte Bernhardi fest, »der Krieg ist in erster Linie eine *biologische Notwendigkeit*«. Das Recht habe dabei immer der Stärkere. Der Krieg sei das Mittel zum Rechtsentscheid, »der zugleich immer biologisch gerecht entscheidet«. Deutschland müsse sich deshalb freudig auf den nächsten Krieg vorbereiten, den Kampf um Weltmacht oder Niedergang, denn jegliche Friedenspolitik verstoße gegen die Gesetze der Natur.[52] So war denn die im Vergleich zum alten Moltke, Waldersee und Schlieffen jüngere Generation der Offizierselite eindeutig eher von der nach der Jahrhundertwende mit Macht um sich greifenden Weltanschauung des Sozialdarwinismus geprägt als durch religiöse Vorstellungen.

Dieser Befund gilt zweifellos auch für den jüngeren Moltke. Dabei geistern in der Forschung immer noch die alten Anwürfe von Moltkes zeitgenössischen Feinden herum, der letzte Generalstabschef vor dem Krieg sei unter dem Einfluß seiner gewiß eher merkwürdigen Frau gänzlich dem Kult um Rudolf Steiner verfallen. Neueste Studien zeigen demgegenüber, daß davon nun wirklich keine Rede sein kann.[53] Zwar beschäftigte er sich interessiert mit Steiners Schriften, doch blieb er skeptisch. Überhaupt war Moltke ein skeptischer Mensch, der zuweilen über sich selbst äußerte, ein Pessimist zu sein.[54] Das galt auch und gerade für das Christentum. So konnte er nicht an die Erlösung glauben und stand deshalb dem Glauben überhaupt kritisch gegenüber.[55] Statt dessen wandte er sich dem reinen Machtgedanken und eben dem Sozialdarwinismus zu. Von Gott und Religion sprach er nur bei feierlichen Anlässen. Doch dies klang dann eher wie eine Pflichtübung. So ist seine Handlungsweise wohl vornehmlich vor dem Hintergrund von Nationalismus und Sozialdarwinismus zu erklären. An der Stelle von Gottvertrauen stand bei ihm die Überzeugung, das deutsche Volk habe eine Kulturmission für die Menschheit zu erfüllen und sei deshalb, trotz der schier ausweglosen strategischen Lage, vor dem Gesetz der Geschichte unbesiegbar.

---

[52] Friedrich von Bernhardi, Deutschland und der nächste Krieg. Stuttgart 1912 Zitate S. 11 und 17 (Hervorhebungen im Original).

[53] Siehe hierzu die im Manuskript vorliegende Dissertation von Annika Mombauer, Helmuth von Moltke and the German General Staff. Military and Political Decision-Making in Imperial Germany, 1906–1916. University of Sussex 1997.

[54] So etwa am 7.7.1900 in einem Brief an seine Frau. Siehe: Moltke, Erinnerungen (wie Anm. 21) S. 239–241.

[55] Siehe etwa den Brief an seine Frau vom 10.4.1903: ebd. S. 280 f.

Wenn überhaupt, dann erklärt sich aus dieser Einstellung seine Bereitschaft, ein ziemlich hoffnungsloses Abenteuer einzugehen.

Im November 1914, nachdem er persönlich gescheitert war und die militärische Lage für das Reich äußerst bedenklich aussah, brachte er seine diesbezüglichen Überlegungen ausführlich zu Papier:

»Dieser Krieg, den wir jetzt führen, war eine Notwendigkeit, die in der Weltentwickelung begründet ist. Unter ihrem Gesetz stehen die Völker wie die einzelnen Menschen. Wenn diese Weltentwickelung, die man gewöhnlich als Weltgeschichte bezeichnet, nicht vorhanden wäre, wenn sie nicht vom Weltentwickelungsplan aus nach höheren Gesetzen geleitet würde, wäre die Entwickelungstheorie, die man in bezug auf die Lebewesen der Erde anerkennt, auf das höchste Lebewesen, den Menschen, in seiner Zusammenfassung als Volk, nicht anwendbar. Dann wäre die Weltgeschichte nichts weiter als das wirre Ergebnis von Zufälligkeiten, und man müßte ihr jede planvolle Entwickelung abstreiten. Daß aber eine solche stattfindet, lehrt meiner Ansicht nach die Geschichte selber. Sie zeigt, wie die Kulturepochen sich in fortschreitender Folge ablösen, wie jedes Volk seine bestimmte Aufgabe in der Weltentwickelung zu erfüllen hat und wie diese Entwickelung sich in aufsteigender Linie vollzieht.

So hat auch Deutschland seine Kulturaufgabe zu erfüllen. Die Erfüllung solcher Aufgaben vollzieht sich nicht ohne Reibungen, da immer Widerstände zu überwinden sind; sie können nur durch Krieg zur Entfaltung kommen. Wollte man annehmen, das Deutschland in diesem Kriege vernichtet würde, so wäre damit das deutsche Geistesleben, das für die spirituelle Weiterentwickelung der Menschheit notwendig ist, und die deutsche Kultur ausgeschaltet; die Menschheit würde in ihrer Gesamtentwickelung in unheilvollster Weise zurückgeworfen werden [...] Es ist eine gewaltige Zeit, in der wir leben.

Dieser Krieg wird eine neue Entwickelung der Geschichte zur Folge haben, und sein Ergebnis wird der gesamten Welt die Bahn vorschreiben, auf der sie in den nächsten Jahrhunderten vorzuschreiten haben wird.«[56]

Es ist davon auszugehen, daß die große Mehrzahl der zeitgenössischen deutschen Offizierselite diese Sätze unterschrieben hätte, auch wenn sie vom Verlierer der Marneschlacht stammten. Gott und die Religion spielten für die Spitzen der deutschen Armeen im Dienstgebrauch keine Rolle mehr. Hierbei handelte es sich allenfalls um Dinge, die man gegenüber Untergebenen und für die Öffentlichkeit noch strapazierte. Intern aber war der Säkularisierungsprozeß längst weit genug fortgeschritten, daß Religion zur Privatsache wurde. Die weltlichen Ersatzreligionen, von denen der ältere Moltke noch wenig wußte, die sich bei Waldersee andeuteten und die der

---

[56] HELMUTH V. MOLTKE, Betrachtungen und Erinnerungen, November 1914, in: ebd. S. 8–28, Zitat: S. 13 f.

sonst so »sachliche« Schlieffen bereits zu übernehmen begann, wurden in den letzten Jahren vor 1914 hingegen zum Allgemeingut der Offizierselite.

»Gott mit uns!« – das war eine Angelegenheit für das Volk, das zur Schlachtbank geführt wurde. Die militärische Führungselite kämpfte für andere Ideale, die, scheinbar wissenschaftlich begründet, dennoch keine rationalere Politik abgaben. Es war vor allem die pseudowissenschaftliche Ersatzreligion des Sozialdarwinismus, die ihrem Krieg einen Sinn verlieh. Der Erste Weltkrieg wurde damit zu einem ideologischen Krieg und keineswegs zum Religionskrieg. Auch insofern war der Krieg 1914–18 ein Vorläufer des Zweiten Weltkrieges.[57]

---

[57] Vgl. hierzu demnächst ausführlicher STIG FÖRSTER, Im Reich des Absurden. Die Ursachen des Ersten Weltkrieges, in: Historische Kriegsursachenforschung. Hg. BERND WEGNER (im Druck).

Zwischen protestantischem Herrscherideal und Mittelaltermystik.
Wilhelm I. und die »Mythomotorik« des Deutschen Kaiserreichs

von

JAKOB VOGEL

Wie vielleicht nur wenige historische Gestalten eignet sich die Figur Wilhelms I. als Anschauungsbeispiel für die engen Verflechtungen, die Religion, Nation und Gewalt in der deutschen Erinnerungskultur des 19. und frühen 20. Jahrhunderts eingingen.[1] Als Oberbefehlshaber über die preußischen Truppen in den Kriegen von 1864, 1866 und 1870/71 verkörperte er nicht nur die gewaltsame Expansion des preußischen Staates und die militärische

---

[1] In der umfangreichen Literatur zur deutschen Erinnerungskultur des 19. und 20. Jahrhunderts der letzten Jahre ist vor allem die Verbindung von nationalem Gedächtnis und Kriegserinnerung thematisiert worden, während die religiösen Dimensionen des Gedenkens weitgehend ausgespart blieben und höchstens implizit über den Verweis auf die quasi-religiöse Natur des nationalen Kultes berücksichtigt wurden. Zu den Ausnahmen zählen: ANNETTE MAAS, Der Kult der toten Krieger. Frankreich und Deutschland nach 1870/71, in: Nation und Emotion. Deutschland und Frankreich im Vergleich. 18. und 19. Jahrhundert. Hg. ETIENNE FRANÇOIS u. a. Göttingen 1995 S. 215–231; SABINE BEHRENBECK, Der Kult um die toten Helden. Nationalsozialistische Mythen, Riten und Symbole. Vierow 1996. Zur Stellung der verschiedenen Kriege in der nationalen Erinnerungskultur siehe auch: STEFAN-LUDWIG HOFFMANN, Mythos und Geschichte. Leipziger Gedenkfeiern der Völkerschlacht im 19. und frühen 20. Jahrhundert, in: Nation (wie oben) S. 111- 132; UTE SCHNEIDER, Die Feiern der Leipziger Schlacht am 18. Oktober 1814 – eine intellektuelle Konstruktion?, in: Blätter für deutsche Landesgeschichte 133. 1997 S. 219-238 ; JAKOB VOGEL, Nationen im Gleichschritt. Der Kult der »Nation in Waffen« in Deutschland und Frankreich 1871–1914. Göttingen 1997 S. 141–209; Der politische Totenkult. Kriegerdenkmäler in der Moderne. Hg. REINHART KOSELLECK u. a. München 1994; Die geteilte Vergangenheit. Zum Umgang mit Nationalsozialismus und Widerstand in beiden deutschen Staaten. Hg. JÜRGEN DANYEL. Berlin 1995; NORBERT FREI, Vergangenheitspolitik. Die Anfänge der Bundesrepublik und die NS-Vergangenheit. München 1996.

Reichseinigung, als erster Kaiser des neugegründeten Reiches von 1871 wurde er auch zur Symbolfigur des kleindeutschen Nationalstaats unter preußischer Führung. Als »summus episcopus« der evangelischen Kirche Preußens bot er sich schließlich – und dies wurde in der Literatur über den Kaiserkult und die nationale Repräsentation im Kaiserreich eher selten betrachtet[2] – ebenfalls als Leitbild eines christlichen Herrschers an, der neben seinen weltlichen Aufgaben den Dienst an Gott sowie die Bewahrung und Verbreitung seines protestantischen Glaubens auch öffentlich zu bekunden pflegte.

Obgleich alle drei Begriffe den Mythos[3] um Kaiser Wilhelm I. im deutschen Kaiserreich nach 1871 kennzeichneten, standen sie untereinander stets in einem gewissen Spannungsverhältnis, wurden sie von den verschiedenen Gruppen in jeweils sehr spezifischer Weise gewichtet. Es existierte daher auch kein *symbolisch kohärenter* Kaiser Wilhelm-Mythos im Kaiserreich, sondern vielmehr verschiedene Varianten einer formelhaften, sinnstiftenden Geschichtserzählung, die unterschiedliche Interpretationen der historischen Figur Wilhelms I. und seiner Rolle in der deutschen Geschichte repräsentierten.[4]

Die verschiedenen Formen des Wilhelm-Mythos sollen hier anhand ihrer Symbolisierung in drei »Denkmälern«[5] vorgestellt werden, dem »Nationaldenkmal« für Wilhelm I. vor dem Berliner Stadtschloß, der Berliner Kaiser Wilhelm-Gedächtniskirche und dem Kaiser Wilhelm-Denkmal auf dem

---

[2] Vgl. etwa Thomas Nipperdey, Nationalidee und Nationaldenkmal in Deutschland im 19. Jahrhundert, in: Historische Zeitschrift 206. 1968 S. 529–585 (nachgedruckt in: Ders., Gesellschaft, Kultur, Theorie. Gesammelte Aufsätze zur neueren Geschichte. Göttingen 1976 S. 133–173); Elisabeth Fehrenbach, Wandlungen des deutschen Kaisergedankens 1871–1918. München 1969; Reinhard Alings, Monument und Nation. Das Bild vom Nationalstaat im Medium Denkmal – zum Verhältnis von Nation und Staat im deutschen Kaiserreich 1871–1918. Berlin 1996.

[3] Der Mythos-Begriff wird hier – in Abgrenzung zu dem in den Religionswissenschaften und in der Philosophie üblichen Gebrauch – verwandt zur Bezeichnung von formelhaften, dezidiert sinnstiftenden und damit zur Bekräftigung einer Gruppenidentität dienenden Geschichtserzählungen. Vgl. hierzu die Ausführungen in: Etienne François, Hannes Siegrist, Jakob Vogel, Die Nation. Vorstellungen, Inszenierungen, Emotionen, in: Nation (wie Anm. 1) S. 13–35, S. 23 f., 33 f. (Anm. 53). Mit einer uneinheitlichen Mythos-Definition siehe dagegen die Beiträge in: Mythos und Nation. Studien zur Entwicklung des kollektiven Bewußtseins in der Neuzeit 3. Hg. Helmut Berding. Frankfurt a. M. 1996.

[4] Ein eher eindimensionaler, Brüche und divergierende Interpretationen negierender Mythos-Begriff kennzeichnet dagegen etwa: Monika Flacke, Deutschland. Die Begründung der Nation aus der Krise, in: Mythen der Nationen. Ein europäisches Panorama. Hg. Dies. Berlin 1998 S. 101–128. Anders dagegen: Danny Trom, Frankreich. Die gespaltene Erinnerung, in: ebd. S. 129–152; Ilaria Porchianis, Italien. Fare gli italiani, in: ebd. S. 199–222; Georg Kreis, Schweiz. Nationalpädagogik in Wort und Bild, in: ebd. S. 446–475.

[5] Zum Denkmalsbegriff immer noch grundlegend: Nipperdey, Nationalidee (wie Anm. 2).

Kyffhäuser. Alle drei Denkmäler entstanden im gleichen Zeitraum zwischen 1888 und 1897, verkörperten aber den Kaiser Wilhelm-Mythos in jeweils sehr spezifischen künstlerischen Formen. Bei der symbolisch verdichteten »Erzählung« der Vergangenheit setzten sie eigene Akzente, indem sie die Person Wilhelms I. mit unterschiedlichen historischen Bezugspunkten verknüpften. Getragen wurden die einzelnen Versionen der Vergangenheit von unterschiedlichen Trägergruppen, die jeweils ihre eigenen Schwerpunkte bei der Bewertung des ehemaligen Kaisers vertraten. Dabei nahm die Beziehung zur Religion eine besondere Bedeutung ein, da jedes der Denkmäler eine spezifische »religiöse« Variante des Mythos repräsentierte: Während sich der säkulare Staatskult um die Person Wilhelms I. in dem Reiterdenkmal vor dem Berliner Schloß manifestierte, stellte die Kaiser Wilhelm-Gedächtniskirche das Beispiel für die protestantisch-staatskirchliche Interpretation des Mythos um den deutschen Kaiser dar. Das Kyffhäuser-Denkmal verkörperte seinerseits einen quasi-religiösen Nationalkult[6], der seine Bezugspunkte in einer mystisch verbrämten Mittelalter-Mythologie suchte.

Die Gestaltung und Interpretationen der drei Denkmäler bei der Einweihung und anderen feierlichen Gelegenheiten offenbaren jedoch auch die vielfältigen Übergänge und Verflechtungen, die zwischen den verschiedenen Strängen der Mythisierung Wilhelms I. bestanden. So hoben alle die Bedeutung Wilhelms I. für die nationale Einigung hervor, deuteten diese allerdings auf jeweils unterschiedliche Art und Weise. Jedes der Denkmäler knüpfte dabei an andere Vorbilder und bereits existierende Stilisierungen Wilhelms I. an. Alle drei nahmen daher auch nach ihrer Einweihung eine eigenständige Entwicklung, wurden in unterschiedlicher Art interpretiert und »genutzt«. Die Deutungsgeschichte der drei Denkmäler und der mit ihnen verknüpften Mythen-Stränge im Kontext der nationalen Erinnerungskultur – die im Rahmen dieses Beitrags nur in Ansätzen geleistet werden kann – ist insofern ein anschauliches Beispiel für die vielschichtige »Mythomotorik« (Assmann) im Kaiserreich.[7] Zudem vermittelt sie wichtige Aufschlüsse über die Tragfähigkeit, die die verschiedenen Versuche zur Mythisierung Wilhelms I. über den Kontext ihrer Entstehung hinaus in den verschiedenen »Mythenmilieus«[8]

---

6 Zur quasi-religiösen Dimension des Nationalkultes siehe Peter Walkenhorst, Nationalismus als »politische Religion«? Zur religiösen Dimension nationalistischer Ideologie im Kaiserreich, in: Olaf Blaschke und Frank-Michael Kuhlemann, Religion im Kaiserreich. Milieus-Mentalitäten-Krisen. Gütersloh 1996 S. 503–529.

7 Vgl. Jan Assmann, Frühe Formen politischer Mythomotorik. Fundierende, kontrapräsentische und revolutionäre Mythen, in: Revolution und Mythos. Hg. Dietrich Harth u. a. Frankfurt a. M. 1992 S. 39–61.

8 Zum Milieu-Begriff siehe: M. Rainer Lepsius, Parteiensystem und Sozialstruktur: Zum Problem der Demokratisierung der deutschen Gesellschaft, in: Ders., Demokratie in Deutsch-

der deutschen Gesellschaft entwickelten. Dabei geht es vor allem darum, die historische Reichweite des Mythos im Spannungsfeld zwischen offiziellem Staatsmythos und gesellschaftlicher Verbreitung bzw. Umdeutung abzuschätzen.

Der Blick auf die weitere Deutungsgeschichte der Denkmäler unterstreicht dabei, daß zwar die bewußte dynastische und religiöse Fundierung eines Kaiser Wilhelm-Mythos am Ende des 19. Jahrhunderts zum Scheitern verurteilt war, seine Hauptmotive aber – anders als dies in der Literatur dargestellt wurde[9] – in Verbindung mit dem legendären Kyffhäuser-Thema durchaus langfristig in das nationale Geschichtsbild einflossen. Während die offiziellen Stilisierungen Wilhelms I. im Berliner »Nationaldenkmal« und in der Kaiser Wilhelm-Gedächtniskirche aufgrund ihrer starken politisch-symbolischen Aufladung nach dem Sturz des Regimes lediglich »negativ« als Kristallisationspunkte von Protest und Kritik weiter wirkten, bezog das Kyffhäuser-Motiv seine symbolische Stärke dagegen gerade aus seiner mystischen Unbestimmtheit. Diese Uneindeutigkeit gestattete den tragenden Gruppen über den Untergang des Kaiserreichs hinaus eine Vielzahl unterschiedlichster Interpretationen und eröffnete so eine fortdauernde Aneignung des Mythos auch nach dem Sturz der Monarchie im Jahr 1918.

I. Kaiser Wilhelm der Siegreiche

Das am 22. März 1897, dem einhundertsten Geburtstag Wilhelms I., auf dem Berliner Schloßplatz eingeweihte »Nationaldenkmal« präsentierte den ersten Kaiser des kleindeutschen Reiches in der Gestalt des siegreichen Feldherrn, zu Pferd und in militärischer Uniform, den Sockel flankiert von Löwen und Quadrigen als Zeichen der königlichen Würde, des Kampfesmuts und der militärischen Stärke. Die Wahl eines Reiterstandbildes, das bereits seit der Antike die traditionelle Form des Herrscherdenkmals darstellte, unterstrich dabei die königliche und militärische Macht des Monarchen.[10] Die stilistische Akzentuierung des Denkmals als Inkarnation des monarchisch-

---

land. Soziologisch-historische Konstellationsanalysen. Ausgewählte Aufsätze. Göttingen 1993 S. 25–50; SIEGFRIED WEICHLEIN, Sozialmilieus und politische Kultur in der Weimarer Republik. Göttingen 1996 bes. S. 13–17.

   [9] Siehe etwa: THOMAS NIPPERDEY, Deutsche Geschichte 1866–1918, Bd. 2: Machtstaat vor der Demokratie. München 1992 S. 598 ff.; FEHRENBACH, Wandlungen (wie Anm. 2) S. 111–115; FRITZ SCHELLACK, Nationalfeiertage in Deutschland von 1871 bis 1945. Frankfurt a. M. 1990 S. 33–43.

   [10] Vgl. ALINGS, Monument (wie Anm. 2) S. 212–223; NIPPERDEY, Nationalidee (wie Anm. 2) S. 544.

militärischen Staatskults lag auf einer Linie mit dem 1840 eingeweihten Denkmal Friedrichs II., das von Christian Daniel Rauch ebenfalls als Reiter-denkmal geschaffen und in der unmittelbaren Umgebung des Stadtschlosses Unter den Linden aufgestellt worden war.[11] Die Plazierung des »National-denkmals« neben dem Berliner Schloß stellte den Wilhelm-Mythos somit un-ter das Vorzeichen des Preußen- und Hohenzollernkultes, der in dem Areal um das Schloß mit der neuen Wache, den Denkmälern Gneisenaus und Scharnhorsts sowie Friedrich Wilhelms III. seine zentrale »Erinnerungsland-schaft« besaß.

Die militärische Konnotation des Denkmals, das offiziell auf einem Ent-schluß der deutschen Fürsten beruhte, vom Reichstag finanziert, aber von Wilhelm II. initiiert und auch in seiner künstlerischen Gestaltung bestimmt worden war, wurde noch zusätzlich durch die enge Verknüpfung mit der Er-innerung an die kriegerische Geschichte Preußen-Deutschlands verstärkt. Bereits die Grundsteinlegung des Denkmals im Jahre 1895 fand am 18. Au-gust statt, dem symbolischen Datum des Sieges der preußischen Garde bei St. Privat im Krieg von 1870/71. Auch die Grundsteinurkunde hob die Tat-sache hervor, »daß vor fünfundzwanzig Jahren der unvergeßliche Kaiser Deutschlands Söhne im Kampf um des Vaterlands Ehre und Freiheit zu ent-scheidendem Sieg geführt« habe.[12] Das Denkmal präsentierte den Kaiser da-mit als alleinigen Garanten der nationalen Einheit und den Krieg von 1870/ 71 als entscheidenden Bezugspunkt der militärischen Vergangenheit des Mo-narchen. Die Kriege von 1864 und 1866, die aus borussischer Sicht als sog. »Einigungskriege« ebenfalls einen wesentlichen Bestandteil des preußisch-deutschen Geschichtsbildes[13] darstellten, traten demgegenüber in der offi-ziellen Darstellung in den Hintergrund. Damit entsprach das Denkmal dem allgemeinen Trend des offiziellen militärischen Erinnerungskultes im Kaiser-reich, der generell den »nationalen Krieg« von 1870/71 in den Mittelpunkt der öffentlichen Erinnerung stellte.[14] In seiner Rede bei der Grundsteinle-gung widmete der bayerische Bevollmächtigte beim Bundesrat das Denkmal daher auch »der erhabenen Gestalt Kaiser Wilhelms I.«, »des Kriegshelden, der vor nunmehr 25 Jahren, als der Feind unsere Marken bedrohte, die Söhne Deutschlands von Sieg zu Sieg geführt«.[15]

---

[11] Zu den Plänen zum Bau des Denkmals Friedrichs II. siehe: ebd. S. 534–540.
[12] Berliner Tageblatt vom 19. 8. 1895.
[13] Zum borussischen Geschichtsbild vgl. WOLFGANG HARDTWIG, Erinnerung, Wissenschaft, Mythos. Nationale Geschichtsbilder und politische Symbolik in der Reichsgründungsära und im Kaiserreich, in: DERS., Geschichtskultur und Wissenschaft. München 1990 S. 224–263.
[14] VOGEL, Nationen (wie Anm. 1) S. 144–178.
[15] Berliner Tageblatt vom 19. 8. 1895.

Die Errichtung des »Nationaldenkmals« in Berlin stand damit im Zentrum einer Reihe von geschichtspolitischen[16] Aktivitäten, mit denen Wilhelm II. nach dem Rücktritt Bismarcks und gegen den beginnenden Kult um den »Eisernen Kanzler« den Mythos um »Kaiser Wilhelm den Großen« endgültig und dauerhaft zu etablieren versuchte. Er konnte dabei an die schon zu Lebzeiten seines Großvaters in den mehr oder weniger offiziellen »Huldigungsbüchern« verbreiteten Stereotypen anknüpfen, die den ehemals wegen seiner jugendlichen Energien und konservativ-reaktionären Gesinnung als »Kartätschenprinz« bezeichneten Wilhelm zu einem »mit des Sieges herrlichsten Lorbeern« geschmückten, altersweisen »kaiserlichen Feldherrn« stilisiert hatten.[17] Auch die Totenfeier für den »senex imperator« im Jahr 1888 hatte in diesem Sinne ganz unter dem Vorzeichen der Erinnerung an die Reichseinigung und den Krieg von 1870/71 gestanden.[18]

Die zweitägigen Feierlichkeiten zur sogenannten »Zentenarsfeier« mit der Enthüllung des Denkmals vor dem Berliner Schloß waren insofern der Höhepunkt der Versuche Wilhelms II., die Erinnerung an den Deutsch-Französischen Krieg dauerhaft mit der Person Wilhelms I. zu verknüpfen.[19] So veröffentlichte das Preußische Kriegsministerium auf Weisung des Kaisers zwei Bände der »Militärischen Schriften weiland Kaiser Wilhelms des Großen Majestät«, während der Historiker Wilhelm Oncken den Auftrag erhielt, eine populäre Biographie zu verfassen, die der Rolle des ehemaligen Kaisers bei der militärischen Reichseinigung einen breiten Raum schenken sollte.[20] Daneben finanzierte Wilhelm II. persönlich die Herausgabe einer Gedenk-

---

[16] Zur Rolle von »Geschichtspolitik« bei der Stilisierung der Vergangenheit vgl. u. a. EDGAR WOLFRUM, Geschichtspolitik in der Bundesrepublik Deutschland. Der Weg zur bundesrepublikanischen Erinnerung 1948–1990. Darmstadt 1999; DERS., Geschichtspolitik und deutsche Frage. Der 17. Juni im nationalen Gedächtnis der Bundesrepublik (1953–89), in: Geschichte und Gesellschaft 24. 1998 S. 382–411; PETER REICHEL, Politik mit der Erinnerung. Gedächtnisorte im Streit um die nationalsozialistische Vergangenheit. München 1995.

[17] Vgl. u. a. OSKAR MEDING, Neunzig Jahre in Glaube, Kampf und Sieg. Ein Menschen- und Heldenbild unseres deutschen Kaisers. Stuttgart 1887 S. III-VII. Auch die verschiedenen nach 1888 aufgestellten Standbilder Wilhelms I. zeigten diesen typischerweise als »gütigen Monarchen im Greisenalter« (ALINGS, Monument [wie Anm. 2] S. 121).

[18] Zur Todesfeier um Wilhelm I. siehe VOLKER ACKERMANN, Nationale Totenfeiern in Deutschland von Wilhelm I. bis Franz Josef Strauß. Eine Studie zur politischen Semiotik. Stuttgart 1990 S. 85–91; DERS., Staatsbegräbnisse in Deutschland von Wilhelm I. bis Willy Brandt, in: Nation (wie Anm. 1) S. 252–273.

[19] VOGEL, Nationen (wie Anm. 1) S. 159 f. Vgl. auch: UTE SCHNEIDER, Politische Festkultur im 19. Jahrhundert. Die Rheinprovinz von der französischen Zeit bis zum Ende des Ersten Weltkrieges (1806–1918). Essen 1995 S. 208–233.

[20] Militärische Schriften weiland Kaiser Wilhelms des Großen Majestät. Berlin 1897; Bundesarchiv Berlin, 15. 01, Reichsministerium des Innern, 15354, Bl. 1.

münze, die allen preußischen Soldaten sowie den bei den Berliner Feierlichkeiten präsenten Veteranen verliehen wurde.[21] Das sinnfälligste Zeichen der
Verknüpfung des nationalen Militärkultes mit der Person Wilhelms I. war jedoch die Einführung einer Nationalkokarde in den Truppenteilen des deutschen Heeres aus Anlaß seines Geburtstages, durch die erstmals alle Soldaten der deutschen Bundesstaaten durch ein einheitliches Hoheitszeichen gekennzeichnet wurden.[22] Nach den Vorstellungen Wilhelms II. diente sie als
»Wahrzeichen der durch den großen Kaiser errungenen Einheit, eine für alle
Zeiten sichtbare Mahnung, einzustehen für Deutschlands Ruhm und Größe,
es zu schirmen mit Blut und Leben«[23].

Die militärisch-dynastische Version des Wilhelm-Mythos, für die das
Denkmal in der deutschen Reichshauptstadt stand, war jedoch keine Berliner Eigenheit. Sie manifestierte sich auch in einer großen Zahl weiterer Reiterstandbilder, die nach dem Tod Wilhelms I. im ganzen Reich errichtet
wurden.[24] In Frankfurt am Main, Nürnberg und Metz wie auch am »Deutschen Eck« in Koblenz entstanden in den 1890er Jahren derartige Kaiser
Wilhelm-Denkmäler, die in ähnlicher Weise den alten Kaiser in militärischer
Uniform als siegreichen Feldherrn und Garanten der nationalen Einheit präsentierten. Ihre Errichtung ging dabei nicht allein auf kaiserliche Initiativen,
sondern durchaus auch auf Anregungen aus bürgerlichen Kreisen zurück.[25]
Dabei dominierten überwiegend die städtischen und staatlichen Funktions-
eliten, die neben dem Herrscherhaus als die wichtigsten Träger des reichsnationalen Staatskults auftraten. Trotz seiner von Wilhelm II. initiierten Gestaltung stand das Berliner »Nationaldenkmal« daher sinnbildlich für den
Reichsnationalismus des frühen Kaiserreichs, der von einer breiten Allianz
nationalliberaler und konservativer Kräfte getragen wurde.

II. Der christliche Herrscher

Obwohl das »Nationaldenkmal« für Kaiser Wilhelm I. ein typisches Beispiel
für den säkularen Staatskult um die Hohenzollern-Dynastie darstellte, tra-

---

[21] Berliner Tageblatt vom 24. 3. 1897 Abd.

[22] Ebd. 22. 3. 1897.

[23] Zit. nach JOSEPH KÜRSCHNER, Kaiser Wilhelm II. als Soldat und Seemann. Berlin 1902
Sp. 191.

[24] ALINGS, Monument (wie Anm. 2) S. 123 ff.

[25] Zum Beispiel Nürnbergs siehe: WOLFGANG HARDTWIG, Nation – Region – Stadt. Struktur-
merkmale des deutschen Nationalismus und lokale Denkmalskulturen, in: Das Kyffhäuser-
Denkmal 1896–1996. Ein nationales Monument im europäischen Kontext. Hg. GUNTHER MAI.
Köln 1997 S. 53–84, S. 76 f. Vgl. auch allgemeiner ALINGS, Monument (wie Anm. 2) S. 127 f.

ten in den Feierlichkeiten um das Denkmal auch die religiösen Dimensionen des Wilhelm-Mythos zutage.[26] So gedachte etwa der Hofprediger Faber in seiner Weiherede bei der Grundsteinlegung besonders »der Pflichttreue und Gottesfurcht« Wilhelms I. und rühmte den »ersten evangelischen Kaiser« als »ein treues Glied seiner Kirche«. Auch die offizielle Grundsteinurkunde unterstrich die exemplarische persönliche Religiosität Wilhelms I.: »In unerschütterlichem, demüthigen Vertrauen auf Gott, in fester Zuversicht auf die Nation, welche sich gegenüber drohender Gefahr zu ungeahnter Höhe entwickelte, hat Kaiser Wilhelm die Bahn zur Sicherung unserer Unabhängigkeit betreten.«[27] In diesem Sinne wurden selbst die militärischen Siege und die Gründung des kleindeutschen Reiches als ein Ausdruck der besonderer Unterstützung präsentiert, die Gott dem Projekt der deutschen Reichseinigung erwiesen habe: »Aus der blutigen Saat ging die von Gott gesegnete Ernte deutscher Einigkeit hervor.«[28] Trotz der Versuche der Vertreter des preußischen Protestantismus, das säkulare Denkmal Wilhelms I. vor dem Berliner Schloß als Ausdruck für die protestantische Herrscherpersönlichkeit zu deuten, fand ihre christliche Rhetorik jedoch in der militärisch-dynastischen Symbolik des Standbildes letztlich keinen Widerhall.

Anschaulicher erschienen beide Ebenen der religiösen Stilisierung Kaiser Wilhelms dagegen in dem Bau der Kaiser Wilhelm-Gedächtniskirche am Ende der Tauentzienstraße im Berliner Westen. Die Kirche war das Zentralstück in einer Kette neuer Kirchenbauten, mit denen Wilhelm II. und Kaiserin Auguste Viktoria das Eindringen atheistischer und freidenkerischer Weltanschauungen in der Reichshauptstadt und den umliegenden Städten verhindern wollten.[29] Gerade die Verbindung mit der Erinnerung an seinen Großvater erschien dem jungen Kaiser – wie seine Äußerung bei der Grundsteinlegung bezeugt – geeignet, dieses Werk einer defensiven Christianisierung zu krönen:

---

[26] Zu den protestantischen Dimensionen, die allgemein die öffentliche Repräsentation des Kaisers im Deutschen Reich prägten, siehe demnächst ausführlicher: JAKOB VOGEL, Demonstrative Innerlichkeit und bekennender Glaubenseifer. Protestantische Elemente im Kaiserkult des Deutschen Reiches 1871–1914, erscheint in: Protestantische Lebenswelten. Hg. FRIEDRICH WILHELM GRAF. Vorauss. München 2000.

[27] Berliner Tageblatt vom 19. 8. 1895.

[28] Ebd.

[29] VERA FROWEIN-ZIROW, Die Kaiser Wilhelm-Gedächtniskirche. Entstehung und Bedeutung. Berlin 1982 S. 32 f. Zum Berliner Kirchenbau um die Jahrhundertwende siehe allgemein: HANNS CHRISTOF BRENNECKE, Zwischen Tradition und Moderne. Protestantischer Kirchenbau an der Wende zum 20. Jahrhundert, in: Der deutsche Protestantismus um 1900. Hg. FRIEDRICH WILHELM GRAF u. a. Gütersloh 1996 S. 173–203.

»Zur Ehre Gottes, zum Gedächtnis Meines unvergeßlichen Großvaters, welcher aussprach: ›Ich will, daß meinem Volke die Religion erhalten werde.‹ Möge dieser Bau ein Glied in der Reihe der Kirchen sein, welche sich hoffentlich bald um unser Berlin als eine feste, glaubenserweckende Kette schlingen werden.«[30]

Die von dem Architekten Franz Schwechten nach den Vorstellungen Kaiser Wilhelms II. als romanischer Bau ausgeführte Kirche nahm ein Motiv auf, das bereits vor 1888 einen wichtigen Bestandteil der Mythisierung Wilhelms I. dargestellt hatte: die persönliche Religiosität des Monarchen als Fundament für die nationale Einigung. So hieß es in dem Huldigungsbuch »Neunzig Jahre in Glaube, Kampf und Sieg«, das 1887 aus Anlaß des neunzigsten Geburtstags des Monarchen veröffentlicht wurde:

»Unser Kaiser Wilhelm steht hoch unter den Werkzeugen Gottes da, welche erwählt, gerüstet und gesegnet wurden, des deutschen Volkes gelähmte und zersplitterte Kraft zu stählen, zu sammeln und zu führen, um inmitten der bröckelnden Ordnungen Europas des neuen deutschen Reiches mächtigen Bau auf dem *rocher de bronze* des alten preußischen Königthums aufzurichten.«[31]

Der hier betonte Bezug zur militärischen Reichseinigung, der bereits die religiösen Aussagen um das Reiterstandbild Wilhelms geprägt hatte, wurde bei der Einweihung der Kaiser Wilhelm-Gedächtniskirche im Jahr 1895 noch dadurch unterstrichen, daß die Feier auf einen militärischen Erinnerungstag, den Sedantag am 2. September, festgelegt wurde.

Das Bildprogramm der Kirche stellte dagegen vor allem die christlichen und dynastischen Bezüge der Erinnerung in den Vordergrund, während sich die militärischen Anspielungen in symbolischen Attributen der dargestellten Persönlichkeiten sowie in einigen Reliefszenen zu Themen aus dem Leben Wilhelms I. erschöpften.[32] Den zur »Gedächtnishalle« erhobenen Vorraum der Kirche dominierte statt dessen ein großes Deckenmosaik, das den Einzug der Hohenzollern in das Reich Gottes darstellte. Angeführt wurde die Gruppe von zwei Engeln und der »engelgleich aufgefaßten« Königin Luise, der Mutter Wilhelms I., die mit einem Palmzweig in der Hand als preußisch-protestantische »Landesheilige« wiedergegeben wurde. Hauptkriterium für die Auswahl der in den Zug aufgenommenen Vorfahren des alten Kaisers war deren »Verdienst um die christliche Kirche«, so daß beispielsweise der im preußischen Staatskult aufgrund seiner militärischen Siege über

---

[30] Ernst von Mirbach, Die Kaiser Wilhelm-Gedächtniskirche, zit. nach: Frowein-Zierow, Kaiser Wilhelm-Gedächtniskirche (wie Anm. 29) S. 33.

[31] Meding, Neunzig Jahre (wie Anm. 17) S. III.

[32] Zum Bildprogramm der Kirche vgl. allgemein Frowein-Zirow, Kaiser Wilhelm-Gedächtniskirche (wie Anm. 29) S. 247–308.

Österreich sonst so herausgehobene Friedrich der Große nicht auftrat. Nicht ausgeführt wurden die vom Künstler vorgeschlagenen Abbildungen von Zeitgenossen des ehemaligen Kaisers. Statt dessen stellten eine Reihe von Mosaiken großer Herrscher des Mittelalters Wilhelm I. und seine Nachkommen in die Tradition des Heiligen Römischen Reiches Deutscher Nation. In diesem Sinne wurde die Kaiser Wilhelm-Gedächtniskirche zum Ausdruck der von Adolf Stoecker und anderen nationalkonservativ-protestantischen Anhängern der Monarchie vertretenen Vorstellung vom deutschen Kaiserreich als dem »heiligen evangelischen Reich deutscher Nation«.[33]

III. Barbarossa – Barbablanca

Das am 18. Juni 1896 auf dem Kyffhäuser eingeweihte Kaiser Wilhelm-Denkmal stellte demgegenüber in seiner äußeren Gestaltung einen Kompromiß zweier Denkmalsformen dar, dem klassischen Reiterstandbild und dem stilisierten sogenannten »Reichsturm«, der dem Denkmal eine möglichst monumentale, weithin sichtbare Gestalt gab. Damit entsprach es einer verbreiteten »Reichsikonographie« (Arndt)[34], die seit Beginn der 1890er Jahre ebenfalls bei anderen in freier Landschaft erbauten Kaiser-Denkmälern wie dem Wilhelm-Denkmal an der Porta Westfalica eingesetzt wurde. Der von Kaiser Wilhelm II. genehmigte Entwurf des Architekten Bruno Schmitz für den Kyffhäuser folgte damit dem Anliegen des Deutschen Kriegerbundes, der schon 1889 für das Denkmal die Form eines »der soldatischen Auffassung« Rechnung tragenden, »weithin sichtbaren« Reiterstandbildes vorgeschlagen hatte.[35] Der ästhetische Kompromiß zwischen der figürlichen Darstellung des reitenden Kaisers und der monumentalen Form der seit 1871 florierenden »Sieges- und Kriegertürme«[36] vereinte zwei Denkmals-Gattungen, welche die Person des Monarchen in unterschiedlicher Weise akzentuierten: Dem königlichen Feldherrn gegenüber stand das Motiv des »trutzigen« Turmes als Symbol eines »starken, durch die Einheit mächtigen […] neuen deutschen Reiches«.[37]

---

[33] Friedrich Wilhelm Graf, Einleitung, in: Protestantismus (wie Anm. 29) S. 9–16, hier S. 9.

[34] Monika Arndt, Das Kyffhäuser-Denkmal – ein Beitrag zur politischen Ikonographie des Zweiten Kaiserreiches, in: Wallraf-Richartz-Jahrbuch. Westdeutsches Jahrbuch für Kunstgeschichte 40. Köln 1978 S. 75–127, S. 109.

[35] Gunter Mai, »Für Kaiser und Reich«. Das Kaiser-Wilhelm-Denkmal auf dem Kyffhäuser, in: Kyffhäuser-Denkmal (wie Anm. 25) S. 149–178, S. 161f.

[36] Arndt, Kyffhäuser-Denkmal (wie Anm. 34) S. 103ff.

[37] Ebd. S. 111f.

Die Verschmelzung der historischen Erinnerung an die Erstehung des kleindeutschen Reiches im Krieg von 1870/71 mit den Stereotypen der nationalen Mythologie wurde in dem Denkmal durch zwei weitere Figuren ausgedrückt, die zu Füßen der Reiterstatue Wilhelms I. plaziert waren und einen germanischen »Krieger« sowie die »Geschichte« symbolisierten.[38] Während ihre linke Hand einen Eichenkranz als »deutsches« Sieges- und Ruhmeszeichen umfaßt, liegt der rechte Arm der »Geschichte« auf einer Tafel, die die Inschrift »Sedan-Paris-1870« trägt. Damit wiederholte sich auch im Kyffhäuser-Denkmal die bereits bei den anderen beiden Monumenten beobachtbare Einengung des borussischen Mythos der »Einigungskriege« auf den deutsch-französischen Krieg von 1870/71.

Für die besondere Wirkung des Denkmals entscheidender als die äußere Form, die in vielen Elementen die Bildsprache der beiden Berliner »Nationaldenkmäler« aufnahm, war die Auswahl des sagenumwobenen Kyffhäuser-Bergs als Denkmalort. Diese Plazierung verknüpfte die Lebensgeschichte Kaiser Wilhelms I. mit dem in der deutschen Nationalbewegung zentralen Motiv der Wiederkehr des in dem Berg schlafenden Kaisers Barbarossa und ließ das 1871 gegründete Deutsche Reich damit als Inkarnation der lang ersehnten nationalen Einheit Deutschlands erscheinen.[39] Bereits 1816 hatte Friedrich Rückert in einem Gedicht an die alte, vorher eher regional bedeutsame Sage von Kaiser Barbarossa erinnert, der schlafend im Kyffhäuser auf die Schaffung der deutschen Einheit warte. 1871 bescheinigte Georg Voigt der »deutschen Kaisersage« in der Historischen Zeitschrift »eine Art Gemeingut geworden« zu sein, bei der sich »Dichter oder Geschichtsschreiber gern mit einer leichten Anspielung« begnügten.[40] Im gleichen Jahr wurde das Kyffhäuser-Motiv durch die Analogie des rotbärtigen »Barbarossa« mit dem »weißbärtigen« Kaiser Wilhelm I. auf das neugeschaffene Kaiserreich umgedeutet und in der Folge durch zahllose »nationale« Schriftsteller und Künstler verbreitet.[41] Einen quasi-offiziellen Status erhielt die »Barbarossa-Barbablanca«-Analogie schon kurz nach der Reichsgründung in Anton von Wer-

---

[38] Zum Bildprogramm des Denkmals siehe ebd. S. 81–89.

[39] Zur Vorgeschichte des Kyffhäuser-Motivs vor 1871 vgl. Arno Borst, Barbarossas Erwachen – Zur Geschichte der deutschen Identität, in: Identität. Hg. Odo Marquard u. a. München ²1996 S. 17–60; Albrecht Timm, Der Kyffhäuser im deutschen Geschichtsbild. Göttingen 1951; Hans Eberhardt, Die Kyffhäuserburgen in Geschichte und Sage, in: Blätter für die deutsche Landesgeschichte 96. 1960 S. 66–103.

[40] Georg Voigt, Die deutsche Kaisersage, in: Historische Zeitschrift 26. 1871 S. 131–187, hier S. 131.

[41] Wolfgang Hartmann, Der historische Festzug. Seine Entstehung und Entwicklung im 19. und 20. Jahrhundert. München 1976 S. 147; Klaus Sauer/German Werth, Lorbeer und Palme. Patriotismus in deutschen Festspielen. München 1971 S. 70–78.

ners Mosaik der Siegessäule[42], im Bildprogramm der sogenannten »Herr-
scherhalle« des Berliner Zeughauses[43] sowie in den Wandbildern der seit
1879 auf Wunsch des preußisch-deutschen Monarchen restaurierten Goslaer
Kaiserpfalz, wobei das Bild vom »Erwachen Barbarossas« einen wichtigen
Platz in der Wandbemalung des sogenannten »Kaisersaals« einnahm.[44]

   Die Verbandszeitung des Deutschen Kriegerbundes, der das Denkmal auf
dem Kyffhäuser initiiert hatte, pries das Monument in diesem Sinne auch als
»künstlerisch vollendeten« Ausdruck der »geschichtlichen Entwicklung des
Einheitsgedankens« und der »Erfüllung des deutschen Kaisertraumes«.[45]
Wilhelm I. wurde damit, wie ein Gedicht Hermann Köhlers in der Zeitschrift
formulierte, zu »dem Heldengreis, der Deutschlands Traum erfüllt; der unseres Volkes Riesenkraft entfaltet, daß jede Brust vor Stolz und Freude
schwillt«[46].

IV. Die Figur Wilhelms I. im Wandel der »Mythenmilieus« des Kaiserreichs

In gleicher Weise, wie die drei vorgestellten Denkmäler divergierende Ver-
sionen des Kaiser Wilhelm-Mythos verbreiteten, unterschied sich auch ihre
Interpretation in den verschiedenen »Mythenmilieus« des Kaiserreichs, die
als »Sinndeutungsgemeinschaften«[47] überhaupt erst die gesellschaftliche
Wirkung der einzelnen Deutungsangebote sicherstellten. Im Fall des Berliner
Reiterstandbildes ließ etwa die durch die vielfältigen Aktivitäten Wilhelms
II. stets unterstrichene Identifikation des Denkmals mit dem dynastischen
Staatskult wenig Spielraum für andere Interpretationen und Aneignungen.
Dies bedeutete zugleich ihre langfristige symbolische Schwäche, da ihre enge
Verknüpfung mit der Erinnerungspolitik Wilhelms II. sie in einen Gegensatz
zu dem seit Mitte der 1890er Jahre florierenden Bismarck-Kult brachte.[48]

---

[42] Anton von Werner. Geschichte in Bildern. Hg. DOMINIK BARTMANN. München 1993 S. 318–
331.

[43] Vgl. REGINA MÜLLER, Das Berliner Zeughaus. Die Baugeschichte. Berlin 1994 S. 194, 197.

[44] MONIKA ARNDT, »Der Weißbart auf des Rotbarts Throne«. Mittelalterliches und Preußisches Kaisertum in den Wandbildern des Goslarer Kaiserhauses. Göttingen 1977 S. 15–19.

[45] Parole vom 12. 6. 1896 S. 389 ff.; vom 19. 6. 1896 S. 425–431. Vgl. auch die Darstellung in:
HERMANN FERSCHKE, Das Kaiser Wilhelm-Denkmal auf dem Kyffhäuser, in: Gartenlaube
Nr. 24. 1896 S. 396 ff.

[46] HERMANN KÖHLER, Zur Grundsteinlegung des Kaiserdenkmals auf dem Kyffhäuser, in:
Parole vom 6. 5. 1892 S. 331.

[47] Zum Begriff der »Sinndeutungsgemeinschaft« siehe WOLFRUM, Geschichtspolitik und deutsche Frage (wie Anm. 16) S. 382 f.

[48] Vgl. hierzu u. a. FEHRENBACH, Wandlungen (wie Anm. 2) S. 11–114; NIPPERDEY, Deutsche
Geschichte 2 (wie Anm. 9) S. 598 ff.

Die Figur des »Eisernen Kanzlers« besaß dabei die Rolle eines national-patriotischen »Gegenmythos«, der gegen die Versuche Wilhelms II. zur Stilisierung seines Großvaters als »Kaiser Wilhelm der Große« die Bedeutung Bismarcks für die Schaffung des neuen Reiches hervorhob.[49] Der Bismarck-Kult bezog insofern seine Stärke gerade aus seiner Abgrenzung von dem bis in den Anfang der 1890er Jahre verbreiteten reichsnationalen Wilhelm-Mythos, den er in weiten Kreisen des national-liberalen Bürgertums verdrängen konnte.[50] Öffentliche Verbreitung fand der Mythos um den »Reichsschmied« Bismarck in den zahllosen Bismarck-Denkmälern und -türmen, die seit dem Ende des 19. Jahrhunderts im ganzen Deutschen Reich errichtet wurden.[51] Neben dem Bedeutungsverlust innerhalb der ursprünglichen Trägerschicht schwächte auch die schwindende innenpolitische Legitimation der Monarchie und der zunehmende Abstand vom deutsch-französischen Krieg die von dem Berliner Reiterstandbild verkörperte monarchisch-militärische Interpretation der Reichseinigung.[52]

Aus dieser Schwäche des von Wilhelm II. vertretenen Kaiserbildes haben Elisabeth Fehrenbach und andere den Schluß gezogen, daß die Begründung eines dynastischen Mythos um Kaiser Wilhelm I. im Deutschen Reich gescheitert sei.[53] Diese These scheint auf den ersten Blick auch das Beispiel der Kaiser Wilhelm-Gedächtniskirche zu belegen. Bereits die Zeitgenossen kritisierten die starke Betonung der monarchisch-staatskirchlichen Tradition Preußens, die sich im Bau und in der Ausstattung der Kirche offenbarte. Die eindeutige Stellungnahme des Kaiserhauses zugunsten des protestantischen Staatskirchentums weckte nicht nur Erinnerungen an die überwunden geglaubten Zeiten des Kulturkampfes mit der katholischen Kirche, sondern führte auch innerhalb des Protestantismus zu neuen Spannungen. Zwar versuchte der von dem Oberhofmeister der Kaiserin, Ernst von Mirbach, geleitete Evangelische Kirchenbau-Verein diese eindeutige Ausrichtung des Bauwerks durch seine Bezeichnung als »Nationaldenkmal« zu kaschieren und damit die Spendensammlung auch für Angehörige anderer Konfessionen zu

---

[49] Ein interessantes Beispiel für die Vorgeschichte der »Rivalität« der beiden Figuren bildet das von der Kriegerbundzeitschrift »Parole« anläßlich der Beerdigung Wilhelms I. veröffentlichte Gedicht von Paul Baehr, »Fürst Bismarck's [sic!] Kranz«, in: Parole vom 29.3.1888 S.149.

[50] Zur »preußischen« Begründung des Bismarck-Mythos in Maximilian Hardens Kritik des offiziellen Wilhelm-Kultes siehe: Fehrenbach, Wandlungen (wie Anm. 2) S. 113 f.

[51] Zum Bismarck-Kult vgl.: Bismarck – Preußen, Deutschland und Europa. Berlin 1990 S. 455–482; Bismarck und der deutsche Nationalmythos. Hg. Lothar Machtan. Bremen 1994.

[52] Vgl. auch Vogel, Nationen (wie Anm. 1) S. 159–162.

[53] Vgl. u. a. Fehrenbach, Wandlungen (wie Anm. 2) S. 111–115; Schellack, Nationalfeiertage (wie Anm. 9) S. 33–43.

öffnen, doch führte gerade die willige Zulassung von jüdischen Spendern zu starken Anfeindungen antisemitischer Kreise.[54]

Für die Breitenwirkung der christlichen Version des Wilhelm-Mythos vielleicht noch schädlicher war die massive Kritik, die sich von evangelischer Seite an der opulenten, »byzantinischen« Ausstattung der Kirche entzündete. Die wachsende Verteuerung des Baus, seine Konzeptualisierung außerhalb der einschlägigen theologischen und architektonischen Debatten über den protestantischen Kirchenbau sowie die einseitige Ausrichtung seines Bildprogramms auf die Erhöhung der Hohenzollerndynastie ließen nicht nur bei liberalen Protestanten die Befürchtungen um ein neues »Herrenchristentum« aufkommen, das nach verbreiteter Ansicht nicht mit den religiösen, sozialen und politischen Aufgaben der neuen Zeit vereinbar war.[55] Die Vossische Zeitung äußerte in diesem Sinne die Befürchtung:

»Die Existenz dieser Gedächtniskirche auch in der kostbarsten Form wird [...] sicherlich keine Erneuerung evangelisch-protestantischen Lebens und überhaupt religiöser Gesinnung heraufführen, wohl aber kann sie, wenn so mit dem Gelde weiter gewirtschaftet wird, vielen ein Stein des Anstoßes werden und an ihrem Teile zur weiteren Entfremdung vom kirchlichen Leben beitragen.«[56]

Nicht einmal in einem kirchennahen Milieu konnte sich die Kaiser Wilhelm-Gedächtniskirche damit als Kristallisationspunkt eines christlichen Wilhelm-Mythos dauerhaft etablieren. Zu eng blieb sie mit den dynastischen und kirchenpolitischen Interessen Wilhelms II. verknüpft, als daß sie tatsächlich eine breitere Wirkung als »Nationaldenkmal« hätte entfalten können.

Obwohl sich die im Berliner Reiterdenkmal und in der Kaiser Wilhelm-Gedächtniskirche repräsentierten Deutungen der Figur Wilhelms I. insofern langfristig nicht durchsetzen konnten, darf im Gegensatz zu der von Elisabeth Fehrenbach und anderen vertretenen Anschauung jedoch ihre »negative Wirkung« nicht unterschätzt werden, die sie zu zentralen Kristallisationspunkten der gegen das monarchische System und den Wilhelminismus gerichteten Kritik werden ließen.[57] Dies zeigen nicht nur die antimonarchisti-

---

[54] Zumindest seinen Intentionen nach verkörperte die Kaiser Wilhelm-Gedächtniskirche damit den Typus einer »nationalen Denkmalskirche«, der nach Thomas Nipperdey in Deutschland im 19. Jahrhundert nicht existierte (NIPPERDEY, Nationalidee [wie Anm. 2] S. 546–551).

[55] BRENNECKE, Tradition (wie Anm. 29) S. 196; FROWEIN-ZIROW, Kaiser Wilhelm-Gedächtniskirche (wie Anm. 29) S. 318 ff.

[56] Zit nach ebd. S. 318 f.

[57] Ich danke Lucian Hölscher für den Hinweis auf diesen Zusammenhang, der meine Kritik an der einseitigen Interpretation vom Scheitern des Wilhelm-Mythos in einem entscheidenden Punkt ergänzt.

schen Aktionen gegen das Berliner und andere Reiterstandbilder Wilhelms I. nach dem Ersten Weltkrieg[58], sondern auch die heftigen Diskussionen, die nach 1945 durch die Frage nach dem Erhalt der im Krieg zerstörten Kaiser Wilhelm-Gedächtniskirche ausgelöst wurden.[59] Trotz des Scheiterns der von ihnen repräsentierten Versionen des Wilhelm-Mythos blieben die Denkmäler auch weiterhin wichtige Zeichen und somit – sei es materiell oder immateriell – in der Berliner Erinnerungslandschaft präsent.[60]

Während jedoch in den beiden vorgenannten Fällen die im Denkmal ausgedrückte Vision des Kaiser Wilhelm-Motivs in Widerspruch zu wichtigen Anschauungen des anvisierten Mythenmilieus geriet, gelang es im Fall des Kyffhäuser-Denkmals, den Mythos dauerhaft über den Sturz der Monarchie hinaus zu etablieren. Eine wichtige Rolle spielte dabei die Tatsache, daß das Denkmal mit dem Kyffhäuser-Motiv ein Bild aufnahm, das schon lange vor 1871 zu einem gängigen Topos der deutschen Nationalbewegung geworden war. Für die dauerhafte Wirkung der in dem Denkmal symbolisierten Deutung des Wilhelm-Mythos vielleicht noch entscheidender war die enge Verbindung, die die Denkmalsidee mit der florierenden Kriegervereinsbewegung einging. Der ursprünglich eher bildungsbürgerliche Topos »Barbarossa-Barbablanca« wurde durch den Bau des Denkmals nämlich zu einem Zentralmotiv der Selbstdarstellung der Kriegervereine im Kaiserreich. Mit seinem Namen »Kyffhäuser-Bund« bezog sich der 1899 gegründete Reichsverband sogar direkt auf das Kaiser Wilhelm-Denkmal, dessen Bau den Anlaß für den nationalen Zusammenschluß der verschiedenen regionalen Verbände geliefert hatte. Schon seit 1896 trug das Verbandsblatt, die »Deutsche Kriegerzeitung«, »Parole«, in ihrem Titel eine Darstellung des Monuments, das sich nach seiner Einweihung schnell zum Mittelpunkt eines einträglichen Kriegervereins-Tourismus entwickelte. Bereits 1897 besuchten 51.000 Men-

---

[58] Siehe etwa die fotografische Wiedergabe einer pazifistischen Kundgebung vor dem Wilhelm I.-Denkmal am 30.7.1921 in: Landesbildstelle Berlin, O1 WR. Den gleichen Vorgang am Beispiel der Denkmäler in der Umgebung von Metz stellt dar: ANNETTE MAAS, Zeitenwende in Elsaß-Lothringen. Denkmalstürze und Umdeutungen nationaler Erinnerungslandschaften in Metz (November 1918–1922), in: Denkmalsturz. Zur Konfliktgeschichte politischer Symbolik. Hg. WINFRIED SPEITKAMP. Göttingen 1997 S. 79–108.

[59] Die Umdeutung der Kaiser Wilhelm-Gedächtniskirche nach dem Zweiten Weltkrieg führte etwa dazu, daß die »Gedenkhalle« nun als »ein Ort der Mahnung gegen Krieg und Zerstörung und ein Ruf zur Versöhnung in Jesus Christus« bezeichnet wurde (so das in der Kirche ausliegende offizielle Flugblatt der Gemeinde). Vgl. zur Geschichte der Kirche nach 1918: FROHWEIN-ZIEROW, Kaiser Wilhelm-Gedächtniskirche (wie Anm. 29) S. 333–340.

[60] Trotz seiner Demontage im Jahr 1950 (vgl. den Bericht in: Der Spiegel Nr. 9. 1959 S. 11 f.) tauchte die Referenz an das Kaiser Wilhelm-Denkmal immer wieder in den Debatten um den Wiederaufbau des Berliner Schlosses auf.

schen das Denkmal, dessen Bild im Laufe der Zeit auf unzähligen Postkarten, Andenken und Kunstdrucken verbreitet wurde.[61]

In dem eher klein- bzw. unterbürgerlichen Milieu der Kriegervereine behielt der Kyffhäuser wie auch das »Barbarossa-Barbablanca«-Motiv daher nach dem Ersten Weltkrieg und dem Niedergang der Monarchie seinen Platz als eine zentrale Chiffre für das »nationale« Geschichtsverständnis. Trotz eines beständigen Wandels in seiner Interpretation, der die Aneignung durch die Soldatenverbände der Weimarer Republik und den Nationalsozialismus[62] ebenso wie die Bemühungen von Partei und Staatsapparat in der SBZ und DDR zur Eingrenzung der »militaristischen« Bedeutung des Monuments kennzeichnete[63], blieb das Kyffhäuser-Denkmal damit ein wichtiger Kristallisationspunkt für die Erinnerung an die Reichseinigung und Wilhelm I. Zwar verkürzten die DDR-Behörden die ursprüngliche Inschrift unter dem Reiterstandbild »Wilhelm I. / Dem Begründer des Reiches / Die Deutschen Krieger« auf den Namen des Kaisers, doch wurde auch nach 1945 die Gestaltung des Denkmals ansonsten nicht wesentlich verändert.[64] Die wechselvolle Geschichte der Umdeutungen des Denkmals erweist damit die erstaunliche Integrationskraft eines Mythos, der unter den Bedingungen des »Kampfs gegen den militaristischen Ungeist« nach dem Zweiten Weltkrieg zwar historisiert, aber dennoch nicht grundlegend in Frage gestellt wurde.

V. Fazit

Die angeführten Beispiele der drei Denkmäler verdeutlichen einerseits die tiefgreifenden Probleme Kaiser Wilhelms II., mit Hilfe einer gezielten Geschichtspolitik einen dauerhaften »offiziellen« Mythos um seinen Großvater zu etablieren. So mißlang die Stilisierung Wilhelms I. als »Kaiser Wilhelm der Große«, wie ihn das »Nationaldenkmal« vor dem Berliner Stadtschloß symbolisierte, ebenso wie auch seine Erhöhung zum christlich-protestanti-

---

[61] Bereits zur Einweihungsfeier wurde am Fuß des Denkmals ein großes »Allgemeines Krieger- und Volksfest« veranstaltet. Vgl. Parole vom 12.6.1896 S. 424. Siehe auch: MAI, Für Kaiser und Reich (wie Anm. 35) S. 174 (Anm. 68); HARM-PEER ZIMMERMANN, »Der feste Wall gegen die Rote Flut«. Kriegervereine in Schleswig-Holstein. 1864–1914. Neumünster 1989 S. 529–533.

[62] Vgl. u. a. KARL SCHULZ-LUCKAU, Soldatentum und Kameradschaft. Anderthalb Jahrhunderte Deutscher Reichskriegerbund. Berlin 1936 S. 179–211; FRITZ ERGENZINGER, Kameraden. Ein Bilderbuch vom NS-Reichskriegerbund. O. O. 1940 S. 15–21.

[63] HERBERT GOTTWALD, Ein Kaiserdenkmal im Sozialismus. Das Kyffhäuser-Denkmal in SBZ und DDR, in: Kyffhäuser-Denkmal (wie Anm. 25) S. 235–262.

[64] Ebd. S. 253.

schen »Nationalheiligen« im Bau der Berliner Kaiser Wilhelm-Gedächtniskirche. Beide Versuche zur Mythisierung Wilhelms I. scheiterten letztlich
daran, daß sie aufgrund der zu starken Identifikation mit der kaiserlichen
Erinnerungspolitik in Widerspruch zu zentralen Anschauungen der jeweiligen Trägergruppen gerieten. Insofern konnte sich auch um beide offiziellen
Versionen des Wilhelm-Mythos langfristig keine stabile Deutungsgemein-
schaft im Sinne eines eigenständigen Mythenmilieus etablieren.

Andererseits aber wurden, wie der Fall des Kyffhäuser-Denkmals zeigt,
nicht so sehr die inhaltlichen Aussagen der offiziellen Mythisierung Wilhelms I. kritisiert, die in »nationalen« Kreisen des Kaiserreichs durchaus Anklang fanden. Vielmehr führten eher die problematische Form, ihre unge-
schickte Plazierung sowie die massive Aufladung durch die offizielle Geschichtspolitik am Ende zum Mißlingen der kaiserlichen Bemühungen zur
Stilisierung seines Großvaters. Der in den Berliner Denkmälern ausgedrückte zentrale Inhalt des Wilhelm-Mythos, seine Überhöhung als Verkörperung der militärischen Einigung des Deutschen Reiches im Krieg von
1870/71, blieb nämlich auch in der mystisch verbrämten Form des Kyffhäuser-Motivs weiterhin erhalten. Anders als beide Berliner Denkmäler erlaubte
es das Anknüpfen an das Barbarossa-Barbablanca-Motiv im Kyffhäuser-
Denkmal jedoch, einen seit langem eingeführten, bereits monarchisch umin-
terpretierten Topos der bürgerlichen Nationalbewegung aufzunehmen, der
sich zudem auf ein besonders aktives Mythenmilieu, die Kriegervereine,
stützen konnte.

Das mystische Erlösermotiv des Kyffhäusers entwickelte dabei eine hohe
Integrationskraft, da es trotz aller Kritik[65] aufgrund seiner äußerst vagen
politischen und religiösen Verortung den verschiedenen Gruppierungen eine
Vielzahl unterschiedlichster Interpretationen gestattete. Diese reichten von
der offiziellen monarchischen Sichtweise, die Kaiser Wilhelm II. in seiner
Rede anläßlich der Einweihung des Denkmals äußerte und auch das Reiterstandbild des alten Kaisers präsentierte, über die christliche Interpretation
des Kaisermythos in der Weiherede des evangelischen Geistlichen bei der
Grundsteinlegung bis hin zur späteren Verklärung eines deutschen »Kyff-
häuser-Geistes« in den Jahren nach dem Ersten Weltkrieg, eine Interpretation, die sich nicht zuletzt auf die monumentale Denkmalsanlage und den im-
posanten »Reichsturm« stützen konnte. Gerade die polyseme Vielfalt des
Kyffhäuser-Mythos und seiner Symbolisierung in dem Denkmal der Krie-

---

[65] Vgl. etwa die Kritik der Baronin Spitzemberg an der herrschenden Mittelalter-Mystik im
Kaiserreich, in: Das Tagebuch der Baronin Spitzemberg, geb. Freiin v. Varnbühler. Aufgezeich-
net aus der Hofgesellschaft des Hohenzollernreiches. Hg. RUDOLF VIERHAUS. Göttingen ³1963
S. 390.

gervereine eröffnete somit die breite gesellschaftliche Nutzung, welche wiederum erst die Langlebigkeit des Mythos (und auch des Denkmals) begründete.

Auf einer allgemeineren Ebene unterstreicht das angeführte Beispiel des Kaiser Wilhelm-Mythos insofern die zentrale Bedeutung, die »sagenhafte« Ursprungsmythen nicht nur in Deutschland für die Konstituierung eines nationalen Geschichtsbildes im 19. Jahrhundert besaßen.[66] In ihrer Anknüpfung an das christliche Auferstehungs- und Erlösermotiv stilisierten sie die Nation zur »nationalen Schicksalsgemeinschaft«, die »im Augenblick der Prüfung die Freiheit aller verbürgt«.[67] In einer zunehmend »entkirchlichten« und wie im deutschen Fall zudem von vielfältigen konfessionellen und politischen Spannungen durchzogenen nationalen Gesellschaft konnten sie eher als eine dezidiert staatlich-offizielle oder kirchliche Symbolik als »emotionales Fundament der Nation« (François/Schulze) dienen. Damit entsprachen sie dem von Friedrich Wilhelm Graf für den deutschen Protestantismus um 1900 beschriebenen Trend zur »Vergegenwärtigung religiöser Traditionsbestände, die sich einem kirchlichen Deutungsmonopol ebenso entzogen wie einer kritisch-rationalen Reflexion durch die akademische Theologie«.[68] Gleichzeitig garantierten sie auch auf einer politischen Ebene jene »konsenslose Solidarität« (Fernandez), die überhaupt erst die Grundlage für eine dauerhafte Mythenbildung bildet.[69] In diesem Sinne erscheint es auch nicht als ein Wunder, daß gerade das Kyffhäuser-Motiv in jenem Vers über Wilhelm I. auftaucht, der noch lange nach dem Zweiten Weltkrieg zum alltäglichen Zitatenschatz der Populärkultur gehört: »Wir wollen unseren alten Kaiser Wilhelm wieder haben, mit 'nem Bart, mit 'nem Bart, mit 'nem langen Bart.«

---

[66] Für eine exemplarische Analyse der unterschiedlichen Deutungsstränge eines solchen Mythenmotivs vgl. FRITHJOF BENJAMIN SCHENK, Aleksandr Nevskij und die russische Nation. Geschichtsbilder und Entwürfe kollektiver Identität 1263–1917. Magisterarbeit. Freie Universität Berlin 1997 (MS); GERD KRUMEICH, Jeanne d'Arc in der Geschichte. Historiographie-Politik-Kultur. Sigmaringen 1989. Siehe auch die Beispiele in: Mythen (wie Anm. 4).

[67] Vgl. ETIENNE FRANÇOIS und HAGEN SCHULZE, Das emotionale Fundament der Nationen, in: Mythen (wie Anm. 4) S. 17–32.

[68] GRAF, Einleitung (wie Anm. 29) S. 16.

[69] Vgl. hierzu die allgemeinen Ausführungen in: JAKOB VOGEL, Legitimation und Ritual. Reichweite und Grenzen der rituellen Integration am Beispiel der militärischen Feiern Deutschlands und Frankreichs (1871–1914), in: Regards et mirroirs. Melanges Rémy Leveau. Hg. HAMIT BOZARSLAN. Leipzig 1997 S. 227–241.

III. Die Deutschen, ihr Gott und die Zukunft

Sakralisierung der Nation und Formen des Nationalismus im deutschen Protestantismus

von

Gangolf Hübinger

In dem Maße, wie seit einiger Zeit sozialgeschichtliche, mentalitätsgeschichtliche und kulturgeschichtliche Ansätze neu kombiniert werden, sind auch die Forschungen zu den Ausprägungsformen des Nationalismus und seiner Übernahme von Funktionen einer religiösen Deutungskultur intensiviert und systematisiert worden. Josef Roth hat in seinen Romanen über den Verfall der Habsburgermonarchie das literarische Stichwort gegeben: »Man glaubt nicht mehr an Gott. Die neue Religion ist der Nationalismus. Die Völker gehn nicht mehr in die Kirche. Sie gehn in nationale Vereine.« Totenkult, Festrituale, Denkmalssymbolik und Geschichtsmythen sind die bevorzugten Gegenstände, an denen die religiös-politische Doppelnatur nationaler Identitätsstiftung auch sozialwissenschaftlich demonstriert wird.

Am weitesten ist Hans-Ulrich Wehler gegangen, der für die Epoche des Deutschen Kaiserreichs dezidiert von der »›politischen Religion‹ des reichsdeutschen Nationalismus« spricht. Als religiöse Grundelemente nationalistischer Mentalität identifiziert Wehler u. a. die Verheißung menschlicher Kontingenzbewältigung im Diesseits, das Versprechen unfehlbarer Weltdeutung bis zum Opfertod für die Nation als höchstem Wert, ein Deutungsmonopol gegenüber allen anderen sozialen oder konfessionellen Wertsystemen, klare Grenzen ethnischer oder sprachlich-kultureller Vergemeinschaftung zwischen nationaler »In-Group« und »Out-Group«.[1] Mit der engen politischen, theologischen oder semantischen Zurechnung der Religion auf den modernen Kulturwert der »Nation« wird nicht zuletzt allen eindimensionalen Säkularisierungsthesen widersprochen. Für Friedrich Wilhelm Graf wird sogar

---

[1] HANS-ULRICH WEHLER, Deutsche Gesellschaftsgeschichte 3: Von der »Deutschen Doppelrevolution« bis zum Beginn des Ersten Weltkriegs. München 1995 S. 942 f.

ein umgekehrter Prozeß in Gang gesetzt: »Die Durchsetzung des Nationalismus läßt sich nicht einfach unter ›Dechristianisierung‹ subsumieren. Sie
kann auch als eine Erfolgsgeschichte der ›Rechristianisierung‹ gelesen werden«. Das gelte einschließlich der germanischen und antiwestlichen Volksge-
meinschaftstheologien, in denen immer die subjektive Überzeugung vorherr-
sche, die originären Intentionen der biblischen Überlieferung zu verkör-
pern.[2] In der politischen Wissenschaft wird demgegenüber stärker zwischen
antiken Polistraditionen, christlicher Überlieferung und neuheidnisch-völki-
scher »Erfindung« nationaler Wertgemeinschaften unterschieden. Aber auch
Kritiker einer Sammelkategorie »politische Religion« für die Ausformungen
des Nationalismus in ihren liberalen oder integralen Spielarten, die stärker
den wechselseitigen Durchdringungsprozeß von *traditionaler* Religion und
modernem Nationalismus rekonstruieren wollen, sehen als »Grundmotiv der
Symbiose von nationalen und christlichen Vorstellungen [...] die Deutung
der Nation als Offenbarung Gottes in der Geschichte«. Diese Symbiose zie-
he eine symbolisch vermittelte Sakralisierung der Nation ebenso nach sich
wie die Nationalisierung christlicher Glaubensbestände.[3] In diesem doppelten Strukturwandel befand sich zweifellos der deutsche Protestantismus mit
der Reichsgründung von 1871, die Kaiser Wilhelm I. als »Gottes Fügung«
ansprach und die das Bildungsbürgertum als nationalen Kulturauftrag verstand, mit hegemonialen Ansprüchen gegen Katholiken und Sozialisten,
aber innerlich höchst zerstritten über die Wertebasis der gedachten kultur-
staatlichen Ordnungprinzipien.

Was kann als spezifisch protestantisch in der Erfolgsgeschichte des deutschen Nationalismus gelten? Handelt es sich bei Denkmälern und Totenkult,
die den Tod jedes einzelnen in der Erinnerung wachhalten, um einen »au-
thentischen Fall der Säkularisierung« und um einen »strukturellen Wandel«
gegenüber kirchlicher Sorge um das »jenseitige Heil der Seele«?[4] Oder liefern sie im Kontext anderer »Sakraltransfers« ein Indiz für erfolgreich ver-
laufende Rechristianisierung, die religionssemantisch von Historikern me-
thodenbewußter zur Kenntnis genommen werden sollten?[5] Für das Deutsche

---

[2] Friedrich Wilhelm Graf, »Dechristianisierung«. Zur Problemgeschichte eines kulturpoli-
tischen Topos, in: Säkularisierung, Dechristianisierung, Rechristianisierung im neuzeitlichen
Europa. Bilanz und Perspektiven der Forschung. Hg. Hartmut Lehmann. Göttingen 1997
S. 33–66, Zitat S. 64.
[3] Peter Walkenhorst, Nationalismus als »politische Religion«? Zur religiösen Dimension
nationalistischer Ideologie im Kaiserreich, in: Olaf Blaschke und Frank-Michael Kulemann,
Religion im Kaiserreich. Milieus, Mentalitäten, Krisen. Gütersloh 1996 S. 503–529, Zitat S. 517.
[4] Reinhart Koselleck, Einleitung, zu: Der politische Totenkult. Kriegerdenkmäler in der
Moderne. Hgg. Ders./Michael Jeismann. München 1994 S. 14.
[5] Graf, »Dechristianisierung« (wie Anm. 2) S. 64.

Kaiserreich lassen sich in dieser grundsätzlichen Frage zum modernen Nationalismus zwischen Dechristianisierung und Rechristianisierung drei Deutungs- und Handlungsebenen trennen, auf denen im 19. und frühen 20. Jahrhundert unterschiedliche Formen eines religiös imprägnierten Nationalismus vergesellschaftend gewirkt haben, und dies mit mehr oder weniger bellizistischen Tendenzen.[6]

Das betrifft in erster Linie die traditionelle aber zu oft als *pars pro toto* beschriebene Ebene von »Thron und Altar« mit den sozialen und geistigen Disziplinierungsansprüchen konservativer Eliten. Aber zweitens ist die nationalistische Selbstmobilisierung der Gesellschaft mit den »aufsteigenden Mittelschichten und der Intelligenz«[7] in ihrer Eigendynamik hinzuzunehmen. Und nach der intensivierten Forschung zur Kulturgeschichte der Jahrhundertwende kann drittens die »völkische Bewegung«, in der sich die antibürgerlichen und antikirchlichen Potentiale der wilhelmischen Kulturkritik sammelten, nicht länger außer Acht gelassen werden. Damit soll in keiner Weise einer historischen Stufentheorie das Wort geredet werden. Es wird primär entlang des religiös-politischen Vereinswesens zu zeigen sein, wie sich bis zum Ausbruch des Ersten Weltkriegs diese Ausformungen eines protestantisch geprägten Nationalismus überlagert und gegeneinander abgegrenzt haben.

I.

Das einheitsstiftende Deutungsmodell von »Thron und Altar« hat sich mit der »preußischen Mission« der Reichsgründungsära derart wirkungsmächtig eingespielt, daß es noch hundert Jahre später das Paradigma der historischen Politik- und Gesellschaftsanalyse bildete. Für die Beurteilung des Protestantismus als eine reine Legitimationsinstanz des autoritären »monarchischen Prinzips« hat Fritz Fischer in einem Vortrag von 1949 entscheidende Interpretationsweichen gestellt. Das Hauptinteresse galt seitdem der engen Verbindung von »Thron, Bajonetten und Katechismus«.[8] Betont wurde der allzu enge Spielraum der Kirchenbürokratien für sozialpolitisches

---

[6] Vgl. Gangolf Hübinger, Religion and War in Imperial Germany, in: Anticipating Total War. The German and American Experiences 1871–1914. Hgg. Manfred M. Boemeke/Roger Chickering/Stig Förster. Washington D.C. 1999 S. 125–135.

[7] Wolfgang J. Mommsen, Der autoritäre Nationalstaat. Frankfurt a. M. S. 184.

[8] Fritz Fischer, Der deutsche Protestantismus und die Politik im 19. Jahrhundert, gehalten auf dem Historikertag in München 1949 (Wiederabdruck 1977). Ähnlich Jens Flemming, Unter der Bürde der Tradition: Thesen zum gesellschaftlichen Ort des deutschen Protestantismus vor 1945, in: Auf dem Weg zum modernen Parteienstaat. Hgg. Hermann W. von der Dunck/Horst Lademacher. Melsungen 1986 S. 239–248.

Engagement und verfassungspolitische Reformen.[9] Mit Blick auf eine wachsende Kriegsbereitschaft in einer sich erzieherisch unterschwellig militarisie-
renden Gesellschaft[10] ist allerdings auch auf die schwindende Kraft des Protestantismus zur gesellschaftlichen Integration nach christlichen Wertideen
verwiesen worden. Dazu zählt die Kompromittierung der Friedensidee: »Allzu deutlich schien er auf die offizielle politische Linie fixiert, allzusehr begriff man ihn als Sprachrohr des Kaisers, allzu eng und selbstverständlich
sah man ihn an den Interessen und Zielsetzungen der Herrschenden orientiert, als daß man ihm und seiner Verkündigung hätte Vertrauen entgegen-
bringen können.« Martin Greschat sieht in dieser staatsfrommen Rolle den
Protestantismus sogar als Faktor »der inneren Aufspaltung und geistigen
Desintegration im Deutschen Kaiserreich«.[11] Von liberal-protestantischen
Reformern wie Martin Rade, der auf dem Deutsch-nationalen Friedenskon-
greß 1908 in Jena für die Deutsche Friedensgesellschaft eine beachtete Rede
über »Machtstaat, Rechtsstaat, Kulturstaat« hielt, wurde die Thron-und-Al-
tar-Theologie zur Gesamtcharakterisierung der wilhelminischen Gesellschaft als einer Untertanengesellschaft herangezogen.[12] Wissenschaftliche
Weihen erhielt diese von linksbürgerlichen Liberalen bekämpfte Säkular-
theologie eines sakralisierten Nationalismus durch den *Praeceptor Germa-
niae* des borussianischen Historismus Heinrich von Treitschke. In seinen
Berliner Vorlesungen über »Politik« rechtfertigte er die Bismarcksche Ger-
manisierungspolitik in der preußischen Provinz Posen als Einheit von
Deutschtum und Protestantismus und ließ sein Kapitel über die Religion in
die These münden: »Der Protestantismus im ganzen gesehen ist die germanische Form des Christentums«, die sich in der Verfassung sowie im Säkula-

---

[9] KLAUS ERICH POLLMANN, Landesherrliches Kirchenregiment und soziale Frage. Der evangelische Oberkirchenrat der altpreußischen Landeskirche und die sozialpolitische Bewegung der
Geistlichen nach 1890. Berlin 1973.

[10] So der Tenor vieler Beiträge in: Handbuch der deutschen Bildungsgeschichte 4: 1870–
1918. Von der Reichsgründung bis zum Ende des Ersten Weltkrieges. Hg. CHRISTA BERG. München 1991.

[11] MARTIN GRESCHAT, Krieg und Kriegsbereitschaft im deutschen Protestantismus, in: Bereit
zum Krieg: Kriegsmentalität im wilhelminischen Deutschland 1890–1914. Hgg. JOST DÜLFFER/
KARL HOLL. Göttingen 1986 S. 33–55, Zitate S. 41.

[12] Vgl. MARTIN RADE, Zum Altersnachweis der Formel »Thron und Altar«, in: Die Christliche
Welt 14. 1900 Sp. 977–980; dazu ANNE NAGEL, Martin Rade – Theologe und Politiker des Sozialen Liberalismus. Gütersloh 1996; auch GANGOLF HÜBINGER, Machtstaat, Rechtsstaat, Kulturstaat. Liberale Verfassungspolitik im Deutschen Kaiserreich, in: Ungleiche Nachbarn. Demokratische und nationale Emanzipation bei Deutschen, Tschechen und Slowaken (1815–1914).
Hgg. (für die deutsch-tschechisch-slowakische Historikerkommission) HANS MOMMSEN/JIRI
KORALKA. Essen 1993 S. 49–63.

risierungsschub der Kulturkampfgesetze erfolgreich institutionalisiert habe: »Dem System der Landeskirche, deren Idee schon urdeutsch ist, verdanken wir die Freiheit und Milde des Protestantismus. Eine Lebensfrage ist für ihn die dauernde Einheit seiner Konfessionen, auf die die Hohenzollern den größten Einfluß geübt und die sie in der Union vollendet haben.«[13]

Die Genese des extremen Nationalismus ist aber nur zu einem Teil aus dem Geist protestantischer Orthodoxie zu erfassen. Neuere Studien zum nationalistischen Denken im Liberalismus des 19. Jahrhunderts relativieren immer stärker die These vom Strukturwandel eines ursprünglich linken und rein emanzipatorischen in einen rechten und sozialmilitaristischen Nationalismus seit Ende der 1870er Jahre. So ist für das Staatslexikon Rottecks und Welckers, das bürgerliche Grundbuch des Vormärz, eine zunehmende Kriegsapologie auch in liberaler Färbung konstatiert worden.[14] Selbst der obrigkeitskritische Pietismus suchte eine Synthese von Christentum und Nationalismus, wie die Übernahme der ursprünglich vom zivilreligiösen Liberalismus angeregten Idee des Sedansfestes durch Friedrich von Bodelschwingh und seine Anhänger zeigt.[15] Eine Schlüsselrolle politischer Konditionierung nahmen, kaum überraschend, die Pfarrer ein. Altständisches Amtsbewußtsein und professionalisierter Beamtenstatus führten sie mit großer Mehrheit, aber nicht ausschließlich, in das nationalkonservative Lager.[16] Eine politisierte und ethisch polarisierende Geistlichkeit diente nach der Revolution von 1848/49 kaum der Ausformung »pluralistischer Zivilität«; sie betrieb »Politik aus Glauben« und überführte in wachsendem Maße politische Sachaspekte in einen Weltanschauungskampf, wobei in den 1860er Jahren mit Heeresreform und Verfassungskrise dem Hof- und Domprediger Wilhelm

---

[13] HEINRICH VON TREITSCHKE, Politik 1. Hg. MAX CORNICELIUS. Leipzig ⁵1922, Zitate S. 281, 353; zu Treitschkes »Wendung zu religiöser Orthodoxie und ›konservativer‹ Kirchenpolitik« siehe ULRICH LANGER, Heinrich von Treitschke. Politische Biographie eines deutschen Nationalisten. Düsseldorf 1998 S. 328 ff.

[14] FRANK NÄGLER, Von der Idee des Friedens zur Apologie des Krieges. Eine Untersuchung geistiger Strömungen im Umkreis des Rotteck-Welckerschen Staatslexikons. Baden-Baden 1990.

[15] HARTMUT LEHMANN, Friedrich von Bodelschwingh und das Sedansfest. Ein Beitrag zum nationalen Denken der politisch aktiven Richtung im deutschen Pietismus des 19. Jahrhunderts, in: Historische Zeitschrift 202. 1966 S. 542–573. Zur ursprünglichen zivilreligiösen Konzeption eines Nationalfestes durch den Protestantenverein siehe CLAUDIA LEPP, Protestantisch-liberaler Aufbruch in die Moderne. Der deutsche Protestantenverein in der Zeit der Reichsgründung und des Kulturkampfes. Gütersloh 1996 S. 316 ff.

[16] Einen breiten Überblick liefern Luise Schorn-Schütte und Walter Sparn in: Evangelische Pfarrer. Zur sozialen und politischen Rolle einer bürgerlichen Gruppe in der deutschen Gesellschaft des 18. bis 20. Jahrhunderts. Hgg. LUISE SCHORN-SCHÜTTE/WALTER SPARN. Stuttgart usw. 1997.

von Hengstenberg eine besonders spektakuläre Rolle zukam.[17] Hier liegt ein
noch lange nicht ausgeschöpftes Studienfeld für die »Durchdringung und
Verbindung von spezifisch christlichen Werten, christlicher Weltsicht und
christlichen Lebensformen mit der Welt der nationalen Werte«.[18]

Scherte ein Pfarrer aus diesem Grundkonsens aus und brachte in der kurz-
zeitigen wilhelminischen Schönwetterphase einer offensiven Sozialpolitik
Offiziere mit Vertretern der evangelischen Arbeitervereine ins Gespräch,
dann war der Verlust seiner Pfarrstelle nur eine Frage der Zeit. Der sozialdemokratische Staatssekretär im preußischen Staatsministerium Paul Göhre
erinnerte sich kurz vor seinem Tod an die entsprechenden Wirkungen, die
seine sozialpolitische Vereinsarbeit unter Einbeziehung der städtischen Gar-
nison in der Gertraudengemeinde in Frankfurt an der Oder Mitte der 1890er
Jahre hatte: »Meine Predigten betonten stets das Soziale mit. Sonntag
abends hielt ich offene Abende, wo junge Offiziere, Juristen, Lehrer, Hand-
werker und sozialdemokratische Arbeiter bei mir zu Gast waren. Daneben
stand ein evangelischer Arbeiterverein, aber nach ganz modernen Gesichtspunkten. Ich diskutierte mit den Sozialdemokraten in ihren Versammlungen,
besuchte sie in ihren Wohnungen, feierte den 1. Mai mit ihnen usw. Die Folge war zunehmende Beargwöhnung von bürgerlicher Seite, dauernde De-
nunziationen durch den Regierungspräsidenten beim Konsistorium; Boykott
meiner Kirche durch Beamtenschaft und Diakonissenhaus; Verbot der Mili-
tärbehörde meine Predigten zu besuchen, Bespitzelung meiner Konfirman-
denstunden.«[19] Göhre, der als Generalsekretär des von dem hochkonservativen Hofprediger Adolph Stoecker noch beherrschten Evangelisch-sozialen
Kongresses nach Frankfurt gekommen war, gab sein Pfarramt auf und begründete gemeinsam mit Friedrich Naumann den Nationalsozialen Verein.

II.

Diese zweite von einem protestantischen Pfarrer gegründete politische
Partei – nach Stoeckers Christlichsozialer Arbeiterpartei von 1878 – kann als
Beleg dafür angesehen werden, daß sich Nationalisierung und Militarisierung der Gesinnung mit wachsender Gewalt- und Kriegsbereitschaft in allen
protestantischen Milieus und dort im vereinsöffentlichen Zwischenbereich

---

[17] Kurt Nowak, Politische Pastoren. Der evangelische Geistliche als Sonderfall des Staats-
bürgers (1862–1932), in: Zur sozialen und politischen Rolle (wie Anm. 16) S. 148–168.

[18] Hartmut Lehmann, Forschungsperspektiven und Forschungsaufgaben, in: Säkularisierung
(wie Anm. 2) S. 319.

[19] Nach Göhres Tod zitiert in: Frankfurter Oder-Zeitung vom 20. September 1928.

zwischen Alltagsmentalität und theologischer Reflexion entwickeln konnte. Nur eingeschworene Laizisten, die eine kleine Minderheit im deutschen Bürgertum darstellten, konnten zwischen § 1 der von Friedrich Naumann entworfenen Grundlinien des Nationalsozialen Vereins, der die »politische Machtentfaltung der deutschen Nation nach außen für die Voraussetzung aller größeren sozialen Reformen im Innern« ansah, und § 7 unterscheiden, der schlicht erklärte, »im Mittelpunkt des geistigen und sittlichen Lebens unseres Volkes steht uns das Christentum, das nicht zur Parteisache gemacht werden darf, sich aber auch im öffentlichen Leben als Macht des Friedens und der Gemeinschaftlichkeit bewähren soll«[20]. Mit guten Gründen hat die Forschung zum Komplex »Nationalismus – Imperialismus – Weltpolitik – Kriegsmentalität« deshalb den Akzent auf die aufstiegsorientierten bürgerlichen Mittelschichten verlagert.[21] Neben Adel, Beamtenschaft oder kleinstädtischem Handwerk ist auch der »neue Mittelstand« (Gustav Schmoller) der Angestellten, Lehrer oder Freiberuflichen zu befragen, inwieweit er durch religiöse Vereinigungen und die Macht ihrer Presse den integralen Nationalismus der wilhelminischen Ära, aus der dann auch eine integrale Kriegsmentalität herauswuchs, gestützt hat. Am leichtesten fündig wird man beim »Evangelischen Bund zur Wahrung der deutsch-protestantischen Interessen«, zu dem jetzt eine umfassende Studie vorliegt.[22] Er wurde parallel zum »Alldeutschen Verband« 1886 gegründet, war breit im liberal-konservativen Spektrum verankert, radikalisierte die nationalistische Mittelstandsideologie und wuchs auf eine halbe Million Mitglieder an, während der politisch weit aktivere und aggressivere »Alldeutsche Verband«, ebenfalls ein *distinctly protestant phenomenon*[23], auf etwa 20.000 Mitglieder beschränkt blieb.[24] Das schon von Treitschke bemühte Diktum, »daß evangelisch und deutsch, wie immer klarer erkannt wird, in den jetzigen Verhältnissen dasselbe ist«, führte zu lokalen Verwurzelungen von Evangelischem Bund, Flottenverein und Ostmarkenverein.[25] Ich beschränke mich hier auf ein überge-

---

[20] Protokoll über die Vertreterversammlung aller National-Sozialen in Erfurt vom 23. bis 25. November 1896. Berlin 1896; siehe ferner GANGOLF HÜBINGER, »Maschine und Persönlichkeit«. Friedrich Naumann als Kritiker des Wilhelminismus (erscheint in: Friedrich Naumann und der Liberalismus. Hg. RÜDIGER VOM BRUCH. Berlin 2000).

[21] MOMMSEN, Autoritärer Nationalstaat (wie Anm. 7) S. 184.

[22] ARMIN MÜLLER-DREIER, Konfession in Politik, Gesellschaft und Kultur des Kaiserreichs. Gütersloh 1998.

[23] ROGER CHICKERING, We Men Who Feel Most German. A Cultural Study of the Pan-German League, 1886–1914. Boston 1984 S. 138.

[24] Vgl. GANGOLF HÜBINGER, Kulturprotestantismus und Politik. Zum Verhältnis von Liberalismus und Protestantismus im wilhelminischen Deutschland. Tübingen 1994 S. 52 ff.

[25] Beispiele bei MÜLLER-DREIER, Konfession und Politik (wie Anm. 22) S. 502 ff.

ordnetes aber repräsentatives Beispiel zur Sakralisierung der deutschen Politik mit Luther als deutschem Glaubenshelden. Unter Federführung des »Evangelischen Bundes« erschien zur Jahrhundertwende eine aufwendig illustrierte, zweibändige »Heerschau« protestantischer Leistungen in Politik, Wirtschaft und Kultur, in die der Herausgeber, Carl Werckshagen, das einschlägige Geschichtsbild von der vaterländischen Deutschen Nation aus dem Geist der Reformation bruchlos in die imperialistische Weltpolitik verlängerte:

»Doch weit über die Grenzgebiete unserer Muttersprache und weit über die Grenzen der uns stammverwandten Völker hinaus wird unsere Schilderung sich erstrecken müssen, um zu zeigen, wie der Protestantismus der hauptsächliche Träger der geistigen Kultur des Erdballs geworden ist, wie er als kolonisatorische Macht in die fernsten Teile der Welt die frohe Botschaft der seligmachenden evangelischen Wahrheiten trägt.«[26]

Als fleißige Träger der nationalprotestantischen Geschichtsbotschaft dienten die Gymnasiallehrer wie der Stuttgarter Rektor Gottlob Egelhaaf, der mit ungebrochener Kulturkampfenergie dem Katholizismus allen Anteil an der Entwicklung des modernen europäischen Nationalstaatensystems absprach.[27]

Nur am Rande des wilhelminischen Vereinsspektrums entwickelte sich mit der »Deutschen Vereinigung« eine vergleichbare nationalkatholische Bewegung. Für sie war es weit mehr als eine byzantinistische Pflichtübung, Kaisers Geburtstag mit einer entsprechenden Huldigung zu begehen:

»Das Kaiserwort ›Deutschland in der Welt voran‹ [...] wird nie Wahrheit werden, wenn nicht jeder einzelne dieselbe Pflichttreue, dieselbe Hingebung an das Vaterland bis zur Aufopferung betätigt, wie der geliebte Herrscher, der nun in das 52. Jahr eintritt, es stets getan.«[28]

Das Verhältnis der Konfessionen zu nationalistischen Glaubensbekenntnissen blieb gleichwohl asymmetrisch[29], auch wenn ihre politischen Vertretungen ein immer größeres Terrain gemeinsamer Handlungsoptionen vorfanden. Deutsche Katholiken und Protestanten stellten sich im Krieg gegen

26 Der Protestantismus am Ende des 19. Jahrhunderts in Wort und Bild 1. Hg. CARL WERCKSHAGEN. Berlin 1900 S. 1 f.

27 GOTTLOB EGELHAAF, Der Protestantismus in der politischen Geschichte des XIX. Jahrhunderts, in: Protestantismus am Ende des 19. Jahrhunderts (wie Anm. 26) S. 1149–1154.

28 Geburtstag des Kaisers, in: Deutsche Wacht. Wochenschrift der Deutschen Vereinigung 3. 1910 S. 70.

29 Zu den Gegensätzen insgesamt siehe GANGOLF HÜBINGER, Confessionalism, in: Imperial Germany. A Historiographical Companion. Hg. ROGER CHICKERING. Westport/Conn. 1996 S. 156–184.

Frankreich in patriotischer Geschlossenheit hinter die preußische Politik. Und sie steigerten sich gemeinsam in das »Augusterlebnis« von 1914 hinein. In der hektischen Phase deutscher Außen- und Kolonialpolitik zwischen 1905 und 1909 ließ die Zentrumspartei ihre Vorbehalte fallen und begann unter Matthias Erzberger, die staatliche Hochrüstungspolitik zu unterstützen. In der Missionstätigkeit beider Kirchen überwog die konforme Haltung zur offiziellen Kolonialpolitik. Ein ethischer Imperialismus, in dessen Namen der liberale Ex-Theologe Paul Rohrbach am überseeischen Kolonialerwerb die Weltherrschaft Christi ablas, findet sich auf katholischer Seite allerdings nicht.[30] Hier liegen unterschiedliche Kulturdeutungen und politische Rivalitäten der Konfessionen vor, die in der Tat erheblich sind. Sie lassen sich auf die These zuspitzen: Für den Katholizismus waren nationale und internationale Politik miteinander vereinbar, während die überwältigende Mehrheit des Protestantismus die Gegensätze dramatisierte, nicht zuletzt, um den konfessionellen Gegner als »ultramontane« Vaterlandsfeinde stigmatisieren zu können.

Sehr bedingt nur entschärfte die »politische Religion« des Nationalismus die Gegensätze der Konfessionskulturen. Die jährlichen Katholikentage betonten nach Abklingen des Kulturkampfes und im Gefühl der wachsenden Isolierung des Deutschen Reiches spätestens ab 1908 die gemeinsame nationale Wehrbereitschaft. Zugleich gingen sie auf Distanz zur alldeutschen und deutsch-völkischen Agitation.[31] Der »Volksverein für das katholische Deutschland« bezog bereits seit 1904 die Kolonial- und Flottenpolitik in seine staatsbürgerliche Schulungsarbeit ein. Wie die Zentrumspartei erklärte der Volksverein die Notwendigkeit des Kolonialerwerbs und seiner militärischen Absicherung aus der wirtschaftlichen Dynamik moderner Industriestaaten. Er kritisierte in seinen Flugschriften aber auch deutlich die »Überhebungen des Militarismus«, die eine internationale Verständigung unmöglich machten.[32] Einen solchen »nachholenden« Nationalismus und bedingten

---

[30] Horst Gründer, Christliche Mission und deutscher Imperialismus 1884–1914. Paderborn 1982; Walter Mogk, Paul Rohrbach und das »Größere Deutschland«. München 1972.

[31] »Denn so verschieden wir Deutsche im Denken und Glauben auch sein mögen, in einem sind wir einig: in der Liebe zum Vaterland. (Stürmischer Beifall). Und wenn es einmal, was Gott verhüten möge, notwendig sein sollte, dann wird, wie einst, einig dastehen, fest und treu, die Wacht am Rhein (Lebhafter Beifall), und nicht nur am Rhein, sondern auch an der Memel und an den Gewässern unserer deutschen Meere.« Mit Beifall bedacht auch die Schweizer Grußadresse: »Wenn Katholiken zusammenkommen, sind sie international (Beifall). Das schadet unserem Patriotismus nichts. (Beifall).« Zitate aus der Begrüßungsfeier in: Verhandlungen der 55. Generalversammlung der Katholiken Deutschlands 1908. S. 180, 182.

[32] Siehe ausführlicher Horstwalter Heitzer, Der Volksverein für das katholische Deutschland im Kaiserreich 1890–1918. Mainz 1979 S. 224–227.

Militarismus akzeptierten wiederum die nationalprotestantischen Vereine nicht. Die Kriegervereine schlossen Katholiken in der Regel aus.[33] Der »Evangelische Bund« sah im Bülowblock von Konservativen, Rechts- und Linksliberalen endlich die protestantische Sammlung verwirklicht, die Katholiken und Sozialdemokraten langfristig von der politischen Macht fernhalten würde. Als »Bild für jeden Deutschen« verkaufte der »Evangelische Bund« für 20 Pfennig in Kleinformat und für 2 Mark als Wandschmuck eine politische Allegorie zur Verschmelzung von Religion und Politik:

»Luther und Bismarck erscheinen auf diesem [...] Kunstblatt unter einer knorrigen Eiche als Streiter für deutsche Ehre, deutschen Glauben, deutsche Macht. Der Gedanke einer gemeinsamen Darstellung der beiden größten Deutschen ist in diesem Kunstblatte so einheitlich und glücklich zur Ausführung gekommen, daß es wohl als eine Festgabe für das deutsche Volk bezeichnet werden darf.«[34]

Als selbsternannter Sprecher für das ganze »deutsche Volk« dürfte der »Evangelische Bund« mit seinen knapp dreitausend Ortsvereinen in einer derart nach außen militanten und nach innen ausgrenzenden Definitionsmacht des Deutschtums der wirkungsvollste Multiplikator eines radikalisierten Mittelklassen-Nationalismus im Kaiserreich gewesen sein.

Um einem durch die Wahlforschungen Karl Rohes nahegelegten Fehlurteil zu begegnen, nach dem in einem »Drei-Lager-System« alle Protestanten in ein homogenes »nationales Lager« geführt und die innerprotestantischen Wertekonflikte marginalisiert worden seien[35], ist noch einmal auf die Bedeutung des Nationalsozialen Vereins für die politische Kultur des Kaiserreichs zurückzukommen.[36] In zweierlei Hinsicht markierten die Nationalsozialen und Friedrich Naumann als kulturprotestantischer Parteiorganisator eine grundsätzliche innerprotestantische Opposition zum integralen Nationalismus, wie sie der Evangelische Bund verkörperte. Sie erklärten sozial- und verfassungspolitische Strukturreformen zur Voraussetzung der imperialistischen Selbstbehauptung »Deutschlands unter den europäischen Weltmächten« (Max Weber) und aktivierten damit das klassische Doppelziel des Liberalismus von »Einheit und Freiheit«, das ihnen mit der Reichsgründung alles

---

[33] Margaret Lavinia Anderson, Windhorsts Erben: Konfessionalität und Interkonfessionalismus im politischen Katholizismus 1890–1918, in: Christliche Demokratie in Europa. Hgg. Winfried Becker/Rudolf Morsey. Köln 1988 S. 87. Zur Instrumentalisierung der Religion auch Thomas Rohkrämer, Der Militarismus der »kleinen Leute«. Die Kriegervereine im Deutschen Kaiserreich 1871–1914. München 1990 S. 203–214.

[34] Abdruck u. a. in: Monatskorrespondenz des Evangelischen Bundes 23. 1909 S. 167.

[35] Karl Rohe, Wahlen und Wählertraditionen in Deutschland. Frankfurt a. M. 1992.

[36] Zu den innerprotestantischen Abgrenzungen siehe Hübinger, Kulturprotestantismus (wie Anm. 24).

andere als erledigt schien. Und sie differenzierten immer stärker zwischen den »zwei Reichen« und akzeptierten die gegeneinander gerichteten Werte-ethiken unterschiedlicher kultureller Ordnungen.

»Man muß grundsätzlich aufhören, ›die Ethik‹ als Einheit zu betrachten. Ethik ist ein Gattungsname wie etwa ›die Architektur‹, ›die Jurisprudenz‹. Innerhalb der Gattung gibt es verschiedene getrennte Stile u. Auffassungsweisen: antik, romanisch, gothisch, italienisch, maurisch usw. Erst vom Standpunkt des bestimmten Stiles aus läßt sich etwas auch [als] richtig oder nicht richtig beurteilen. So ist Christentumsethik und Aufklärungsethik, antike Staatsethik und moderne Nationalethik, aristokratische und demokratische Gesellschaftsethik usw. zu einem ethischen Stilchaos zusammengeflossen, das sich der genauen Analyse fast entzieht. Es steht Ethik gegen Ethik.«[37]

Das von Friedrich Naumann hier skizzierte »Chaos« leitender Kulturwerte mündete um 1900 im Gefolge lebensreformerischer Zivilisationskritik nicht unerheblich in die voluntaristische Stiftung heidnisch-religiöser Geschichtsmythen, die einen »neuen Nationalismus« speisten.[38]

III.

Ein beträchtliches Potential aggressiv völkischer Gesinnung formte sich am Rande und außerhalb der etablierten Kirchen in freien, sektenähnlichen Religionsgruppen. Der Sinnlosigkeit einer bürgerlich-kapitalistischen Kultur wurde die religiöse Hingabe des Individuums an das Volksganze entgegengestellt. Max Maurenbrecher beispielsweise, der einflußreichste freireligiöse Prediger zu Beginn des 20. Jahrhunderts, dessen Arbeit der Synthese von Marx und Nietzsche, Sozialismus und Nationalismus, Deutschtum und Christentum galt, trat 1913 spektakulär aus der SPD aus, da er die »Haltung der Partei in militärischen und außenpolitischen Fragen« nicht länger tolerieren konnte.[39]

Kaum systematisch erfaßt sind aber bisher die religiösen Wurzeln der seit Thomas Mann unter Berufung auf Nietzsche mit dem Begriff der »Konser-

---

[37] Brief Friedrich Naumanns an Gottfried Traub vom 27.12.1900, in dem sich Naumann mit Traubs erster Manuskriptfassung von »Ethik und Kapitalismus. Grundzüge einer Sozialethik«, auseinandersetzt. Traubs Buch ist 1906 unter diesem Titel erschienen; Gerd Fesser danke ich für die Übermittlung dieses Briefes aus dem Bundesarchiv Koblenz, Nachlaß Traub.

[38] Zum Begriff des »neuen Nationalismus« und seinen vergesellschaftenden Funktionen siehe Stefan Breuer, Grundpositionen der deutschen Rechten (1871–1945). Tübingen 1999.

[39] Vertrauliches Rundschreiben an unsere Freunde, Mannheim, im Juli 1913, Exemplar in der Schleswig-Holsteinischen Landesbibliothek Kiel; zur Politisierung Nietzsches siehe auch Steven E. Aschheim, Nietzsche und die Deutschen. Karriere eines Kults. Stuttgart 1996 (zu Maurenbrecher S. 177 ff.).

vativen Revolution«[40] zusammengefaßten Strömungen. Die »Konservative Revolution« wird eher als eine literarisch-politische Erscheinung angesehen, obwohl die völkischen Konstruktionen viel stärker auf religiösen Geschichtsmythen aufbauen. Ein neues Handbuch zur »völkischen Bewegung«[41] porträtiert ein breites Spektrum dieser Mythen. Verfolgt man deren antisemitische Codierung wie die soziale Organisation in einer Vielzahl von Orden und Bünden zur Feier des germanischen oder nordischen Wesens, so tritt deren religiöser Kern deutlich zutage. Nur kann man sie nicht gegen ihren selbsterklärten Anspruch als »Verschmelzung alter kirchlicher Symbolik mit neuer politischer Gemeinschaftssemantik« zum Indikator einer erfolgreichen »Rechristianisierung« wählen. Gerade die von Theologen methodisch eingeklagte »religionssemantisch reflektierte Wahrnehmungsperspektive«[42] hat die extrem antikirchlichen, panreligiösen oder neuheidnischen Kultbewegungen von ihrem abgrenzenden »Wir-Bewußtsein« her ernst zu nehmen. Hier wird Nationalismus zur politischen Religion in einem neuen und durchaus christentumsfeindlichen Sinne. Drei Beispiele sollen den Auszug aus dem Christentum, den der neue Nationalismus feiert, abschließend verdeutlichen.

Ein Buchtitel von 1910, »Sigfrid oder Christus«, spielt die Abgrenzung neuheidnischer Heldenreligiosität gegen das miserabilistische Christentum demonstrativ in den Vordergrund. Die Schrift des Bremer Telegraphenamtdirektors Otto Sigfrid Reuter, in jungen Jahren Roman- und Bühnenautor, lautet mit vollständigem Titel: „Sigfrid oder Christus. Kampfruf an die germanischen Völker zur Jahrtausendwende. Von einem Deutschen«. Christus, so der Kampfruf, habe »die Kraft zur Tat [...] gelähmt«. »Durch Leiden und Dulden, durch Frieden wollte der Nazarener, daß wir den Sieg gewännen; unsere Religion ist die der tatfrohen Lichtkämpfer, durch Sieg zum Frieden. Das ist die Rede von Sigfrid.«[43] Reuter gründete in der Folge einen »Deutschen Orden« und ist darin nur ein Beispiel von vielen noch vor dem Ersten Weltkrieg. Immer wird der Verfall des deutschen Wesens als verspielte historische Zukunft beklagt. Nicht nur die Juden, auch Jesus, die Miserabilität des Christentums, trage die Schuld. Um ein »gesundes und starkes

---

[40] Thomas Mann, Russische Anthologie, in: Aufsätze, Reden, Essays 3: 1919–1925. Hg. Harry Matter. Berlin 1986 S. 93.

[41] Handbuch zur »Völkischen Bewegung« 1871–1918. Hgg. Uwe Puschner/Walter Schmitz/Justus H. Ulbricht. München 1996.

[42] Graf, Dechristianisierung (wie Anm. 2) Zitate S. 59, 64.

[43] Stefanie von Schnurbein, Die Suche nach einer »arteigenen« Religion in »germanisch-« und »deutschgläubigen« Gruppen, in: Handbuch zur »völkischen Bewegung« (wie Anm. 41) S. 172–185, Zitat S. 180.

Leben« aufzubauen, das hätte sich der so vulgarisierte Nietzsche nicht träumen lassen, bedürfe es des historischen Rückgriffs auf die reinen germanischen Ursprünge. Hier erwuchs eine geschichtsmythische Alternative nicht nur zur katholisch-romanischen, wie sie die Protestanten in ihren Geschichtskonstruktionen aufbauten, sondern zur christlich-abendländischen Kultur insgesamt.

Als intellektueller und auch wissenschaftlicher Ideengeber kann zweifellos Paul de Lagarde gelten. Lagarde steht in den kulturellen Umorientierungen seiner Zeit in einer Doppelrolle, als anerkannter Orientalist und Philologe und als völkisch-antisemitischer Polemiker, der publizistisch die Konsolidierung des Bismarckreiches mit Argwohn begleitet. Gegen den Geist der Reichsgründung und gegen die sie tragenden Konfessionen setzt Lagarde in seinen »Deutschen Schriften« den Austausch von historischen Gedächtnisorten gezielt religionspolitisch ein. 1878 heißt es in dem Aufsatz »Die Religion der Zukunft« nach einem sehr kenntnisreichen Überblick über die semitischen Kulturen und mit Verweis auf Jakob Grimms »Deutsche Mythologie«:

»Die unschuldig herben Formen deutschen Rechts sind unsern Zeitgenossen so tot, wie die alten Sagen und Bräuche unserer Nation. Wir haben nie eine deutsche Geschichte gehabt, wenn nicht etwa der regelrecht fortschreitende Verlust deutschen Wesens deutsche Geschichte sein soll. […] So ist unsere ureigene Individualität durch keine Entwicklung zu uns herübergerettet: bei Warschau und Fehrbellin, bei Großbeeren und Dennewitz wie bei Sedan hat Niemand an Siegfried und die Nibelungen gedacht, so wenig Göthe bei Werther und Götz an sie gedacht hat, und darum haben unsere alten Sagen im allgemeinen nur noch antiquarisches Interesse.«[44]

Geschichtspolitisch gesehen speist sich hier die Religion der Zukunft eindeutig aus militanten Ursprungsmythen nichtchristlicher Vergangenheit. Das war auch die Botschaft, die nach Lagardes Tod 1891 mit anschwellender Begeisterung unterschiedliche Schichten wie die lebensreformerische Jugendbewegung mit ihrem Wunschbild der artreinen Körperlichkeit, aber auch etablierte protestantische Bildungseliten erreichte. Als publizistischer Multiplikator wirkte der Ex-Pfarrer Arthur Bonus, der von der Toskana aus in der liberalen »Christlichen Welt« Martin Rades über die »Germanisierung des Christentums« schrieb: »Gott trägt die Volksfarbe«.[45] 1911 erschienen von Bonus unter dem Obertitel »Zur religiösen Krisis« im Verlag Eugen Diederichs in Jena die beiden Bände »Zur Germanisierung des Christentums« und »Vom neuen Mythos«. Für Bonus allerdings, das unterscheidet ihn von

---

[44] PAUL DE LAGARDE, Deutsche Schriften. Göttingen 1892 S. 239.

[45] Zitiert nach RAINER LÄCHELE, Protestantismus und völkische Religion, in: Handbuch zur »völkischen Bewegung« (wie Anm. 41) S. 159.

der Sigfrid-oder-Christus-Rhetorik, blieb der »deutsche Mann Luther« der
Repräsentant einer germanisierten Offenbarung Gottes.[46] Insofern mag Bonus als der Grenzfall einer Rechristianisierung durch extrem politisierten
und nationalistisch aktualisierten Bibelbezug gelten. Bei dem für seine Jesus-
bilder als Schüler Anton von Werners preisgekrönten, dann 1900 aus der
Kirche ausgetretenen Ludwig Fahrenkrog dürfte diese Grenze allerdings
überschritten sein. Fahrenkrog gründete 1912 eine germanisch-deutsche Re-
ligionsgemeinschaft, deren naturreligiöser Synkretismus noch umfassender
kultursemantischer Analysen bedarf.

Die für eine wachsende Kriegsmoral mit Paul de Lagarde bezeichnete For-
mung des Nationalismus als einer politischen Religion[47] erschien der liberal-
protestantischen Enzyklopädie »Religion in Geschichte und Gegenwart« als
der verhängnisvolle Schritt über die christliche Kulturtradition hinaus. Der
einschlägige Artikel »Nationale Weltanschauung« sieht die Eskalation nationalistischer Ideologie in ihrem Verlauf von den »alldeutschen Kreisen« mit
ihrer »starken einseitigen Betonung der nationalen Besonderheit des deutschen Volkes« über den ökonomischen Antisemitismus in die antichristlichen
Kultbewegungen münden: »Die Durchführung dieser Tendenz führte auch
dazu, das Christentum als ein dem Germanentum fremdes, ihm erst aufge-
nötigtes Erzeugnis orientalischer Frömmigkeit anzusehen.«[48]

Das hier von den liberalprotestantischen Intellektuellen angesprochene
»Fremde« in den nationalistischen Mythen der Massenkommunikationsge-
sellschaft um 1900 bedarf ebenfalls noch gründlicher Erforschung durch historische Semantik[49] und politische Ikonographie. Denn jeglichen Transfer
des Sakralen auf das Politische zu einer Geschichte der »Rechristianisierung« zu verarbeiten, hieße auch, die seit Aby Warburg für die Kulturwissenschaften fruchtbar gemachten semiotischen Differenzierungen des Heid-
nischen und Christlichen[50] wieder zu verschleifen. Welches Zersetzungspo-

---

[46] FRIEDRICH WILHELM GRAF, Das Laboratorium der religiösen Moderne. Zur »Verlagsreli-
gion des Eugen Diederichs Verlags, in: Versammlungsort moderner Geister. Der Eugen Diederichs Verlag – Aufbruch ins Jahrhundert der Extreme. Hg. GANGOLF HÜBINGER. München 1996
(zu Bonus S. 243–298, insbesondere S. 253–263).

[47] Hierzu immer noch aktuell FRITZ STERN, Kulturpessimismus als politische Gefahr. Eine
Analyse nationaler Ideologie in Deutschland. Bern 1963; zur kulturellen Vermarktung auch die
Beiträge in: Versammlungsort moderner Geister (wie Anm. 46).

[48] Religion in Geschichte und Gegenwart 4. Hg. FRIEDRICH MICHAEL SCHIELE/LEOPOLD
ZSCHARNACK. Tübingen 1913 Sp. 677.

[49] Zu Ansätzen in der Frühen Neuzeit siehe: Aufklärung und historische Semantik. Interdiszi-
plinäre Beiträge zur westeuropäischen Kulturgeschichte. Hg. ROLF REICHARDT. Berlin 1998.

[50] CHARLOTTE SCHOELL-GLASS, Aby Warburg und der Antisemitismus. Kulturwissenschaft als
Geistespolitik. Frankfurt a. M. 1998 S. 19; auch GANGOLF HÜBINGER, Konzepte und Typen der

tential die neuheidnische »politische Religion« eines »neuen Nationalismus« gegenüber der »christlich-kapitalistisch-rechtsstaatlichen ›Kultur‹« entfalten konnte, wie sie nach Max Weber nicht nur den puritanischen Ländern, sondern auch dem Deutschen Reich für das 20. Jahrhundert historisch vorgezeichnet war[51], das war die Lektion, die wenig später der Erste Weltkrieg und die sich spätestens 1917 abzeichnende Kriegsniederlage erteilten.

Kulturgeschichte, in: Geschichtsdiskurs 4: Krisenbewußtsein, Katastrophenerfahrungen und Innovationen 1880–1945. Hgg. WOLFGANG KÜTTLER/JÖRN RÜSEN/ERNST SCHULIN. Frankfurt a. M. 1997 S. 136–152, hier S. 149.

[51] MAX WEBER, Kritische Studien auf dem Gebiet der kulturwissenschaftlichen Logik 1: Zur Auseinandersetzung mit Eduard Meyer, in: Gesammelte Aufsätze zur Wissenschaftslehre. Hg. JOHANNES WINCKELMANN. Tübingen ⁵1982 S. 257.

Die nationalgeschichtliche Umdeutung
der christlichen Botschaft im Ersten Weltkrieg

von

Wolfgang J. Mommsen

Die enge Verbindung, welche den Protestantismus im Zeichen von Thron und Altar mit dem halbautoritären politischen System des deutschen Kaiserreiches verband, bestimmte auch die Haltung der protestantischen Kirchen während des Ersten Weltkrieges. Wohl keine gesellschaftliche Gruppe hat die Kriegsanstrengungen des deutschen Reiches vom August 1914 bis zum bitteren Ende im November 1918 mit größerer Entschiedenheit unterstützt als die protestantischen Landeskirchen.[1] Aber es war keineswegs nur die traditionelle nationalkonservative Gesinnung der Kirchenbehörden, die dabei ins Spiel kam, sondern auch die spontane Identifikation der großen Mehrheit der Pfarrer und Theologen mit dem nationalen Staat und mehr noch der Nation als solcher. Vor allem die protestantische, aber auch die katholische Geistlichkeit wurde voll von jenem euphorischen Bewußtsein erfaßt, das gemeinhin als »Geist des August 1914« bezeichnet wird. Sie sahen in der durch die Zustimmung der Sozialdemokraten zu den Kriegskrediten symbolisierten Geschlossenheit der Nation bei Kriegsausbruch ein Werk Gottes und zugleich eine Chance, die Kirche wieder zu einer Volkskirche zu machen. Mehr noch, durch die nationale Aufbruchstimmung, die breite Volksschich-

---

[1] Vgl. dazu Karl Hammer, Deutsche Kriegstheologie (1870–1918). München 1971; Kirche zwischen Krieg und Frieden, Studien zur Geschichte des Protestantismus. Hg. Wolfgang Huber/ Johannes Schwerdfeger. Stuttgart 1976; Wilhelm Pressel, Die Kriegspredigt 1914–1918 in der evangelischen Kirche Deutschlands. Göttingen 1967; Martin Schian, Die Arbeit der evangelischen Kirche. 2 Bde. Berlin 1921 u. 1925; Richard van Dülmen, Der deutsche Katholizismus und der Erste Weltkrieg, in: Francia 2. 1974 S.347–376; Heinrich Missalla, »Gott mit uns«. Die deutsche katholische Kriegspredigt 1914–1918. München 1968; Arlie J. Hoover, God, Germany, and Britain in the Great War. A Study in Clerical Nationalism. New York 1989; Günter Brakelmann, Protestantische Kriegstheologie im Ersten Weltkrieg. Reinhold Seeberg als Theologe des deutschen Imperialismus. Bielefeld 1974.

ten, vor allem aber die Gebildeten erfaßte, bot sich – so schien es – die Möglichkeit, die christliche Botschaft gleichsam auf dem Rücken der nationalen Gesinnung zu neuer Geltung zu bringen. Die Aufbruchstimmung des »August 1914«, die sich als eine Art von Selbstmobilisierung der Intellektuellen beschreiben lässt[2], hatte ein Pendant in der Haltung der Theologen und Pfarrer beider Konfessionen bei Kriegsausbruch. Dies ist keineswegs überraschend, denn wenngleich ihnen die Verwaltung der kirchlichen Heilsgüter und die Verkündigung der christlichen Lehre oblag, gehörten sie doch als soziale Gruppe zu den Intellektuellen.

Nationales Sendungsbewußtsein und christlicher Glaube gingen gerade in der Anfangsphase des Krieges eine Symbiose ein. Ernst Barlachs Skulptur »Rächender Engel«, die kurz nach Kriegsausbruch entstand, ist dafür ein charakteristisches Beispiel unter vielen anderen. Die Prediger wurden von dem nationalistischen Furor des Augenblicks mitgerissen; sie widerstanden nicht der naheliegenden Versuchung, ihre Botschaft durch die Bezugnahme auf den Existenzkampf der deutschen Nation zu aktualisieren und der Stimmung der Gläubigen anzupassen. Der Hofprediger Ernst von Dryander gab in einem Gottesdienst im Berliner Dom am 4. August 1914 gleichsam die Richtung vor. Er predigte unter dem Bibelwort »Ist Gott für uns, wer mag wider uns sein« und erklärte unter anderem: »Im Aufblick zu dem […] Vaterland, in dem die Wurzeln unserer Kraft liegen, wissen wir, wir ziehen in den Kampf für unsere Kultur gegen die Unkultur, für deutsche Gesittung wider die Barbarei, für die freie, deutsche, an Gott gebundene Persönlichkeit wider die Instinkte der ungeordneten Masse […].«[3] Das Ideal des Nationalstaats und des Gottesreichs wurden so in eine direkte Beziehung gesetzt. Friedrich Gogarten ging im Überschwang der Augusttage 1914 sogar so weit zu behaupten, »daß die Schöpfung in unserem Volke am Werk ist«: »Die Ewigkeit will deutsch werden […] Und Gott will sich in uns Deutschen offenbaren.«[4] Auch die lutherischen Theologen begrüßten euphorisch die nationale Aufbruchstimmung des August 1914, welche zu einer Neubelebung echter religiöser Gesinnung geführt habe: »Es war ein heiliger, ehrfürchtiger Ernst durch die Volksseele gegangen, die aus dumpfer, schwüler Nacht vom Alpdrücken auffuhr und im Lichte eines lebenswerten Tages wieder erkennt, daß Leben Pflicht und Gott der Pflicht Meister und ein segnender König ihrer Erfüllung« sei.[5]

---

[2] Vgl. WOLFGANG J. MOMMSEN, Bürgerliche Kultur und künstlerische Avantgarde: Kultur und Politik im deutschen Kaiserreich 1870–1918. Frankfurt a. M. 1994 S. 117 ff.

[3] WOLFGANG HUBER, Kirche und Öffentlichkeit. Stuttgart 1973 S. 142.

[4] Ebd. S. 144.

[5] MISSALLA, »Gott mit uns« (wie Anm. 1) S. 52.

Auch der katholische Klerus sah im Krieg eine Offenbarung Gottes. Diese »Zeit der Schrecken« müsse zugleich als eine »Zeit der Gnade angesehen« werden, weil sie die Gläubigen zu Gott zurückführe.[6] Die Geistlichen aller religiösen Richtungen deuteten den Krieg als eine Prüfung Gottes, welche ungeachtet des damit verbundenen unendlichen Leidens die sittliche und religiöse Läuterung des Volkes zum Ziel habe. Die nationale Geschlossenheit der Nation im Kampf für ihre heiligen Güter gehe mit einer Rückbesinnung auf die christliche Botschaft einher. Der steten Zunahme materialistischer und egoistischer Lebensideale in den letzten Vorkriegsjahren sei nun mit einem Male Einhalt geboten worden. Nationale Einstellungen und religiöse Empfindungen verschmolzen zu einer Grundstimmung, in welcher der Erste Weltkrieg ungeachtet des unermeßlichen Leidens, das dieser mit sich brachte, uneingeschränkt bejaht werden konnte. Der Jesuitenpater Peter Lippert brachte die Empfindungen vieler katholischer Theologen auf eine griffige Formel, wenn er von einer »politischen, sittlichen und religiösen Wiedergeburt« des deutschen Volkes sprach, welche durch das »gigantische Ringen« des Krieges hervorgebracht worden sei.[7] Es verstand sich aus dieser Sicht von selbst, daß die Kriegsanstrengungen der Nation auch aus kirchlicher Sicht unbedingte Unterstützung verdienten. In der Tat führte der Krieg zu einer Renaissance religiösen Empfindens. Der sprunghafte Anstieg der Zahl der Kirchenbesucher in den ersten Monaten des Krieges galt als eine handfeste Bestätigung der theologischen Deutungen des Ersten Weltkrieges als eines Bestandteils des göttlichen Heilsplans, verbunden mit der Schlußfolgerung, daß der Sieg der Mittelmächte gewiß sei. Die Theologen waren sich über die Grenzen der verschiedenen christlichen Denominationen hinweg darin einig, daß das Deutsche Reich in diesem Krieg gleichsam dazu berufen sei, eine religiöse Sendung zu erfüllen. Sie interpretierten den Krieg als göttliches Geschehen, das, möge es auch im Augenblick mit vielfachem Tod und unendlichem Leiden verknüpft sein, dennoch zu einem guten Ende führen werde. Christliche Glaubenssätze, religiöse Empfindungen, nationale Begeisterung und kulturelles Sendungsbewußtsein gingen dabei eine Symbiose ein. Der Krieg, so meinten die Theologen, sei in gewissem Sinne ein Gotteskrieg, der nicht zuletzt für die Erhaltung der christlichen Gesinnung des deutschen Volkes geführt werde. Der Einsatz »für Deutschlands Sieg und Zukunft« galt als Etappe auf dem Weg zur Verwirklichung des Reiches Gottes als einer sittlich-religiösen Gemeinschaft.[8]

---

[6] Ebd.
[7] Van Dülmen, Der deutsche Katholizismus (wie Anm. 1) S. 352.
[8] Vgl. ebd. S. 145.

Die katholische Kirche stand den protestantischen Kirchen in der Unterstützung der Kriegsanstrengungen keineswegs nach, obschon sie an und für sich gegenüber dem nationalen Staat eine größere Distanz wahrte. Die obrigkeitliche Tradition der Kirche hätte freilich von vornherein einen anderen Kurs als jenen der Unterstützung der Reichsleitung nicht zugelassen. Für die Katholiken galt überdies, daß der Krieg nicht zuletzt auch zur Verteidigung der katholischen Sache geführt werde, ging es doch um die Verteidigung der Donaumonarchie, die weithin als Vormacht der katholischen Welt angesehen wurde. Das Zusammengehen der beiden Kaiserreiche wurde als Wiederaufnahme der christlich-germanischen Tradition des Mittelalters allgemein begrüßt. Von großer Bedeutung aber war auch hier das Motiv, daß der katholische Volksteil durch nationale Bewährung in dem ausbrechenden Kriege den Pariastatus im Kaiserreich, zu welchem dieser während des Kulturkampfs herabgedrückt worden war und dessen Spuren immer noch nicht voll getilgt waren, endgültig würde abschütteln können.

Die protestantischen Theologen deuteten die Aufbruchstimmung des August 1914 in heilsgeschichtlicher Perspektive als göttliche Fügung und den Weltkrieg selbst als Teil des göttlichen Weltplans, der den Aufstieg Deutschlands zu einer Weltmacht in Europa bringen werde. Die Siegesnachrichten der ersten Wochen und Monate des Krieges wurden als Beweis dafür angesehen, daß Gott auf der Seite des deutschen Volkes stehe. Die »göttliche Sendung« dieses Krieges wurde als Garant unbedingter Siegesgewißheit beschworen. Gleichzeitig wurde die moralische Überlegenheit des deutschen Volkes gegenüber den feindlichen Nationen als Beleg dafür angeführt, daß der Sieg der deutschen Seite gehören werde: »Krämernationen, denen das Vaterland nichts weiter ist als eine Versicherungsanstalt für persönliches Wohlbefinden, können für immer in Trümmer gehen […] Ein Volk, […] dem das Vaterland ein ewig heiliges Gut bedeutet, kann niemals ganz zerbrechen. Die Kraft des Ewigen wird sich stärker erweisen als alle Unheilsmächte dieser irdischen Zeit.«[9] Auch der katholische Klerus war keineswegs frei von derartigen Vorstellungen. Der katholische Feldgeistliche Ludwig Berg sprach in einer Feldpredigt im April 1915 davon, daß »das Vaterland für uns alle ein hohes Gut« sei, »im Gegensatz zur Unkultur der Russen, zum Atheismus der Franzosen, zur unersättlichen Geldgier und [zum] Krämergeist der Engländer«. In Deutschland seien die »hl. Güter ›Wahrheit, Freiheit und Gerechtigkeit‹ am besten gesichert«. Daher müsse »freudig jeder sein Bestes opfern, damit unserem Vaterland die Segnungen eines ehren-

---

[9] Pressel, Kriegspredigt (wie Anm. 1) S. 123.

vollen Friedens auf unabsehbare Zeit gesichert« blieben.[10] Solcherart vermischten die Theologen religiöse Heilsgewißheit mit dem Glauben an die geschichtliche Bestimmung der deutschen Nation zu künftiger Größe. Der Krieg wurde eingeordnet in den Gang der jüngeren deutschen Geschichte und als die letzte in der Reihe der großen nationalen Erhebungen von 1813, 1848 und 1870/1 gedeutet. Dergestalt wurde dem Ersten Weltkrieg ein fester Platz in der von Gott gewollten nationalen Heilsgeschichte des deutschen Volkes zugewiesen.[11]

Diese heilsgeschichtlichen Konstruktionen, welche die Größe der Nation, um deren Behauptung es nach Meinung der Pfarrer in diesem Kriege ging, und die christliche Botschaft miteinander verknüpften, entsprachen der Stimmungslage bei Kriegsbeginn. Davon abgesehen vermochten die Pfarrer ihrerseits dem Sog eines emotionalen Nationalismus, der viele ihrer Gläubigen bewegte, nur in den seltensten Fällen zu widerstehen. Karl Barth klagte bereits im August 1914 darüber, daß in Deutschland »Vaterlandsliebe, Kriegslust und christlicher Glaube in ein hoffnungsloses Durcheinander« geraten seien.[12] Er blieb damit ein einsamer Prediger in der Wüste. Selbst der fortschrittlich eingestellte Theologe Martin Rade hielt ihm entgegen, daß es nicht anginge, bei einem solch gewaltigen Geschehen Gott aus dem Spiele zu lassen. Barth zog damals einigermaßen resigniert das Fazit: »Die absoluten Gedanken des Evangeliums werden einfach bis auf weiteres suspendiert und unterdessen wird eine germanische Kampftheologie in Kraft gesetzt, christlich verbrämt durch viel Reden von ›Opfern‹ und dergleichen«.[13] Auch Ernst Troeltsch erkannte die Gefahr, daß sich der deutsche Nationalprotestantismus angesichts der Vermengung religiöser und nationalpolitischer Ideale in eine problematische theologische Position begab. Er verwies darauf, daß in diesem Punkt »eine Spaltung und Spannung innerhalb des Göttlichen selbst« bestehe: »ein Göttliches im Geistesgehalte der Nation, für das wir kämpfen, töten und sterben, und ein Göttliches in der aller Welt überlegenen Gottgeborgenheit der Seele und in der Zusammenschmelzung aller Seelen zum Gottesreich des Friedens und der Liebe«; an dem zweiten finde das erstere seine Grenze.[14] Aber die große Mehrheit der Geistlichen und Theologen war für derart feine Differenzierungen vorderhand nicht zu gewinnen. Sie fuhren unvermindert damit fort, das Heil der Nation, dem das Völkerringen dieses

---

[10] Ebd. S. 203.
[11] Ein Beleg unter vielen bei: »Pro Fide et Patria«. Die Kriegstagebücher von Ludwig Berg 1914/18. Hg. FRANK BETKER/ALMUT KRIELE. Köln 1998 S. 128.
[12] Zit. bei HUBER, Kirche und Öffentlichkeit (wie Anm. 3) S. 207.
[13] Ebd. S. 208.
[14] Ebd. S. 178.

Krieges gelte, und das Seelenheil der Gläubigen in eins zu setzen. Dies gab zugleich den Ansatzpunkt dafür ab, den Tod im Feld mit dem Opfertod Christi in Parallele zu setzen. Der Soldat habe sich für die Gemeinschaft aufgeopfert, ebenso wie Christus sein Leben für die Gemeinschaft der Gläubigen gegeben habe. »Wer im Kampf stirbt, der stirbt in dem Herrn; denn er hat sein leiblich Wohl unter das Wohl des Volkes untergeordnet und hat sein Leben für die Seinen hingeopfert.«[15] Ebenso trugen viele Prediger keine Bedenken, die kämpfenden und namentlich die gefallenen Soldaten als Gefolgsleute Christi zu bezeichnen. Kriegsdienst sei »Gottesdienst, geheiligt wie der barmherzigen Schwestern Samariterwerk«, so suchte Ludwig Berg die Angehörigen anläßlich einer Begräbnisfeier im Felde zu trösten: »Unser Heldentum ist Christentum«.[16]

Anfänglich erwies sich diese nationalgeschichtliche Umdeutung der christlichen Botschaft, die gleichermaßen nationalen Erwartungen wie auch dem Bedürfnis nach religiöser Rückversicherung Rechnung trug, als überaus erfolgreich. Der Zulauf zu kirchlichen Veranstaltungen war groß, und auch die Soldaten hinter der Front und in den Lazaretten, denen freilich vielfach die Teilnahme an den Feldgottesdiensten befohlen wurde, waren für die christliche Botschaft, die ihnen die Furcht vor dem Kommenden zu nehmen versprach, durchaus empfänglich. Gerade die Feldgottesdienste waren häufig mit Bekundungen nationaler Gesinnung, ja zuweilen regelrechter Kriegspropaganda durchsetzt. Die große Resonanz der christlichen Lehre in den ersten Monaten des Krieges gab Anlaß zu der Erwartung, daß man am Anfang der Entstehung einer die ganze Nation umfassenden Volkskirche stehe, welche die atheistischen und materialistischen Strömungen der Vorkriegsjahre kraft der neuerwachten Sensibilität für Gemeinsinn, Opferbereitschaft und Hilfsbereitschaft überwinden werde. Der Krieg sei, so meinte man, ein Gottesgericht, das sich gegen den sittlichen Niedergang der Vorkriegszeit richte und eine neue Art unmittelbarer Gotteserfahrung hervorgebracht habe. Die Grundsätze der Pflichterfüllung gegenüber dem Staat wie der kirchlichen Gemeinschaft seien im Kriege wieder zu Ehren und Wirksamkeit gekommen.

Die religiöse Erweckungsbewegung des ersten Kriegsjahres ließ jedoch bereits 1915 merklich nach. Die anfänglich mit großer Genugtuung verzeichneten und als Zeichen einer tiefgreifenden Neubesinnung gedeuteten Zahlen der Kirchenbesucher gingen wieder auf das bisherige Niveau zurück, um dann seit 1917 auch absolut abzunehmen. Als die Kriegführung im Sommer

---

15 PRESSEL, Kriegspredigt (wie Anm. 1) S. 166 f.
16 »Pro Fide et Patria« (wie Anm. 11) S. 352.

1916 mit den äußerst verlustreichen Kämpfen vor Verdun und an der Somme eine neue Qualität annahm, die Siegesnachrichten ausblieben und statt dessen die bange Frage auftauchte, wie denn dieser Krieg überhaupt zu einem erträglichen Ende gebracht werden könne, erschien es immer weniger überzeugend, das Kriegsgeschehen in heilsgeschichtlicher Perspektive als Teil eines göttlichen Heilsplans zu deuten, der den Menschen zwar schwere Opfer abverlange, aber am Ende eine neue, innerlich geläuterte Gesellschaft hervorbringen werde und zugleich aber den Deutschen eine große politische Zukunft eröffne. Angesichts der stetig zunehmenden Zahl der Gefallenen wurde es überdies immer schwieriger, den Soldatentod als ein sinnvolles, gottgewolltes Opfer für die Gemeinschaft zu deuten, das ein seliges Leben nach dem Tode garantiere. Vielmehr wurde nun die Rechtfertigung des allerorten anzutreffenden Leidens und Elends zu einem zentralen Thema auch der kirchlichen Verkündigung. Vielfach wurden nun statt der bisher üblichen Abkündigung in den sonntäglichen Gottesdiensten für die Gefallenen besondere Gedenkgottesdienste abgehalten. Die wohlmeinenden, aber völlig unkritischen Dankgottesdienste zu Ehren des Kaisers, wie sie bei den verschiedensten Anlässen üblich geworden waren, wurden freilich weiterhin durchgeführt.

Insbesondere die protestantischen Theologen und Pfarrer aber hielten auch in den späteren Kriegsjahren im Prinzip an ihren heilsgeschichtlichen Vorstellungen fest, welche die christliche Botschaft mit dem Schicksal der deutschen Nation verknüpften. Sie konnten sich daher nur einen ehrenvollen, wenn nicht gar einen glanzvollen Siegfrieden als Ausgang der Dinge vorstellen. Viele evangelische Pfarrer und Theologen gerade auch liberaler Orientierung traten nicht zufällig späterhin der Vaterlandspartei bei. Sie gerieten dabei freilich zunehmend in Widerspruch zu den Gefühlen einer wachsenden Gruppe der Bevölkerung, der die ursprüngliche Zuversicht in den siegreichen Ausgang dieses »Gotteskrieges« abhanden gekommen war und die immer mehr um sich herum nur Leid, Entbehrung und Tod wahrzunehmen vermochte. Das galt insbesondere auch für die Frontsoldaten. Als der bekannte deutschnationale Pfarrer Traub in den von ihm herausgegebenen »Eisernen Blättern« versuchte, für Durchhalten und für einen »Hindenburgfrieden« propagandistisch zu wirken, stieß er auf eine Welle der Ablehnung und Empörung.[17]

---

[17] Belege bei ANNE LIPP, Friedenssehnsucht und Durchhaltebereitschaft. Wahrnehmung und Erfahrungen deutscher Soldaten im Ersten Weltkrieg, in: Archiv für Sozialgeschichte 36. 1996 S. 279–292, hier S. 283 f. Vgl. auch DIES., Heimatwahrnehmung als Bestandteil des soldatischen »Kriegserlebnisses«, in: Kriegserfahrung. Zur Sozial- und Mentalitätsgeschichte des Ersten Weltkrieges. Hg. GERHARD HIRSCHFELD u. a. Essen 1997 S. 225–242, hier S. 226 ff.

Die sich weitende Kluft zwischen den Kirchenoberen und der breiten
Masse der Gläubigen wurde indirekt vergrößert durch den Umstand, daß
sich die Kirchen durchweg in den Dienst der offiziellen Kriegspolitik nehmen ließen. Die Pfarrer und Geistlichen wurden angewiesen, sich bei ihren
Gläubigen für die loyale Durchführung der unzähligen Verordnungen zur
Lebensmittelversorgung und der Verteilung der immer knapper werdenden
Güter einzusetzen. Die Kirchengemeinden wirkten an führender Stelle an
den zahlreichen Sammlungen von Geldern oder knappen Versorgungsgütern
für wohltätige Zwecke mit; sie unterstützten die Ablieferung von Gold und
kriegswichtigen Edelmetallen, und die Pfarrer hielten die Gläubigen zur
Zeichnung von Kriegsanleihen an. Vor allem die evangelischen Kirchen
spielten in den Durchhaltekampagnen der Jahre 1917 und 1918, die von den
Behörden veranlaßt wurden, einen wichtigen Part. Jedoch stand die katholische Kirche ihnen darin in nichts nach; auch für sie war die Verpflichtung
der Geistlichkeit zur Unterstützung der amtlichen Politik unzweifelhaft. Die
Durchführung von »vaterländischer Propaganda auf kirchlicher Grundlage«
wurde unbedenklich als Aufgabe anerkannt[18] und ebenso das öffentliche
Werben für die Zeichnung der Kriegsanleihen. Die Identifikation der Kirchen mit den Kriegsanstrengungen der Nation war ungebrochen, auch wenn
es zunehmend schwieriger wurde, dafür religiöse Gründe in Anspruch zu
nehmen.

Allerdings begannen im Frühjahr 1917 einzelne Theologen, insbesondere
Otto Baumgarten und Adolf von Harnack, die theoretischen Prämissen des
herrschenden Nationalprotestantismus zu revidieren.[19] Baumgarten ging mit
den Siegespredigten der ersten Kriegsmonate und den dahinter stehenden
idealistischen Geschichtsspekulationen hart ins Gericht und stellte diesem
den »verborgenen Gott« gegenüber, dessen Ratschlüsse den Menschen nicht
zugänglich seien.[20] Außerdem zeichnete er nun ein realistisches Bild des
Krieges, der den Menschen zu einem willenlosen Objekt in einer grandios
organisierten Kriegsmaschinerie degradiere, »die nur noch ihren eigenen
Gesetzmäßigkeiten gehorcht«.[21] Der Krieg war für ihn ein dämonisches, ja
ein teuflisches Geschehen, und nicht einfach nur ein Werkzeug in Gottes
verborgenem Weltplan.[22] Hier bahnte sich eine neue Deutung des Weltkrie-

---

[18] »Pro Fide et Patria« (wie Anm. 11) S. 443.

[19] Vgl. Günter Brakelmann, Der deutsche Protestantismus im Epochenjahr 1917. Witten
1974 S. 269 ff.

[20] Vgl. Günter Brakelmann, Krieg und Gewissen. Otto Baumgarten als Politiker und Theologe im Ersten Weltkrieg. Göttingen 1991 S. 146 ff., 149.

[21] Ebd. S. 130.

[22] Ebd. S. 131 ff.

ges aus theologischer Sicht an, die zwar immer noch den nationalistischen
Idealen der Zeit verhaftet blieb, insbesondere in der Hervorhebung der moralischen Überlegenheit der Deutschen gegenüber den Feindvölkern, die
aber dennoch einen Ausweg aus der Verstrickung der evangelischen Theologie in einer engstirnigen nationalgeschichtlichen Perspektive wies. Freilich
hatte dies zunächst eine nur geringe Breitenwirkung. Baumgartens grundlegende Vorlesung über »Christentum und Weltkrieg« vom Sommer 1917 erschien erst im Juli 1918 im Druck. Auch in politischer Hinsicht kündigte sich
bei einer Minderheit von Theologen und Pfarrern eine Öffnung zugunsten
einer maßvollen Reformpolitik an, wenn diese auch vorderhand ohne nen-
nenswerte Resonanz blieb. Im Herbst 1917 meldete sich eine Gruppe von
Berliner Pfarrern sogar öffentlich zu Wort und forderte die baldige Herbeiführung eines Verhandlungsfriedens, ein Schritt, der nicht nur von den Kir-
chenleitungen, sondern auch der großen Mehrheit der Pfarrer entschieden
zurückgewiesen wurde.[23] Die innere Freiheit in den großen politischen Ta-
gesfragen war ihnen längst verloren gegangen; sie waren Gefangene ihres nationalprotestantisch verformten Geschichtsbildes.

Auch im katholischen Lager wurden nun Stimmen laut, welche die unein-
geschränkte Identifikation der katholischen Sache mit jener des deutschen
Nationalstaates für bedenklich hielten und eine »Selbsteinkehr« der katholischen Geistlichkeit forderten. Vielmehr müsse es darum gehen, die europäische und universalistische Orientierung des Katholizismus neu zu beleben,
um Auswege aus dem Dilemma dieses schier endlos fortdauernden Krieges
zu finden. Der katholische Theologe Muth plädierte schon im Oktober 1916
im »Hochland« für eine »Selbstprüfung« der katholischen Intellektuellen:

»Gerade im deutschen Volk muß ein Wille zu einer höheren Gemeinschaft wach werden, auf daß in unserm Tun und Denken das frühere europäische und christliche Gewissen sich wieder verkörpere. [...] Wir werden erkennen müssen, daß dieser Krieg,
vor dessen Furchtbarkeit alle früheren männermordenden und greuelhaften Kriege
fast verblassen, nur der Ausdruck der ganz falschen Stellung ist, in die wir alle in Europa zu dem eigentlichen Sinne unseres Lebens geraten sind [...] Wir sind der Aufgabe untreu geworden, Hüter einer großen geistigen Ordnung zu sein.«[24]

Überdies geriet die staatsloyale Haltung der katholischen Kirche im Sommer
1917 auch aus außenpolitischen Gründen unter Druck. Der päpstliche Friedensappell an die kriegführenden Mächte, verbunden mit der Bereitschaft
zu Vermittlungsbemühungen, weckte bei den Katholiken – und nicht nur bei

[23] Vgl. BRAKELMANN, Der deutsche Protestantismus im Epochenjahr 1917 (wie Anm.19)
S.269ff.
[24] Zit nach: VAN DÜLMEN, Der deutsche Katholizismus (wie Anm.1) S.357, Anm.38.

ihnen – große Hoffnungen. Matthias Erzberger hatte schon seit Juni 1917 insgeheim darauf hingearbeitet, die innenpolitischen Voraussetzungen für einen Verhandlungsfrieden auf der Grundlage des bevorstehenden päpstlichen Vermittlungsangebotes zu schaffen. Die Friedensresolution des Reichstages vom Juli 1917 und die Einsetzung eines Siebenerausschusses der Reichstagsparteien zur Überwachung der Außenpolitik der Reichsleitung waren immerhin erste Schritte in diese Richtung. Die kühle Aufnahme und letzten Endes machiavellistische Hintertreibung des päpstlichen Friedensangebots durch den Staatssekretär des Äußeren Richard von Kühlmann, dessen Bewegungsspielraum allerdings angesichts der unverminderten annexionistischen Einstellung der Obersten Heeresleitung begrenzt war, weckten bei dem katholischen Volksteil zusätzlich wachsendes Mißtrauen in die Aufrichtigkeit der Politik der Reichsleitung. Es kam hinzu, daß gleichzeitig in Frankreich eine öffentliche Kampagne gegen den deutschen katholischen Klerus losbrach, der sich von den universalistischen Traditionen des Katholizismus losgesagt und sich uneingeschränkt der aggressiven Kriegspolitik des Deutschen Reiches verschrieben habe, unter Abkehr von der Autorität des Papstes als Oberhaupt der katholischen Kirche. Der deutsche Katholizismus verwahrte sich mit Entschiedenheit gegen diese Angriffe – der Sache nach führte dies freilich eher zu einer Verhärtung seines staatsloyalen Kurses. Hinter den Kulissen hatte die katholische Kirche überdies damit zu kämpfen, daß im Großen Hauptquartier und in der Umgebung des Kaisers weiterhin erhebliche Vorbehalte gegen den Papst und seine angeblich deutschfeindliche Einstellung bestanden.[25]

Die religiöse Verklärung des Ersten Weltkrieges und die damit verbundene indirekte Rechtfertigung des ungeheuren Leidens, welches dieser über die europäischen Völker gebracht hat, durch die Kirchen aller Konfessionen hat dazu beigetragen, die seit 1916 ins Wanken geratene Stimmung im Innern immer wieder aufzurichten. Die sozialen Dienstleistungen der Kirchen, die Pflege und Betreuung der Verwundeten in den Lazaretten hinter der Front und in der Heimat, die vielfältige Hilfe, die sie Bedürftigen und Notleidenden in der Heimat zukommen ließen, dies alles hat Gutes bewirkt. Ohne den seelsorgerischen Beistand der Pfarrer und der Kirchengemeinden wäre gewiß auch der beständig steigende Blutzoll, den der Krieg der Bevölkerung abforderte, noch schwerer zu ertragen gewesen. Jedoch begann religiöse Tröstung angesichts des massenhaften Kriegstodes unter vielfach grauenvollen Umständen allmählich ebenso zu versagen wie der Appell an die

---

[25] Vgl. die nahezu frenetischen Bemühungen Ludwig Bergs, die Befürchtungen Wilhelms II. gegenüber dem römischen Klerus und speziell gegenüber dem Papst abzubauen: »Pro Fide et Patria« (wie Anm. 11) S. 568 ff.

Pflicht des einzelnen, dem Vaterland als der Verkörperung der ewigen Werte der Nation erforderlichenfalls sein Leben zu geben, und an die Mütter und Väter, den Tod ihrer Söhne in christlichem Geiste als sinnvolles Opfer anzusehen.

Ungeachtet der Veränderungen der Kriegslage und der ständig steigenden Not in der Heimat und an den Fronten hat die große Mehrheit der Pfarrer und Theologen beider christlichen Religionsgemeinschaften mit nur geringen Ausnahmen bis zum Ende des Krieges an ihren national eingefärbten heilsgeschichtlichen Vorstellungen festgehalten. Die nationale Rhetorik der Pfarrer und Kirchenoberen geriet jedoch auf diese Weise allmählich in Widerspruch zur Realität und weckte nun vielfach Unwillen in den Gemeinden. Dennoch sind beide Kirchen bis Kriegsende uneingeschränkt für einen »Siegfrieden« eingetreten und haben alles ihnen Mögliche getan, um die Gläubigen ungeachtet der sich stetig verschlechternden Lebensbedingungen und der schwindenden Aussichten auf einen, wie es hieß, »ehrenvollen Frieden« weiterhin zum »Aushalten und Durchhalten« anzuhalten. Ebenso haben die Feldgeistlichen sich – freilich mit begrenztem Erfolg – darum bemüht, den Soldaten an der Front neues Siegesbewußtsein einzuflößen.

In diesem Zusammenhang verdienen auch die zahlreichen Festgottesdienste zu Ehren des Kaisers Erwähnung, die bis in die letzten Tage des Kaiserreichs hinein abgehalten wurden. Sie präsentierten durchweg ein völlig idealisiertes Bild Wilhelms II. als eines friedensliebenden »Heldenkaisers«, der allen seinen Untertanen gerade im Kriege »edles Mitgefühl und beglückende Liebe« entgegengebracht habe.[26] Der katholische Feldgeistliche am Kaiserlichen Hauptquartier in Kreuznach Ludwig Berg beschloß eine Kaisergeburtstagsfeier in der Pfarrkirche St. Nicol[aus] am 27. Januar 1918 mit den Worten: »Geläutert im Feuer des Krieges und durchdrungen von der Größe und Verantwortlichkeit der Weltmission« des Kaisers »erneuert das ganze deutsche Volk [...] das Gelöbnis unentwegter Treue bis in den Tod«.[27] Die kritiklose Akklamation der Person des Kaisers in derartigen Veranstaltungen bis in den Spätherbst 1918 hinein dürfte die Autorität und die Glaubwürdigkeit der Kirchen zusätzlich untergraben haben.[28] Die Kirchenoberen und die Pfarrer zeigten mit solchen Äußerungen einmal mehr, wie weit sich ihre Mentalität von jener der breiten Schichten des Volkes entfernt hatte. Im Ok-

---

[26] Ein eindrucksvoller Beleg ebd. S. 542 f.

[27] Ebd. S. 543.

[28] Um den Kaiser für die Sache der katholischen Kirche günstig zu stimmen, betrieb Berg im Sommer 1918 mit beträchtlicher Energie die Gründung eines »Deutschen Kaisermuseums und Forschungsinstituts für Kaiser-Ikonographie« in Aachen und suchte dafür die Spitzen des deutschen Katholizismus als Sponsoren zu gewinnen. Ebd. S. 624 ff.

tober und noch Anfang November 1918 haben sich sowohl die evangelische
Kirchenleitung wie auch der katholische Klerus bis zur letzten Minute für
den Verbleib Wilhelms II. als Kaiser und König von Preußen eingesetzt. In
katholischen Kreisen erwog man sogar, einen Hirtenbrief über »Königs-
treue« herauszugeben, der in allen katholischen Kirchen verlesen werden
und die Gemeinden auf die Verpflichtung hinweisen sollte, dem Kaiser in
dieser Stunde äußerster Bedrängnis die Treue zu wahren. Immerhin erkannte
eine Reihe von Amtsträgern der katholischen Kirche, namentlich Erzbischof
Faulhaber, daß es für solche Aktionen zu spät war[29]; die Entwicklung ging
denn auch darüber hinweg.

Die Kirchen hatten schon seit geraumer Zeit vor allem wegen ihrer nationalen Durchhaltepropaganda, aber auch wegen ihrer kritiklosen Haltung
gegenüber den staatlichen Autoritäten einen guten Teil ihrer moralischen
Autorität verloren. Das Kirchenvolk wollte schon länger »nichts mehr vom
Krieg hören, und auch nicht länger im Namen Gottes zum Durchhalten ermutigt werden.[30] Die Folge dieses Kurses war, daß die Kirchen ihre Rolle
als Sachwalter und Pfleger der religiösen Bedürfnisse und der religiösen
Empfindungen der Bevölkerung teilweise einbüßten. Christliche Gesinnung
und Religiosität wanderten gleichsam aus der kirchlichen Arena aus. Tief
empfundene christliche Gesinnung und Lebensführung aus christlicher Verantwortung heraus waren zunehmend bei jenen anzutreffen, die dem Kriegsgeschehen mit innerer Distanz gegenüberstanden und in wachsendem Maße
Skepsis gegenüber der nationalistischen Rhetorik des Tages hegten. Dies
läßt sich gut am Beispiel der künstlerischen Avantgarde zeigen, die ursprünglich durchaus auf der allgemeinen Linie einer durch die Kriegserfahrung geförderten deutsch bestimmten Kultur gelegen und die Kriegsanstrengungen mehrheitlich unterstützt hatte.[31] Hier vollzog sich seit dem Frühjahr
1916 eine Wende zugunsten einer zunehmend kritischen Sicht den Krieges,
wenn auch nicht in pazifistischer Absicht. Das Kriegsgeschehen wurde immer stärker als sinnlos empfunden, und demgemäß wurden Leiden, Sterben
und Trauer zu zentralen Themen künstlerischer Produktion. In diesem Zusammenhang bot sich der Rückgriff auf christliche Symbolik und christliche
Motive an, um dem unermeßlichen Leiden Ausdruck zu verleihen, das je-

---

[29] Faulhaber meinte, daß die Stimmung im Volke schon seit geraumer Zeit umgeschlagen sei;
die Bischöfe könnten nichts mehr ausrichten. Vgl. ebd. S.778 f. Vgl. auch JOHANNN KLIER, Von
der Kriegspredigt zum Friedensappell. Erzbischof Michael von Faulhaber und der Erste Weltkrieg. München 1991.

[30] So heißt es in einem Bericht der Kreissynode Görlitz, zit. bei SCHIAN, Die Arbeit der evangelischen Kirche 2 (wie Anm. 1) S.159.

[31] Nachweise bei WOLFGANG J. MOMMSEN, Bürgerliche Kultur (wie Anm. 2).

dem, der sich einen klaren Blick bewahrt hatte, allerorten entgegentrat. Die innere Neuorientierung der Avantgarde in den späteren Jahren des Krieges ist gut am Werke Ernst Barlachs abzulesen. Er, der 1914 für eine emotionale Symbiose von nationalem und religiösem Denken gestanden hatte, schuf für das Titelblatt der Dezembernummer 1916 von Paul Cassirers Kunstzeitschrift »Die Kriegszeit« eine einer mittelalterlichen Schutzmantelmadonna nachempfundene Graphik, welche die Unterschrift: »Dona nobis pacem« trug. Diesem Werk kam an dieser Stelle gleichsam programmatische Bedeutung zu. Auch Käthe Kollwitz benutzte nun die Formensprache der christlichen Tradition, um mit dem Tod ihres geliebten Sohnes ins Reine zu kommen, statt auch weiterhin die Formeln vom Opfertod für das deutsche Vaterland nachzusprechen. Sie setzte nun alles daran, das unendliche Leid, das der Krieg über die Menschheit gebracht hatte, in ihrem graphischen und bildhauerischen Werk künstlerisch zu artikulieren. Oskar Kokoschka ging noch einen Schritt weiter, er zitierte nun bewußt christliche Symbole und Motive, um die Sinnlosigkeit des Völkerringens anschaulich zu demonstrieren. Auf seinen Zeichnungen der späten Kriegsjahre stößt man auf mit Kreuzen übersäte Schlachtfelder und auf Soldaten, welche mit christlichen Kreuzen aufeinander losgehen, in der Absicht, die nationalistische Rhetorik der christlichen Kirchen *ad absurdum* zu führen. Ihren eindrucksvollsten Ausdruck fand diese neue, tiefreligiöse Gesinnung in den Werken Max Beckmanns, insbesondere in seinem großen Gemälde »Die Auferstehung«, an dem er seit 1916 arbeitete, das er aber während des Krieges und auch späterhin nicht zu vollenden vermochte. Diese Darstellung war freilich von tiefer Desillusionierung über die konventionelle christliche Botschaft geprägt. Die auferstehenden Soldaten, die noch von ihren Verwundungen und Verstümmelungen gezeichnet sind, kommen in eine Welt, über der eine schwarze Sonne aufgeht und in welcher inmitten des allgemeinen Elends protzig auftretende Kriegsgewinnler, genußsüchtige Menschen und Prostituierte den Ton angeben. Hier schien die Hoffnung auf Vergebung und auf eine künftige göttliche Weltordnung in ihr Gegenteil verkehrt.

Ausbruch aus dem Ghetto?
Katholizismus im deutschen Heer 1914–1918

von

Roland Haidl

Am 14. Januar 1916 schickte Pater Rembertus von der Etappeninspektion der Bugarmee einen Bericht über das Soldatenheim in Biala an den katholischen Feldpropst des Heeres, Bischof Joeppen. Der Militärpfarrer berichtete, daß dieses Soldatenheim unter der Leitung des zuständigen evangelischen Feldgeistlichen eingerichtet worden war. Dieser, so Rembertus, »sicherte mir den vollkommen paritätischen, interkonfessionellen Charakter des Soldatenheimes zu«. Dennoch empörte sich der katholische Geistliche in demselben Schreiben über den ausgesprochen evangelisch-konfessionellen Charakter des Heimes. Auf den Tischen lagen nur evangelische Liederbücher und Bibeln aus, und Bibelstunden, die bei Katholiken ausgesprochen ungewöhnlich waren, gehörten zum festen Programm des Heimes. Der zuständige katholische Armeeoberpfarrer beschwerte sich bei dem Adjutanten der Etappeninspektion; daraufhin sollte der evangelische Feldgeistliche versetzt werden, denn man befürchtete eine Gefährdung des konfessionellen Friedens im Umfeld des Soldatenheimes. Der betroffene evangelische Militärpfarrer wehrte sich jedoch gegen seine Versetzung und rechtfertigte die konfessionelle Dominanz im Soldatenheim mit dem Rückzug des katholischen Geistlichen aus der gemeinsamen Arbeit. Die Ereignisse eskalierten, und zuletzt schaltete sich sogar der evangelische Feldpropst ein, der darauf beharrte, daß seinem Feldgeistlichen »eine Verpflichtung, sich mit den Geistlichen anderer Bekenntnisse in Verbindung zu setzen, nicht ohne weiteres auferlegt werden«[1] könne.

---

[1] Bericht des Paters Rembertus, Etappeninspektion der Bugarmee, über das Soldatenheim in Biala vom 14.01.1916. Bundesarchiv-Militärarchiv (BA-MA) PH 32/386 (Acten betr. Soldatenheime 1915–1918).

Dieser Vorfall ist kein singuläres Ereignis. Immer wieder, nahezu durchgehend, finden sich in den Tätigkeitsberichten der katholischen Feldgeistlichen und den Protokollen ihrer Konferenzen Passagen, in denen auf das Beziehungsgefüge zu den evangelischen Militärseelsorgern Rekurs genommen wird. Diese Konstellation innerhalb der Militärseelsorge der deutschen Armee illustriert emblematisch die zwischen den beiden großen christlichen Konfessionen herrschende Spannung und beleuchtet gleichzeitig die Position des Katholizismus in der Gesellschaft des Kaiserreichs. Diese Position war durch zwei grundlegende Verhaltensmuster bestimmt: Kooperation und latente Konkurrenz dort, wo die katholische Kirche sich selbst in einer unterprivilegierten oder nur gleichrangigen Position befand, und offene Ablehnung in den Bereichen, in denen die katholische Kirche dominierte. Die Betonung des eigenen Profils geschah durch Abgrenzung und reichte bis zu einem dezidierten Antiprotestantismus, der sich im alltäglichen Miteinander niederschlug und für die katholische Militärseelsorge im Ersten Weltkrieg eines von mehreren konstitutiven Elementen bildete: konstitutiv in dem Sinne, als die Abgrenzung die kollektive Identität nach innen ebenso stärkte wie sie die Integrationsfähigkeit nach außen determinierte.

Hier durchbricht ein symptomatisches Problem des Katholizismus die glatte Oberfläche des seit Kriegsbeginn bemühten inneren Friedens: die anhaltende Suche nach der eigenen Position und Rolle innerhalb der modernen Gesellschaft als Minderheit gegenüber der anderen christlichen Konfession und, darüber hinaus, gegenüber der Nation im Ersten Weltkrieg. Die Wurzeln dieses großen Dilemmas des Katholizismus in der Zeit des Ersten Weltkriegs liegen allerdings weiter zurück:

Nach dem Verlust ihrer Rolle als einer »alle Lebensbereiche umfassenden Zugehörigkeit« (A. Hahn)[2] bildeten Kirche und Religion seit der Aufklärung nur mehr einen von mehreren verschiedenen Funktionsbereichen gesellschaftlichen Zusammenlebens. Die konfessionelle, in diesem Fall die katholische Identität wurde zu einer bloßen Funktionsidentität innerhalb der Gesellschaft. Die Religion wurde als »zentrale Integrationsebene« (wie es Tenbruck formuliert hat) von anderen Ebenen, etwa dem Nationalismus, abgelöst. Erst in Krisenzeiten wie dem Ersten Weltkrieg offenbarten diese neuen Ebenen ihrerseits die eigenen Defizite. Die Kritik an diesen Integrationsebenen, die in der Wahrnehmung der Soldaten nicht mehr in der Lage waren, ausreichende Erklärungsmuster zur Verarbeitung des Kriegserlebnisses zu

---

[2] ALOIS HAHN, Religion, Säkularisierung und Kultur, in: Säkularisierung, Dechristianisierung, Rechristianisierung im neuzeitlichen Europa. Bilanz und Perspektiven der Forschung. Hg. HARTMUT LEHMANN (Veröffentlichungen des Max-Planck-Instituts für Geschichte 130). Göttingen 1997 S. 17–31.

liefern, setzte die Religion zumindest teilweise wieder in ihre ehemalige soziale Kraft ein, und die religiöse Ebene erhielt damit in ihrer Funktionalität als integratives Element gemeinsamer Identifikation wieder einen Teil ihrer ursprünglichen, sinnstiftenden Bedeutung zurück. Religiöse Deutungsmuster stießen in der Grenzerfahrung des Ersten Weltkrieges in ein Orientierungsvakuum. Auch dadurch läßt sich das zeitweise religiöse Wiedererwachen zwischen 1914 und 1918 erklären, das von den christlichen Kirchen nachhaltig unterstützt und instrumentalisiert wurde.[3]

Die Euphorie der ersten Kriegszeit wich recht bald großer Ernüchterung, auch die patriotischen Parolen stießen ab dem Winter 1914/15 bei den Soldaten im deutschen Heer kaum noch auf Resonanz, doch blieb der Zulauf zu den Gottesdiensten der Feldgeistlichen vorerst noch ungebrochen. In den Pfarrern sah man zu dieser Zeit noch nicht die Vertreter der militärischen Behörden und des Systems, denen die Soldaten mit anhaltender Dauer des Krieges mit zunehmendem Mißtrauen und Ablehnung begegneten, sondern tatsächlich Seelsorger, die, folgt man der Diktion der preußischen Felddienstordnung von 1902, jene geistigen und sittlichen Kräfte vermitteln sollten, die neben der körperlichen und seelischen Ausbildung des Soldaten seinen kriegerischen Wert bedingten.

Diese Situation änderte sich erst durch die mit der anhaltenden Dauer des Krieges immer mehr zunehmende Einbindung der Feldgeistlichen in den militärischen Apparat, als sie beispielsweise Funktionen im Rahmen der amtlichen Propaganda übernahmen und als Unterrichtsoffiziere für die allgemeine Unterweisung der Truppe herangezogen wurden.

Was geschah nun innerhalb des Katholizismus während des Ersten Weltkriegs, als Religion und Kirche ihre Identifikationsfähigkeit zeitweilig wiedererlangten – man denke beispielsweise an den Kriegsbeginn, zu dem die Kirchen wieder gefüllt waren? Wie reagierte die Militärgeistlichkeit? Zu welchen Verhaltensformen kam es? Verharrte man weiter in resignativer Erstarrung, folgte man – sich gleichsam selbst unterordnend – nur der allgemeinen Unterordnung unter das Primat militärisch-kriegerischer Desiderate und Vorgaben im Rahmen der nationalen Sache, oder behauptete sich die katholische Kirche offensiv als eigenständige, unabhängige Kraft?

Geht man davon aus, daß die katholische Kirche den Ersten Weltkrieg als Möglichkeit zur Behauptung und (missionarischen) Durchsetzung der eigenen Weltsicht begreift, rückt das Wirken der Feldgeistlichen im deutschen

---

[3] GERD KRUMEICH, Einführung, in: »Pro Fide et Patria!« Die Kriegstagebücher von Ludwig Berg 1914/18. Katholischer Feldgeistlicher im Großen Hauptquartier Kaiser Wilhelms II. Hg. FRANK BETKER/ALMUT KRIELE. Köln/Weimar/Wien 1998 S. XI.

Heer in ein interessantes Licht: Der Erste Weltkrieg war gleichsam ein Katalysator zur Neuinterpretation und Selbstdefinition der katholischen Kirche und wurde zum Schauplatz des Krieges einer Konfession um ihre Bedeutung in der Gesellschaft.

Der Bereich der Soldatenheime für die Krieger des Ersten Weltkrieges, ihre Einrichtung, Leitung und Versorgung, ist hierfür, wie eingangs aus dem Bericht des Paters Rembertus bereits deutlich wird, ein recht interessanter und beispielhafter Bereich aus dem alltäglichen Umgang zwischen den Soldaten und ihren Feldgeistlichen bzw. zwischen den katholischen und evangelischen Militärpfarrern. Viele verschiedene Konstellationen und Reaktionsmuster des Katholizismus lassen sich bereits auf dieser Ebene der Militärseelsorge im Ersten Weltkrieg in ihrer ganz unterschiedlichen Ambivalenz veranschaulichen:

Die Soldatenheime tauchen in den Akten der Militärgeistlichen erst ab Mitte 1915 auf. Sie wurden ursprünglich von der Militärverwaltung im Operationsgebiet eröffnet, ausgestattet und dann den Feldgeistlichen beider Konfessionen zur Betreuung übergeben.[4] Die Heime sollten nach den entsprechenden Paragraphen der katholischen und evangelischen militärkirchlichen Dienstordnung einen dezidiert überkonfessionellen Charakter tragen.[5] Bis Mitte 1915 überantworteten die militärischen Behörden neben der Leitung auch die Planung und Gründung der Heime *peu à peu* an die Vereinigung katholischer Jünglingsvereine Deutschlands in Düsseldorf und an das evangelisches Pendant, etwa die evangelischen Jünglingsvereine in Barmen, Berlin und Hamburg, was als ein Zeichen für die fortschreitende Instrumentalisierung kirchlicher Institutionen im Rahmen der allgemeinen Truppenbetreuung gedeutet werden kann. Die Heime bestanden *idealiter* aus Unterhaltungsräumen, Lese- und Schreibzimmern, und man gab dort regelmäßig Verpflegung und Lektüre an die Soldaten aus. Die Einrichtungen mußten aber häufig den örtlichen Umständen angepaßt werden und wurden in ihrer Einrichtung und Ausstattung mit zunehmender Frontnähe immer spartanischer. Dennoch bildeten sie auch dort einen stark frequentierten Anlaufpunkt für die Soldaten.

Diese Soldatenheime sollten für die Soldaten im Krieg feste Anlaufpunkte sein und waren innerhalb des militärischen Apparats vor allem als Instrument gegen die Gefahren in der Etappe sowie in den großen Städten im Operati-

---

[4] Vgl. die Ausführungen von Armeeoberpfarrer Middendorf im Protokoll der Feldgeistlichen-Konferenz der Armeeabteilung Falkenhausen im Roten Haus in Strassburg vom 28.07.1915. BA-MA PH 32/390 (Konferenz-Berichte vom Feld-Oberpfarrer des Westheeres).

[5] Schreiben des Kriegsministeriums, Justizabteilung, Nr. 278/8. 16 C 4, an den katholischen Feldpropst. Berlin, 15.03.1916. BA-MA PH 32/386 (Acten betr. Soldatenheime 1915–1918).

onsgebiet gedacht: Die Geistlichen waren davon überzeugt, daß man »da dem Soldaten viel näher treten [könne] als in der Kirche und in mancher Hinsicht – besonders in sittlicher – viel Gutes wirken [könne], weil man eben sprechen kann, wie es in der Predigt nicht möglich ist«[6]. Es zeichnete sich ab, daß die Feldgeistlichen mit den herkömmlichen Methoden kirchlicher Pastoration, also Predigt und Sakramentenspendung, aufgrund der vielfältigen Bedingtheiten des Ersten Weltkriegs (etwa dem Problem der Massen an zu betreuenden Soldaten, ihrer Abstumpfung, der zunehmenden Banalisierung des Krieges, den sich immer deutlicher herauskristallisierenden Erklärungsdefiziten für den Verlauf des Krieges etc.) die Soldaten nicht mehr uneingeschränkt ansprachen und sich gleichfalls umorientieren mußten. Die Gottesdienste wurden ab 1916 kaum mehr besucht, und regeren Zulauf erhielten die Feldgeistlichen nur noch unmittelbar hinter der Front und vor dem Beginn von Kampfhandlungen, also in mit extremen Erfahrungen verbundenen Grenzsituationen des Krieges.[7] Eine Alternative, wieder Zugang zu den Soldaten zu bekommen und sie wiederzugewinnen, bildeten die Soldatenheime. Dort fanden die Mannschaften, wie es der Feldgeistliche Alois Sester in einem seiner zahlreichen Tätigkeitsberichte ausdrückte, »Zerstreuung, guten Lesestoff und Schutz vor sittlichen Gefahren, [und es gab] viel Schönes und Abwechslungsreiches, um auf Herz und Geist der Soldaten einzuwirken«.[8] Hier wird das Vakuum deutlich, das durch den Krieg entstand: »Herz und Geist« waren verödet, doch die Militärseelsorge sah sich imstande, diese Lücke füllen zu können. Die Geistlichen erkannten an allen Fronten des Krieges, »daß ein kath. Soldatenheim [mit kath. Schwestern] von großer Bedeutung ist wegen des religiösen Einflusses auf die Soldaten«[9] und man insofern hier hervorragend missionarisch tätig werden konnte. Es gab in den Heimen sogar Film- und Theateraufführungen, und mit der Zeit entwickelte sich hier unter der Leitung der Feldgeistlichen, die allmählich auch die Koordination und Aufsicht über die Buch- und Filmstellen beim Heer übernahmen und die Zusammensetzung des Sortiments nach ihren Maßstäben bestimmten, eine umfangreiche Truppenbetreuung, die sich immer wei-

---

6 Protokoll der Feldgeistlichen-Konferenz der Armeeabteilung Strantz in Metz vom 05.07.1915. BA-MA PH 32/390 (Konferenz-Berichte vom Feld-Oberpfarrer des Westheeres).

7 Bericht über die Konferenz der katholischen Feldgeistlichen der 10. Armee und der Südhälfte Scholtz in Wilna vom 6.2.1917. BA-MA PH 32/389 (Konferenzberichte des Militäroberpfarrers des Ostheeres 1917–1918).

8 Tätigkeitsbericht des Militärpfarrers Alois Sester, 21. Infanteriedivision, vom 05.06.17. BA MA PH 32/105 (Berichte der Etappen-Inspektion 1).

9 Tätigkeitsbericht des Feldgeistlichen Alfred Reischl O.F.M. Aleppo, 05.06.1917. BA-MA PH 32/260 (Tätigkeitsberichte über Militärseelsorge aus der Türkei 1914–1918).

ter von der eigentlichen religiösen Pastoral und der klassischen Seelsorge
entfernte, die aber dennoch von den Geistlichen für ihre Glaubensarbeit eingesetzt wurde.

Die katholische Militärseelsorge hinkte, was Zahl und Einrichtung der Soldatenheime anbelangte, den evangelischen Geistlichen im Ersten Weltkrieg
anfangs hinterher und fand sich damit in einer unterlegenen Position wieder.
Dies lag an der im Verhältnis größeren Zahl von evangelischen Feldgeistlichen zu Beginn des Krieges, hatte seinen Grund aber auch in der von vielen
katholischen Geistlichen beklagten mangelnden Vorbereitung der Seelsorge
auf den Krieg. Allerdings versuchte der katholische Klerus, rasch aufzuho-
len: Mitte 1915 gab es auf katholischer Seite im Westen bereits 55 Soldatenheime[10], Ende des Jahres waren es an der Westfront bereits 160 katholisch
geführte Soldatenheime, 17 Lichtbildtheater, 2 Kinos und 10 Wanderbüche-
reien.[11] Ende Juni 1917 befanden sich dann 514 Soldatenheime, 800 Schreib-
und Lesestuben, 87 Kinos und Lichtbildnereien im Westen unter katholischer Leitung. Allmählich gelang es den katholischen Feldgeistlichen, auf
diesem Feld mit den evangelischen Pfarrern gleichzuziehen, deren Bemühungen im Westen sogar zu überflügeln und die Oberherrschaft im Bereich
des Soldatenheimwesens zu erlangen. Man erlebte einen Aufschwung zu »einer ungeahnten und nicht vorauszusehenden Größe«[12]. Spätestens seit 1916
hatte man innerhalb der katholischen Kirche die große Bedeutung, die dieser Bereich für die Arbeit der Geistlichen und ihre Einflußmöglichkeiten auf
die Soldaten einnahm, erkannt. Um diesen Prozeß der Einflußnahme, der
von Missionierung bis zu religiös geprägter Mobilmachung des Kampfeswil-
lens der Soldaten reichte, zu steigern, wurde der Militärklerus von der Heimat aus äußerst tatkräftig unterstützt. Die katholischen Vereins- und Diöze-
sanpräsides riefen einen Soldatenheimfonds ins Leben, der von seiten der Bischöfe »wärmstes Interesse und beträchtliche Unterstützungen« erfuhr[13],
zumal sich diese Heime aus der Sicht der katholischen Geistlichen »als

[10] Bericht über die 2. Konferenz der katholischen deutschen Militärgeistlichen des General-
gouvernements in Belgien im Sitzungssaale der Kammer zu Brüssel am 26. August 1915. BA-MA
PH 32/390 (Konferenz-Berichte vom Feld-Oberpfarrer des Westheeres).
[11] Abschrift des Protokolls der Konferenz der Geistlichen der 6. Armee im Soldatenheim
Lille. Lille, 25.11.1915 Referat FG Prof. Dr. Baur. BA-MA PH 32/390 (Konferenz-Berichte
vom Feld-Oberpfarrer des Westheeres).
[12] Auszug aus dem Bericht über die Sitzung des Zentralkomitees der K.J.V.D. zu Mainz Ende
Mai 1917, Punkt IV: Stand der Soldatenheimarbeit des Generalsekretariates. Bericht des Generalsekretärs Veen. BA-MA PH 32/386 (Acten betr. Soldatenheime 1915–1918).
[13] Ebd.

schützende und erzieherische Einrichtungen«[14] »zum Besten unserer Soldaten«[15] bewährten, wobei man unter diesem »Besten« für die Soldaten häufig
die Stärkung des Kampfes- und Durchhaltewillens verstand, der gerade in
der ersten Hälfte des Krieges auch von katholischer Seite – religiös
verbrämt – radikalisiert wurde.[16] »Keiner fühlt sich hier mehr als Mensch
[…]«[17], dieser Satz aus einem Feldpostbrief war Wirklichkeit geworden,
und selbst die Geistlichen vermochten diesen Eindruck nicht mehr zu relativieren.

Im Westen gelang es den katholischen Feldgeistlichen, die evangelische
Militärseelsorge über den direkten Wettbewerb fast vollständig zu verdrängen: Man eröffnete eigene, katholische, Soldatenheime an Orten, an denen
bereits ein evangelisches Soldatenheim bestand, präsentierte beispielsweise
umfangreichere und attraktivere Angebote an Spielen, Literatur und Frei-
zeitmöglichkeiten oder bot Mahlzeiten zu billigeren Preisen an.

Im Osten war die katholische Kirche dagegen weit weniger initiativ. Auch
hier versuchte man – ohne jedoch an die Erfolge im Westen anknüpfen zu
können – mit der evangelischen Militärseelsorge gleichzuziehen.[18] So wollte
man – nach dem protestantischen Vorbild – die Stelle eines katholischen
Feldgeistlichen als eines Beauftragten für die Soldatenheimarbeit im Osten
einrichten. Die zentrale Begründung für diesen Antrag des Generalsekretärs
der katholischen Jünglingsvereinigungen Deutschlands, Veen, gegenüber
dem katholischen Feldpropst zielte nicht unmittelbar auf eine Verbesserung
zugunsten der Soldaten ab, sondern auf die Konkurrenz zur evangelischen
Militärseelsorge. Der Schlüsselsatz lautete: »Was den Protestanten recht ist,
dürfte uns nur billig sein.«[19] Dennoch schien die katholische Militärseelsorge hier zu resignieren. Der katholische Feldoberpfarrer des Ostheeres, Jung,

---

[14] Tätigkeitsbericht des Garnisonspfarrers Tillmann Hackenholt. Maubeuge, 28.2.1916. BA-
MA PH 32/119 (Tätigkeitsberichte der Feldgeistlichen 1915–1918. Bd. 5).

[15] Tätigkeitsbericht des Gouvernementspfarrers Krupp. Namur, 5.8.1915. BA MA PH 32/
113 (Berichte der Etappen Inspektion 15).

[16] ROLAND HAIDL, La première guerre mondiale au miroir des lettres pastorales de l'épiscopat
allemand, in: 14–18 Aujourd'hui 1. 1998 S. 42–44.

[17] So der plastische Titel eines Sammelbandes zum Kriegserlebnis zwischen 1914 und 1918:
»Keiner fühlt sich hier mehr als Mensch …«. Erlebnis und Wirkung des Ersten Weltkrieges. Hg.
GERHARD HIRSCHFELD u. a. Frankfurt 1996.

[18] Schreiben des katholischen Feld-Oberpfarrers des Ostheeres Jung an Feldpropst Dr. Joeppen. Warschau, 03.02.1917. BA-MA PH 32/389 (Konferenzberichte des Militäroberpfarrers
des Ostheeres 1917–1918), sowie Bericht über die Konferenz der Katholischen Feldgeistlichen
der 10. Armee und der Südhälfte Scholtz am 6. 2. 1917 in Wilna. BA-MA PH 32/389 (Konferenzberichte des Militäroberpfarrers des Ostheeres 1917–1918).

[19] Schreiben des Generalsekretariats der kath. Jünglingsvereinigungen Deutschlands, Gene-

schrieb 1917 an den Feldpropst, »bezüglich der Soldatenheime habe ich feststellen müssen, daß sie in der überwiegenden Mehrzahl hier im Osten von
evangelischen Barmer, Berliner und Hamburger Vereinigungen ausgestattet
worden sind, die jetzt […] nicht vertrieben werden können. Der Düsseldor-
fer Verein scheint hier im Osten versagt zu haben.«[20] Und der Feldgeistliche
Dr. Alb. Aich schrieb 1917:

»[…] muß man denn immer mit (rein) evangelischen Organisationen zusammenarbei-
ten, dass es geht! und zieht und einen Schlag hat und zustande kommt und dass das
Verdienst diesen zukommt! […] Vor dem Kriege waren wir in dieser Hinsicht überle-
gen. Jetzt stehen wir durch Desinteressement weit, weit zurück. Ich glaube, wenn ir-
gendwo, so müssen wir hier durchdringen, wieder zur Geltung kommen, sonst ist
nach dem Krieg all unsere Arbeit vergebens.«[21]

Gab es hier schon erste Anzeichen, daß man die durch die eigene Arbeit im
Krieg gewonnenen Pfründe in Gefahr sah und das Projekt der gesellschaftlichen und nationalen Aufwertung der Position der katholischen Kirche gescheitert war?
    Die Spannungen gegenüber den evangelischen Geistlichen traten offener
als im Westen zutage, da die katholischen Geistlichen ihre unterlegene Position nicht überwinden konnten und zunehmend frustriert waren.

Streng genommen werden hier zwei Argumentationsstränge auf ganz verschiedenen Ebenen sichtbar. Einerseits besteht die Sorge um die eigentliche
cura animarum der Soldaten weiterhin fort, auch wenn dies etwa im Bereich
der Soldatenheime nicht mehr offenkundig wird. Andererseits aber tritt die
nachhaltige Sorge um die Position der katholischen Kirche gegenüber der
anderen großen christlichen Konfession und damit der Position in der Gesellschaft immer deutlicher in den Vordergrund.
    Gegenüber den Soldaten kommt es vor allem in den rückwärtigen Gebie-
ten des Operationsgebietes zu einer Umorientierung weg von der eigentlichen Seelsorge, der religiösen Pastoration, hin zu einer allgemeinen Truppenbetreuung, um hier über einen sekundären Bereich, der sich über die allgemeine Betreuung und Essensverteilung bis zur Schriftenverteilung, einem
durchorganisierten Vortragswesen und Kinovorführungen erstreckte, wieder

---

ralsekretär Veen, an den katholischen Feldpropst Dr. Joeppen. Düsseldorf, 15.11.1917. BA-
MA PH 32/386 (Acten betr. Soldatenheime 1915–1918).
    [20] Schreiben des katholischen Feld-Oberpfarrers des Ostheeres Jung an Feldpropst Dr. Joep-
pen, Warschau, 03.02.1917. BA-MA PH 32/389 (Konferenzberichte des Militäroberpfarrers
des Ostheeres 1917–1918).
    [21] Schreiben des Feldgeistlichen Dr. Alb. Aich, 203. Infanteriedivision. Riga, 09. 11. 1917.
BA-MA PH 32/386 (Acten betr. Soldatenheime 1915–1918).

Zugang zu den Soldaten zu finden. Nachdem die Feldgeistlichen durch die Justizabteilung des preußischen Kriegsministeriums die Kontrolle über die Soldatenheime erhalten hatten, versuchten sie über diesen gegenüber der eigentlichen Seelsorge nur subsidiären Bereich die verschüttete oder schwindende Religiosität der Soldaten wieder neu anzuregen, um diese durch im Prinzip profane Dienstleistungen stimulierte religiöse Empfindung nach dem Krieg für die Förderung der katholischen Sache fruchtbar zu machen.

Es fällt auf, daß die katholischen Militärgeistlichen bei alledem nicht aktiv, sondern reaktiv agierten. Das Beispiel des Soldatenheimwesens verdeutlicht dieses Reagieren. Erst als die katholischen Feldgeistlichen sich hier ins Abseits manövriert und in eine Minderheitenrolle zurückgedrängt sahen, ergriffen sie die Initiative, kopierten sie die Vorgehensweise der evangelischen Pfarrer und verdrängten sie diese skrupellos, indem sie erfolgreich versuchten, mittels der Soldatenheime weite Teile der Infrastruktur der Truppenbetreuung, beispielsweise den Bereich der Leihbüchereien, unter ihre Kontrolle zu bringen.

Nachdem ihr die Betreuung der Soldatenheime übertragen worden war, wurde die Militärseelsorge von den militärischen Behörden funktional zunehmend instrumentalisiert. Allerdings empfand der katholische Militärklerus dies nicht als Zwang. Die katholischen Feldgeistlichen sahen hier eine Gelegenheit, aktiv neben der in ihrer Bedeutung immer weiter schrumpfenden religiösen Pastoration tätig zu werden und sich gegenüber der anderen großen christlichen Konfession zu profilieren. Insofern vollzog sich die Identitätsstiftung der katholischen Militärseelsorge in der Abgrenzung zum Protestantismus. Hier konnte es der Kirche vielleicht gelingen, ihren gesellschaftlichen Minderstatus zu überwinden und aus dem Ghetto auszubrechen. Insofern kam der Erste Weltkrieg für die katholischen Kirche nicht ungelegen, bot sich hier doch die Möglichkeit, das apologetische Einheitsbewußtsein, dieses »sich steigernde und immer mehr akzentuierende Wissen um Werte und Leistungen der Kirche und der Katholiken in Deutschland«[22] unter den Soldaten und damit in der Gesellschaft neu zu begründen und zu vertiefen. Der Zusammenbruch des Kaiserreiches markierte dann das Ende dieser Anstrengungen.

---

[22] CLEMENS BAUER, Deutscher Katholizismus. Entwicklungslinien und Profile (Katholizismus 29). Frankfurt a. M. 1964.

»Gott mit uns«?
Der Erste Weltkrieg als Religionskrieg

von

Gerd Krumeich

I. Einleitung

Heutige Weltkrieg Eins-Forschung ist ganz überwiegend mentalitäts- und kulturhistorisch orientiert. Das »Kriegserlebnis« der Zivilisten und Soldaten steht im Vordergrund.[1] In letzter Zeit, nach einigen Jahren des Vorwiegens von auf den Ersten Weltkrieg angewandten Volkskultur-Fragestellungen kommt nunmehr die Eliten-Kultur wieder ins Blickfeld.[2] Dies ist vor allem insofern eine vielversprechende Re-Balancierung, als dem eher passiven Kriegserlebnis »von unten« nun wieder auf neue Weise die Ebene der kulturellen und ideologischen Formierung zur Seite gestellt werden kann, d. h. insbesondere der Prozeß der ideologischen Ausrichtung der »Heimatfront«. Leitfrage ist, in welcher Hinsicht der Erste Weltkrieg wirklich ein totaler Krieg war oder aber eine signifikante Weiterentwicklung auf dem Weg dorthin. Bei dieser Frage geht es selbstverständlich um das Problem der Dauer des Krieges, der Durchhaltefähigkeit von Zivilisten und Soldaten. Die große Besonderheit des Krieges von 1914–1918 war ja, daß er trotz aller pessimistischen Prognosen[3] als ein kurzer Krieg, metaphorisch auch als »reinigendes Gewitter« angesehen wurde und daß eigentlich die Erwartung eines un-

---

[1] Vgl. Kriegserfahrungen. Studien zur Sozial- und Mentalitätsgeschichte des Ersten Weltkriegs (Schriften der Bibliothek für Zeitgeschichte, N.F., Bd. 5). Hg. Gerhard Hirschfeld/Gerd Krumeich/Dieter Langewiesche/Hans-Peter Ullmann. Essen 1997.

[2] Vgl. vor allem: Kultur und Krieg. Hg. Wolfgang J. Mommsen. München 1996.

[3] Vgl. Jost Dülffer, Kriegserwartung und Kriegsbild in Deutschland vor 1914, in: Der Erste Weltkrieg. Wirkung-Wahrnehmung-Analyse. Hg. Wolfgang Michalka. München/Zürich 1994; Stig Förster, On the road to total war: the American Civil War and the German Wars of Unification 1861–1871. Cambridge 1997, sowie den Beitrag in diesem Band; Gerd Krumeich,

mittelbar bevorstehenden oder baldigen Endes, die Hoffnung auf eine »Entscheidungsschlacht«, in allen Kriegsjahren äußerst lebendig blieb. Diese Hoffnung war auch das Hauptmotiv des »Durchhaltens« sowohl der Frontsoldaten als auch der »Heimatfront«. Dieses Verhalten wurde zweifellos aber auch gestützt durch die permanente »Banalisierung« der Kriegsereignisse. Der Krieg war im Maße seines Überhandnehmens immer stärker Normalität, es kam zu einer Gewöhnung, die um so leichter fiel, als er im täglichen Verlauf über weite Strecken hinweg nicht als Katastrophe bzw. tödlicher Zusammenprall, sondern als Intensivierung industrieller Arbeit, als extreme »Maloche« sowohl an der Front als auch in der Heimat rezipiert wurde. Man darf sich das Kriegserlebnis also nicht als Akkumulation von erlebter Grausamkeit vorstellen; was auf Dauer geschah, war ein Sich-Einrichten in eine Situation, deren dramatische und dehumanisierende Dimensionen ereignisweise immer wieder ins Bewußtsein treten konnten, aber zugleich von der Gewöhnung an die Normalität immer stärker zugedeckt wurden. Die Gewöhnung an den Krieg war auch ein Resultat der in den meisten Fällen banal rechtfertigenden Propaganda, der permanenten Siegesmeldungen, denen man zwar nicht unbedingt glaubte, die aber gleichwohl die Einstellung zum Krieg formierten. Eine Propaganda, die offensichtlich auf seiten der Alliierten viel besser ausgebaut war, lebhafter, feindlicher, polarisierender als auf seiten des Deutschen Reiches, wo sich die militärische Führung bis zum Ende des Krieges nicht recht entscheiden konnte, die Schleusen der Propaganda wirklich zu öffnen und lieber auf etablierte und kontrollierbarere Verfahren der Zensur zurückgriff.[4]

Ein bislang nicht sonderlich breit getretener Forschungspfad in Richtung auf die Erfassung des Phänomens »totaler Krieg« scheint mir die Frage nach dem Stellenwert des Religiösen in diesem Totalisierungsprozeß zu sein. Es gibt eine Reihe von Arbeiten zur Entwicklung der kirchlichen Lehre vom »gerechten Krieg«, welche in spezifischer Form auch im Ersten Weltkrieg thematisiert worden ist. Das Problem des »Heiligen Krieges« ist gerade in den letzten Jahren in den Krisenherden des Nahen und Mittleren Ostens wieder akut und begrifflich-historisch aufgearbeitet worden.[5] Einen modernen Versuch aber, diese allgemeinen Problemstellungen auf den Ersten Weltkrieg anzuwenden, sehe ich in Deutschland noch nicht gegeben, in Frank-

---

Bilder vom Krieg vor 1914, in: Die letzten Tage der Menschheit. Bilder des Ersten Weltkriegs. Hg. RAINER ROTHER. Berlin 1994 S. 37–48.

  [4] JENS ALBES, Worte wie Waffen. Die deutsche Propaganda in Spanien während des Ersten Weltkrieges (Schriften der Bibliothek für Zeitgeschichte, N.F., Bd. 4). Essen 1996, mit ausführlicher Darstellung der allgemeinen Forschungsliteratur.

  [5] Vgl. CARSTEN COLPE, Der »Heilige Krieg«. Hanstein 1994.

reich erst ansatzweise.[6] In den 1960er und 1970er Jahren gab es – angeregt durch die von Fritz Fischer und anderen gestellte Schuldfrage – einige Versuche, diese Schuld strukturell zu fassen und auch die Verantwortlichkeit von Theologen und Priestern sowie Kirchenbürokraten an der ideologischen Vorbereitung und Abstützung des Krieges aufzuzeigen. Die Arbeiten von Heinrich Missalla über die katholische Kriegspredigt, von Karl Hammer über die deutsche Kriegstheologie zwischen 1870 und 1918, die vergleichenden Aufsätze von van Dülmen und Mayeur, schließlich das Quellenbuch von Besier sowie verschiedene Aufsätze dieses Autors sind meines Erachtens die hauptsächlichen – und ziemlich vereinzelt dastehenden – Pisten im Wald der Kriegstheologie.[7] Sie folgen ganz überwiegend einem gesinnungsethisch-kritischen Ansatz: Sie wollen zeigen, wie der Glaube sich instrumentalisieren ließ, wie verführbar von Macht und Ideologie auch die Geistlichen und Gläubigen der verschiedenen Konfessionen waren. Karl Hammer hat sein Buch über die Kriegstheologie unter das Motto gestellt: »Den Gefallenen … zum Andenken; der Gegenwart zum Nachdenken; der Zukunft zum Umdenken«. Dem ist nicht zu widersprechen; es darf allerdings nicht mit der historischen Gewissenserforschung in friedfertiger Absicht getan sein. Die französische Forschung ist – so scheint mir – in den letzten Jahren ein gutes Stück weiter gegangen. Ich will versuchen, im folgenden die sich aus der neuen Kulturforschungs-Strategie ergebenden Perspektiven für die Untersuchung der deutschen Kriegstheologie und -religion in aller Vorläufigkeit zu skizzieren. Für Frankreich beziehe ich mich insbesondere auf die Arbeiten von Nadine-Josette Chaline, Annette Becker und Stéphane Audoin-Rouzeau.[8] Besonders zu erwähnen sind die Bemühungen des seit 1990 bestehenden internationalen Forschungszentrums zum Ersten Weltkrieg im »Historial« von Péronne (Somme), Probleme der Kriegsreligiosität in die Analyse der Kriegsmentalitäten und Kriegskultur mit einzubeziehen. So ist nicht von

---

[6] Annette Becker, La Guerre et la Foi. De la mort à la mémoire 1914–1930. Paris 1994; Chrétiens dans la Première Guerre Mondiale. Hg. Nadine-Josette Chaline. Paris 1993.

[7] Gerhard Besier, Religion-Nation-Kultur. Die Geschichte der christlichen Kirchen in den gesellschaftlichen Umbrüchen des 19. Jahrhunderts. Neukirchen-Vluyn 1992; Richard van Dülmen, Der deutsche Katholizismus und der erste Weltkrieg, in: Ders., Religion und Gesellschaft. Frankfurt a. M. 1989 S. 172–203; Karl Hammer, Deutsche Kriegstheologie 1870–1918. München 1971; Jean-Marie Mayeur, La vie religieuse en France pendant la Première Guerre Mondiale, in: Histoire vécue du peuple chrétien 2. Hg. Jean Delumeau. Toulouse 1979 S. 179–193; Heinrich Missalla, »Gott mit uns«. Die deutsche katholische Kriegspredigt 1914–1918. München 1968; Hans Süssmuth, »Heiliger Krieg« – Barriere des Friedens, in: Saeculum 22. 1971 S. 387–401.

[8] Becker, La Guerre et la Foi (wie Anm. 6); Chaline, Chrétiens dans la Première Guerre Mondiale (ebd.); Stéphane Audoin-Rouzeau, La Guerre des Enfants 1914–1918. Paris 1993.

ungefähr der erste Band der von diesem Zentrum herausgegebenen Zeitschrift »14/18 Aujourd'hui« der Religionsgeschichte im Ersten Weltkrieg gewidmet.[9] Wie Annette Becker in ihrer programmatischen Einleitung sagt, geht es bei der Untersuchung dieses Phänomens insbesondere darum, herauszufinden, wie sich emotionales Engagement, »Begeisterung« zwischen traditionellem Patriotismus (der gerade im republikanischen Frankreich äußerst anti-religiös sein konnte) und direkt religiös motiviertem Engagement für »Gott und Frankreich« bewegte. Hier geht es vor allem um die Steigerung des Patriotismus hin zu religiösem oder pseudo-religiösem Patriotismus und um die Frage, wie weit in der Beschwörung des Kampfes des christlichen Frankreich gegen das »satanische« Deutschland auch gleichzeitig der politische Prozeß der laizistischen Republik gemacht wurde. Auf der anderen Seite richtet sich ein Fokus der modernen mentalitätsorientierten Religionsforschung auf die Frage des konkreten Verhältnisses der traditionellen Ablehnung des Krieges als Sünde und der Beschwörung Gottes für den Schutz des Vaterlandes. Mir scheint, daß in den genannten Arbeiten einige Perspektiven aufscheinen, wie wir der spezifischen Verquickung von Kriegskultur[10] und Religiosität mit Blick auf die Totalisierung des Krieges näher kommen können. Es wird vor allem zu fragen sein, welche spezifischen Kriegskulturen sich ausbildeten, was ähnlich oder strukturell identisch war, wo die Tradition der Religiosität und politischen Kultur signifikante Unterschiede zwischen den nationalen Kulturen auch im Krieg aufrecht erhielt.

Es sei zudem bemerkt, daß mir der gleichwohl verwendete Terminus der »Kriegskultur« etwas ambivalent zu sein scheint und daß hier noch Differenzen zwischen »culture« und »Kultur« einzubringen wären. Während »culture de guerre« im französischen Sprachgebrauch einer nicht wertenden Beschreibung von geistigen Manifestationen im Krieg dient, hat der deutsche Terminus »Kriegskultur« einen noch etwas ambivalenten Charakter, ist doch »Kultur« stets noch positiv konnotiert – was selbstverständlich hier nicht beabsichtigt wird.

II. Mit welcher Nation ist Gott?

Religionskriege, sagt der Brockhaus von 1969, entstehen aus religiösem Streit und werden mit weltanschaulichen Motiven gerechtfertigt, obwohl sie, wie der Dreißigjährige Krieg, im späteren Verlauf von politischen Erwägun-

---

[9] 14–18 Aujourd'hui 1: Pour une histoire religieuse de la guerre. Paris 1998.

[10] Guerre et cultures 1914–1918. Hg. JEAN-JACQUES BECKER/JAY M. WINTER/GERD KRUMEICH/ANNETTE BECKER/STÉPHANE AUDOIN-ROUZEAU. Paris 1994.

gen bestimmt sind. »Heilige Kriege« sind solche, »die wegen einer religiösen Idee, einer vermeintlich göttlichen Verpflichtung oder zur Verteidigung heiliger Bereiche geführt werden. [...] Sie kommen in der Geschichte in vielerlei Form vor und werden meist mit besonderem Fanatismus geführt.« Weiterhin wird ausgeführt, daß im »Heiligen Krieg« stets die Vorstellung des Anti-Christ eine Rolle spielt, z.B. in den Religionskriegen des 16. und 17. Jahrhunderts.

Inwieweit war der Erste Weltkrieg überhaupt ein Religionskrieg? Die Theologische Realenzyklopädie von 1990 widmet ihm nur einen Halbsatz mit der Bemerkung, daß er weithin als Krieg zwischen westlicher »Zivilisation« und deutscher »Kultur« geführt worden sei und daß viele Prediger ihn als Höhepunkt der protestantisch-deutschen Geschichte gefeiert hätten.[11] Ähnlich abschätzig äußert sich Adolf Waas in einer Überblicksdarstellung zum »Heiligen Krieg«: Im Ersten Weltkrieg wurde anfangs noch von einem Kreuzzug gesprochen; dies Thema sei aber bald nicht weiter behandelt worden. Der Erste Weltkrieg sei also, so die Überzeugung von Waas, keineswegs ein Religionskrieg gewesen.[12] Sicherlich: Es muß vor Übertreibungen gewarnt werden, und nicht jeder, der »Gott mit uns« sagte, war der Überzeugung, einen »Heiligen Krieg« zu führen. Des Kaisers Worte in seinem Aufruf an das deutsche Volk, am 6. August 1914, beschwor eine Tradition: »Vorwärts mit Gott, der mit uns sein wird, wie er mit den Vätern war«. In nuancierterer Form findet sich dieser Anspruch auch im Erlaß des Kaisers in seiner Eigenschaft als *summus episcopus* vom 5. August zur Verlesung von den Kanzeln aller protestantischen Kirchen: »Ich bin der Gerechtigkeit unserer Sache vor Gott gewiß. An allen gottesdienstlichen Stätten im Lande versammele ich an diesem Tage Mein Volk in ernster Feier zur Anrufung Gottes, daß Er mit uns sei und unsere Waffen segne.«[13] Diese Sätze sind wie ein Zitat des Aufrufes Wilhelms I. zum Kriege von 1866: »Flehen wir den allmächtigen Gott, den Lenker der Schlachten an, daß Er unsere Waffen segnet [...] Gott mit uns«. Und 1870 sagte derselbe König: »[...] in diesem Kampfe, in dem wir kein anderes Ziel verfolgen, als den Frieden Europas dauernd zu sichern, wird Gott mit uns sein, wie er mit unseren Vätern war.«[14] Bei aller topologischen Gleichförmigkeit der Kriegsreden der Majestäten ist allerdings ein Unterschied signifikant: Wilhelm I. spricht vom deutschen *nation*

---

[11] Theologische Realenzyklopädie (TRE) 20. Hg. GERHARD KRAUSE/GERHARD MÜLLER. Berlin/New York 1990 S. 33 f.

[12] ADOLF WAAS, Der Heilige Krieg in Islam und Christentum in Vergangenheit und Gegenwart, in: Die Welt als Geschichte 19. 1959 S. 221–225.

[13] Zit. nach HAMMER, Deutsche Kriegstheologie (wie Anm. 7) S. 205.

[14] Zit. nach: Deutsche Kriegsreden. Hg. KURT PINTHUS. München 1916 S. 249, 258, 415.

building und der Stabilisierung Europas; Wilhelm II. bittet 1914 Gott, mit Deutschland zu sein im Kampf gegen »eine Welt von Feinden«. Die Situation von 1914 ist zweifellos als apokalyptischer empfunden worden als die der Jahre 1866 und 1870, und sie mag den Zeitgenossen auch als welthistorisch entscheidender erschienen sein als etwa 1813, als Arndt, Körner und andere zum »Heiligen Krieg« gegen Napoleon aufriefen, um den im Lande stehenden Eindringling mit Gottes Hilfe zu verjagen.[15]

Wir wissen seit den Arbeiten der 1970er Jahre (bestätigt und erweitert durch mentalitäts- und ortsgeschichtliche Studien[16]) über den Aufschwung des Religiösen im Jahre 1914. Die als existentiell empfundene Bedrohung schuf Enthusiasmus[17] und volle Kirchen. Während des gesamten Krieges und auch später noch haben Prediger aller Konfessionen und Nationen dies als den vielversprechendsten und zukunftsweisenden Zug des Geistes von 1914 gefeiert.

Bei der Unmasse von Predigttexten, über die wir in zeitgenössischen und heutigen Sammlungen verfügen[18], ist es leicht, besonders frappierende Beispiele für die Vergötzung des Krieges und für Anmaßung zu finden. Ich enthalte mich der Stilblüten aller möglichen Geistlichen und Theologen. Hammer, Missalla und Besier folgend, läßt sich vielleicht typisierend für die deutsche Kriegspredigt folgendes festhalten:

1. In der Emphase des Kriegsbeginns ist für katholische wie protestantische Theologen gleichermaßen das Motiv des gerechten und deshalb von Gott gesegneten Krieges vorherrschend. Die Gewaltigkeit des Erlebnisses der nationalen Gemeinschaft ist ein Schrittmacher Gottes. Er hat seinem Volk das Schwert in die Hand gegeben.[19]

2. Der protestantische Diskurs ist wohl etwas »etatistischer« als der katholische, weniger integrativ, nicht so stark auf das »Wunder der inneren Einheit« beharrend wie der katholische. Diesem ist der Krieg vor allem nationale Integration und nationale Rehabilitierung des Katholizismus. Beiden Konfessionen wird der Krieg zum »Missionar«[20] – einem Missionar zur Perpetuierung der Erhebung von 1914: Im Krieg siegt der Mensch über Satan

---

[15] Vgl. MICHAEL JEISMANN, Das Vaterland der Feinde. Studien zum nationalen Feindbegriff und Selbstverständnis in Deutschland und Frankreich 1792–1918. Stuttgart 1992.

[16] CHRISTIAN GEINITZ, Kriegsfurcht und Kampfbereitschaft: das Augusterlebnis in Freiburg; eine Studie zum Kriegsbeginn 1914 (Schriften der Bibliothek für Zeitgeschichte, N.F., Bd.7). Essen 1998; Kriegserfahrungen (wie Anm.1).

[17] Zu unterscheiden von »Begeisterung«.

[18] Beispielsweise HEINRICH MOHR, Gottesstreiter. München 1916.

[19] Das Schwert des Geistes. Feldpredigten im Weltkrieg, in Verbindung mit Bischof Wilhelm Paul Keppler und Domprediger Alfons Donders. Hg. MICHAEL FAULHABER. Freiburg i. Br. ²1918.

[20] MISSALLA, »Gott mit uns« (wie Anm.7) S.59.

und Materialismus der modernen Welt, d. h., daß nicht allein der Feind hier als satanisch angesehen wird, sondern das eigene kulturelle Umfeld ebenfalls. Die Spannung zwischen innerer und äußerer Bedrohung ist zwar immer wieder zu spüren, aber noch nicht systematisch gefaßt worden.

3. Sehr stark ist insbesondere zu Kriegsanfang in beiden Konfessionen das Motiv der Buße, vor allem in den Predigten ist dies ein Hauptmotiv. »Kriegszeit ist Bußzeit«, sagt der Münchener Erzbischof Michael von Faulhaber in seinem berühmten und – weil paradigmatisch – immer wieder zitierten Hirtenbrief vom Dezember 1914, der mit dem Satz anfängt: »Der Krieg hat unser Volk ins Gebet genommen und viele wieder beten gelehrt, die im Getriebe des Lebens ihren Gott vergessen hatten«. Vor allem aber geht es Faulhaber um Buße:

> »Kriegführende Völker haben die Neigung, die Schuld ihrer Feinde auf einer strengeren Wage zu wiegen als die eigene Schuld […] Demgegenüber lehrt uns die fünfte Vaterunserbitte, auch das eigene, nicht immer nur das fremde Gewissen zu erforschen, vor dem Vater im Himmel auch die eigene Schuld zu bekennen, statt immer nur die Geschwister beim Vater zu verklagen.«[21]

Die Feinde bleiben also Geschwister! Das ist sicher im totalen Krieg nicht der Fall, weshalb vielleicht der Erste Weltkrieg doch nicht so total war, wie oft behauptet wird. Es gibt »Steigerungen« des Diskurses. Das Bußmotiv scheint im Laufe des Krieges der Selbstgerechtigkeit zu weichen: Der Krieg wird immer heiliger, weil totaler. Es scheint eine deutliche Entwicklung der Rede vom gerechten zum »heiligen« Krieg hin gegeben zu haben. Das »Gott sei mit uns« des Kriegsanfangs wurde ausgewalzt zur schlichten Affirmation: »Gott ist mit uns, weil wir Deutsche sind«. Erst später im Krieg, ab 1916, wird aus der Hoffnung eine »verbreitete Auffassung«[22], daß Deutschland mit Gottes Sache eins sei und daß Deutschland für Gott kämpfe gegen den Satan. Dieser Befund ist allerdings noch recht impressionistisch. Hier wäre eine ganz systematische Untersuchung der Predigten auf allen Ebenen nötig, um nähere Aufschlüsse über diese Entwicklung der Rede vom »Heiligen Krieg« zu erhalten.

Mein Eindruck aus der Lektüre der zur Verfügung stehenden Predigtsammlungen ist, daß hier ein wirklich »totaler Krieg« noch selten im Blickfeld ist. Der Haß wird kaum einmal zum Prinzip erkoren. Die Selbstgerech-

---

[21] MICHAEL VON FAULHABER, Das Vaterunser im Völkerkrieg. Ein Hirtenbrief, in: DERS., Waffen des Lichtes. Gesammelte Kriegsreden. Freiburg i. Br. ⁴1916 S. 23–51, Zitat S. 44 f.

[22] ERNST BORKOWSKY, Unser Heiliger Krieg. Weimar 1915; BRUNO DOEHRING, Eine feste Burg. Predigten und Reden aus eherner Zeit. Berlin 1914; MISSALLA, »Gott mit uns« (wie Anm. 7) S. 88.

tigkeit bleibt in einer relativen Ausgewogenheit zum Motiv von Buße und
Opfer. Der Krieg bleibt in enger Verbindung zu national-religiösen Topoi,
er gerinnt selten zum Religionskrieg. Im Grunde bleibt der Predigt-Diskurs
geprägt von autoritärer, ermutigender, besänftigender Suada. Mit moderner
Mobilmachung der Geister hat das noch nicht wirklich zu tun.

Dieser Eindruck wird bestätigt durch die in den letzten Jahren erheblich
angewachsene Forschung und Dokumentation zur offiziellen katholischen
Kirche im Ersten Weltkrieg.[23] Wie Roland Haidl in einem weiterführenden
Aufsatz gezeigt hat, gab es zu Beginn des Krieges auch auf katholischer Seite eine Art Euphorie: Der Krieg wurde weithin angesehen als eine Art fri-
scher Wind, der fähig sein würde, den angesammelten Staub nur weltlich
orientierter Zivilisiertheit hinwegzufegen. Insofern war man auch auf kir-
chenoffizieller Seite nur zu sehr bereit, die als »wunderbar« empfundenen
Schlachtensiege zu Kriegsbeginn Gottes direktem Einwirken zuzuschreiben,
zur eigenen Begeisterung gesellte sich ja in diesem Fall auch der Diskurs und
die Rhetorik vieler Generationen von Kriegspredigten. Bald aber, spätestens
ab 1915, wurde von den Predigten her der Krieg stärker als eine Prüfung interpretiert, die Gott »seinem« Volk auferlegte, und der auch in Texten aus
der Zeit des Kriegsbeginns grundsätzlich bereits bekannte Rückgriff auf die
Apokalypse des Johannes-Evangeliums zur Beschreibung des aktuellen Krieges nahm quantitativ deutlich zu. Allerdings ist der Krieg auch in dieser
Zeit – vor Beginn seiner wirklichen Totalisierung ab 1916 – »Zuchtmeister
Christi«; er ist, wenngleich eine Strafe für Sünden, so doch auf jeden Fall,
von Deutschland aus gesehen, ein gerechter Krieg. Es scheint aber ab 1916
doch die unvermutet lange Dauer des Krieges Transformationen der Rede
vom Krieg erzwungen zu haben. Nach Haidls Analyse hat sich das Motiv
der Trauer über die Verluste in den Predigten ab 1916 stark gehäuft. Auch
die Mühen und Entbehrungen der Heimat werden nunmehr – nicht vorher! –
immer wieder den Leiden der Krieger angeglichen bzw. sogar schon gleich-
gestellt. Und nach derselben Analyse ist in den Jahren 1917 und 1918 immer
mehr Unruhe wegen der Endlosigkeit des Krieges aufgekommen, so daß dieser viel stärker denn als »Kreuzzug« nunmehr als »Kreuzweg« empfunden
und diskutiert wurde. So ist denn im Vollzug der deutschen katholischen
Kriegspredigt zwar niemals Zweifel an der Rechtfertigung und »Gerechtigkeit« des Krieges geäußert worden, es ist aber feststellbar, daß in dem Maße, wie der Krieg sich veralltäglichte und in Form von Knappheit und Trauer

---

[23] Vgl. dazu beispielsweise: »Pro Fide et Patria!« Die Kriegstagebücher von Ludwig Berg
1914/18, mit einer Einführung von Gerd Krumeich. Hg. FRANK BETKER/ALMUT KRIELE. Köln/
Weimar/Wien 1998; WILHELM ACHLEITNER, Gott im Krieg. Die Theologie der österreichischen
Bischöfe in den Hirtenbriefen zum Ersten Weltkrieg. Wien 1997.

auch auf die Bevölkerung übergriff, das Motiv des Leidens immer stärker betont wurde und daß der Kampf immer stärker an religiösem Elan verlor.[24] Symptomatisch hierfür ist vielleicht ein Eintrag aus dem Kriegstagebuch von Ludwig Berg, katholischer Feldgeistlicher im Großen Hauptquartier Kaiser Wilhelms II.[25], der trotz aller noch im Herbst 1918 aufrechterhaltenen Siegesgewißheit Ostern 1918 dem Obersten Hauptquartier in Spa eine Predigt hielt zum Thema »Der Glaube und der leidvolle Krieg«. Beginnend mit der Klage von Jeremias auf den Trümmern Jerusalems und der Frage nach der Abwesenheit Gottes, fordert Berg die Zuhörer auf, den Glauben an die Vorsehung »zerbröckeln« zu lassen. Das Kriegerleid werde leichter zu ertragen sein, wenn es abgeglichen werde mit dem Leiden der Zivilisten. Vor allem aber seien Kriegerleid und »Sterbensnot« leichter zu ertragen, wenn man den Gottesglauben bewahre. Man kann über die Pragmatik der Gnaden urteilen, wie man will, es bleibt festzuhalten, daß hier nur noch das Leid und die Bewältigung desselben zur Diskussion stehen, unter Verzicht auf jeglichen Elan zur Vertreibung des Bösen durch das deutsche Heer.[26]

Interessanterweise scheint im republikanischen Frankreich der Krieg sehr viel stärker als Kreuzzug und auch als »Religionskrieg« betrachtet worden zu sein als in Deutschland. Es ist jedenfalls auf allen Ebenen der öffentlichen Meinung ein sehr viel stärkeres kämpferisches Engagement festzustellen, das sehr leicht auch auf laizistischer Seite in »religiös« anmutende eschatologische Phantasien ausarten konnte. Der Deutsche war nicht nur der Barbar, sondern das absolut Böse. Der Kampf gegen die »Kultur« war immer auch ein Kampf religiös verehrter Grundwerte westlicher Zivilisation. Das in der französischen Propaganda archetypische Oppositionspaar »Kultur« versus »Zivilisation« hatte immer eine eschatologische Dimension. Im Kampf gegen die deutsche Barbarei fanden sich laizistische Intellektuelle wie Bouthoul und Lavisse[27] ohne weiteres mit katholischen Intellektuellen wie Léon Bloy oder anti-republikanischen Traditionalisten wie Maurras in gemeinsamer Aktion zusammen.

Sogar auf seiten der protestantischen Pfarrer Frankreichs fand während des ganzen Krieges keine Loslösung vom Topos des »heiligen Krieges« statt, wie eine jüngst erfolgte Predigtanalyse von ca. 700 Predigten protestanti-

---

[24] Roland Haidl, La Première Guerre Mondiale au miroir des Lettres Pastorales de l'Épiscopat allemand, in: 14–18 Aujourd'hui 1 (wie Anm. 9) S. 39–51.

[25] Vgl. »Pro Fide et Patria!« (wie Anm. 23) S. 563 ff.

[26] Ebd. S. 664

[27] Gerd Krumeich, Ernest Lavisse und die Kritik an der deutschen »Kultur«, 1914–1918, in: Kultur und Krieg (wie Anm. 2) S. 143–154.

scher Pfarrer gezeigt hat.[28] Grundlegend für die Topoi der Predigt blieb die
nie schwankende Überzeugung von »gerechtem Krieg«, »dem Krieg um die
Zivilisation des Abendlandes« und die Überzeugung, daß sich in diesem
Kampf das Gute und das Böse unversöhnlich gegenüberstünden. Bei genauer
Analyse der Predigten scheint auch eine Unterscheidung möglich zu sein
zwischen einer solchen eher »kulturell« argumentierenden Konzeption des
Krieges der Zivilisation gegen die barbarische »Kultur« einerseits und andererseits eines wirklichen Kampfes für Gott und die Wiederherstellung des
rechten Glaubens auf Erden. Der Krieg wird jetzt heilig gesprochen, weil
hier eben das Vaterland ein direktes Produkt göttlicher Vorsehung ist. Gott,
so sagt ein Prediger, hat das Vaterland geschaffen als Hülle des Menschen,
und deshalb ist dessen Schutz ebenso elementar wie heilig. Sicherlich können
sich die beiden Motive des Kulturkampfes und des Kampfes um die wahre
Religion miteinander vermischen. Es ist aber gleichwohl von Bedeutung, zu
sehen, daß hier in der Kriegspredigt auf protestantischer Seite insgesamt ein
deutlicher Unterschied gemacht wurde zwischen der »guerre religieuse« und
der »guerre des religions«. Hinter letzterem Typ versteckte sich vor allem
die Behauptung, daß das katholische Frankreich gegen das lutherische
Deutschland kämpfe, wohingegen in der »guerre religieuse« das Motiv »für
Gott und gegen den Satan« wirklich mitgedacht wurde. Interessant ist, daß
sich bei den protestantischen Pfarrern offensichtlich auch das Motiv fand,
daß die deutschen Protestanten die wahre christliche Lehre verraten hätten
und durch diesen Krieg zum wahren Evangelium zurückgebracht werden
müßten, weshalb sie schärfstens bekämpft werden müßten, ohne daß allerdings haßvoll mit ihnen umzugehen sei. Selbstverständlich ist nie erklärt
worden, wie dies konkret umgesetzt werden sollte. Wichtig in diesem Zusammenhang ist, daß offensichtlich nur ein ganz kleiner Teil der protestantischen Prediger den Krieg selber als Emanation des göttlichen Willens bezeichnet hat. Gemeinhin wird argumentiert, daß der Krieg durch den Bösen
verursacht wurde und deshalb von den Guten bekämpft werden muß. Gott
läßt sich hier nur insofern ein, als er den Krieg, den er nicht selber provo-
ziert hat, nutzt, um die sündige Menschheit zur Buße zu bringen. Auch
bleibt in einer solchen Sicht der Krieg nie absolut, und das Ziel ist nicht die
Ausradierung des Bösen, sondern vor allem die Wiederherstellung des Friedens im Sinne eines gerechten und definitiven Friedens.

   Bei allen Elementen der Totalisierung des Krieges wird hier doch sehr
deutlich, daß die Brücke zu traditionellem christlichen Denken nicht abge-

---

[28] Laurent Gambarotto, Guerre Sainte et Juste Paix, in: Aujourd'hui 1 (wie Anm. 9) S. 27–
38.

brochen wurde und daß sich die Propaganda nicht schrankenlos der kirchlichen Rede bemächtigte. Das scheint in Deutschland genau wie in Frankreich der Fall gewesen zu sein. Der signifikanteste Unterschied lag wohl in der Tatsache, daß die Intellektuellen in Frankreich sehr viel stärker als die Deutschen über den gesamten Krieg hinweg fähig blieben, die Kriegspropaganda in äußerster Radikalität und unter ständiger Beschwörung des heiligen Krieges gegen das absolut Böse aufrechtzuerhalten. Der Hauptgrund für diese Differenz dürfte selbstverständlich in der einfachen Tatsache zu sehen sein, daß der Krieg nicht weniger als zehn Departements von Frankreich verwüstete und dem Feind preisgab und daß die »Schrecken des Krieges«, die brutale Gewalt des Feindes allgegenwärtig waren. Diese Kriegserfahrung hatten die deutschen Intellektuellen nicht, und ihre Rede vom Krieg konnte deshalb auch anders als in Frankreich sich sehr bald des eschatologischen Momentes entkleiden, was die deutschen Intellektuellen aber keineswegs friedfertiger machte als ihre französischen Feinde.

Die Nation – von Gott »erfunden«?
Kritische Randnotizen zum Theologiebedarf
der historischen Nationalismusforschung

von

Friedrich Wilhelm Graf

I. Die kulturalistische Wiederkehr der Religion

»Gib, daß ich tue mit Fleiß, was mir zu tun gebühret«, haben die preußischen Soldaten vor der Schlacht von Leuthen spontan gesungen. Dem Kommentator gebührt es, kritische Fragen und Einwände zu formulieren. Dabei kann ich nur auf subjektive Einsichten und meine individuelle Wahrnehmung moderner Religionsdiskurse rekurrieren. Wie jeder andere Intellektuelle auch, bin ich von spezifischen *cognitive maps*, Deutungsmustern und diskursiven Kontexten geprägt. Meine Perspektive auf die Religionsgeschichten der Moderne ist bestimmt durch die Traditionen des deutschen liberalen Kulturprotestantismus auf der Linie von Schleiermacher zu Troeltsch. Als protestantischer Theologe und als Historiker habe ich von den teils jüdisch, teils kulturprotestantisch geprägten Klassikern der Historischen Kulturwissenschaften zu lernen versucht. In der »›Achsenzeit‹ moderner Wissenschaft«[1], also in den krisenreichen Jahren zwischen 1880 und 1930, haben Autoren wie Georg Simmel, Heinrich Rickert, Max Weber, Ernst Troeltsch, Emile Durkheim, William James, Aby Warburg und Ernst Cassirer die konzeptionellen Grundlagen einer Kulturtheorie zu formulieren versucht, die

---

[1] Zum Konzept siehe: Otto Gerhard Oexle, Geschichte als Historische Kulturwissenschaft, in: Kulturgeschichte heute. Hg. Wolfgang Hardtwig/Hans-Ulrich Wehler. Göttingen 1996 S. 14–40, hier S. 15. Weitere grundlegende Studien Oexles zur Wissenschaftsgeschichte der Historischen Kulturwissenschaften sind gesammelt in: Otto Gerhard Oexle, Geschichtswissenschaft im Zeichen des Historismus. Studien zu Problemgeschichten der Moderne. Göttingen 1996.

dem konstruktiven Charakter aller menschlicher Erkenntnistätigkeit gerecht werden soll. Im Unterschied zu mehr oder minder dogmatischen Sozialtheoretikern, die die Objektivität von gesellschaftlichen Ordnungen oder Strukturen betonen und das Konstruiertsein ihrer begrifflichen Konzepte abblenden, folgen die Klassiker der historischen Kulturwissenschaften weithin der kritizistischen Grundeinsicht, daß alle Gegenstände unseres Erkennens durch das erkennende Subjekt konstituiert sind. Gegen die gleichsam ontische Verselbständigung von Begriffen wie Gesellschaft, Struktur, Ordnung, Entwicklung, Prozeß, soziales System etc. entwickeln sie Konzepte kultureller Praxis oder Theorien sozialen Handelns, die dem unaufhebbaren Eigensinn der jeweiligen Weltbilder bzw. den subjektiven Intentionen der handelnden Akteure Rechnung tragen sollen. Diese Intention läßt sich an einem inzwischen berühmten Zitat aus Max Webers »Gesammelten Aufsätzen zur Religionssoziologie« verdeutlichen:

»Interessen (ideelle und materielle), nicht: Ideen, beherrschen unmittelbar das Handeln der Menschen. Aber: die ›Weltbilder‹, welche durch ›Ideen‹ geschaffen wurden, haben sehr oft als Weichensteller die Bahnen bestimmt, in denen die Dynamik der Interessen das Handeln fortbewegte. Nach dem Weltbild richtete es sich ja: ›wovon‹ und ›wozu‹ man ›erlöst‹ sein sollte und – nicht zu vergessen: – konnte.«[2]

Religiöse Ideen und Weltbilder bilden zwar einen äußerst weichen – und analytisch extrem schwer zu erfassenden – mentalen Stoff, entfalten aber eine hohe Prägekraft bezüglich der Wahrnehmung und normativen Deutung der härteren (etwa: politischen oder ökonomischen) Strukturelemente menschlicher Kultur. Die besondere Leistungskraft der von den genannten Klassikern entwickelten Kulturtheorien liegt gerade darin, Religion und die in ihr erzeugten Weltbilder und Wertideen nicht als ein Epiphänomen des kulturellen Weltumgangs des Menschen oder als einen Sonderbezirk der Kultur zu deuten, sondern religiösen Glauben als eine elementare Sinnstruktur ernst zu nehmen, die alle Handlungsvollzüge des Menschen (mit-)bestimmt. Intensiv diskutierten die führenden Theoretiker der historischen Kulturwissenschaften deshalb die Methodenprobleme einer Rekonstruktion historischer Religionsformen, die den Eigensinn der jeweiligen religiösen Symbolwelten zu erfassen vermag. Inwieweit läßt sich der Glaube eines Menschen oder das »religiöse Bewußtsein« in analytischen Außenperspektiven überhaupt zureichend erschließen? Wie kann dem konstruktiven Charakter religiösen Bewußtseins angemessen Rechnung getragen werden, wenn dem Frommen die Gehalte oder Objekte seines Bewußtseins gerade nicht als von

---

[2] Das Zitat stammt aus der »Einleitung« zur »Wirtschaftsethik der Weltreligionen«: MAX WEBER, Gesammelte Aufsätze zur Religionssoziologie 1. Tübingen [7]1978 S. 252.

ihm selbst konstruiert erscheinen, sondern er ihnen eine ontische Eigenständigkeit zuerkennt bzw., in der konstruktivistischen Außenperspektive des kulturwissenschaftlichen Analytikers formuliert, sie mit einer »Aura der Faktizität« (Clifford Geertz) umgibt? Wie ist der elementare Widerspruch hermeneutisch zu bearbeiten, daß der kritizistisch informierte Kulturwissenschaftler alle religiösen Vorstellungsgehalte (von Gott bis zum ewigen Leben) als vom gläubigen Subjekt (mit-)konstituiert weiß, der Fromme sich selbst aber, vor allem im Falle des christlichen Schöpfungsglaubens, von einem extramundanen Schöpfergott geschaffen, konstituiert wahrnimmt? Darf von der Fiktionalität religiöser Symbole, Narrative und Vorstellungen die Rede sein, wenn viele religiöse Menschen auf deren realem Immerschongegebensein insistieren, also gerade deren Nicht-Fiktionalität behaupten? Solche Fragen bildeten einen Schwerpunkt der zwischen 1880 und 1930 intensiv geführten Debatten um die Möglichkeit einer kulturwissenschaftlichen Hermeneutik, die der »Kulturbedeutung« ihrer Erkenntnisgegenstände gerecht wird, ohne bloß die subjektiven Werturteile des Kulturwissenschaftlers in die Vergangenheit zu projizieren. Trotz der intensiven Weber-Rezeption und einer neuen Offenheit für Kulturtheoretiker wie Maurice Halbwachs, Clifford Geertz, Mary Douglas und Pierre Bourdieu haben viele Historiker in Deutschland das Reflexionsniveau dieser klassischen Historischen Kulturwissenschaften noch immer nicht erreicht. Dies zeigt sich vor allem dann, wenn sie sich zum Thema Religion äußern.

Viele deutsche Sozial- und Gesellschaftshistoriker orientierten sich in den sechziger, siebziger und frühen achtziger Jahren an soziologischen Modernisierungstheorien, in denen fortschreitende gesellschaftliche Modernisierung auch in Mustern einer – zumeist als Emanzipationsgewinn begrüßten – Niedergangsgeschichte der Religion gedeutet wurde. Die konfliktreichen Prozesse der Durchsetzung der modernen bürgerlichen Gesellschaft, des Kapitalismus und schließlich auch der parlamentarischen Parteiendemokratie wurden weithin in teleologischen Fortschrittsnarrativen erzählt, in denen Modernisierung immer mit der Erosion traditionaler Bindungen und einem Gewinn an neuen Gestaltungschancen emanzipierter Individuen gleichgesetzt wurde. In solchen modernisierungstheoretischen Sprachspielen konnte Religion primär nur als eine jener Traditionsmächte wahrgenommen werden, die in den Prozessen gesellschaftlicher Differenzierung zunehmend ihre einstmals zentrale kulturelle Prägekraft verloren hatten. Fortschreitende Modernisierung wurde häufig als progressive Rationalisierung gedeutet, als ein mit der Steigerung wissenschaftlich-technischer Zweckrationalität verbundener Siegeszug humaner Vernunft überhaupt. Religion erschien dann als irgendwie archaisch, als ein Relikt aus alten, vormodernen Zeiten. In genau dem Maße, in dem die zumeist in den fünfziger Jahren in den USA kon-

zipierten soziologischen Modernisierungstheorien zu den Schlüsseltheorien
für die Deutung der modernen Gesellschaftsgeschichte überhaupt dogmati-
siert wurden, wurde implizit unterstellt, daß eine wahrhaft moderne Gesellschaft eine Gesellschaft ohne Religion sein werde, in der die alten religiösen
Institutionen, etwa die Kirchen, bestenfalls noch für kleine Gruppen Vor-
gestriger attraktiv seien. Es wäre eine reizvolle intellektuelle Aufgabe, die
von deutschen Sozialhistorikern in den siebziger und achtziger Jahren publizierten Texte auf ihre Religionsdiagnostik hin zu untersuchen. Unschwer ließe sich zeigen, daß die Wahrnehmung der Religionsthematik zumeist von einem letztlich naiv aufklärerischen Überwindungsgestus geprägt war. Obwohl man Max Weber zu *der* Autorität einer kritischen Sozialgeschichts-
schreibung erhob, wurden Grundeinsichten seiner religionstheoretischen
Begriffsbildung ignoriert: Religion war für Weber eine zentrale Quelle der
praktischen Rationalisierung der Lebensführung und konnte in bestimmten
Fällen gerade dank der Irrationalität ihrer Wertimplikationen zum bestim-
menden Motiv rationalen Handelns werden. Trotz intensiver Weber-Lektüre
reduzierten prominente Sozial- und Gesellschaftshistoriker die Webersche
Rationalisierungsthese demgegenüber auf dichotomische Oppositionsfiguren
von traditional – modern, irrational – rational, religiös – zweckrational, in
denen sich die immanenten Rationalisierungspotentiale religiösen Erlösungs-
glaubens gar nicht wahrnehmen ließen. Religion galt ihnen deshalb als eine
bestenfalls noch unglückliche, blinde, dumpfe Bewußtseinsformation. Besonders deutlich lassen dies die Deutungsmuster erkennen, in denen prominente Sozial- und Gesellschaftshistoriker die religiösen Lebenswelten des
deutschen Katholizismus zu erschließen versuchten. Im Katholizismusbild
gibt es, beispielsweise in vielen Texten Hans-Ulrich Wehlers, eine wenig reflektierte Bindung an überkommene protestantische Repräsentationen und
an Feindbild-Stereotypen nationalliberaler Kulturkämpfer.[3]

Von den führenden deutschen Sozial- und Gesellschaftshistorikern wurde
die widersprüchliche Vielfalt von Präsenz und Wandel der Religion in der
Moderne häufig nur mit einem einzigen, dogmatisch privilegierten analytischen Konzept zu erfassen versucht: dem Konzept der *Säkularisierung*.
Nicht selten blieb der Säkularisierungsbegriff dabei eigentümlich unscharf.
Säkularisierung wurde verstanden als fortschreitender Schwund der gesellschaftlichen Orientierungskraft der Kirchen, d.h. als Entkirchlichung, oder
als generelle Dechristianisierung. Die vielen religiösen Bewegungen am Rande der christlichen Kirchen, insbesondere an den unscharfen Rändern der
evangelischen Kirchen, kamen dabei ebensowenig in den Blick wie die inter-

---

[3] Hans-Ulrich Wehler, Deutsche Gesellschaftsgeschichte 1–3. München 1987–1995.

nen Differenzierungsprozesse religiöser Milieus und der seit dem zweiten Drittel des 19. Jahrhunderts expandierende Markt neuer synkretistischer Religionsformen, deren Trägergruppen zumeist im Bildungsbürgertum zu finden waren. Die mit der partiellen Deinstitutionalisierung des Religiösen verbundenen Prozesse neuer Konfessionalisierung und die bleibende Prägekraft überkommener (oder revitalisierter) konfessioneller Abgrenzungsmuster wurden nur am Rande wahrgenommen. Die institutionell gegebene Trennung der Kirchengeschichte (als eines Faches konfessionsgebundener Universitätstheologie) von der allgemeinen Geschichtswissenschaft trug dazu bei, daß Religionsgeschichte und Kirchengeschichte bestenfalls als eine kleine Spezialgeschichte neben anderen wahrgenommen wurde. Insgesamt gilt: Die dogmatische Hochschätzung des Säkularisierungskonzepts als des Schlüsselbegriffs für die Erschließung der Religionsgeschichten der Moderne führte dazu, daß vielen Sozial- und Gesellschaftshistorikern die differenzierten religiösen Lebenswelten der Moderne *terrae incognitae* blieben. Wenn sie in ihren Modernisierungsgeschichten überhaupt auf die Religion zu sprechen kamen, dann zumeist nur bezüglich der »Funktion« des Religiösen für die Legitimation politischer Herrschaft und die mehr oder weniger erfolgreiche Stabilisierung alter sozialer Ordnungsstrukturen. Religion galt nicht als eine eigene, relativ autonome »Potenz« der Kultur, sondern wurde primär nur in Abhängigkeit von den – als eigentlich prägend gedachten – ökonomischen und politischen Bewegungskräften gesehen. Das dafür beste Beispiel ist die in Materialreichtum und analytischer Stringenz faszinierende »Deutsche Gesellschaftsgeschichte« Hans-Ulrich Wehlers. Mit Jürgen Habermas unterscheidet der führende Repräsentant der »Bielefelder Schule« drei Strukturdimensionen historischen Wandels: Politische Herrschaft, Ökonomie und Kultur. In dieser trinitarischen Struktur wird die Religion der dritten Sphäre, der Kultur, zugeordnet und analog zum Bildungssystem oder der literarischen Öffentlichkeit als eine Art Teilbereich der Kultursphäre behandelt. Wehler restringiert die Religionsgeschichte der Moderne stark auf die institutionalisierte Religion, d.h. auf die Kirchen, und handelt sich mit seinem Dreierschema das Problem ein, Religion weithin nur in ihrer Funktion für anderes (die politische Herrschaft etc.) thematisieren zu können. Religion gilt Wehler primär als eine Ideologie, die sich entweder auf die Legitimationsinteressen der Herrschenden oder auf die protestbezogenen Artikulationsbedürfnisse der Opfer von kapitalistischer Modernisierung zurückführen läßt. Ein möglicher Eigensinn religiöser Deutungskulturen und die habitusprägende und weltbildbestimmende Kraft religiösen Glaubens kommen so nicht in den Blick.

Mit einiger Verspätung bemerkten in den späten achtziger und frühen neunziger Jahren die deutschen Sozialhistoriker, daß sie in ihren modernisierungstheoretischen Perspektiven auf die Religionsgeschichten der Moderne Prozesse religiösen Wandels nicht oder nur sehr verzerrt wahrnehmen konnten. Die vor allem außerhalb Europas vielfältig zu beobachtende Renaissance religiöser Bewegungen provozierte neue Nachdenklichkeit. Unter dem Eindruck der teils realen, teils als globaler »clash of civilizations« perhorreszierten Religionskonflikte des späten 20. Jahrhunderts[4], der fundamentalistischen Religionsrevolutionen in verschiedenen islamischen Gesellschaften[5], der starken Mobilisierungskraft der dominant protestantischen *Christian Right* in den USA[6] und der aggressiven Expansion des charismatischen Christentums in vielen Ländern der Dritten und Vierten Welt[7] gewann »die Religion« in vielen kulturwissenschaftlichen Diskursen wieder ihren alten Rang zurück, das methodisch spannendste Untersuchungsfeld für die Konstruktion kollektiver Mentalitäten und deren sozial-kulturelle wie politische Prägekraft zu bilden. In der deutschen Geschichtswissenschaft wird seit den späten achtziger Jahren nur an Einsichten angeknüpft, die in anderen Kulturwissenschaften schon seit den siebziger Jahren intensiv diskutiert wurden: Auch in modernen komplexen Gesellschaften bleibt Religion eine zentrale kulturelle Produktivkraft, die in ihren Symbolsprachen, Riten, Liturgien und impliziten moralischen *codes* entscheidend den Habitus von Individuen prägt, zur Konstruktion kollektiver Identitäten beiträgt, die ursprüngliche Akkumulation und Mehrung sozial relevanten Vertrauenskapitals fördern kann und politische Prozesse in vielfältiger Weise mitbestimmt.

Seit dem *linguistic turn* und der kulturalistischen Wende in der deutschen Geschichtswissenschaft läßt sich in Sachen Religion ein signifikanter Wandel der Forschungslage beobachten. Im Zeichen einer »neuen Kulturgeschichte«[8]

---

[4] Vgl. SAMUEL HUNTINGTON, Der Kampf der Kulturen. Die Neugestaltung der Weltpolitik im 21. Jahrhundert. München 1996. Zur deutschen Diskussion um Huntingtons Thesen siehe: Konvergenz oder Konfrontation? Transformationen kultureller Identität in den Rechtssystemen an der Schwelle zum 21. Jahrhundert. Hg. WERNER KRAWIETZ/GERT RIECHERS/KLAUS VEDDELER (Rechtstheorie 29 [1998], Huntington-Sonderheft). Berlin 1998.

[5] Vgl. MARTIN RIESEBRODT, Fundamentalismus als patriarchalische Protestbewegung. Amerikanische Protestanten (1910–1928) und iranische Schiiten (1961–1979) im Vergleich. Tübingen 1990.

[6] Dazu siehe: MARTIN STERR, Lobbyisten Gottes – Die Christian Right in den USA von 1980 bis 1996. Zwischen Aktion, Reaktion und Wandel. Berlin 1999.

[7] Dazu siehe: WALTER J. HOLLENWEGER, Charismatisch-pfingstliches Christentum. Herkunft – Situation – Ökumenische Chancen. Göttingen 1997. Als Fallstudie für Lateinamerika vorbildlich: DAVID MARTIN, Tongues of Fire. The Explosion of Protestantism in Latin America. Oxford 1993.

[8] In »Geschichte und Gesellschaft« wird seit 1992 intensiv über die »neue Kulturgeschichte« gestritten. Als wichtige Sammelbände sind zu nennen: The New Cultural History. Hg. LYNN A. HUNT. Berkely 1989; Wege zu einer neuen Kulturgeschichte. Hg. HARTMUT LEHMANN. Göttin-

haben vor allem jüngere Historiker seit den achtziger Jahren Religion, Konfession, Kirchen und andere religiöse Gemeinschaften als bleibend relevante Themenfelder der Geschichtswissenschaften entdeckt. In bemerkenswert kurzer Zeit hat sich, gerade auch durch eine implizite Selbstkritik Hans-Ulrich Wehlers[9] und die von ihm äußerst effizient betriebene Förderung und Ermutigung Jüngerer, die Diskussionslage tiefgreifend gewandelt[10]: Religion und Konfession, Kirchen und Synagogen, Dechristianisierungsprozesse und Rechristianisierungswellen sind zu einem Modethema der neueren Kulturgeschichtsschreibung avanciert. Deutsche Historiker haben die politische Prägekraft kulturprotestantischer Mentalitäten entdeckt[11], lassen sich von Heilsarmeeoffizieren und Zungenrednern in religiöse Erregungszustände versetzen[12], erkennen in den Pfarrern der badischen Landeskirche eine zentrale Trägergruppe des Bildungsbürgertums[13], untersuchen Genese und interne Differenzierungsprozesse protestantischer Sozialmilieus[14], eilen unter britischer Führung nach Marpingen[15], entdecken den Herz-Jesu-Kult katholischer Frommer[16], suchen in dichten Beschreibungen der Koexistenz von

---

gen 1995; Kulturgeschichte heute. Hg. Wolfgang Hardtwig/Hans-Ulrich Wehler (Geschichte und Gesellschaft, Sonderheft 16). Göttingen 1996; Geschichte zwischen Kultur und Gesellschaft. Beiträge zur Theoriedebatte. Hg. Thomas Mergel/Thomas Welskopp. München 1997. Weitere Literatur nennt: Hans-Ulrich Wehler, Die Herausforderung der Kulturgeschichte. München 1998.

[9] Siehe vor allem Hans-Ulrich Wehlers Bielefelder Abschiedsvorlesung: Hans-Ulrich Wehler, Rückblick und Ausblick, oder: Arbeiten, um überholt zu werden (Bielefelder Universitätsgespräche und Vorträge 6). Bielefeld 1996.

[10] Als Forschungsüberblick siehe: Jonathan Sperber, Kirchengeschichte or the Social and Cultural History of Religion?, in: Neue Politische Literatur 43. 1998 S. 13–35. Mit zahlreichen Fehlinformationen: Gerhard Besier, Kirche, Politik und Gesellschaft im 19. Jahrhundert. München 1998.

[11] Siehe vor allem: Gangolf Hübinger, Kulturprotestantismus und Politik. Zum Verhältnis von Liberalismus und Protestantismus im wilhelminischen Deutschland. Tübingen 1994. Zum liberalprotestantischen Vereinswesen sie auch: Claudia Lepp, Protestantisch-liberaler Aufbruch in die Moderne. Der deutsche Protestantenverein in der Zeit der Reichsgründung und des Kulturkampfes. Gütersloh 1996.

[12] Christoph Ribbat, Religiöse Erregung. Protestantische Schwärmer im Kaiserreich. Frankfurt a. M./New York 1996.

[13] Frank-Michael Kuhlemann, Bürgerlichkeit und Religion. Zur Sozial- und Mentalitätsgeschichte der evangelischen Pfarrer in Baden 1860–1914. Habilitationsschrift. Bielefeld 1998.

[14] Dietmar von Reeken, Kirchen im Umbruch zur Moderne. Milieubildungsprozesse im nordwestdeutschen Protestantismus 1849–1914 (Religiöse Kulturen der Moderne 9). Gütersloh 1999.

[15] Siehe David Blackbourn, Marpingen. Apparitions of the Virgin Mary in Bismarckian Germany. New York ²1995 (dt: »Wenn ihr sie wieder seht, fragt wer sie sei«. Marienerscheinungen in Marpingen – Aufstieg und Niedergang des deutschen Lourdes. Hamburg 1997).

[16] Norbert Busch, Katholische Frömmigkeit und Moderne. Die Sozial- und Mentalitätsge-

Juden, Katholiken und Protestanten jenseits alter Stereotypen gerecht zu werden[17] und unternehmen alle möglichen Anstrengungen, um auch das breite Spektrum kirchendistanzierter oder nachchristlicher Religiosität in den diversen Weltanschauungsvereinen, Bünden, Sekten, Gruppen und Bewegungen des späten 19. und frühen 20. Jahrhunderts zu erfassen[18]. Diese Liste ließe sich unschwer fortsetzen, bis hin zu Gesamtdarstellungen der europäischen Seelenwanderung[19] oder zum provokanten Vorschlag, das einstmals »bürgerliche 19. Jahrhundert« als ein »Zweites Konfessionelles Zeitalter« zu deuten[20].

Die neue Offenheit für religionshistorische Fragestellungen bleibt aber durch disziplinenspezifische Erkenntnisgrenzen restringiert. Die häufig emphatische Zuwendung zu den kleinen religiösen »Alltagswelten« oder »Lebenswelten« ist in aller Regel zwar mit intensiver Methodenreflexion verbunden. Die Deutungsangebote und analytischen Instrumentarien jener alten Geistes- oder Kulturwissenschaften, die im Wissenschaftssystem der deutschen Universität traditionell für die (zumeist: politisch normativ oder kirchlich instrumentalisierte) Deutung religiöser Überlieferungen und Symbolsprachen zuständig waren und sind, werden hingegen kaum rezipiert. Pointiert formuliert: Jüngere Sozial- und/oder Kulturhistoriker, die sich nun mit religionsgeschichtlichen Themen beschäftigen, lesen zwar Weber, Simmel und Durkheim oder Halbwachs, Bourdieu und Geertz. Aber sie pflegen eine bemerkenswerte Rezeptionsaskese gegenüber den akademischen Theologien, in denen sie, so steht zu vermuten, wohl nur dogmatische Legitimationsunternehmen der jeweiligen Konfessionskirche sehen. Diese Distanz ist auf dem Hintergrund theologieinterner Entwicklungen durchaus verständ-

---

schichte des Herz-Jesu-Kultes in Deutschland zwischen Kulturkampf und Erstem Weltkrieg (Religiöse Kulturen der Moderne 6). Gütersloh 1997.

[17] TILL VAN RAHDEN, Juden und andere Breslauer. Die Beziehungen zwischen Juden, Protestanten und Katholiken in einer deutschen Großstadt 1860–1925. Göttingen 2000.

[18] Aus der Fülle der neueren Literatur siehe exemplarisch: ULRICH LINSE, Geisterseher und Wunderwirker. Heilssuche im Industriezeitalter. Frankfurt a. M. 1996; FRANK SIMON-RITZ, Die Organisation einer Weltanschauung. Die freigeistige Bewegung im Wilhelminischen Deutschland (Religiöse Kulturen der Moderne 5). Gütersloh 1997; Versammlungsort moderner Geister. Der Eugen Diederichs Verlag – Aufbruch ins Jahrhundert der Extreme. Hg. GANGOLF HÜBINGER. München 1996; Romantik, Revolution und Reform. Der Eugen-Diederichs-Verlag im Epochenkontext 1900 bis 1949. Hg. JUSTUS H. ULBRICHT/MEIKE G. WERNER. Göttingen 1999; CORINNA TREITEL, Avatars of the Soul. Cultures of Science, Medicine, and the Occult in Modern Germany. Ph. D. Dissertation. Harvard University 1999.

[19] HELMUT ZANDER, Geschichte der Seelenwanderung in Europa. Alternative religiöse Traditionen von der Antike bis heute. Darmstadt 1999.

[20] Siehe: OLAF BLASCHKE, Das 19. Jahrhundert: Ein Zweites Konfessionelles Zeitalter?, demnächst in: Geschichte und Gesellschaft.

lich, haben sich viele Theologen doch in Reflexionsghettos zurückgezogen, in denen eine – zumindest in Außenperspektiven – eigentümlich esoterisch wirkende Semantik nur dazu dient, die zunehmende Marginalisierung ihrer Disziplin im Wissenschaftssystem vergessen zu lassen. Die wechselseitigen Kommunikationsblockaden zwischen Geschichtswissenschaft und akademischen Theologien sind für eine kulturhistorische Erforschung religiöser Lebenswelten jedoch problematisch und bisweilen ruinös: Theologieabstinente Kulturgeschichtsschreibung religiöser Mentalitäten kann nur die Außenseiten »des Glaubens« erfassen. Religiöse Deutungskulturen und Mentalitäten lassen sich jedoch erst dann verstehen, wenn die symbolischen Gehalte und theologischen Ideen trennscharf bestimmt werden, die das »religiöse Bewußtsein« des jeweiligen Individuums oder einer Gruppe von Gläubigen (mit-)bestimmen. Religiöser Glaube welcher Art auch immer ist ein mentaler Stoff, der für den Frommen oder eine fromme Gemeinschaft in aller Regel von hoher existentieller Relevanz ist. Er läßt sich ebenso wie moralische Überzeugungen oder Hintergrundgewißheiten anderer Art nur schwer in seiner habitusformierenden Prägekraft oder identitätskonstituierenden Funktion erfassen. Unter den Bedingungen des neuzeitlichen Christentums und des modernen Judentums sind aber keine Ausdrucksgestalten »religiösen Bewußtseins« bekannt, die nicht auch durch theologische Sprachmuster oder dogmatische Ideen (mit-)konstituiert werden. Wenn religiöse Subjekte über ihren Glauben reden oder sich zu ihrer gelebten Frömmigkeit reflexiv verhalten, produzieren sie je individuelle Populartheologien, die sehr stark von vorgegebenen kirchlichen und akademisch-theologischen Sprachmustern leben. Selbst im Falle kirchenfreier Mystik – für Ernst Troeltsch bekanntlich der dritte Typus der sozialen Manifestation des modernen Christentums neben Kirchen und Sekten[21] –, charismatisch expressiver Erlebnisreligiosität oder vagierender Bildungsreligiosität sind für das extrem breite Spektrum individueller religiöser Bewußtseinsformationen immer bestimmte theologische Leitannahmen oder Restbestände alter Kirchendogmatik prägend. Trotz der orthodox-jüdischen Kritik an der vermeintlichen inhaltlichen Unbestimmtheit oder dogmatischen Leere der diversen Formen des Reformjudentums bzw. liberalen Kulturjudentums gilt Entsprechendes auch für die liberal-jüdischen Religionsgestalten. Theologen und Religionswissenschaftler kennen kein religiöses Bewußtsein, das sich ohne Rekurs auf theologische Gehalte darzustellen vermag.

---

[21] Siehe im einzelnen: Ernst Troeltschs Soziallehren. Studien zu ihrer Interpretation. Hg. FRIEDRICH WILHELM GRAF/TRUTZ RENDTORFF. Gütersloh 1993; ARIE L. MOLENDIJK, Zwischen Theologie und Soziologie. Ernst Troeltschs Typen der christlichen Gemeinschaftsbildung: Kirche, Sekte, Mystik. Gütersloh 1996.

Ein Kulturhistoriker, der eine Geschichte religiöser Mentalitäten ohne die Aneignung theologischer Deutungskompetenz schreiben oder konfessionsspezifische Habitusformen ohne präzise Wahrnehmung kirchendogmatisch bzw. amtstheologisch definierter Unterscheidungslehren rekonstruieren will, gleicht insoweit nur einem Wirtschaftshistoriker, der Wirtschaftsgeschichte bar aller ökonomischen Grundkenntnisse schreiben zu können beansprucht. Gerade im komplexen Feld konfessioneller Repräsentationen und Differenzstereotypen von Katholiken, Lutheranern, reformierten Protestanten und Juden reproduzieren die neuen Kulturhistoriker häufig nur jenes Alltagswissen, das immer schon von den konfessionellen Kulturkämpfen der Vergangenheit geprägt ist. Manch anderer Historiker meint, die Religiosität von Individuen oder sozialen Gruppen mit den alten analytischen Instrumentarien erfassen zu können, die von den Religionskritikern des 19. Jahrhunderts entwickelt wurden. Das spannende Unternehmen, die religiösen Mentalitäten einer bestimmten Berufsgruppe zu erfassen[22], kann nur scheitern, wenn man konfessionsspezifische Frömmigkeitsmuster ohne theologische Deutungskompetenz analysieren will.

Konfessionelle Bilder des jeweils anderen, kulturkämpferische Feindbildstereotypen, Innen-Außen-Distinktionen und Selbstbilder sind immer auch durch theologische Unterscheidungsmuster mitbestimmt. Wer diese theologischen Elemente und religionssemantischen Repräsentationen nicht präzise zu erfassen vermag, kann Glaube, Frömmigkeit und religiöse Mentalität bestenfalls in äußeren Umrissen wahrnehmen. Es kommt aber gerade darauf an, solche inhaltlichen Bestimmtheiten zu erfassen. Denn nur dann läßt sich nachvollziehen, warum diesen Menschen ihr Glaube so existentiell wichtig gewesen ist, daß sie ihn zu einem oder dem konstitutiven Element ihrer Identitätskonstruktion gemacht haben. Viele neuere kulturhistorische Studien zur Geschichte religiöser Mentalitäten im Deutschland des 19. und frühen 20. Jahrhunderts sind darin defizitär, daß sie ein zentrales Methodenproblem wissenschaftlicher Deutung religiöser Bewußtseinsgestalten bzw. der Analyse religiös bestimmter »Lebensführung« nicht oder nur unzureichend wahrnehmen: das Problem, daß die analytischen Außenperspektiven auf religiöse Mentalitäten und der gelebte Glaube von Individuen niemals kongruent sind. Wer mit seinen analytischen Begriffen den religiösen Glauben eines anderen wie differenziert auch immer zu erfassen und die Funktion zu bezeichnen sucht, die dieser Glauben für den (oder die) betreffenden Men-

---

[22] Dazu ist methodisch innovativ eine religionssoziologische Untersuchung religiöser Symbolsysteme von promovierten Chemikern in hohen Positionen der chemischen Industrie: ANSGAR JÖDICKE, Konfigurationen religiöser Symbolsysteme bei Chemikern. Eine semiotische Morphologie. Konstanz 1999.

schen (oder Religion für die Gesellschaft) hat, muß durch methodische Reflexion eine elementare Grenze seines eigenen Tuns akzeptieren lernen: Der Glaube ist für einen frommen Menschen etwas qualitativ anderes als eine Funktion von x oder ein Nutzen für y. Kein frommer Jude glaubt daran, daß Jahwe sein auserwähltes Volk aus Ägyptenland geführt hat, weil er weiß, daß Erwählungsglaube den psychischen Nutzen stabiler Ich-Identität zur Folge hat oder zur Stiftung starker kollektiver Identität beiträgt. Kein frommer Christ bekennt sich zur Heilsmittlerschaft Jesu Christi, weil er um die Integrationsfunktion der Religion weiß. Hier bleibt eine Differenz von Außen- und Innen-Perspektive, die zu methodischer Behutsamkeit zwingt. Um solcher Behutsamkeit willen dürfte es hilfreich sein, religionsrelevante theologische Sprachspiele ernster zu nehmen, als viele neue Kulturhistoriker es bei der Beschäftigung mit Religion bisher tun. Gerade in der Erfassung des für religiöse Subjekte »Innerlichsten«, d.h. ihres je individuellen Gottvertrauens, bedarf es hoher hermeneutischer Sensibilität.[23]

Auch die Methodendebatten der älteren Religionssoziologie, die seit dem späten 19. Jahrhundert entwickelten Programme einer psychologischen Rekonstruktion der »Varieties of religious experience« (William James) und die Diskurse über den Begriff der »Religion« in der modernen Religionswissenschaft[24] sind in der neuen Kulturgeschichte bisher erst unzureichend rezipiert. Trotz des großen Gewichts, das ökonomische Erklärungsmuster in den aktuellen religionswissenschaftlichen Debatten über die vielfältigen Prozesse schnellen religiösen Wandels spielen, nehmen viele Kulturhistoriker auch diese religionsanalytischen Deutungsangebote der zumeist neoklassisch orientierten amerikanischen *religious economy* nicht wahr.[25] Doch unter modernen, pluralistischen Bedingungen lassen sich Angebot und Nachfrage nach religiösem Sinn und entsprechende Konjunkturschwankungen in

[23] Höhere hermeneutische Sensibilität für Chancen und Grenzen historischer Kulturforschung klagt zu Recht ein: UTE DANIEL, »Kultur« und »Gesellschaft«. Überlegungen zum Gegenstandsbereich der Sozialgeschichte, in: Geschichte und Gesellschaft 19. 1993 S. 69–99.

[24] Aus der Fülle der Literatur besonders wichtig: FALK WAGNER, Was ist Religion? Studien zu ihrem Begriff und Thema in Geschichte und Gegenwart. Gütersloh 1986; HANS G. KIPPENBERG, Die Entdeckung der Religionsgeschichte. Religionswissenschaft und Moderne. München 1997.

[25] Vgl. GARY S. BECKER, The Economic Approach to Human Behavior. Chicago 1976; ROGER FINKE/RODNEY STARK, The Curching of America 1776–1990: Winners and Losers in our Religious Economy. New Brunswick 1992; DERS., The Economics of Piety, in: Issues in Social Inequality. Hg. GERALD W. THIELBAR/SAUL D. FELDMAN. Boston 1971 S. 485–503; DERS., How New Religions Succeed: A Theoretical Model, in: The Future of New Religious Movements. Hg. DAVID G. BROMLEY/PHILIP E. HAMMOND. Macon 1987 S. 11–29; DERS./LAURENCE R. IANNACCONE, Rational Choice Propositions about Religious Movements, in: Religion and the Social Order 3/A.: Handbook on Cults and Sects in America. Hg. DAVID G. BROMLEY/JEFFREY K. HADDON. Greenwich 1992 S. 241–261.

Marktmodellen erfassen. Auch in dieser Hinsicht bleiben die neuen Kulturhistoriker noch hinter den Deutungsangeboten anderer Disziplinen zurück.
Zugespitzt formuliert: Die Begriffe der Religion, mit denen Historiker der-
zeit die komplexen religiösen Lebenswelten moderner Gesellschaft zu erschließen versuchen, sind häufig allzu vage und unbestimmt. Der Mangel an
methodischer Reflexion führt dann dazu, Religion nur in den Gestalten ex-
pliziter oder gar kirchlich bzw. synagogal institutionalisierter Religion wahrzunehmen und die hintergründige Prägekraft religiöser Weltbildkonstrukti-
on in anderen als den explizit religiösen Lebensvollzügen zu ignorieren. Nur
selten kommt »Religion« als eine (relativ) autonome kulturelle Produktivkraft in den Blick, die sowohl die Selbstentwürfe, Identitätskonstruktion
und Lebensführung von Individuen existentiell relevant bestimmt als auch
eine starke, emotional tief bindende Quelle von Gruppenbildung und Vergemeinschaftung darstellt.

II. Religion als Deutungscode

Religionen lassen sich als Deutungssysteme mit einem unüberbietbar hohen
Allgemeinheitsanspruch verstehen. Sie vermitteln den in ihnen vergemeinschafteten Frommen ein kohärentes Bild des »Ganzen« der Wirklichkeit,
das ihnen selbst die elementaren Negativitätserfahrungen des endlichen Lebens sinnhaft zu deuten erlaubt. In religiösen Deutungssystemen werden
überkomplexe Wirklichkeit und chaotische Fülle geordnet. Im Vorstellungshorizont monotheistischer Religionskulturen wird das unbestimmte Viele
auf das Eine, auf einen persönlichen Schöpfergott oder auf ein erstes Prinzip
bezogen und gewinnt so Bestimmtheit bzw. Struktur. Solche auf Gott
zurückgeführten Grundstrukturen der Wirklichkeit – in der Sprache der jüdischen und christlichen Theologie: die von Gott geschaffenen »Schöpfungs-
ordnungen« – bilden in der Binnenperspektive des so bestimmten religiösen
Bewußtseins den allgemeinsten Ordnungsrahmen, der allem menschlichen
Handeln als gegeben und insoweit unverfügbar immer schon vorausliegt. Religiöse Symbolsprachen eröffnen den Gläubigen zudem sinnhafte Zeithori-
zonte: Indem sie die elementare Differenz von Zeit und Ewigkeit präsent
halten (bzw. immer neu erinnern), erschließen sie den Gläubigen Ordnungen
von Zeit und Geschichte. Die Frommen können ihre je individuelle Lebensgeschichte dann in diesen Ordnungsrahmen einbeziehen. Die »Vernunft der
Religion«[26] liegt insoweit darin, das vergängliche Leben des Individuums auf

---

[26] Zum Begriff siehe: DIETRICH RÖSSLER, Die Vernunft der Religion. München 1976.

einen unüberbietbar allgemeinen Sinnzusammenhang hin zu überschreiten und so den einzelnen dazu imstande zu setzen, sich zur elementaren Kontingenz seines Lebens konstruktiv zu verhalten. Religiösen Symbolsprachen eignet das spezifische Sinnpotential, den gläubigen Individuen Horizonte der Transzendenz zu eröffnen. Dazu dienen insbesondere die religiösen Grundunterscheidungen von Schöpfer und Geschöpf, Ewigkeit und Zeit, Jenseits und Diesseits sowie Himmel und Erde. Es ist – zumindest unter monotheistischen Bedingungen – die spezifische Logik religiöser Weltbilder, mit Blick auf Gott, das Subjekt unüberbietbarer Allgemeinheit, alle Unbestimmtheit in Bestimmtheit zu überführen, einen krisenresistenten, stabilen Ordnungsrahmen zu definieren und dem einzelnen eine alle Negativitätserfahrungen integrierende, tragende Gewißheit zu erschließen. Religion läßt sich deshalb als »lebensgeschichtliche Sinndeutung«[27] oder »Kontingenzbewältigungspraxis«[28] deuten.

Mit Blick auf ihre ordnungsstrukturierenden Leistungen lassen sich religiöse Deutungssysteme auch als *Systeme der Lebensführung* verstehen, die die Lebensvollzüge der in ihnen vergemeinschafteten Menschen (zumeist) tiefgreifend prägen. Zwar unterscheiden sich Religionen in der materialen Bestimmung der Heilsgüter, die sie den Gläubigen anbieten und zueignen wollen. Auch sind sie durch tiefgreifende Gegensätze in der Auslegung und Vermittlung von Heilsgewißheit bestimmt. Weiterhin differieren sie in der Art der Korrelation von spezifisch religiösen Gütern (wie Seelenfrieden, Befreiung von Sündenangst, Auslöschung des sündhaften Ich, Gemeinschaft mit Gott, Erlösung etc.) und ethischen Forderungen. So binden bestimmte Religionen die Chance, das Heilsgut erwerben zu können, an die Bedingung eines äußerst disziplinierten, rigiden Lebenswandels, wohingegen andere Religionen dem frommen einzelnen bezüglich der Art und Intensität der Befolgung religiös geforderter Maximen einen relativ großen Spielraum lassen. Immer gilt jedoch: Religiöse Deutungssysteme vermitteln mit einem bestimmten Gesamtbild der Welt auch Muster idealer Lebensführung der Frommen bzw. bestimmte Verhaltensmaximen. Im Medium religiöser Symbolsprachen werden die Grundunterschiede von Heil und Verderben, gut und böse, Tugend und Sünde eingeschärft. Mit Blick auf die jeweils erstrebten oder offerierten Heilsgüter werden Tabuschranken errichtet und gottwidrige, sündhafte Verhaltensweisen mit Sanktionen belegt. Ein tugendhafter, dem Willen Gottes entsprechender Lebenswandel wird religiös prämiert,

---

[27] Wilhelm Gräb, Lebensgeschichten, Lebensentwürfe, Sinndeutungen. Eine praktische Theologie gelebter Religion. Gütersloh 1998.

[28] Der Begriff ist auf dem Hintergrund von Schleiermachers Religionstheorie von Hermann Lübbe geprägt worden: Hermann Lübbe, Religion nach der Aufklärung. Graz ²1990.

indem dem Frommen besondere Anerkennung durch andere Gläubige und
Verehrung innerhalb der Gemeinde zugesagt oder außerweltliche, jenseitige
Belohnungen verheißen werden. Die Besonderheit von hochentwickelten religiösen (im Unterschied zu rein innerweltlichen bzw. säkularen) Ethiken
liegt jedoch darin, daß der ethische Verpflichtungsgehalt nicht erfolgsbezo-
gen definiert wird. In hochentwickelten religiösen Ethiken werden das Handeln und die Prämien des Handelns entkoppelt. Religiöse Ethik ist dann er-
folgsunabhängig. Der Fromme folgt dem Gebot Gottes nicht um des Erfol-
ges willen, sondern handelt allein mit der Intention, dem absolut bindenden
Gotteswillen Genüge zu tun. Im radikalen Fall vertraut er Gott so weit, daß
er gar nicht fragt, ob sein »jenseitiges« Schicksal verdient ist oder nicht. Insoweit gilt: Je intensiver der Grad der Frömmigkeit eines Menschen ist, desto
strenger folgt er in der Regel auch den seinem Glauben inhärenten ethischen
Maximen. Ernst genommener religiöser Glaube prägt die Lebensführung eines Menschen sehr viel stärker als Überzeugungen oder Gewißheiten anderer Art.

Religiöse Deutungssysteme beziehen sich auf das »Ganze« der Wirklichkeit. Deshalb ist es jeder religiösen Ethik immanent, einen Anspruch auf den
»ganzen Menschen« zu erheben und alle Felder menschlichen Handelns nor-
mieren zu wollen. Jeder religiösen Ethik liegt eine bestimmte Sicht des Verhältnisses des Menschen zu Gott sowie seiner Stellung im Kosmos zugrunde.
Alle religiösen Ethiken treffen Aussagen über das Weltverhältnis des Menschen. Die materialen Unterschiede zwischen religiösen Ethiken lassen sich
deshalb auch als Differenzen der jeweiligen Bestimmung des Verhältnisses
von Mensch und Welt beschreiben. So gilt: Die Ethiken der einzelnen Religionen und Konfessionen unterscheiden sich elementar darin, wie im Medium der religiösen Symbolsprache jeweils die Beziehung des Menschen zu
Gott geordnet und seine Stellung im Kosmos bzw. sein Verhältnis zur Welt
bestimmt wird. Sie schließen notwendig auch Aussagen über das Verhältnis
des einzelnen zur politischen Obrigkeit und zu seiner Stellung im Gemeinwesen (oder in der Gesellschaft) ein. Selbst wenn religiöse Ethiken keine explizit auf das Politische bezogenen Aussagen enthalten, haben ihre Bilder der
Ordnung des Kosmos, der Herrschaft Gottes über seine Schöpfung und der
Wirkmächtigkeit des Bösen (Teufel, Satan oder die Sünde etc.) immer eine
fundamentalpolitische Relevanz. Zugleich haben religiöse Weltbilder auch
einen metapolitischen Gehalt, weil sie, gerade unter den Bedingungen des
Christentums, symbolische Bestände bereitstellen, mit denen sich der einzelne von »der Gesellschaft« prinzipiell zu unterscheiden vermag.

Die Ordnung des politischen Gemeinwesens und die Beziehungen zwischen »weltlichen« Herrschaftsinstitutionen und der Kirche (bzw. den Kirchen) gehören zu den klassischen Themen politischer Ethik. Durch die kon-

fessionelle Pluralisierung des westlichen Christentums in den Reformationen des 16. Jahrhunderts gewannen Fragen der politischen Ordnung besonderes Gewicht. Vor allem in den protestantischen Diskursen war »die teutsche Nation« dabei schon seit den Anfängen der Wittenberger Reformation« ein zentraler Topos. Auch die Beziehungen zwischen Pietismus und Patriotismus sind seit den klassischen Studien von Gerhard Kaiser vielfältig diskutiert worden.[29] Religions- und Kirchenhistorikern bietet dies die Chance, Forschungsperspektiven zu entwickeln, die zu den herrschenden Trends der neueren geschichtswissenschaftlichen Nationalismusforschung quer liegen. Wer die spezifische Leistungskraft religiöser Symbolsprachen für die Entwicklung von Nationskonzepten untersuchen will, muß der *longue durée* religiöser Symbolsprachen gerecht zu werden versuchen und langfristige Überlieferungsprozesse in den Blick nehmen. Er kann – ich folge hier Anregungen Wolfgang Hardtwigs[30] und Dieter Langewiesches[31] – jedenfalls nicht mit starren, tendenziell ahistorischen Modellen der Abgrenzung von modernem Nationalismus einerseits und vormodernem (frühneuzeitlichem) Proto-Nationalismus andererseits operieren. Eine religions- und konfessionsgeschichtlich informierte Nationalismusforschung muß sich von der dogmatischen Fixierung auf die »Sattelzeit« lösen, die zahlreiche Studien zum modernen Nationalismus seit der Französischen Revolution bestimmt. Der intensive Gebrauch religiöser Semantiken in den vielen modernen Nationskonzepten lädt jedenfalls dazu ein, spielerisch neue, religionshistorisch und theologisch konstruierte Perspektiven einzunehmen. Möglicherweise läßt sich die Faszinationskraft der modernen Nationalismen in religionsgeschichtlich und theologisch informierten Deutungsperspektiven noch einmal ganz anders als in den Sprachspielen von Sozialwissenschaftlern und Historikern wahrnehmen. Ein solcher Wechsel der Perspektiven kann mit Autoritäten gerechtfertigt werden, die vom Verdacht disziplinenbornierter religionswissenschaftlicher oder theologischer Befangenheit frei sind. Elias Canetti hat in »Masse und Macht« vorgeschlagen, Nationen so anzusehen, »als

---

[29] GERHARD KAISER, Pietismus und Patriotismus im literarischen Deutschland. Ein Beitrag zum Problem der Säkularisation. Wiesbaden 1961.

[30] WOLFGANG HARDTWIG, Vom Elitebewußtsein zur Massenbewegung. Frühformen des Nationalismus in Deutschland, in: DERS., Nationalismus und Bürgerkultur in Deutschland 1500–1914. Göttingen 1994 S. 34–54.

[31] DIETER LANGEWIESCHE, Reich, Nation und Staat in der jüngeren deutschen Geschichte, in: Historische Zeitschrift 254. 1992 S. 342–381; DERS., Nation, Nationalismus, Nationalstaat: Forschungsstand und Forschungsperspektiven, in: Neue Politische Literatur 40. 1995 S. 190–236. Langewiesches exzellentem Forschungsbericht verdanke ich zahlreiche Anregungen und Hinweise auf entlegene Literatur.

wären sie Religionen«.[32] Norbert Elias hat den Nationalismus als »eines der
mächtigsten, wenn nicht das mächtigste soziale Glaubenssystem des 19. und
20. Jahrhunderts« bestimmt.[33] Politik- und Sozialwissenschaftler sehen in
der Nation »The God of Modernity«[34], und Historiker bezeichnen den modernen Nationalismus als eine »Religion«[35] oder zumindest »Ersatzreligion«[36], in der alte christliche Vorstellungen säkularisiert wurden. Auch Anthony Smith greift in seinen grundlegenden Arbeiten zum Ethnonationalismus auf religiöse Sprachmuster zurück, wenn er behauptet, daß für die Nation »a sense of difference, if not election«[37] konstitutiv sei. Wenn solche
Aussagen mehr als nur vage Assoziationen sind, bedarf es zur Deutung des
Nationalismus religionswissenschaftlicher und theologischer Kompetenz.

Fünf Fragekomplexen kommt besondere Aufmerksamkeit zu:

1. Über welche Deutungsangebote verfügen Religionswissenschaftler und
   Theologen, um die Sakralisierung »der Nation« zu erklären? Wie läßt
   sich religionstheoretisch beschreiben, daß sich auf »die Nation« sehr starke religiöse Energien richten und die Gemeinschaft der Nation (oder die
   »Volksgemeinschaft«) häufig in religiösen Sprachen vorgestellt wird?
2. Lassen sich die modernen Nationalismen seit der Französischen Revolution religionstheoretisch als neue Religionen oder »politische Religionen«
   deuten? Was sind die spezifisch religiösen Qualitäten moderner politischer Religionen im Unterschied zu vormodernen Religionsgestalten?
   Stellt die Religionsgeschichte der Moderne einen Interpretationsrahmen
   dar, um die in allen europäischen Nationen (und später auch außerhalb
   Europas) zu beobachtende schnelle Durchsetzung nationalistischer Erwartungen und Hoffnungen besser als bisher verstehen zu können?
3. Wie lassen sich die möglicherweise spannungsreichen oder gar antagonistischen Beziehungen zwischen überkommener jüdischer Religion und

---

[32] ELIAS CANETTI, Masse und Macht. Frankfurt a. M. 1980 S. 186.

[33] NORBERT ELIAS, Studien über die Deutschen. Machtkämpfe und Habitusentwicklung im
19. und 20. Jahrhundert. Hg. MICHAEL SCHRÖDER. Frankfurt a. M. ⁴1990 S. 195.

[34] JOSEPH R. LLOBERA, The God of Modernity. The Development of Nationalism in Western
Europe. Oxford – Providence 1994.

[35] CARLTON J. H. HAYES, Nationalism: A Religion. New York 1960.

[36] DIETRICH GEYER, Der Zerfall des Sowjetimperiums und die Renaissance der Nationalismen, in: Nationalismus – Nationalitäten – Supranationalität. Hg. HEINRICH AUGUST WINKLER/
HARTMUT KAELBLE. Stuttgart 1993 S. 156–186, bes. S. 174. Es wäre spannend, die Konjunktur
des Begriffs »Ersatzreligion« in der neueren Nationalismusforschung zu erkunden. Der Begriff,
dessen Ursprünge dunkel sind, changiert zwischen Substitutgehalt (die Ersatzreligion ersetzt – in
jeder Hinsicht? – alte [kirchliche] Religion) und *Light-imagination* (die Ersatzreligion verhält sich
zur alten Religion wie entkoffeinierter Nescafé zu Filterkaffee oder Starkbier zu *Light*-Bier).

[37] ANTHONY D. SMITH, National Identity. Reno/Las Vegas/London 1991 S. 70.

christlichen Kirchen einerseits und den modernen Nationalismen andererseits beschreiben? Wie werden konfessionsspezifische Traditionen auf
die Gemeinschaft der Nation bezogen? Wie wird in den einzelnen Nationalismen das Verhältnis der nationalen Gemeinschaft (bzw. »Volksgemeinschaft«) zu den unterschiedlichen Religionen und Konfessionen
bestimmt? Sind Exklusionsmodelle (bzw. Modelle der Integration durch
Ausschluß bestimmter religiöser oder konfessioneller Gruppen) oder Modelle der Integration aller Menschen eines bestimmten Territoriums, unabhängig von ihrer Religion und Konfession leitend?
4. Welche überkommenen theologischen Gehalte wurden auf den »neuen
Gott« bezogen? Inwieweit lassen sich unterschiedliche Nationskonzepte
auch nach ihren impliziten Theologien unterscheiden? Wie ist es zu erklären, daß in vielen europäischen Gesellschaften gerade die Repräsentanten
der kirchlichen Institutionen, also die Pfarrer, und akademische Theologen Nationalismen propagierten oder Nationskonzepte entwarfen?
5. Welche Wechselwirkungen zwischen der Theologisierung der Nation und
der Nationalisierung von Theologien lassen sich beobachten? Wie wan-
deln sich die theologisch oder religionssemantisch formulierten Nations-
vorstellungen? Lassen sich Verschiebungen in den leitenden Begriffen,
Zurückdrängung alter Semantiken und die Produktion von »nationalreli-
gösen« Neologismen beobachten?

III. Die religiöse »Erfindung der Nation«

Seit dem *linguistic turn* und der konstruktivistischen Wende sind die alten
substantialistischen Konzepte von Staat, Volk und Nation vielfältig dekon-
struiert worden. Was einst als eine Seinsordnung galt oder religiös als eine
die Individuen umfassend bindende Schöpfungsordnung legitimiert wurde,
ist in den kulturtheoretisch informierten Sprachspielen der modernen Nationalismusforscher zur »erfundenen Tradition« geworden. Spätestens seit Benedict Anderson und Ernest Gellner wissen wir: Die Nation gibt es nicht.[38]
Sehr alte Deutungsmuster aufgeklärter Religionskritik und Grundeinsichten
der kritizistischen Erkenntnistheorie Kants sind so reformuliert worden,

---

[38] BENEDICT ANDERSON, Imagined Communities: Reflections on the Origin and Spread of Nationalism. London/New York 1991 (dt.: Die Erfindung der Nation. Zur Karriere eines folgenreichen Konzepts. Erw. Ausg. Berlin 1998); ERNEST GELLNER, Nations and Nationalism. Oxford
1983 (dt.: Nationalismus und Moderne. Berlin 1991). In der geschichtswissenschaftlichen Nationalismusforschung bisher kaum beachtet, aber systematisch äußerst instruktiv: EUGEN LEMBERG,
Nationalismus. Reinbek bei Hamburg 1964.

daß alle überindividuellen Ordnungskonzepte ihres traditionell behaupteten
ontischen Eigensinns entkleidet und in ihrer je besonderen Konstruktivität
transparent gemacht wurden. So wenig es Gott »gibt« oder »der Weltgeist«
die Geschichte macht, so wenig existieren in irgendeinem gegenständlichen
Sinne auch das Volk oder die Nation. Die Nationalismusforscher in der Geschichtswissenschaft übernehmen von anderen Kulturwissenschaftlern deshalb gern eine konstruktivistische Semantik: Sie reden vom »Erfinden«, wollen »Konstrukte« dekonstruieren und alte Sinnentwürfe auf die bewußte
Sinnerzeugung durch empirisch identifizierbare Autoren zurückführen. Den
konstruktivistischen Sprachmustern der neueren Nationalismusforschung
entspricht der starke Gebrauch von Kreationsmetaphern: Alles ist gemacht,
erzeugt, geschaffen und hergestellt.

Unter den Bedingungen eines reflektierten Kritizismus ist jedoch darauf
hinzuweisen, daß die in den Nationalismusstudien vieler Historiker neuerdings begegnende Erfindungssemantik aporetisch ist. So wenig es die Nation
an sich gibt, so wenig läßt sich ein *reines Erfinden* endlicher Subjekte imaginieren. In einer bestimmten Hinsicht ist es erkenntnistheoretisch naiv, wenn
Historiker nun immer wieder die Formel vom »inventing of traditions« be-
schwören.[39] Die gerade in der geschichtswissenschaftlichen Diskussion viel
begegnende Erfindungsmetaphorik[40] ist zu unbestimmt. Denn in den Akten
des Erfindens oder in sonstigen intellektuellen Konstruktionsprozessen sind
die imaginierenden Subjekte unausweichlich auf Ressourcen bezogen, die ihren Konstruktionsleistungen vorausliegen. Im Unterschied zu jenem absoluten, göttlichen Subjekt, dem wir in religiösen Sprachspielen traditionell die
Fähigkeit zur *creatio ex nihilo* zuschreiben, sind endliche Subjekte in ihren
produktiven Akten immer auf die Aneignung von gegebenen Beständen angewiesen. Der Regelfall ist hier die Reinterpretation des Überlieferten oder
die Umschaffung von Beständen. Dies gilt auch für die »Erfindung« der Nation. Um die Einheit der Nation zu begründen, rekurrieren ihre intellektuellen »Erfinder« auf überkommene Zeichen, Symbole, Riten, Sinnvorgaben,
Narrative und *images*. Sehe ich recht, so ist dies in der neueren Nationalismusforschung primär nur von Theoretikern des Ethnonationalismus betont

---

[39] Die klassischen Texte finden sich bei: The invention of tradition. Hg. ERIC HOBSBAWM/TE-
RENCE RANGER. Cambridge/New York 1983.

[40] Siehe beispielsweise: ULRICH IM HOF, Mythos Schweiz. Identität-Nation-Geschichte
1291–1991. Zürich 1991; Die Konstruktion einer Nation. Nation und Nationalisierung in der
Schweiz, 18. – 20. Jahrhundert. Hg. URS ALTERMATT/CATHERINE BOSSHART-PFLUGER/ALBERT
TANNER. Zürich 1998; Die Erfindung der Schweiz: 1848–1998. Bildentwürfe einer Nation (Katalog zur Sonderausstellung des Musée Suisse/Schweizerisches Landesmuseum Zürich zum
150jährigen Bestehen des Schweizerischen Bundesstaates und zum 100-Jahr-Jubiläum des Mu-
seums). Hg. vom Musée Suisse/Schweizerisches Landesmuseum Zürich. Zürich 1998.

worden. Anthony D. Smith hat in seinen Studien über »national Identity« zwar betont, daß der moderne »national spirit« als zentrales Element eines »spirit of the age« »invented« wurde. Aber er hat dank seiner Analyse von ethnischen Konstruktionsmustern der Nation, also der Deutung der Nation als einer Gemeinschaft von Menschen mit gemeinsamer Abstammung, zugleich darauf hingewiesen, daß die modernen »Erfinder« der Nation auf »earlier motifs, visions and ideals« zurückgreifen müssen[41]. Auch Historiker haben Grenzen des »Erfindungs«-Begriffs markiert. Als gedachte Ordnung sei die Nation, so Ernst Schulin, keineswegs »etwas Fiktives, Unwirkliches«. »Nationen sind Produkte der Geschichte, werden also ge- und erfunden, indem die Völker ihre nationalen Bindungen entdecken und schaffen, wobei sie allerdings oft für Entdeckungen ausgeben, was tatsächlich Konstruktionen sind.«[42] Auch Shulamit Volkov hat in ihren Zionismus-Studien Hobsbawms »inventing of tradition« kritisiert. Die Zionisten hätten ihren Entwurf der Nation keineswegs »erfunden«, sondern überkommene jüdische Traditionsbestände für ihre neuen Ziele umgeformt. »Moderner jüdischer Nationalismus ist [...] eine interessante Kombination von alten, ursprünglichen, beständigen Elementen und neuen Erfindungen.«[43] Zur näheren Analyse solcher Neuformulierung überkommener Bestände oder der synkretistischen Verknüpfung alter Symbole, Mythen und religiöser Gemeinschaftskonzepte mit neuen nationalen Erwartungen dürfte das von Claude Lévi-Strauss entwickelte Konzept der »bricolage« hilfreich sein.[44] Denn mythopoietische Bastelei war die entscheidende Technik der »Erfinder« der Nation, um die von ihnen erhoffte, vorgestellte oder gedachte Ordnung als eigentlich immer schon existierend zu imaginieren.

Zur Erfindung der Nation oder zur Konstruktion sonstiger kollektiver Identitäten bedarf es immer klarer Grenzziehungen.[45] Je stärker, substan-

---

[41] Smith, National Identity (wie Anm. 37) S. 70 f. Siehe auch Ders., The Nation: Invented, Imagined, Reconstructed?, in: Millenium. Journal of International Studies 20. 1991 S. 353–368.

[42] Ernst Schulin, Weltbürgertum und deutscher Volksgeist. Die romantische Nationalisierung im frühen 19. Jahrhundert, in: Deutschland in Europa. Hg. Bernd Martin. München 1992 S. 105–125, hier S. 109.

[43] Shulamit Volkov, Reflexionen zum »modernen« und zum »uralten« jüdischen Nationalismus, in: Deutschlands Weg in die Moderne. Politik, Gesellschaft und Kultur im 19. Jahrhundert. Hg. Wolfgang Hardtwig/Harm-Hinrich Brandt. München 1993 S. 145–160, hier S. 157.

[44] Claude Lévy-Strauss, Das wilde Denken. Frankfurt a. M. ⁹1994, bes. S. 29–44.

[45] Dazu siehe: Bernhard Kittel, Moderner Nationalismus. Zur Theorie politischer Integration. Wien 1995; Nationale und kulturelle Identität. Studien zur Entwicklung des kollektiven Bewußtseins in der Neuzeit. Hg. Bernhard Giesen. Frankfurt a. M. ²1991; Nationales Bewußtsein und kollektive Identität. Studien zur Entwicklung des kollektiven Bewußtseins in der Neuzeit 2. Hg. Helmut Berding. Frankfurt a. M. 1994.

tieller die Einheit der Nation sein soll, desto mehr müssen Innen-Außen-Unterscheidungen getroffen und symbolisch dramatisiert werden. Zugleich werden starke historische Narrative benötigt, um der Nation eine gemeinsame Geschichte zu geben und alle Angehörigen der Nation als Teilhaber eines kollektiv geteilten, sie bis in die Tiefenschichten ihrer Subjektivität emotional bindenden Schicksals zu definieren. In der neueren Nationalismusforschung ist es weithin Konsens, daß sich die modernen Nationalismen als Sinnkonstrukte beschreiben lassen, die den einzelnen in der Weise emotional an die Nation binden, daß er sie als die für ihn entscheidende, primär bestimmende Schicksalsgemeinschaft erfährt. Die »Erfinder« der modernen Nation erheben für diese den Anspruch auf unbedingte Geltung: Die Nation gilt ihnen als höchster politischer Wert bzw., in einer Formulierung von M. Rainer Lepsius, als oberstes Legitimitätsprinzip.[46] Dazu muß die Nation eindeutig bestimmt, also gegenüber anderen, konkurrierenden Nationen klar abgegrenzt und möglichen transnationalen Einheiten wie der Christenheit, dem Abendland oder Europa vorgeordnet werden. Dies geht nur über scharfe Grenzziehungen und Feindbildstereotypen. In den amerikanischen Kommunitarismus-Debatten und den neueren Auseinandersetzungen über das »soziale Kapital« moderner Gesellschaften[47] ist betont worden, daß die vielen verschiedenen Interessen einen *common ground* sehr viel leichter durch starke Negationen bzw. Abgrenzungen nach außen als durch die Suche nach positiv verbindenden moralischen Ressourcen wie »Kulturwerten« etc. gewinnen können. Falls diese These zutrifft – ich halte sie aufgrund bestimmter religionstheoretischer Erwägungen für plausibel –, lassen sich Gründe formulieren, warum viele »Erfinder« der Nation seit den frühneuzeitlichen Konfessionskriegen auf alte religiöse Symbolsprachen und Zeichen rekurrieren, um die nationale Gemeinschaft zu imaginieren. Mit Narrativen und Metaphern der hebräischen Bibel (bzw. des Alten Testaments) machen sie die eigene Nation zum »neuen Israel« und »auserwählten Volk« oder zu »God's Chosen People«.[48] In Situationen der Krise oder permanenten Bedrohung nationaler Identität werden häufig christologische Sprachmuster, etwa der

---

[46] Siehe dazu: M. Rainer Lepsius, Extremer Nationalismus. Stuttgart 1966; Ders., Demokratie in Deutschland. Soziologisch-historische Konstellationsanalysen. Göttingen 1993.

[47] Zur Einführung in die amerikanische Diskussion über das *social capital* moderner Gesellschaften siehe: Soziales Kapital in der Bürgergesellschaft. Hg. Friedrich Wilhelm Graf/Andreas Platthaus/Stephan Schleissing. Stuttgart 1999.

[48] Zahlreiche Belege für die religiöse Aufladung des Nationsbegriffs finden sich in: Many Are Chosen. Divine Election and Western Nationalism. Hg. William R. Hutchison/Hartmut Lehmann. Minneapolis 1994. Zu den religiösen Sprachmustern in neuen Nationalismen grundlegend: Michael Ignatieff, Blood and Belonging: Journeys into the New Nationalism. New York 1994.

Topos vom leidenden Gerechten, reformuliert, um kontrafaktischen Sinn zu stiften. Immer geht es in solchem »Sakraltransfer« (Marc Bloch), d. h. der Projektion religiöser Begriffe und Heilserwartungen auf die Nation, darum, der Bindung des einzelnen an seine Nation eine religiöse Qualität zu geben: So wie sich der Fromme seiner selbst in der Herzensbindung an Gott inne wird, so soll der einzelne sein wahres Selbstsein durch die Einbindung in die Nation gewinnen. *Die religiöse Semantik dient in den modernen Nationalismen dazu, die emotionale Bindung des einzelnen an die Nation in den tiefsten Schichten seiner Seele zu verankern und die nationale Gemeinschaft als eine umfassend, auch innerlich bindende Heilsgemeinschaft zu stabilisieren.* Das Verhältnis des Individuums zur nationalen Gemeinschaft wird deshalb häufig mit Metaphern aus den mystischen Überlieferungen in Judentum und Christentum bestimmt, um eine »ganzheitliche« Hingabe des einzelnen an sein Volk oder die Verschmelzung der vielen Partikularwillen zum unbedingten Tatwillen der Nation imaginieren und einklagen zu können. Die vielfältig zu beobachtenden Anklänge an biblische Sprachmuster geben den modernen Nationalismen ein eschatologisches Erwartungspotential: Alle Erwartungen einer besseren Zukunft werden mit der Nation verbunden.

Die These, daß es zur Konstruktion kollektiver Identität bzw. zur »Erfindung der Nation« des Bezugs auf gegebene symbolische Bestände bedarf, läßt sich deshalb mit einer zweiten Behauptung verbinden: *Die Erfinder der Nation sind auf religiöse Symbolsprache angewiesen, um eine emotional bindende starke Vergemeinschaftung erzeugen zu können.* Sie rekurrieren auf überkommene religionssemantische Bestände, religiöse Riten und kirchliche Liturgien, um die hohen emotionalen Energien, die fromme Menschen in ihren Glauben investieren, auf die Nation hinlenken zu können. Die Erfinder der Nation reden von Gott, seiner Schöpfungsordnung oder elementarsten Seinsbindungen, um existentielle Intensität zu erzeugen. Alte Prädikate der Kirche als einer *sanctorum communio*, die – jedenfalls in der Tradition der römisch-katholischen Ekklesiologie – dem einzelnen Gläubigen das ihm von Gott in Jesus Christus dargebotene Heil vermittelt, werden der Nation zugeschrieben, um sie zu einer Erlösung erschließenden Heilsgemeinschaft zu sakralisieren.

Zwei Grundmuster religiös vermittelter Erfindung der Nation lassen sich unterscheiden. Im ersten Fall wird der Nationalismus als eine politische Religion inszeniert, die die überkommene kirchlich institutionalisierte christliche Religion ablösen soll. Das Verhältnis von Christentum und Nation wird kritisch bestimmt, da die christlichen Konfessionskirchen aufgrund ihres – insbesondere im Katholizismus evidenten – übernationalen Charakters als Kräfte der Desintegration der nationalen Gemeinschaft gedeutet werden. Für Nationsentwürfe dieser Art ist der Versuch kennzeichnend, religiöse

Traditionsbestände zu erschließen, die der Christentumsgeschichte vorausliegen und zum archaischen Ursprung des jeweiligen »Volkes« zurückführen sollen. Hier wird auf Substanzen des Selbstseins der Nation rekurriert, die so ursprünglich sein sollen, daß jeder einzelne immer schon in die starke, gleichsam vom Anfang der Zeiten her existierende nationale Gemeinschaft eingebunden ist. Je älter, archaischer das Volk ist, desto plausibler erscheint der Anspruch, daß ihm von Gott ein bestimmtes Land gegeben ist. Je mehr die Mythen und Sagen der Urgeschichte des Volkes die Konstitution der Volkseinheit bis an den Anfang der Geschichte, die Schöpfung der Welt, zurückverfolgen lassen, desto natürlicher erscheint das Immer-schon-Gegebensein des eigenen Volkes.

Entwürfe christentumskritischer, volksreligiöser Konstruktion der eigenen Nation lassen sich im 19. Jahrhundert in nahezu allen europäischen Gesellschaften nachweisen. Für Deutschland sind exemplarisch die vielen Entwürfe germanischer Mythologie und das hoch differenzierte Spektrum völkischer Religiosität zu nennen.[49] Im trikonfessionellen Deutschland, das seit dem 16. Jahrhundert durch die Konfessionsgegensätze zwischen Katholiken, Lutheranern und Reformierten bestimmt war und das die religiös-soziale Ausgrenzung der jüdischen Minorität rechtlich fixiert hatte, sollten die »arteigenen«, »völkischen« oder »deutschgläubigen« Religionen die vielfältig prägenden Antagonismen zwischen den konfessionellen Milieus transzendieren und im Medium religiösen Glaubens eine einheitliche, alle Deutschen innerlich immer schon bindende Substanz erschließen. Protestanten und Katholiken sollten ihre konfessionsspezifischen Identitäten preisgeben und im neuen völkischen Glauben zu wahren Brüdern und Schwestern werden. Diese völkisch-religiöse Konstruktion der nationalen Gemeinschaft beinhaltete von vornherein die Ausgrenzung der Juden, die im völkischen Vorstellungshorizont gar nicht anders denn als Angehörige eines fremden Volkes bzw. einer anderen Rasse bestimmt werden konnten. Nationalreligiöse Deutungen der Geschichte des eigenen Volkes oder »arteigene«, d.h. in Rassesemantiken explizierte Konstruktionen völkischer Religiosität sind aber keineswegs etwas spezifisch Deutsches. Nationalreligiöse Denkmuster lassen sich in den Selbstverständigungsdebatten der Eliten vieler europäischer Länder bis ins späte 17. Jahrhundert zurückverfolgen und haben sehr stark auch die akademischen Diskurse über religiös geprägte Habitusformen und die kulturellen Unterschiede zwischen Katholiken, Reformierten, Lutheranern, Anglika-

---

[49] Einen exzellenten Überblick über das hoch differenzierte Spektrum teils synkretistischer, teils aggressiv nachchristlicher völkischer Religiosität findet sich nun in: Handbuch zur »Völkischen Bewegung« 1871–1918. Hg. Uwe Puschner/Walter Schmitz/Justus H. Ulbricht. München/New Providence/London/Paris 1996.

nern und Juden bestimmt. Im 19. Jahrhundert waren nationalreligiöse Begriffe und volksreligiöse Ordnungsschemata zentrale Deutungskonzepte der sich disziplinär verselbständigenden Religionswissenschaften.[50] Solche volksreligiösen Semantiken prägten auch die innerjüdischen Debatten um »jüdische Identität« und wurden insbesondere von den Zionisten in Anspruch genommen, um ihre (im einzelnen durchaus unterschiedlichen) Konzepte einer neuen Einheit von Land, Volk und Religion zu begründen.

Manche Historiker suchen die nationalistische Transformation alter religiöser Symbolbestände und die Popularisierung völkischer Religionen im späten 19. Jahrhundert in Deutungsmustern zu erfassen, die eine Tendenz zur moralisierenden Distanznahme spiegeln. An die Stelle einer analytisch-kritischen begrifflichen Bestimmung der spezifischen Faszinations- und Leistungskraft nationalreligöser Symbolik und rassistischer Denkformen treten die Pathosformeln des »wie furchtbar«. Ich schlage demgegenüber vor, die in den siebziger Jahren des neunzehnten Jahrhunderts etwa von Paul de Lagarde und anderen entwickelten Konzepte einer »deutschen Nationalreligion« oder die diversen Programme einer »Germanisierung des Christentums« mit nüchterner Weberianischer Distanz zu analysieren. Völkische Religionsentwürfe lassen sich als ein spezifischer Modus religionssemantischer Konstruktion der Einheit der Nation und ihrer Innen-Außen-Grenzen rekonstruieren. Nation wird hier so konstruiert, daß das Konstruieren zum Verschwinden gebracht wird. Nicht mehr weiche Elemente wie die gemeinsame Geschichte, das kollektive Gedächtnis, geteilte Erinnerungen, uralte Mythen und andere identitätsverbürgende Narrative sollen die Einheit der Nation stiften, sondern es soll ein sehr viel härteres, tragfähigeres Fundament erschlossen werden, das als solches gar nicht mehr zur Disposition gestellt werden kann: das Blut oder die Rasse. Im späten 18. und frühen 19. Jahrhundert waren die Nationskonzepte ausnahmslos in Geistsemantiken entwickelt worden, die stark von den Begriffsarsenalen der theologischen Pneumatologie lebten. Die Meisterdenker des »deutschen Idealismus« ließen ebenso wie die Staatsdenker der Romantik und der Restauration den Heiligen Geist Gottes gern im Volksgeist sich inkarnieren, so daß sie den Nationalstaat zum sendungsbewußten Agenten einer innergeschichtlich zu realisierenden Kulturmission erheben konnten. Die Symbolbastler der völkischen Religionen des späten 19. Jahrhunderts suchten demgegenüber eine Dimension überindividueller Seinsverbundenheit zu identifizieren, die gerade jenseits des Geistes liegt und härter, stärker als bloß Geistiges bindet.

---

50 Maurice Olender, Die Sprachen des Paradieses. Religion, Philologie und Rassentheorie im 19. Jahrhundert. Frankfurt a. M./New York/Paris 1995.

Mit biologistischen Metaphern und rassistischen Exklusionsbegriffen wollten sie eine präreflexive, vor aller historischen Erfahrung und sprachlichen
Vermittlung immer schon gegebene Substanz namhaft machen, kraft derer
jeder einzelne gar nicht vereinzelt ist, sondern nur dank der Gemeinschaft
des Volkes existiert. Je mehr die eigene Nation als fragmentarisiert und religiös, politisch, sozial und kulturell desintegriert erfahren (bzw. erlitten)
wurde, desto mehr richtete sich die Suche auf eine Integrationssubstanz, die
durch kritische Reflexion nicht mehr relativiert werden können sollte. Die
Anziehungskraft völkischer Religionsentwürfe lag gerade in den harten
Sprachen von Blut, Boden und Rasse: Nur sie konnten die trennscharfen Innen-Außen-Grenzen markieren, die man um der starken Identität der eigenen Nation willen benötigte.[51]

Im zweiten Fall religiös vermittelter Erfindung der Nation werden jüdische oder christliche Überlieferungsbestände dafür in Anspruch genommen,
um die Nation als eine besondere Gemeinschaft von Frommen zu imaginieren. Christliche Symbole dienen hier zur Sakralisierung der Nation, alte
kirchliche Liturgien werden für die Bildung eines nationalen Gedächtnisses
in Anspruch genommen, und mit überkommenen christlichen Theologoume-
na wird eine nationale Theodizee formuliert. Solche impliziten Theologien
des Nationalismus dienen in vielen europäischen Gesellschaften den politischen Eliten und intellektuellen »Erfindern« der Nation seit dem 17. Jahrhundert dazu, die eigene Nation zu stärken, indem ihr eine intime oder gar
exklusive Nähe zu Gott zugeschrieben wird. Als Mandatar Gottes soll die
Nation seinen Geschichtswillen durchsetzen, ihre gottgewollte Kulturmission erfüllen, die ursprüngliche Schöpfungsordnung wiederherstellen oder bei
der Errichtung des Reiches Gottes eine Führungsrolle einnehmen. Das Arsenal biblischer Topoi und theologischer Vorstellungen, das zur Konstruktion
einer besonderen Sendung oder geschichtlichen Mission der Nation in Anspruch genommen wurde, ist äußerst breit. Die spezifische Unbestimmtheit
und Mehrdeutigkeit religiöser Symbole erlaubt es, ganz unterschiedliche geschichtliche Erfahrungszusammenhänge religiös sinnhaft zu strukturieren.
Immer geht es in diesen Nationstheologien darum, die Nation im Sinne einer
innerlichen Gemeinschaft zu deuten, die die Bürger über bloß äußerliche,
politisch-rechtliche Vergesellschaftung hinaus auch im Innersten ihrer Seele
miteinander verbindet.

---

[51] Dies ist auch für die Verwendung von Rassebegriffen bei führenden akademischen Vertre-
tern des Zionismus gezeigt worden: JOHN M. EFRON, Defenders of the Race. Jewish Doctors and
Race Science in Fin-de-Siècle-Europe. New Haven 1994. Rassensemantik ist um 1900 in vielen
Kulturwissenschaften einschließlich der Theologien und Religionswissenschaften weit verbreitet.
Ihr Gebrauch ist kein zureichendes Kriterium für Rassismus!

Durch Theologisierung kann die Nation in den Rang eines normativen »Wertes« mit unbedingtem Verpflichtungsgehalt erhoben werden. Dies läßt verständlich werden, warum gerade in Krisenzeiten oder unter den Bedingungen des Krieges religiöse Symbole oder theologische Deutungsmuster auf die Nation bezogen werden. In diesen außergewöhnlichen Situationen klagt »die Nation« beim einzelnen die Bereitschaft ein, sein Leben für die anderen bzw. zur Sicherung des Fortbestandes des Nationalstaats hinzugeben. Solche Opferbereitschaft kann letztlich nur in religiösen Sprachmustern motiviert und begründet werden.[52] Religiöse Sprache kann hervorragend für die Mobilisierung von Gemeinsinn und Beschwörung moralischer Verbindlichkeiten in Anspruch genommen werden. Deshalb lassen sich in Kriegs- und Krisenzeiten verstärkt Tendenzen synkretistischer Verknüpfung alter christlicher Opfer- und Liebessemantik mit nationalpolitischen Imperativen beobachten. Alte religiöse Symbole werden nun besonders intensiv als Elemente zur Konstruktion nationaler Identität in Anspruch genommen und sollen Superioritätsansprüche gegenüber den Gegnern bzw. Feinden legitimieren. Wer sich der Einordnung in die kriegführende Nation verweigert, gilt als ein Sünder, der sich in seiner *amor sui* bzw. in der Fixierung auf sein partikulares Ich als unfähig zur Nächstenliebe und Hingabe an die Nation erweist. Religiöse Sprachen sind konstitutiv auf das Absolute, Unbedingte, Göttliche bezogen und stellen deshalb einzigartige Potentiale zur Deutung außeralltäglicher Erfahrungen bereit. Kriege, politische Krisen und revolutionäre Zerstörung bzw. Umformung der alten politischen Institutionenordnung sind Zeiten, in denen religiöse Sprachen und Symbole für viele Menschen besondere Relevanz gewinnen. Jedenfalls läßt sich in vielen europäischen Kriegen seit dem 18. Jahrhundert beobachten, daß sich zahlreiche Menschen in den kriegführenden Nationen mit Beginn des Krieges verstärkt den überkommenen religiösen Institutionen zuwenden. Dazu fehlen bisher synchron vergleichende Untersuchungen verschiedener Kriegsgesellschaften ebenso wie diachrone Studien zur Frage, ob sich die komplexen, widersprüchlichen Prozesse von Dechristianisierung und momentaner Rechristianisierung[53] auch mit Blick auf Kriege und sonstige politische Krisenzeiten plausibel strukturieren lassen.[54]

---

[52] Siehe dazu: Peter Berghoff, Der Tod des politischen Kollektivs. Politische Religion und das Sterben und Töten für Volk, Nation und Rasse. Berlin 1997.

[53] Dazu sehr informativ: Säkularisierung, Dechristianisierung, Rechristianisierung im neuzeitlichen Europa. Bilanz und Perspektiven der Forschung. Hg. Hartmut Lehmann. Göttingen 1997.

[54] Erste Hinweise auf die zunehmende Kirchlichkeit und höheren religiösen Deutungsbedarf

Angesichts der äußerst defizitären Forschungslage zum Themenspektrum von »Religion und Krieg« legt sich Deutungsaskese nahe. Ein Sachverhalt dürfte besondere Aufmerksamkeit verdienen. Kriegerische Auseinandersetzungen führen in aller Regel dazu, daß in kurzer Zeit eine außerordentlich große Zahl relativ junger Männer eines unnatürlichen Todes stirbt. Im modernen Massenkrieg werden unendlich viele Leichen produziert, die auf kulturell geordneten Wegen entsorgt werden müssen. Der Krieg steigert bei allen Beteiligten die elementaren Kontingenzrisiken und produziert existentiell äußerst bedrohliche Krisenerfahrungen, die teils in Zynismus und Rhetorik der Sinnlosigkeit, teils in der Beschwörung einer überweltlichen Schicksalsmacht verarbeitet werden. Im Krieg gewannen die überkommenen Religionsformen schon deshalb neues Gewicht, weil die Kirchen und Synagogengemeinden weithin ihr überkommenes Ritenmonopol zu wahren vermochten, also de facto konkurrenzlos für die Durchführung der Beerdigung von Kriegsopfern zuständig waren. An offenen Gräbern waren Pfarrer und Rabbiner gezwungen, den Tod des gefallenen Helden sinnhaft zu deuten. Unausweichlich mußten sie zum Kriege und zur Opferbereitschaft der Soldaten Stellung nehmen. Dies verstärkte Tendenzen, christliche Sprachmuster zugunsten der Rechtfertigung des Krieges zu reformulieren (oder, in den Wahrnehmungsperspektiven vieler Prediger: gegenwartsrelevant zu konkretisieren) und beispielsweise das Opfer des Gefallenen nach Analogie des Opfertodes Jesu von Nazareth in Erlösungsmetaphern zu deuten. Solche semantischen Transformationen lassen sich bereits an Kriegspredigten aus den Befreiungskriegen verdeutlichen. Auch die Grabreden, die bei der Beerdigung von Gefallenen im Deutsch-Französischen Krieg und im Ersten Weltkrieg gehalten wurden, lassen eine bemerkenswerte Konstanz der rhetorischen Muster und Pathosformeln erkennen. Die Geistlichen aller Konfessionen waren immer darum bemüht, den Tod fürs Vaterland als letzten, höchsten Ausdruck gelebter Moralität zu deuten und ihm einen religiösen Sinn abzugewinnen. Durch religiöse Liturgie und politische Erinnerungskultur erkannten die Kirchen und die Nation den Gefallenen Unsterblichkeit zu. Auch in der Memorialkultur für die Kriegstoten, in den Kriegerdenkmälern und »Altären des Vaterlandes«, und im Gefallenenkult der Kriegervereine erweisen alte christliche Symbole eine starke Beharrungskraft. Sie sollen den Tod fürs Vaterland als Durchgang in ein himmlisches Reich der Herrlichkeit transparent machen.[55] Trotz ihrer ikonographischen Offenheit und synkretistischen

---

im Kriege finden sich in: Volksreligiosität und Kriegserleben. Hg. Friedhelm Boll (Jahrbuch für Historische Friedensforschung 6). Magdeburg 1996.

[55] Zu den Kriegerdenkmälern grundlegend: Der politische Totenkult. Kriegerdenkmäler in der Moderne. Hg. Reinhart Koselleck/Michael Jeismann. München 1994 (mit widersprüchli-

Mehrdeutigkeit – antike Motive konnten unschwer mit christlichen Symbolen verknüpft werden – blieben eschatologische Überschußelemente der christlichen Überlieferung prägend.[56] Der von Historikern gern gebrauchte Topos, im modernen politischen Totenkult sei der alte Unsterblichkeitsglaube »säkularisiert« worden, wird dieser *bricolage* von ganz unterschiedlichen Motiven und Symbolbeständen kaum gerecht.

In der Literatur über die Kriegspredigten des Ersten Weltkrieges[57] ist auf die massive Nationalisierung überkommener biblischer Symbole und Begriffe hingewiesen worden. In der Tat gibt es zahlreiche Belege dafür, daß viele Pfarrer von der Kanzel herab zum Kampf gegen die Feinde riefen und, häufig äußert aggressiv, die jeweiligen Kriegsziele mit Mustern der alten Lehre vom »gerechten Krieg« oder als »heiligen Krieg« rechtfertigten. In allen kriegführenden Ländern hatten die Geistlichen 1914 bis 1918 aber auch das Problem zu bewältigen, daß die Feinde selbst Christen waren. Mit nur sehr wenigen Ausnahmen suchten sie der elementaren Tatsache gerecht zu werden, daß sich das Christliche nicht zum exklusiven Besitz der eigenen Nation erklären ließ und man, trotz aller Inanspruchnahme christlicher Symbole für die Integration der Nation und die Legitimation ihres Krieges, irgendwie auch der Universalität des christlichen Brüderlichkeitsethos gerecht werden mußte. Viele religiöse Texte aus dem Ersten Weltkrieg spiegeln die elementare Spannung, in überkommenen religiösen Symbolsprachen die Identität der eigenen Nation zu stärken, ohne das Wissen um den transnationalen Charakter von Christentum und Kirchen völlig preiszugeben. Dabei gewannen eschatologische Sprachmuster besonderes Gewicht: Die Differenz von Welt und Überwelt, Diesseits und Jenseits, Zeit und Ewigkeit sollte nun dazu verhelfen, eine letzte Einheit aller Christen zu symbolisieren, die hier, unter den Bedingungen »dieser Welt«, immer nur gebrochen realisiert werden könne. Auch spielten Motive und Deutungsmuster der überkommenen Ha-

---

chen Befunden und Deutungen zur Prägekraft christlicher Symbole). Zur Transformation biblischer Symbole in den Erinnerungskulten der Kriegervereine siehe: THOMAS ROHKRÄMER, Der Militarismus der »kleinen Leute«. Die Kriegervereine im Deutschen Kaiserreich 1871–1914. München 1990. Selbst die Nationalsozialisten haben sich in ihren politisch-religiösen Totenkulten noch aus den symbolischen Speichern der Christentumsgeschichte bedient: SABINE BEHRENBECK, Der Kult um die toten Helden. Nationalsozialistische Mythen, Riten und Symbole 1923 bis 1945. Vierow bei Greifswald 1996. Siehe außerdem: GEORGE L. MOSSE, Gefallen für das Vaterland. Nationales Heldentum und namenloses Sterben. Stuttgart 1993.

[56] Dies zeigt insbesondere: KATHRIN HOFFMANN-CURTIUS, Altäre des Vaterlandes. Kultstätten nationaler Gemeinschaft in Deutschland seit der Französischen Revolution, in: Anzeiger des Germanischen Nationalmuseums. 1989 S. 283–308; DIES., Das Kreuz als Nationaldenkmal: Deutschland 1814 und 1931, in: Zeitschrift für Kunstgeschichte. 1985 S. 78–100.

[57] KARL HAMMER, Deutsche Kriegstheologie 1870–1918. München 1971.

martiologie (Sündenlehre) und der Lehren vom *ordo salutis* eine wichtige
Rolle: Der Krieg konnte auch, ganz traditionell, als ein Ausdruck von Gottes
Zorn und Gericht gedeutet werden, um die in allen Völkern lebenden Sünder
zu Buße und Umkehr zu bewegen.

Durchgängig wird in der neueren Nationalismusforschung betont, daß die
Nation als ein Letztwert erfunden wurde, dem unbedingte Loyalität gelten
sollte. In diesem Sinne gewinnt die Nation dann selbst einen religiösen Ver-
pflichtungscharakter. Doch wie verhält sich die religiös begründete Loyalität
gegenüber der Nation zum Brüderlichkeitsethos einer universalistischen Religion? Seit dem Beginn der modernen Religionswissenschaften im späten
17. Jahrhundert hatten Theologen und Kulturwissenschaftler anderer Disziplinen evolutionistische Deutungsmuster für die Stellung des Christentums
innerhalb der Religionsgeschichte entwickelt, denen zufolge das Christentum im Unterschied zu bloßen »Nationalreligionen« auf die Menschheit insgesamt bezogen ist. Dank dieses universalistischen Charakters läßt sich das
christliche Brüderlichkeitsethos nur äußerst schwer auf die eigene Nation
(oder irgendein anderes partikulares Kollektivsubjekt) eingrenzen. Jedenfalls kann die Nation nur dann als eine unbedingt bindende Gemeinschaft
erfunden werden, wenn der christliche Universalismus gebrochen oder relativiert wird. Religionsgeschichtlichen Fragestellungen dürfte für die Nationalismusforschung deshalb ein sehr viel größeres Gewicht zukommen, als
viele Historiker bisher sehen. Religion bildet nicht nur eine starke Quelle
von Integration und Vergemeinschaftung – dies war schon in den frühneuzeitlichen Deutungen der christlichen Religion als des *vinculum societatis* der
Fall –, sondern stellt in der Perspektive vieler Erfinder der Nation auch eine
potentielle Kraft bleibender Dissoziation und immer neuer Spannungen, etwa zwischen den Angehörigen unterschiedlicher religiöser Gemeinschaften
oder Konfessionen, dar. Mit Blick auf die Durchsetzung moderner Nations-
ideen läßt sich deshalb fragen, inwieweit es den Erfindern der Nation jeweils
gelungen ist, die Gefühlsgemeinschaft von Volk und Nation mit der alten
Glaubensgemeinschaft Kirche in Übereinstimmung zu bringen. In monokon-
fessionellen Gesellschaften dürfte dies sehr viel leichter gewesen sein als in
bi- oder trikonfessionell geprägten Gesellschaften. Hier stellen die konfessionellen Antagonismen und die diversen Kulturkämpfe zwischen den konkurrierenden religiösen Milieus eine elementare Bedrohung der ersehnten
Einheit der Nation dar. Um gelungener nationaler Integration willen müssen
die Erfinder der Nation deshalb die konfessionellen Antagonismen zu neu-
tralisieren versuchen; dies erklärt ihr großes Interesse an Konzeptionen einer
»Nationalreligion«, »Nationalkirche« oder »Volkskirche«. Analog zur Vielfalt der Nationskonzepte läßt sich auch für die Visionen ökumenischer Harmonie aller Christen ein breites Spektrum unterschiedlicher institutioneller

Ordnungsvorstellungen nachweisen. Immer geht es den theologischen »Erfindern« von »deutscher Kirche«, »germanischem Christentum« oder »deutscher Religion« aber darum, im Medium des Religiösen die innerlichste Einheit der »Volksgenossen« zu stiften. Entsprechendes gilt auch für die vielfach bekundeten Hoffnungen, daß deutsche Bürger jüdischer Herkunft zum nationalen Christentum konvertieren, damit die religiöse Einheit der Nation wirklich vollkommen sei.

Vor allem am grundlegenden Symbol der jüdischen wie christlichen Überlieferung, dem einen Gott, läßt sich das Grundproblem der religiös vermittelten »Erfindung« der Nation verdeutlichen: Wie kann der eine Gott, der Inbegriff unübersteigbarer Allgemeinheit und letzter normativer Bindungskraft, so vorgestellt oder gedacht werden, daß er sich für die Stärkung nationaler Emotionsgemeinschaft in Anspruch nehmen (oder: instrumentalisieren) läßt? Diese Frage läßt sich zum Kriterium für die innere Homogenität und Durchsetzungskraft religiös geprägter Nationalismen machen: Die Erhebung der Nation zum höchsten Wert ist vollkommen gelungen, wenn Gott erfolgreich als *exklusiver* Herr der eigenen Nation inthronisiert worden ist. Analog gilt: Erst wenn die Erfinder der Nation die kirchliche(n) Institution(en) zu intermediären Organisationen des Nationalstaates machen oder differenzlos der Volksgemeinschaft gleichschalten, können sie die Nation zur urwüchsigen, immer schon gegebenen Gemeinschaft erklären, die die am stärksten bindende Sinn- und Orientierungsinstanz für die Angehörigen der Nation darstellen soll.

Warum bedienen sich die »Erfinder« der Nation der reich gefüllten Symbolspeicher der alten Religionen? Es ist vor allem die Suggestion eines prinzipiellen ontischen Eigensinns religiöser Vorstellungsgehalte, die ihnen religiöse Symbolsprachen als attraktiv erscheinen lassen. Wer über Gott verfügt, macht sich ein Allgemeines zu eigen, über das hinaus nichts Höheres gedacht werden können soll. Unter den Bedingungen faktischer Partikularität der eigenen Nation ist im Gebrauch religiöser Sprache von vornherein die für alle modernen Nationalismen konstitutive hohe Gewaltbereitschaft angelegt.[58] Sie brauchen einen transzendenten, allmächtigen Gott, um ihre kulturelle Definition der vorgestellten Ordnung »Nation« mit der Aura einer tatsächlich immer schon gegebenen Substanz auszustatten. Mit Gottes Hilfe machen sie aus ihrer »Erfindung« eine Schöpfungsordnung. Sie beten zu Gott, um ihre Nation als von ihm erwählt konstruieren zu können. Nichts zeigt dies so deutlich, wie die bei vielen protestantischen Nationstheoretikern be-

---

[58] Zu Aggressivität und Gewaltbereitschaft als konstitutiven Elementen moderner Nationalismen siehe: Dieter Langewiesche, Nationalismus im 19. und 20. Jahrhundert zwischen Partizipation und Aggression. Bonn-Bad Godesberg 1994.

liebte Metapher von den »Nationen« als »Gedanken Gottes«; sie wird im 19. Jahrhundert auch von zahlreichen deutschen Historikern verwendet.

In der Verknüpfung von Gottesgedanke und (eigener) Nation ist immer schon die Selbstermächtigung zur kriegerischen Expansion impliziert. Die Okkupation des monotheistischen Gottesbegriffs durch partikulare Kollektivsubjekte (dies gilt analog zur Nation auch für überindividuelle Handlungssubjekte wie die Kirche, die Klasse, die Partei etc.) stellt den Beginn potentiellen Terrors dar. Insofern ist es kein abstraktes intellektuelles Räsonnement, wenn ich vorschlage, unterschiedliche Nationsentwürfe auf den jeweiligen Gebrauch religiöser Semantik und insbesondere die Art der Verwendung des Gottesbegriffs sowie die nähere Bestimmung Gottes (etwa die Gott zugeschriebenen Eigenschaften und Handlungskompetenzen) hin zu untersuchen. Es geht bei der Rekonstruktion der impliziten Theologien von Nationsentwürfen gerade um eines der beiden konstitutiven Elemente des modernen Nationalismus, die als moralisch legitim erachtete Gewaltbereitschaft.

IV. Konfessionalität als Deutungskultur

Unter den Gelehrten und Vertretern der gebildeten Stände, die in Deutschland die Durchsetzung des modernen Nationalismus vorantrieben, nahmen protestantische Theologen und Pfarrer eine prominente Rolle ein. Dieser protestantische Theologennationalismus ist noch nicht im Zusammenhang erforscht. Doch läßt sich bereits erkennen, daß die protestantischen Theologen alte religiöse Sinnressourcen zur Stärkung der Nation neu zu erschließen versuchten. Gerade an den Ethiken von Universitätstheologen sowie an den Predigten der Pastoren, etwa aus den Befreiungskriegen[59], läßt sich zeigen, daß alte Vorstellungen vom Heilshandeln Gottes in der Geschichte nun auf die Nation bezogen wurden. Auch wurden die Symbole und semantischen Potentiale der dogmatischen Prädestinations- und Erwählungslehre reformuliert, um das Differenzbewußtsein der eigenen Nation gegenüber anderen Nationen zu markieren. Im Medium theologischer Reflexion und kirchlicher Verkündigung wurde die Nation damit als ein Handlungssubjekt *sui generis* konstituiert, mit dessen Durchsetzung religiöse Erlösungshoffnungen und Heilserwartungen verbunden werden konnten. Gerade indem die Nation in religiöser Symbolsprache vorgestellt wurde, konnte »Nation« zu einem Erwartungsbegriff werden, dessen kommunitären Zukunftsgehalte

---

[59] GERHARD GRAF, Ermittlungen zur preußischen Kriegspredigt, in: Jahrbuch für die Geschichte des Pietismus 9. 1984 S. 32–55.

jede empirisch gegebene Ordnung des Politischen zu transzendieren erlaubten.

Häufig konzipierten protestantische Theologen die erhoffte Einheit der Nation als Vollendung der Reformation. So dürfte es eine zentrale Aufgabe der weiteren Erforschung moderner Nationskonzepte sein, mögliche konfessionsspezifische Elemente zu identifizieren. Zu Recht hat Dieter Langewiesche die »Konfessionsblindheit der deutschen Nationalismusforschung« kritisiert.[60] Trotz der in den letzten Jahren erschienenen Arbeiten von Harald Schmidt[61], Wolfgang Altgeld[62], Jutta Osinski[63], Jörn Echternkamp[64] und Dieter Langewiesche[65] wissen wir erst sehr wenig darüber, wie in den unterschiedlichen konfessionellen Milieus die deutsche Nation jeweils gedacht wurde. Nur wenig ist über die Techniken synkretistischer Verknüpfung alter religiöser Symbolsprachen mit neuen nationalistischen Hoffnungen bekannt. Auch sind die unterschiedlichen Bilder der Nationalgeschichte, die Katholiken, Protestanten und deutsche Juden entwarfen, erst unzureichend erforscht. Entsprechendes gilt auch für die im Protestantismus zwischen sozialkonservativen Lutheranern und liberalen Theologen geführten Auseinandersetzungen um »die deutsche Nation«, die seit dem späten 18. Jahrhundert entwickelten Konzepte einer »Nationalreligion«, »Volksreligion« und »Nationalkirche« und die in den einzelnen Konfessionen und Regionen zu beob-

---

[60] Langewiesche, Nation, Nationalismus, Nationalstaat (wie Anm. 31) S. 216.

[61] Harald Schmidt, Fremde Heimat. Die deutsche Provinzreise zwischen Spätaufklärung und nationaler Romantik und das Problem der kulturellen Variation: Friedrich Nicolai, Kaspar Riesbeck und Ernst Moritz Arndt, in: Nationales Bewußtsein und kollektive Identität (wie Anm. 45) S. 394–442.

[62] Wolfgang Altgeld, Katholizismus, Protestantismus, Judentum. Über religiös begründete Gegensätze und nationalreligiöse Ideen in der Geschichte des deutschen Nationalismus. Mainz 1992. Der Autor erschließt ein breites Quellenmaterial, verspielt den möglichen analytischen Gewinn aber durch eine konfessionsspezifische Hermeneutik, dank derer bestimmte Nationalprotestantismen des frühen 19. Jahrhunderts relativ umstandslos zur Vorgeschichte der »Deutschen Christen« und des Nationalsozialismus stilisiert werden.

[63] Jutta Osinski, Katholizismus und deutsche Literatur im 19. Jahrhundert. Paderborn 1993. Osinski stellt materialreich die katholische Erfindung eines »deutschen« Klassikerkanons dar.

[64] Jörn Echternkamp, Religiösität und Nationskonzepte. Zum Verhältnis von Theologischem Rationalismus und Liberalnationalismus im Vormärz, in: Jahrbuch für Liberalismus-Forschung 6. 1994 S. 137–151. Leider nimmt der Autor die theologiegeschichtliche Rationalismusforschung nur am Rande wahr, so daß er diverse kaum nachvollziehbare Werturteile formuliert.

[65] Dieter Langewiesche, Deutschland und Österreich: Nationswerdung und Staatsbildung in Mitteleuropa im 19. Jahrhundert, in: Geschichte in Wissenschaft und Unterricht 42. 1991 S. 754–766. Plausibel hat Langewiesche hier die Offenheit des Begriffs der deutschen Nation verdeutlicht und an schlagenden Beispielen gezeigt, daß die bis heute - siehe Nipperdey *und* Wehler! - vorherrschenden (mehr oder minder teleologischen) Fixierungen auf das »kleindeutsche Reich« stark von unreflektierten protestantischen Wertmaximen geprägt sind.

achtenden Prozesse der Nationalisierung religiöser Sprache, kirchlicher
Verkündigung und konfessioneller Selbstdeutung. Nur wenig ist bisher über
die konfessionskulturellen Feindbegriffe[66] und das breite Spektrum an Begriffen bekannt, mit denen Theologen und andere intellektuelle Religions-
deuter die Einheit der Nation unter den Bedingungen »der tiefsten Spaltung
der Nation« (Ranke), d. h. des Konfessionsgegensatzes zwischen Protestanten und Katholiken, zu imaginieren versuchten. Hier zeigen sich die religi-
onshistorischen und theologischen Wahrnehmungsblockaden in der deutschen Geschichtswissenschaft besonders deutlich: Nahezu alle Grundbegriffe der modernen religiös-politischen Sprache sind bisher nicht begriffsge-
schichtlich erforscht. Die »Geschichtlichen Grundbegriffe« lassen zudem
eine stark protestantische, aber gar nicht reflektierte Prägung erkennen.
Dem Klassikerkanon des protestantischen Deutschland wird in nahezu allen
Artikeln ein ungleich größerer Stellenwert eingeräumt als Autoren, die für
das katholische Deutschland und die jüdische Minorität repräsentativ sind.
Der Mangel an begriffshistorischen Studien über die politisch-religiöse
Sprache der Neuzeit hat für die kulturhistorische Nationalismusforschung
problematische Folgen. Viele neue Kulturhistoriker verwenden religiöse Begriffe eigentümlich unhistorisch und häufig ohne Reflexion auf die mögliche
konfessionskulturelle Bestimmtheit religiöser oder theologischer Neologismen. Gerade mit Blick auf mögliche Zusammenhänge von Religion und Nation und die elementaren Spannungen zwischen der gedachten Einheit der
Nation und dem innerchristlichen Konfessionspluralismus sowie der religiösen, religionsrechtlichen und politisch-rechtlichen Sonderstellung der jüdischen Minderheit sind begriffsgeschichtliche Studien über religiös-politische
Grundbegriffe von hoher Relevanz. Das Desinteresse an solchen Studien hat
dazu beigetragen, daß vielen Historikern die Begriffs- und Vorstellungswel-
ten der Religion als äußerst stabil erscheinen, obwohl es hier nicht weniger
Wandel, Traditionsabbrüche, Neologismenproduktion, Bedeutungsver-
schiebungen und Auseinandersetzungen um die Deutungshoheit gibt als in
anderen Sprachsphären auch. Die Defizite an begriffshistorischer Reflexivi-
tät in Sachen Religion haben zudem die religionsdogmatische Blindheit vieler Historiker gegenüber ihrer eigenen Konfessionalität verstärkt. Konfessionelle Prägungen bestimmen keineswegs nur die modernen Bilder der Nation, die seit dem 18. Jahrhundert entworfen wurden. Konfessionsspezifische
Mentalität beeinflußt auch die Forschungsstrategien, mit denen ältere Sozi-
al- und neue Kulturhistoriker die Konstruktionen der Nation zu dekonstru-

---

[66] Zu diesem Begriff, der vor allem durch Carl Schmitt populär wurde, siehe: Reinhart Koselleck, Feindbegriffe, in: Deutsche Akademie für Sprache und Dichtung. Jahrbuch 1993.
S. 83–90.

ieren versuchen. Dieter Langewiesche hat angesichts der noch immer dominanten »protestantischen Einfärbung« der deutschen Geschichtswissenschaft festgestellt: »Die deutsche Nation galt ihr so selbstverständlich als protestantisch geprägt, daß man darüber nicht eigentlich sprechen mußte.«[67]

Wenn diese Behauptung zutrifft – ich halte sie für zutreffend –, ist sie für eine religions- und konfessionshistorisch sensibilisierte Nationalismusforschung von grundlegender Bedeutung: In der wünschenswerten »interdisziplinären« oder »transdisziplinären« oder »multidisziplinären« Kooperation von Historikern, Theologen und Kulturwissenschaftlern anderer Disziplinen kann der allemal berechtigte Dogmatismusverdacht nicht exklusiv an die Theologen adressiert werden. Theologie, in deutschen Universitäten unter den Bedingungen der christentumsgeschichtlichen *longue durée* nun einmal konfessionell institutionalisiert, hat gegenüber einer »konfessionsblinden« Geschichtswissenschaft zumindest den Vorzug, subjektive religiöse Wertprämissen in Forschungsprogramm, Begriffsbildung und analytischem Rahmen intellektuell redlich offenzulegen. Gesellschafts- oder Kulturhistoriker, die für sich als erkennende Subjekte demgegenüber den Schein prinzipieller Wertfreiheit erzeugen, aber in aller Regel massiv mit moralischen Kategorien operieren, ihre individuellen politischen Werthaltungen zum Kriterium des Umgangs mit Fachkollegen machen und immer neu alte, vermeintlich überwundene Konfessionsgrenzen markieren, sind demgegenüber in der schwierigen Lage, die ihre Forschung und normativen Wertungen mitprägenden konfessionellen oder – zumindest intentional – postreligiös »säkularen« Bindungen nicht explizit zu machen. Der Theologie bedarf die historische Nationalismusforschung nicht nur wegen der religiös-theologischen, und das heißt nun einmal: immer auch konfessionsspezifischen Prägung ihrer Erkenntnisgegenstände. Auf theologische Aufklärung ist sie auch mit Blick auf sich selbst angewiesen. Die historischen Architekten der Nation konstruierten sich ihre Nation jeweils analog zu den Vergemeinschaftungskonzepten, die ihnen aufgrund ihrer Religion, Konfession oder Kritik der alten Religion nahelagen. Woher stammt die Gewißheit vieler Nationalismusforscher unter den Historikern, in ihrem eigenen Denken von solchen religionskontextuellen Prägungen prinzipiell frei zu sein? Als (protestantischer) Theologe und als Historiker beschleicht mich bisweilen der Verdacht, daß eine konfessionsnaiv betriebene Geschichtswissenschaft die dogmatischere der beiden Disziplinen ist. Daß die akademischen Theologien einen extrem großen sozial- wie kulturhistorischen Aufklärungsbedarf haben, ist damit überhaupt nicht in Abrede gestellt.

---

[67] LANGEWIESCHE, Nation, Nationalismus, Nationalstaat (wie Anm. 31) S. 214.

Register